暨南大学经济学院资助智库成果

暨南大学乡村振兴研究院资助智库建设成果

广州华商学院广东乡村振兴金融研究中心资助智库成果

乡村振兴的财税支持政策研究

理论机理、实践探索和路径优化

杨森平　著

暨南大学出版社
JINAN UNIVERSITY PRESS

中国·广州

图书在版编目（CIP）数据

乡村振兴的财税支持政策研究 ：理论机理、实践探
索和路径优化 / 杨森平著. -- 广州 ：暨南大学出版社，
2025. 1. -- ISBN 978-7-5668-4017-2

Ⅰ. F812.422

中国国家版本馆 CIP 数据核字第 2024GJ8701 号

乡村振兴的财税支持政策研究：理论机理、实践探索和路径优化
XIANGCUN ZHENXING DE CAISHUI ZHICHI ZHENGCE YANJIU：LILUN JILI
SHIJIAN TANSUO HE LUJING YOUHUA

著　者：杨森平

出 版 人：阳　翼
责任编辑：曾鑫华　黄亦秋
责任校对：林　琼　陈皓琳
责任印制：周一丹　郑玉婷

出版发行：暨南大学出版社（511434）
电　　话：总编室（8620）31105261
　　　　　营销部（8620）37331682　37331689
传　　真：（8620）31105289（办公室）　37331684（营销部）
网　　址：http：//www. jnupress. com
排　　版：广州市新晨文化发展有限公司
印　　刷：广东信源文化科技有限公司
开　　本：787mm×1092mm　1/16
印　　张：19. 75
字　　数：360 千
版　　次：2025 年 1 月第 1 版
印　　次：2025 年 1 月第 1 次
定　　价：79. 80 元

序

2017 年，习近平总书记在十九大报告中首次提出并强调了乡村振兴战略，标志着乡村振兴战略在国家政策层面的正式确立。党的二十届三中全会对乡村振兴战略进行了全面部署，旨在深化农业农村现代化进程，加速城乡融合发展，完善乡村振兴投入机制，助力产业兴旺繁荣，提升乡村公共服务水平，并致力于打造产业兴旺、生态宜居、乡风文明、治理有效、生活富裕的全面振兴新局面。

在这样的背景下，《乡村振兴的财税支持政策研究：理论机理、实践探索和路径优化》一书应运而生。本书结合党的十九大和二十大以来的政策方针，立足习近平新时代中国特色社会主义财政理论，从理论和实证相结合的角度，系统探讨了财税政策在乡村产业、人才、文化、生态和组织振兴中的关键作用。作者通过政策梳理和案例分析，揭示了财税支持政策在推动农村基础设施建设、提升农业现代化水平、促进农村生态保护等方面的实践成效。

书中对增值税优惠、农业补贴、财政转移支付等政策工具进行了深入分析，并通过典型案例展现了财税政策在优化资源配置、均衡农村公共服务中的作用。基于此，作者提出了一系列对策建议，旨在进一步提升财税政策的实际效果，确保政策支持的精准性和可持续性。

全书内容逻辑严密、视角新颖，既有理论上的创新性分析，又有具体案例的支撑。可以说，本书不仅为乡村振兴财税支持政策的研究提供了新视角，也为政策实践者提供了实操指南。我相信《乡村振兴的财税支持政策研究：理论机理、实践探索和路径优化》的出版，将为我国乡村振兴战略的深入实施提供重要的理论支持和实践参考。

李万甫

2024 年 12 月 9 日

（李万甫，中国税务学会副会长，中国税务杂志社原总编辑）

前　言

本研究旨在系统探讨乡村振兴的财税支持政策，特别是在党的十九大、二十大以来，在国家大力推进乡村振兴财税政策的背景下，从理论和实践两个层面展开深入研究。本研究以习近平新时代中国特色社会主义经济思想为指导，深入剖析了财税支持政策在乡村产业、人才、文化、生态和组织五大方面振兴中的关键作用。研究内容不仅涵盖理论基础的梳理与总结，还包括财税政策在乡村振兴中的具体应用及其效果评估。

首先，研究探讨了乡村振兴财税政策的理论背景。通过对国内外相关文献的梳理，明确了财税政策在乡村振兴中的重要性，分析了不同国家与地区在财税支持乡村振兴方面的成功经验和不足之处。这部分内容为理解财税政策的理论基础和政策框架提供了坚实的背景支持。

其次，研究采用了文献归纳法、实证研究法、案例分析法、调查研究法和历史分析法等多种研究方法，深入探讨财税政策对乡村振兴的影响。通过对各类财税政策的具体应用案例进行详细分析，揭示了这些政策在实践中的实际效果及存在问题，并提出了相应的改进建议。

重要发现之一是，通过优化和完善乡村振兴的财税政策，可以更有效地推进乡村的产业、人才、文化、生态和组织的全面振兴。此外，还指出了当前乡村振兴财税政策存在的一些主要问题，例如政策的系统性和科学性不足、政策实施过程中存在的协调问题等，并提出了一系列切实可行的优化建议，以期为政策制定者提供有价值的参考。

本研究不仅具有重要的理论意义，还具有较高的实践价值。一方面，它对乡村振兴财税政策的理论研究做出了重要补充，丰富了相关理论体系；另一方面，研究结论和政策建议为决策者提供了实用的指导，对推进乡村振兴战略的实施具有重要的现实意义。

通过本研究，读者将能够更全面地理解乡村振兴财税政策的理论基础和实际应用，掌握财税政策在促进乡村振兴中的关键作用和未来优化方向。这对于推动我国乡村振兴战略的全面实施，实现乡村经济社会的可持续发展具有重要的指导意义。

希望本研究能够为相关领域的研究人员、政策制定者以及实际工作者提供有益的参考，让我们共同为实现乡村全面振兴而努力。

杨森平

2024 年 10 月

目 录
CONTENTS

1 绪　论

1.1　研究背景

乡村振兴战略是党的十九大、二十大以来，党中央坚持推进农业、农村现代化建设的重大战略。2017 年 12 月 29 日，中央农村工作会议首次提出走中国特色社会主义乡村振兴道路，党中央的决策部署为农村贫困治理、破解二元经济结构指明了道路和方向。2018 年中央一号文件《中共中央　国务院关于实施乡村振兴战略的意见》对实施乡村振兴战略进行了全面部署，并明确指出要尽快构建完善乡村振兴战略的财税支持政策体系。乡村振兴战略的规划与实施，是对贯彻习近平总书记"以人民为中心"发展理念的具体践行，是我国实现国民经济长期平稳发展、在发展中保障和改善民生的重大举措。随着《乡村振兴战略规划（2018—2022 年）》的实施，我国已具有一个全方位推进乡村振兴战略的五年计划和行动纲领。2018 年 9 月，财政部印发了《贯彻落实实施乡村振兴战略的意见》（财办〔2018〕34 号），确定了财政支持乡村振兴战略的总体要求与多元投入保障制度，并明确提出了要构建完善财政支持实施乡村振兴战略政策体系等。2022 年 10 月，党的二十大报告提出"全面推进乡村振兴""坚持农业农村优先发展""加快建设农业强国"，并做出重要部署。2023 年 2 月，中央一号文件《中共中央　国务院关于做好 2023 年全面推进乡村振兴重点工作的意见》，是党的二十大胜利召开后发布的首个指导"三农"工作的一号文件，也是 21 世纪以来第 20 个指导"三农"工作的一号文件，文件聚焦乡村振兴主题，紧紧围绕全面推进乡村振兴必须守牢的底线、迫切需要解决的问题，明确了重点任务和政策举措。2023 年，中央经济工作会议进一步强调了财税政策在乡村振兴战略中的重要作用，提出了一系列新的举措和要求。会议指出，要坚持以供给侧结构性改革为主线，深化农业供给侧结构性改革，推动农业高质量发展。要加快建立健全城乡融合发展体制机制和政策体系，推动城市群、都市圈、城镇化与新型城镇化建设协同发展。要加强农业基础设施建设和综合治理，提升农业生产能力和水平。要加大对农业科技创新和装备支持力度，培育壮大新型农业经营主体。要完善涉农资金投入保障机制，优化涉农资金使用结构和效益。

财税政策在乡村振兴战略中有着举足轻重的意义，是推行实施该战略的重要基石和保障。对于财政在一国经济中的重要地位，早在 1776 年，亚当·斯密就提出："财政乃庶政之母。有政必有财，财为政之资。"财政政策反映了社会和国家的资金分配过程，是国家干预经济运行的主要手段。从静态上看，财政是国民生存的物质经济手段和经济基础；从动态上看，财政反映了一国资产在私有领域和公有领域之间的让渡过程。此外，财政亦是国家治理的工具，是"塑造公共生活、国家制度、公众与国家关系"的重要基础。通过调节财政收入、财政预算以及财政支出与政府之间的关系，能够促进一国的两大支柱能力——市场增进能力和组织动员能力的提升，因此，可以更高效地达成政治包容、经济有效、社会有序的国家治理目标。

通过财税政策落实乡村振兴战略，要建立健全乡村农业资金扶持保障体系，合理调节各类大宗农产品的市场价格机制、财政补贴政策、税收政策等，推进各项资本、技术、人才向农村流动。这个过程中的关键环节就是建立健全乡村振兴财政投入保障制度。将国家公共财政和社会资金更大程度地向"三农"问题倾斜，以保证财税政策支持与乡村振兴的最终目标在各个环节相匹配。推进财税政策支持乡村振兴的过程中要处理好四种关系，即"三农"资金投入与政府现实财政状况约束之间的关系、各项资源与体制机制建设之间的关系、政府财税政策普惠性和结构性之间的关系、市场调控与宏观调控之间的关系。显然，以财税政策支持乡村振兴既有明显的政策观点，又有内在的理论逻辑及支撑功能。

在乡村振兴过程中，除财政政策之外，科学、合理的税收政策对破解城乡二元结构问题、实现乡村振兴的意义重大。税收政策要在扶持乡村产业振兴、人才振兴、文化振兴、组织振兴等问题上下功夫。国家应通过充分发挥与乡村振兴相关的税收政策的调节功能，研究并出台优惠的涉农税费政策，进一步健全农村税费征收服务。

改革开放以来，中国财税支农政策的发展经历了三个阶段：

第一个阶段是 1979—1993 年，这一阶段我国的财政支农政策以扶持农产品生产加工为主，以大幅提高农产品收购价格、开放农产品交易流通市场为辅，加大财政资金在农业上的投入。税收政策方面，我国在此阶段总体上都是对"三农"单独征收，重点涉及农业税、特产税等，然而这一阶段的税收政策造成了城乡税制不统一的问题，此即城乡税种与税制割裂的阶段。

第二个阶段是 1994—2003 年，这一阶段财政支农的市场化方式逐渐显现，政府通过发行国债对农业加大财政投入力度。与此同时，农村税费改革工作也积极开展，为了降低广大农民税务负担，处理乡村的"三乱"（乱收费、乱处罚、乱摊派）现象，以促进税收的规范化、标准化和法制化，将原有的乡村统筹税费统一划入农业税范围内，还废除了牲畜交易税和集市交易税，获得了阶段性的成效，此时期是中国乡村税制发展的重要过渡阶段。

第三个阶段是 2004 年至今，以"三农"工作为中心，中央政府先后发布了 17 个中央一号文件，值得一提的是，"十一五"时期，强农、惠农政策出台之多，财政支农投入力度之强，前所未有。主要表现在全国范围内全面取消农业税、实行对农业的"四项补贴"、推进财政支农专项转移支付项目"大专项 + 任务清单"管理方式改革、提高财政资金支农效能等。在此阶段，把中央、省地方财力向乡村基层投入的财政转移支付机制、财政专项涉农补助机制和农民低保政策，成为政府支农措施的重要补充。2020 年，我国已确保现行标准下农村贫困人口全部脱贫，近期工作目标是到 2050 年实现乡村全面振兴，实现"农业强、农村美、农民富"的目标。

依靠财政对农业问题的政策支持，改革开放 40 余年来，我国的乡村发展获得了历史性成果：现代农业持续高质量发展，粮食作物持续多年丰收，2021 年全国粮食总产量 13 657 亿斤；产业结构持续优化，农业、农村科技持续发展，至 2021 年，我国农业科技进步贡献率超 60%，农业、农村现代化迈上新台阶，城乡发展一体化迈向城乡融合发展。然而，在取得瞩目成绩的同时，受各种因素的制约，我国乡村振兴过程中还面临着部分乡村基础设施建设滞后、产业结构不尽合理、乡村生态环境污染严重、乡村人才流失以及组织管理成效不佳等突出问题。城市与农村的结构性失衡和收入水平仍形成了强烈的对比，乡村发展与振兴到了需要深入反思和改革的关键时期，财政扶持的效用进一步凸显。

着眼于现实，2019 年中央一号文件明确了财政政策在农业、农村中的优先地位，要求财政优先保障"三农"资金投入，公共财政更大力度向"三农"倾斜。随后，2020 年中央一号文件则强化了中央财政对农业、农村复兴的政策扶持，明确提出了"有计划地继续加大中央预算投向农业、农村"，这意味着对农业的扶持力度将不同于以往，通过财税政策实现乡村振兴更加受到国家的重视。在此基础上，2021 年中央一号文件更加发挥财政投入引领作用，以市场化方式设立乡村振兴基金，撬动金融资本、社会力量参与，促进乡村产业发展。2023 年中央一号文件明确要求中央财政衔接推进乡村振兴补助资金用于产业发展的比重力争提高到 60%，用好财政资金，健全利益联结机制，完善重要农产品、农机购置与应用的补贴政策。鉴于此，本研究将从财税政策支撑乡村振兴的战略视角入手，根据习近平新时代中国特色社会主义财政理论和财税制度，系统地论述乡村振兴的财政基础以及财税支持对实现乡村振兴的重要作用，为财税政策与乡村振兴战略的结合实施提供新的研究视角。

1.2 研究目的和意义

1.2.1 研究目的

本研究以党的十九大、二十大以来提出的关于乡村振兴的一系列财税政策等为指导，指出我国近年来在乡村振兴进程中取得的成绩与存在的问题，结合习近平新时代中国特色社会主义经济思想，系统地阐述财政基础及财政支持在乡村产业、人才、文化、生态、组织五大方面振兴中的重要性，并就财政与税收如何发挥作用分别提出对策建议。当前，关于我国乡村振兴财税政策的理论研究还存在一定欠缺，不仅缺少对现行的财税政策系统化的梳理，而且鲜有从乡村五大方面振兴的视角去探究具体财税政策的理论研究。因此，本研究成果一方面，可以对乡村振兴财税政策的理论研究做出补充；另一方面，也可以为财税政策助力乡村振兴建言献策。

1.2.2 研究意义

本研究的理论意义与现实意义如下：

一方面，基于乡村发展理论、"三农"问题思想、习近平经济思想，以及外部效应理论等对财税政策支持乡村振兴的多重理论进行系统阐释，可丰富上述理论的涵盖范围和研究内容，并为进一步完善、优化支持乡村振兴方式的财税政策选择提供理论支持。

另一方面，研究财税政策支持、助力乡村振兴的方法，可以在一定程度上使我国对乡村财政的投入和税收的开展更具明确性与针对性。

回溯我国三个阶段的财税支农历程，涉农政策交叉重叠、效用失衡、多头管理等现实问题使财政绩效达到瓶颈。目前，我国仍处于全面脱贫与乡村振兴的过渡期，要做好二者之间的有效衔接，推动乡村振兴战略和工作体系的平稳转型，财税政策的统筹整合管理是发挥财政职能改革的牵引作用的关键，是促进我国乡村振兴战略目标实现的强力保证。

1.3 研究内容

本研究在新时代实施乡村振兴战略的大背景下，从财税政策的角度入手，对促进乡村振兴的政策进行深入分析和研究。主要研究内容如下：

第一部分，绪论。首先，对研究背景、研究目的及研究意义进行了深入分析。从实施乡村振兴战略的时代大背景和改革开放以来涉农财税政策取得的成就出发，分析了乡村振兴战略所起的中流砥柱作用。其次，通过对国内外已有的研究进行梳理，针对财税政策促进乡村五大方面振兴的研究现状进行了文献综述。最后，在本部分的最后一节，阐释了研究方法及创新点。

第二部分，财税支持政策促进乡村振兴的机理分析。这一部分主要针对相关的理论基础，包括我国古代农业思想、西方经济学派关于乡村发展的理论、马克思主义关于乡村发展的理论，以及中国近代以来关于"三农"问题的思想理论展开了详细的理论叙述。在坚实的理论基础支撑之上，进一步针对财税政策促进乡村振兴的机制、机理展开了分析，并进一步将研究视角拓宽至财税政策促进乡村振兴过程中政府—市场、政府—政府、投入—产出之间的纵深关系。

第三部分，我国现行促进乡村振兴财税支持政策梳理。针对助力"三农"发展的税收优惠展开叙述，从优化土地资源配置税收优惠、促进农业生产税收优惠、支持新型农业经营主体发展税收优惠、促进农产品流通税收优惠、促进农业资源综合利用税收优惠五个方面进行梳理，通过列举各方面的具体税收优惠来展现实施乡村振兴战略对农民增收、农村经济发展的积极作用。

第四部分，促进产业振兴的财税支持政策。首先，针对乡村振兴的产业振兴部分进行了深入分析，从促进乡村振兴的产业发展规划和目标出发，分析了产业振兴所起的至关重要的作用。其次，对当前我国乡村产业发展的现状进行了查阅梳理①，并针对当前我国乡村产业发展的机遇与挑战进行了展开分析，总结了当前税收优惠政策对乡村产业振兴的帮助。再次，通过案例分析法，剖析了湖南、四川省支持乡村产业振兴的一系列财税政策，以及当前支持乡村产

---

① 值得注意的是，本研究在后续章节详细分析五大振兴现状时由于存在统计数据缺失及政策落实时效先后等问题，笔者仅能以收集到的最新数据为依据，故而会存在不同章节年份选择不一致等问题。

业振兴财税政策存在的不足。最后，提出了构建支持乡村产业振兴的财税政策体系的建议，以及提出了加快农业现代化和发展壮大乡村产业的财税政策建议。

第五部分，促进人才振兴的财税支持政策。这一部分围绕人才对乡村振兴的必要性进行了详细的解释，并在此基础上，通过具体案例揭示了当前我国实施乡村振兴战略的过程中人才振兴存在的不足之处。通过"提出问题—分析问题—解决问题"的架构进一步指出了促进人才振兴的财税政策应如何改进，并对税收调节原理和手段进行了具体分析。

第六部分，促进文化振兴的财税支持政策。针对乡村振兴中的文化振兴进行了阐释。首先，针对乡村振兴与乡村文化振兴二者的关系展开了概述，从乡村文化与乡村文化建设、乡村振兴战略与乡村文化振兴两方面的关系进行了论证分析。其次，从乡村振兴的视角分析了乡村文化振兴所面临的机遇和挑战。再次，对财税政策促进乡村文化振兴进行了理论分析。最后，关于繁荣发展乡村文化振兴的财税政策选择，从相关思路、财政政策、税收政策三个方面进行了阐述。

第七部分，促进生态振兴的财税支持政策。针对促进生态振兴的财税政策，首先，梳理和分析了乡村生态振兴的相关概念和理论，通过理论来支撑研究内容。其次，从乡村振兴中引入绿色税收的必要性分析、绿色税收的理论基础、促进乡村生态旅游发展的财税支持三个方面对建设生态宜居的美丽乡村财税政策进行了展开分析，并基于案例讨论了绿色税收对乡村振兴的影响。最后，针对财税扶持乡村污染治理助力生态振兴，分析了财税扶持乡村污染治理的必要性，并提出财税扶持乡村污染治理的思路。

第八部分，促进组织振兴的财税支持政策。这一部分从健全现代乡村社会治理体制的举措入手，介绍了乡村组织体系，具体包括农村基层党组织及其领导核心作用、基层政权及其保障作用、村民自治及其支撑作用、农村经济组织及其纽带作用、社会组织及其补充作用，并分别就存在的问题及完善建议展开了阐述。在明确了组织层面治理举措之后，进一步提出了健全现代乡村治理组织体系的财税政策。

第九部分，未来乡村振兴财税支持政策的优化策略。这一部分先明确指出了当前促进乡村振兴财税政策存在的主要问题，再进一步引出促进乡村振兴财税政策的目标和基本原则，通过对现实情况的剖析和预期目标的阐述，提出了促进乡村振兴税收政策的优化与完善方案，分别从体系结构、支出导向、绩效评价三个角度对财税政策支持乡村振兴提出了合理的优化与完善路径。

本研究技术路线图如图 1-1 所示。

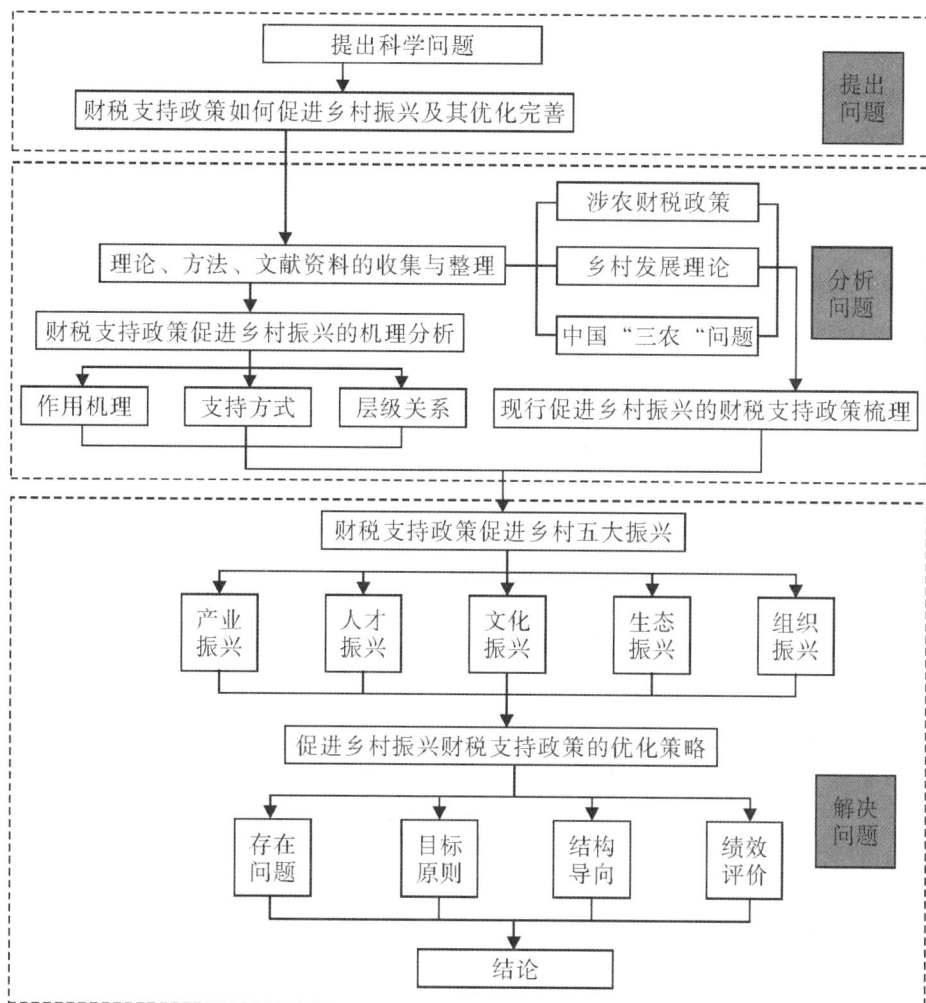

图 1-1 本研究技术路线图

1.4 国内外文献综述

相较于国内，国外开展财政支持乡村振兴的研究较早。农业作为第一产业，历来就受到世界各地学者，特别是一些经济学家和管理学家的广泛关注。他们从不同的角度，利用不同的理论和方法对财政支持乡村振兴进行了大量的分析和研究。其中，最早可追溯到亚当·斯密的《国富论》。他最先提出财政资金在各个领域投放顺序的理念，认为按照事物发展的自然趋势，资金应当首先投放在农业上，其次是投放在工业上，最后是投入国际贸易中，这种资金投放顺序就是斯密顺序。20 世纪 30 年代初期，美国议会用法律的形式确定了财政支持农业的方向和重点。到 20 世纪 60 年代，欧洲各国、日本相继针对本国农业发展状况确定了各自的财政支农政策。从此，财政支持农业发展成为学者关注的重点领域。

1.4.1　国外文献综述

国外对农村建设的研究始于 1962 年，当时美国生物学家 Rachel Carson 出版了一部重要著作《寂静的春天》，论述了杀虫剂 DDT 在西方国家的广泛使用对生态环境造成的危害。虽然出版此部著作的初衷是提醒人们注意农村环境的重要性，但它导致西方学者对农村建设的相关问题进行持续、深入的研究：

美国经济学家 Schultz（1962）指出，在农村经济发展中，人力资本的投入是推动经济发展的一个重要因素。通过对农业发展潜力的非均衡分析，他提出将新的生产要素注入传统农业中，将传统农业转化为现代农业。他在《不稳定经济中的农业》一书中明确指出，农业是国民经济发展的一部分，政府应注意农业政策在稳定农业收入、加强农业市场风险等方面的作用。他在《改造传统农业》一书中特别指出，农业是社会和经济发展的一个关键环节，如果政府的农业政策能够保持系统性，且对农业生产者提供足够的支持，农业就能保持稳定和持续。

1. 关于财政支持乡村振兴必要性的研究

从财政支持乡村振兴的原因入手，西方学者利用诸多理论阐释了其合理性。Schultz 早在 1964 年就已指出，财政支持乡村振兴隶属于政府的公共范畴之内。Stiglitz（1977）在他的论著《当地公共财政理论》中阐明了政府财政对农业发展的职责。Greene（1988）通过对本国农业现实的调查和农业多元化的分析，认为政府应当发挥主导作用，分阶段带动乡村振兴的逐步推进。Matsuyama（1992）横向对比了财政投入支持不同事业的效益，证实了在乡村振兴中，财政支农存在一个最优规模，在此规模下，财政资金有侧重地投向农业最具效益。朴振焕（2005）把韩国"新村运动"的成功建设归结为韩国政府自上而下地倡导与推动财政支持和技术支持。McLaughlin（2016）从乡村治理和政府政策干预的维度论述了作为国家治理重要工具的财政有必要作用于乡村振兴。Wei et al.（2023）指出财政干预应具有针对性，依靠财政为改善乡村环境质量、提升乡村经济提供正确的引导，最终实现乡村振兴。Miao and He

（2024）强调了可持续农业经济发展是实现乡村振兴战略目标的核心任务，总结出以财政支出驱动实现乡村振兴离不开财政政策的支持和指导。

2. 关于财政支持乡村振兴推进路径及政策建议的研究

依托丰富的金融资源，发达国家建立了一套财政投入与农民增收良性匹配的支持系统，并做出了一系列政策安排。Deininger et al. （2001）认为，政府应采取相应的财政支持，尽可能让农民获得更多除农业之外的收入。Holden et al. （2004）指出，政府应着重加大财政对新型农民的转移支付水平，同时对土地进行保护，提升粮食生产的稳定性。Uretaa （2006）研究发现，在对自然资源管理项目进行投资时，政府应该注重产出多样化的有效手段、土地使用权和人力资本的形成，通过相应的保护政策，增加补贴收入。Briggeman （2007）分析认为，政府对农业的补贴具有双重意义，逐步增加补贴规模不仅能增加农民的农业收入，而且能更进一步使农民安居乐业，减少农民离开所从事的农业的可能性，保护本国农业。Zimmer et al. （2010）对比分析了部分发达国家当前财政支持乡村振兴的特色。Brown （2013）通过对发展中国家和发达国家的财政支农状况进行研究，得出财政政策必须适应该国的气候和地理条件，要避免"财政政策带来农业全要素生产率的增长，导致过多的农民失业"这一结论。Miletic （2017）认为应该进一步调整国家财政支持乡村产业的方式，并通过立法加以保障。

3. 关于财政支持乡村振兴对农业、农村的绩效分析方面的研究

国外学者多采用计量经济学方法，针对某一项支农政策进行评价。学者立足于不同国家、不同区域得到的结论各异，观点不尽相同。Harry de Gorter （1993）认为，美国实施的农业补贴计划增加了农作物产量，国家财政对农业生产的促进作用效果明显。Borger et al. （1994）等利用 FDH 方法首次对比利时 589 个地方政府测算财政产出效率，得出结论：财政收入能力、地方政策和制度环境等因素能有效促进地方政府产出效率的提高。Happe （2003）则持相反的看法，他采取空间动态模型分析了德国不同模式的支农补贴绩效，认为德国的直接补贴政策没有对农业结构调整、农业竞争力、农民收入产生太大影响，因此，他建议德国应该采取混合的农业补贴政策。Antle （1983）通过单方程函数计算出农业基础设施建设和农业科研对农作物产量的影响程度，基于长期性农业降本增效的角度，认为国家财政应加大对农业、农村基础设施和科学研究的投资，同时，在发展中国家，应优先向农村高生产率地区投放公共基础设施，而公共财政对农业的科技投入是农业产出的重要原因。Reetz et al.

（2012）构建了最有价值和全面绩效两种财政支持乡村振兴的绩效评价体系，运用 DEA 模型从不同财政指标出发验证了政策因素的重要性。Latocha-Wites et al.（2024）提出一个综合的概念模型，以阐明周边农村地区发生的多方面转变，指出土地资本和社会资本有助于重塑外部驱动力的影响，乡村复兴"热点"模式有望为乡村管理提供信息，有助于制定因地制宜的乡村发展政策和战略。Ren et al.（2024）运用 DEA 模型以农业贷款和财政拨款为投入，探究支持乡村振兴体系的资金动态内部结构，有效评价了财政资金的支持效果。

4. 关于乡村可持续发展方面的研究

英国经济学家 Ward 和美国微生物学家 Dubos（1972）、美国学者 Meadows（1972）和挪威前首相 Brundtland（1987）逐渐将对人类生存和环境的理解提升到可持续发展的高度，并探讨了可持续发展在乡村治理方面的基本内涵。Coleman（2006）从生态环境与政治事务关系的角度提出了解决生态环境问题应从政治层面入手。Ostrom（2000）提出了九个相关的农村生态治理制度和原则。McGinnis（2000）提出了一种中央治理模式，即良好的环境、健全的制度、团队合作和政府与人民的合作是生态治理的重要保障。Schneeberg（2008）首次提出，从责任的角度来看，农村生态环境的治理应由造成问题的人承担，并从源头上加以控制。Robert（1991）创新性地提出了"生态村"的概念，并提议对环境污染征税或收费。Pratt et al.（2001）提出政府可以通过环境税等税收政策实现对农业的反哺，从而促进农业的可持续发展。Mazili-auske（2024）指出中小旅游企业是乡村旅游目的地的主要产业主体，研究中探讨了他们如何与政府拨款合作参与可持续发展创新，为农村目的地社区的社会文化可持续发展效益做出贡献。Vindevoghel（2024）以法国山区为例，探讨了发达国家农村地区的可持续性转型，强调了人与自然联系在可持续性转型中的重要性。

5. 关于乡村新的发展方式方面的研究

世界绿色组织（2013，2015）提出以"绿色设计"为手段，引领生产方式、消费方式、生活方式的变革等。联合国可持续发展集团 2022 年发布《科技赋能乡村发展 2022：数字科技赋能乡村产业发展》报告，聚焦于各国在数字智慧农业技术和智能农机方面的应用、农村价值链发展的经验，以及农村数字金融方面的探索。Cade（2008）通过建立一个抽象的模型分析了欧盟国家制定的农业政策，并指出应当考虑地域差异造成的外部差异，并据此对各个地区制定差异化的政策。目前，主要的西方发达国家均以立法的形式作为保证财税支持政策稳定的主要方法。这些农业法律包括财税政策执行的基本规定，以及生产控制、土地保护政策。除本国农业发展经验之外，也包括对他国政策做法的借鉴与吸收，这些做法对现代农业发展和政策效应的最大化提供了有力保障。

1.4.2　国内文献综述

2018年9月，国务院印发了《乡村振兴战略规划（2018—2022年）》，全面关注农村生产、生活、生态等问题。乡村兴则国家兴，实施乡村振兴战略不仅对全面建设社会主义现代化国家、实现第二个百年奋斗目标具有全局性和历史性意义，同时也是新时代"三农"工作的总战略与总抓手。与此同时，财税政策是实现社会治理的重要指导和基础，在现代化治理理念中发挥着至关重要的作用。在国家大力支持乡村振兴规划的大背景下，财税政策已然成为促进乡村振兴的重要保障。

第一，财税政策可以激发农民群众脱贫的内在动力。

第二，财税政策可以进一步激活农村要素及相关的市场，保证农业产业能够形成更加长效的收益机制。

第三，财税政策可以通过转移支付等二次分配方式，从源头上为促进乡村经济发展提供制度保障和资金帮扶，强力保障乡村现代化发展进程。

因此，科学的财税政策对解决城乡二元结构问题、实现乡村振兴意义重大。财税政策要在支持乡村产业振兴、人才振兴、人才振兴、文化振兴、组织振兴上下苦力。

我国目前对促进乡村振兴的财税政策的研究主要从以下四个方面入手：

1. 有关促进乡村产业振兴的财税政策的研究

李松森、袁伟良（2011）提出，农业是目前我国农村产业发展中存在的一个薄弱环节，应该通过国有资金来扶持农业，促进农业科技、农用机械、优势产业和农村龙头企业的发展。江友信（2007）认为，财政支持农业发展应从以下六个方面入手：加强农业科技投入、完善农村社会化服务体系、培育新型农民、调整农业生产结构、加强农业基础设施建设、发展生态农业。曹俊杰、王学真（2004）提出，政府应该加强农业产业化、组织化、社会化等方面的支持，并大力支持农村龙头企业，推进农业标准化经营，加快发展农村合作经济组织等。邵晓琰（2009）认为，发展现代农业必须得到政府的大力扶持，而财政应该把重点放在农业科技等现代生产要素、基础设施建设、管理技术培训、义务教育、社会保障等方面。庄天慧、洛希

（2019）对我国小型农户的特点及困境进行了剖析，并从效率、精准度等方面对其进行了探讨。罗其友（2020）以"现代农业园区"为例，对其发展机制、运行机制、利益机制等方面进行了论述。江旭聪等（2020）以"新农村"为指导，对"三农"发展规划进行了探讨，并从规划思路、政策标准、科技支撑等方面进行了探讨。张桃林（2015）认为，要推动现代农业的发展，需要财税、金融、工业"三位一体"的协调。熊运莲、何怡（2021）通过对四川省近年来出台的有关税收政策进行分析，提出了进一步提高出口退税率、提高农产品深加工税收优惠、阶段性奖励、建立内部沟通与协调机制等方面的建议。刘涛（2018）认为，需要提高财政对农业产业的无偿投入，并促进政策性投资与融资。李存英、马源禾（2022）认为，首先，要对摆脱贫困的县设立过渡期，在过渡期内保持现有主要帮扶政策总体稳定；其次，可以选择一定数量的乡村，从金融、土地、人才、基础设施、公共服务等方面给予集中支持；再次，继续大力实施消费帮扶，持续促进脱贫地区产品和服务消费，研究制定企事业单位消费帮扶的资金列支渠道和税收减免政策，以及个人消费扶贫的个人所得税抵扣政策。王秋苏（2018）利用 2010 年至 2016 年各省区面板资料，利用 Moran's I 指数进行空间相关性检验，并利用 SDM 模型对我国农业扶贫工作的效果进行了实证研究，认为其主要原因是政府对农民的支持力度，以及政府对农村经济发展的影响。曹正勇等（2008）运用倾斜和错误校正的方法，得出了财政投入对西部地区的农业发展和经济发展的作用十分显著，尽管对中、东部地区的作用不如西部大，但长远作用比较显著的结论。赵云旗（2010）提出，农村地区的个体小农经济是不可能持续下去的，必须坚持农村合作化、农村产业化、农村工业化的发展方向，并制定出一套合理、相互协调的金融支持体系。范伯乃（2011）运用因果—回归分析方法和关联性检验方法，发现财政投入占到了我国农产品总产值 30% 以上，二者之间存在着一种单一的因果联系。张红宇（2015）提出，财政支持是乡村全面发展的有力支撑，要根据实际情况调整和完善财政支农。钱克明（2013）指出，目前我国还没有专门的扶持措施来扶持新的农业生产主体。汪发元（2014）从国内外农业生产企业的发展状况出发，认为要从现行的财政支持措施转变为有针对性、差异化的税收优惠，并着重支持具有一定发展基础、发展前景较好、辐射带动能力较强的行业和实体。李少民（2014）建议，要不断完善财政支持手段，使其更加规范、稳定，有针对性。魏志甫（2015）在总结国外成功的基础上，认为要对农民采取积极的鼓励措施。另外，政府还应采取一些逆向激励措施。比如，增加地租，以遏制耕地的无效和非农化。余坤莲（2011）指出，我国目前有不少鼓励农业技术革新的税收优惠措施，要利用好有关的政策，促进企业、科研机构和高等院校研究新技术、新产品，发展绿色农业和生态农业，鼓励各地区、各部门积极引进国外先进技术设备，提高农业生产技术水平。她认为，地方税收扶持政策不能与目前的经济和社会状况相匹配，要加强对落后农村的扶持，改善落后农村的投资软环境，使优惠政策的经济效益最大化。张小军（2016）提出，除要对农产品分类进行分类之外，还要进一步明确农产品目录，以推动我国的工业化进程，增加农业税费政策投入，尤其是要增加对农业部门的支持。徐萌（2012）提出，需要从总体目标、内部联系、征管实际、税法宣传、纳税辅导等方面研究、分析解决税收制度的内部问题，尤其结合新出现的事物，如农民身份认证、农业发展的新思路、政策的传导等方面。李桃（2020）提出，从税收服务经济社会发展角度，探究税收制度与农村产业融合发展的适应性。吴甜敏（2021）认为，应对农村集体经济组织的经营活动及经营收入实行减免增值税和企业所得税的优惠政策，并对农村集体经济组织成员从集体取得的股息、分红免征个人所得税。王洪阳等（2021）建议，将部分城市的非省会功能、非中心城市功能选择性地向县、乡试点迁移，同时配合财政支持，充分、及时地保护区域本土创新创业力量。陈雪（2020）运用文献分析法分析了"农村微企"与乡村振兴、财税金融"农村微企"支持措施及财税金融支持促进乡村振兴发挥的作用，提出了实现以"农村微企"产业发展为基础、税收金融支持为支撑、乡村振兴为目的的发展目标。张志飞（2024）提到，新质生产力作为新时代更具创新性、更体现新内涵的生产力，结合财税政策支持对乡村产业结构优化升级、乡村产业资源合理配置、乡村产业体系协同完整和乡村产业链提质增效都起着重要驱动功能。

2. 有关促进乡村文化振兴的财税政策的研究

户俊锋（2019）通过 SWOT 模型对北京城市农业科技园等城市休闲旅游发展的优势与劣势进行了分析，并对其所面临的机遇与挑战进行了初步探讨。何秋仙（2002）认为，在文化税收激励中，应该以所得税为基础的税收优惠政策为主要内容。李本贵（2010）建议，对文化商品征收的商品税及服务税应当予以减征。马洪范（2010）认为，在不同的文化产品中，应该采取差异化的税制。邓双双（2011）认为，要以税收返还的方式指导文化产业的发展。李秀金、吴学丽（2010）认为，要对文化行业的人才进行激励。文文（2010）认为，在促进工业发展过程中，必须充分理解"口红效应"的经济规律。张皓（2010）认为，要加强对文化税收的激励，创新税收激励机制。李晶（2011）提出，加速乡村文化的复兴，应从以下六个方面着手：发展重点文化产业的税收优惠、推动实施重点项目的税务政策、鼓励文化消费的税收政策、扩大我国对外文化贸易的税制、鼓励社会资本参与文化产业的税收优惠、发展科技支持文化产业的税收优惠。徐达（2022）认为，需完善步骤、转换资源，扩大乡村消费需求，打造长效经济。周锦、赵正玉（2018）提出，可以借助财税政策手段，构筑乡村文化网络空间，形成网络文化服务平台，打破地理要素的隔阂，推进博物馆等网络资源向乡村汇集。石大英（2023）提出，乡村文化旅游在促进农村第一、二、三产业融合、带动农村经济发展等方面起到了显著作用。作者总结了我国乡村文化旅游发展的现状，探讨了乡村文化旅游的发展为何需要财税政策的支持，指出了乡村文化旅游财税政策的不足之处并提供了相应建议。

3. 有关促进乡村生态振兴的财税政策的研究

赵玉明（2021）采用案例研究方法进行研究，认为完善环境保护税和资源税等绿色税种税制设计对生态宜居的建设有积极影响，并能够助力乡村振兴和促进农业、农村绿色发展。刘子婷（2019）从财税文化的角度入手，在分析农业污染治理相关财税制度的基础之上，探讨了财税文化建设对农业污染治理，进而促进农村绿色发展目标和乡村振兴重大战略目标的实现的效用。李荣（2022）认为，政府有关部门在进行乡村生态文明建设时，需要因地制宜，结合实际情况完善资金投入。刘心怡（2022）认为，应当适当扩大主体税种的征税范围，将更多的污染物囊括进来，提高环境保护税的绿色环保贡献范围。郭闽华（2021）着重分析了财税政策存在的问题，财政政策方面，从财政资金投入、生态保护补偿机制、环境保护财政补贴、政府绿色采购等方面入手；税收政策方面，从消费税、资源税、城市维护建设税等方面入手进行了探讨。张俊飚、王学婷（2021）提出，应通过强化绿色消费理念、诱导绿色消费行为来减少人们对各类物质生活资源的高度依赖，为从根本上改善农村生产、生活环境奠定基础。

4. 有关促进乡村组织振兴的财税政策的研究

白云（2022）从四个方面深入说明发展农村集体经济的重要意义，并探讨了创新农村集体经济组织结构的有效政策。崔新群（2021）认为，将基层群众自治与村民自治相结合是基层组织振兴的重点。杜艳（2024）指出，要将农业农村优先发展和农民共同富裕融入新型农村集体经济组织的发展内涵，同时对其在经济、政治、社会等方面的职能发挥提出新的要求。新型农村集体经济组织的制度化建设，应着力解决当前普遍存在的功能错位、职能虚化以及管理失范等现实问题，应通过财政保障及立法明确新型农村集体经济组织的性质和职能定位，理顺其与村内组织之间的职责关系，以内生合作机制建设来整合集体共同利益。苑丰、金太军（2021）认为，要同时面向国家支农资金的有效使用、面向社区服务和农民组织化效益的有效实现、面向市场资源的有效配置。亓立发等（2020）提出，发展壮大村级集体经济是促进乡村组织振兴的重要保证。

1.4.3 文献评述

综上所述，主要发达国家的现代农业经过了很长时间的发展，因此，其财税政策的研究起步早、起点高、系统性强、成果丰富，对乡村产业的发展起到了有力的支撑作用，许多有益的经验和做法值得借鉴。但由于国情不同，乡村振兴富有中国特色，因此，国外的理论研究并不完全适用于我国的乡村振兴。国内学者在理论层面分析了财税政策对乡村振兴发展的重要作用，同时也进行了一定的实证研究，但大多数都是从宏观层面对农业产业和财税支农的研究，并且主要研究的方向是其发展现状和政策利弊，以某一特定地区作为样本的实证研究较少，将两者进行深度融合的则更少。此外，国内目前的文献大多集中于对促进产业振兴、生态振兴的财税政策的研究，而对促进文化振兴、人才振兴、组织振兴的财税政策的研究非常少，其中，鲜有对促进人才振兴的财税政策的专题性研究。故本研究将尝试通过促进产业振兴、人才振兴、文化振兴、生态振兴、组织振兴五个方面的财税政策来分析其对乡村振兴的帮助，形成一个整体配套的理论成果，并从多个不同的角度来分析目前乡村振兴存在的问题，并相应地提出优化财税政策来实现这一目标。

1.5 研究方法与创新点

1.5.1 研究方法

1. 文献归纳法

本研究对国内外有关乡村振兴理论研究的文献资料展开广泛、大量的查阅，获取财政支持乡村振兴的最前沿知识，回顾综述乡村振兴的相关理论和国家发布的有关财政支持乡村振兴的重要文件，以及国内外有关财政支持乡村振兴方式的诸多成果和论著，总结和梳理本研究的理论和问题，并加以概括，为文章的撰写打下良好基础。

2. 实证研究法

通过实证研究法，围绕促进产业振兴、人才振兴、文化振兴、生态振兴、组织振兴五个方面的财税政策来分析其对乡村振兴的影响，以及其作用机理和实现方式。丰富对促进人才振兴、文化振兴、组织振兴的财税政策的研究，深度融合财税政策与乡村振兴。

3. 案例分析法

研究采用案例研究法，选取国内优秀的乡村振兴发展案例进行个案分析，对案例进行详尽的描述与解释，其目的是了解财税政策对乡村振兴支持作用的研究结果，总结国内外成功、成熟的经验，为探索乡村振兴发展的路径提供有益参考。

4. 调查研究法

深入乡村各地开展实地调查，掌握地方乡村振兴战略相关政策实施状况，调查乡村财税政策落实的情况。一方面，调查研究乡村财税支持的供给侧，如流入乡村的资本总量、技术分布，乡村服务基础设施建设状况，以及乡村财税政策的供求状况；另一方面，调查研究乡村财税政策的需求侧，调查研究乡村各类经营主体的政策需求，资金需求规模、资金用途等情况，寻求财税政策支持乡村振兴的新路径。

5. 历史分析法

从历史回顾的角度研究，通过纵向梳理我国不同时期乡村财税政策发展情况，分析我国农村金融体系演变的规律和路径。通过对政策历史的重新描述，对财税支持乡村振兴的方式进行历史脉络的重新探讨。

1.5.2　创新点

本研究的创新点在于，从实现乡村振兴战略目标的角度入手，以乡村振兴的财税政策作为研究核心，对其机制和机理进行了全面深入的研究。通过分视角的方法，从产业、人才、文化、生态、组织五大振兴的视角分别探索乡村振兴财税政策所面临的重点问题，提出了一系列具有针对性且操作性强的优化与完善建议，强化乡村振兴的财税制度性供给。

第一，多维度透视与实践融合的研究视角。本研究全面梳理总结了乡村振兴的理论，以一种多维度透视与实践融合的研究视角，深度解析了财税政策对乡村振兴的影响。本研究借助经济、社会福利、环境可持续性及机构发展等多元视角，深入揭示了财税政策的内在运行机理，以期精准制定并有效执行相关政策。通过对湖南、山东省和广东省财政补助的具体案例分析，展现了财税政策在乡村振兴中的实际应用和效果。这种方法不仅增加了研究的深度和广度，也为其他地区的乡村振兴提供了参考。

第二，理论与实践的无缝衔接。本研究强调理论与实践的无缝衔接，鉴别了实施财税政策过程中的核心要素与常见难题，使理论得以有效地落地实践。例如，通过对山东省 6.4 亿元财政补助资金的分析，探讨了如何通过精准的财政支持，巩固拓展脱贫攻坚成果和推进乡村振兴任务。广东省通过 3 亿元的补助资金，重点支持农村集体经济建设和基础设施提升，这些实际案例有效地验证了理论的可行性和实际应用效果，从而为乡村振兴的实践注入了新的活力。

第三，财税政策创新与绿色实践的结合。本研究为财税政策创新提供了新的洞见，探索了利用财税政策来催化绿色实践、刺激乡村投资、激励创业等方式，为乡村全面振兴注入了有效的动力。例如，通过财政补助和税收优惠政策，支持生态农业和绿色产业的发展，促进乡村生态振兴。同时，鼓励社会资本参与乡村建设，利用 PPP（Public Private Partnership，政府和社会资本合作）模式引导社会资金投入，提高资金使用效率和项目实施效果。这种创新不仅有助于实现绿色发展目标，也为乡村经济的可持续发展提供了坚实基础。

第四，政策体系的优化与长效机制的构建。通过对乡村振兴理论的全面审视，本研究提出了优化财税支持政策的具体建议，推动形成制度化、常态化的财税支持乡村振兴的长效机制。例如，在人才振兴方面，通过财政补贴和激励政策吸引优秀人才回流乡村，提升乡村人力资源的综合素质；在文化振兴方面，通过专项资金支持乡村文化事业的发展，促进文化传承与创新；在生态振兴方面，通过绿色税收政策和生态补偿机制，支持生态环境保护和可持续发展。

第五，提供理论支撑和实践参考。通过对乡村振兴财税政策的系统性研究，为实现乡村振兴战略目标提供了丰富的见解和经验。本研究不仅对乡村振兴财税政策的理论研究做出了重要补充，增强了政策的系统性和科学性；同时也为政策制定者提供了实用的建议，对财政职能改革和乡村振兴战略的实施具有重要的理论和实践意义。通过本研究的创新性成果，可以助推形成制度化、常态化的财税支持乡村振兴的长效机制，为新时代处理好"三农"工作问题提供了具体应用研究成果，对深入巩固和拓展脱贫攻坚战成果，进而持续推进全面脱贫与乡村振兴有效衔接具有重要意义。

通过这些创新点的系统性研究和实践应用，本研究为我国乡村振兴的财税支持政策提供了较为全面且深入的学术分析和实践指导，具有重要的理论价值和实际应用意义。

2 财税支持政策促进乡村振兴的机理分析

乡村振兴是我国实现共同富裕的应有之义，其致力于解决城乡区域发展的不平衡问题，志在使全体人民享受社会主义建设的累累硕果。乡村如何振兴是一个涉及多学科、兼顾理论与实践的问题。乡村振兴过程中涉及生产力与生产关系的调整，这是最核心的问题。因此，本章重点从经济学的角度对乡村振兴进行剖析。在实践中，一切经济问题又将转化为财政问题，从财税政策的角度对乡村振兴的机理展开分析有利于深刻把握问题的矛盾，有利于从切实可行的角度为乡村振兴出谋划策。

财税政策促进乡村振兴的机理分析包括四部分内容：第一部分对乡村振兴等概念分别进行界定。第二部分是相关的基础理论，具体包括中国古代的农业思想、马克思及西方经济学流派关于乡村发展的理论、中国历代领导人关于"三农"问题的具体阐述及实践。第三部分是机理分析，具体包括财税政策促进乡村振兴的原理、原则、作用机理和实现方式。第四部分是财税政策实施中如何处理政府与市场、上级政府与下级政府、投入与产出之间的关系。该部分内容是对财税政策促进乡村振兴的整体把握与宏观统筹，为后文促进乡村振兴具体的各个方面提供了分析框架及分析方法。

2.1 相关概念界定

在深入剖析财税支持政策如何推动乡村振兴之前，对涉及的核心概念进行明确界定是至关重要的步骤。这不仅为研究提供了坚实的理论基础，而且有助于清晰界定研究范围和指明研究方向。

2.1.1 乡村振兴

乡村振兴的总体目标涉及乡村经济社会的全方位发展，涵盖产业兴旺、生态宜居、乡风文明、治理有效、生活富裕等多个方面。在战略周期上，乡村振兴倾向于中长期和全面铺开。在靶向群体方面，乡村振兴进一步地将靶向群体拓展为全体农村居民，值得强调的是，这里的农村居民应当指广义的农村居民，即包括农民工和农村常住居民在内的农村户籍居民。在要素流动方面，乡村振兴需要城乡间全盘要素的流动和畅通，目前由于城市化放缓和土地要素市场化改革的推进，牵动乡村振兴的要素流动的核心将从人口和劳动力转向土地要素。在经济循环方面，乡村振兴是通过促进农村全局发展拉动整体内需的机制参与经济循环的，本质是通过盘活农村市场，创造国内新需求来推动国内整体经济的进一步增长，其所凸显的更多是效率价值，同时与整体经济的融入性更强，也更有利于推进城乡由二元结构转向均衡发展的整体经济转型。

2.1.2　产业振兴

产业振兴是乡村振兴的重要基础，是解决农村一切问题的前提，要把产业发展落脚点置于促进农民增收，发展现代农业，形成融合发展的现代农业产业体系上。乡村产业根植于县域，以农业农村资源为依托，以农民为主体，围绕第一、二、三产业融合发展，实现一产强、二产优、三产活，兼具地域特色鲜明、创新创业活跃、业态类型丰富、利益联结紧密等特征，其目的是提升农业、繁荣农村、富裕农民。

2.1.3　人才振兴

乡村振兴关键在人、在人才。应把人力资本开发放在首要位置，打造一支强大的乡村振兴人才队伍。实施农村人才重点工程，践行人才工作理念，发挥人才兴农富农的积极作用。盘活人才队伍，提升"土专家""田秀才"实用型队伍科技含量；根据市场发展所需，培养新型职业农民人才队伍；根据农村产业发展所需，引进高端人才队伍。建强"三支人才"队伍，为"三农"发展持续做出贡献。

2.1.4　文化振兴

文化振兴就是要加强农村思想道德建设和公共文化建设，以社会主义核心价值观为引领，深入挖掘优秀传统文化，培育挖掘乡土文化人才，培育文明乡风、良好家风、淳朴民风，改善农民精神风貌，提高乡村社会文明程度，焕发乡村文明新气象。加强乡村传统文化的发掘整理，打造新的文化产品，加强对农村地区民族民间特色文化资源和非遗资源的开发利用，带动特色手工艺品制作、传统文化展示表演和乡村文化旅游等发展。

2.1.5 生态振兴

生态振兴，就是把乡村的生态环境治理好和保护好，是实现生态文明建设总体目标的重要内容，也是实现农业农村绿色发展、提升农业供给质量的必经之路。坚持绿色发展，扎实实施农村人居环境整治三年行动计划，推进农村"厕所革命"，完善农村生活设施，打造农民安居乐业的美丽家园，让良好生态成为乡村振兴支撑点。

2.1.6 组织振兴

组织振兴，就是优化基层组织管理的体制机制。在强化基层党组织建设的基础上，推进干部任用体制改革，厘清管理部门各方权责，杜绝权力滥用，防止权力腐败；完善依法治村的制度体系，确立以法律为一切组织管理和行动的基本准则，同时对广大村民普及法制教育；充分发挥村民自治作用，营造邻里互帮、村民互助、和谐发展的组织氛围；建立健全党委领导、政府负责、社会协同、公众参与、法治保障的现代乡村社会治理体制。

2.2 相关基础理论

以史为鉴，可以知兴亡。历史为现实积累了经验，指引了方向。其中既有中国古代封建社会中关于农业的阐述，也有近代西方经济学派中关于乡村发展之思潮，还有马克思关于乡村发展的论断，最为重要的是中华人民共和国成立以后历届党和国家主要领导人对"三农"问题的论述与伟大实践，这是在马克思主义的思想指引下，党和国家历届主要领导人结合社会现实所提出的理论精华，并在长期的实践中经受了考验。党和国家历届主要领导人的这些思想对时下我国"三农"问题的解决仍然有着充分的借鉴作用，是解决中国乡村问题最好的理论工具。

2.2.1 中国古代的农业理论

重农抑商的思想起源于战国时期的商鞅变法，与齐国通过管仲变法所推崇的"士农工商"有所区别。管仲推崇商业的发展，便提出了"士农工商"的著名论断，他认为商业的发展和农业同等重要，但后世曲解了管仲所提出的"士农工商"，认为商人是末流。战国时期的商鞅变法旗帜鲜明地推崇重农抑商政策，认为只有农业才是发展国家的根本，鼓励屯田开荒。正因为如此，秦国从西部一个小国发展到战国后期国力强盛的国家。历史上有三次重农抑商实施较为严格的时期，分别是战国时期的商鞅变法时期；西汉的汉武帝变法时期，抑商的配套措施主要有盐铁专卖，即盐铁收归国有并严令禁止私人贩卖；明清时期所奉行的大陆主义，闭关锁国，严格限制对外贸易。西汉汉武帝时期，汉武帝接受了大儒董仲舒的"罢黜百家，独尊儒术"的观点，并将其作为国家治理的指导思想。从汉武帝开始到封建社会结束 2 000 多年的时间里，儒家思想一直是国家发展的意识形态，而儒家向来推崇重农抑商的农本思想。因此，儒家的重农抑商政策是我国封建社会最基本的经济指导思想，是受到统治阶层维护的，它的主张是重视农业、以农为本，限制工商业的发展，以保证经济政策向有利于农业发展的方面倾斜。这种思想也是中国古代农业经济长盛不衰的根源。儒家的重农经济思想基本上是这样一种模式，即"人口增长—发展农桑—农业技术进步—积极储备—满足人口衣食—维护封建统治、国家富足"，最基本的特征是重视民生，以农为本；提倡节约，反对奢靡；重视轻工，重农抑商。中国古代，封建统治者之所以坚持实行这项政策，有如下三方面原因。

从经济方面来看，重农抑商政策的实行是维护统治基础、满足国家政权积累财富的需要。重农抑商等价于"重本抑末"，"本"是生产，"末"是流通。在以"农业立国、农为国本"的小农经济国家，自给自足的自然经济是中国封建社会的经济基础，"商"虽然是"士农工商"四大正业之一，但农业是古代社会最具决定性的生产部门，地租田赋是封建国家财政收入的最主要来源。私人工商业的发展必然会和农业争夺劳动力资源，而农民弃农经商则会直接导致农田荒芜、粮食短缺，甚而导致小农经济瓦解，最终对封建国家的财政收入带来直接的威胁。

从政治方面来看，重农抑商政策的实行是为了安定社会、稳定国家的统治秩序。私人工商业的发展使富裕阶层日益发展壮大，必然导致奢侈消费，从而产生奢侈消费品的制造业和服务业。这种产业的发展必然导致大量人口放弃基本消费品的生产，最终导致社会抵御灾荒和战争的能力削弱，威胁国家的统治秩序。私人工商业的发展还容易形成对朝廷构成威胁的"叛乱"势力，直接威胁国家统治。

从思想文化方面来看，重农抑商政策的实行是为了维护以"义利之辨""重义轻利"观念为代表的传统的伦理思想。在中国古代思想家们看来，商业及商人极大地威胁着传统的伦理思想，总结起来有四个方面：社会财富两极分化，即使对商人课以重税，他们仍有巨大财富；出身卑贱的商人财富积累以后跨越阶级，违背严格的封建礼制；拥有巨大的财富导致奢侈消费，不符合节俭的社会风气；商人与权贵容易通过金钱寻租，游离在道德和法律的约束之外。

2.2.2　西方经济学派关于乡村发展的理论

1. 马尔萨斯的人口理论

托马斯·罗伯特·马尔萨斯是英国 18 世纪末 19 世纪初的资产阶级人口学家、政治经济学家。18 世纪末 19 世纪初是欧洲社会变革的年代，产业革命使英国经济取得了很大发展，人口也迅速增加，但资本主义机器工业的发展又使广大劳动人民的生活状况恶化，失业和贫困成为英国严重的社会问题。马尔萨斯认为人口在食物供给充足的条件下按几何级数增长，而生活资料受土地收益递减率的制约则只能按算术级数增长。由此，还引出了马尔萨斯陷阱，即当人均收入提高时，人口增长速度也必然随之提高，结果人均收入又会退回到原来的水平，除非投资规模迅猛提高到超过人口增长的水平。因此，在最低人均收入增长到与人口增长率相等的人均收入水平之间，存在一个"人口陷阱"。在这个陷阱中，任何超过最低水平的人均收入的增长，都将被人口增长所抵消。

然而，马尔萨斯人口陷阱模型忽视了技术进步的作用，这种作用足以抵消人口迅速增长所造成的阻力。马尔萨斯是以土地收益递减规律为基础来阐述其人口理论的，没有考虑到自然科学的快速发展与技术进步带动了制造业的快速发展，发明了有助于农业生产的各种大型机器，帮助农业产业机械化运作，进而增加粮食产量，释放了农业劳动力。因而才会在当时社会背景下对人类社会的发展前景做出悲观的结论。马尔萨斯人口陷阱模型假定人均收入和增长率有正向的联系，认为收入的增加必然会导致人口的增加。但是在实际中的情形则完全不同，世界上的不同国家或同一国家的不同地区，往往是收入高的国家和地区比较成功地控制了人口增长，妇女生育子女的数目大大下降。恰恰是那些收入低下的国家和地区，人口增长率过高，越穷越生，越生越穷。也就是说，人口增长与经济发展存在负相关。

尽管马尔萨斯人口陷阱模型存在缺陷与不足，但它所阐述的人口与土地间的关系是经济发展中不可回避的一环。围绕如何解决人口与土地这一问题，不同国家有不同的理念和实践。比如美国、加拿大等国家，由于土地资源丰富，实施了大田广种的农业模式。这种模式依赖于大规模的机械化生产，能够在短时间内生产大量粮食，满足人口增长的需求。相对地，为了解决我国人多地少的矛盾，我国实行精耕细作的农业模式，精耕细作模式强调对土地的细致管理和高效利用，通过改良种子、改良土壤、合理使用化肥与农药及合理轮作等手段，提高单位土地面积的产出。同时，我国农业发展过程中，注重生态平衡和可持续发展，如推广节水灌溉技术、发展有机农业及实施退耕还林还草等政策，以此保护土地资源并确保长期的粮食安全。除了论述人地二者间的关系，马尔萨斯人口理论还有着另一层重要的意义，即在下一个新技术出现之前，不同经济体会倾向于对存量资源进行争取与博弈，并引起相应的矛盾与冲突。因此，抢占下一个科技创新的先机对于技术进步与经济增长有着重要的决定作用，也能够缓解社会发展的部分矛盾。

2. 刘易斯的乡村发展理论

刘易斯提出了农村劳动力无限供给条件下的二元经济转化模型。其核心要义如下：发展中国家存在农村传统农业部门与城市现代部门，农村传统农业部门存在无限供给的农业剩余劳动力。城市现代部门增长的动力来自资本积累，资本积累来自利润的再投资，利润则来自城市现代部门吸纳的农村劳动力的边际劳动生产率与其在城市现代部门劳动获得工资的差额。为保障这一差额，刘易斯将工资视为成本，提出吸纳到城市现代部门的农村劳动力的工资不能太高。太高，利润会减少；太低，吸纳不到农村劳动力。因此，给吸纳到城市现代部门的农村劳动力的工资高于其在农村传统农业部门劳动获得收入的30%，并保持不变，直到城市现代部门吸纳的农村劳动力由无限供给转变为稀缺，完成二元经济转化。刘易斯认为：第一转折点在非资本主义部门的变化开始影响工资时出现。也就是说，伴随着无限供给的农村劳动力，即农村劳动力的边际产品（Marginal Product of Labor in Agriculture，MPLA）等于0的劳动力向资本主义部门转移到边际产品大于0时，继续转移农村劳动力，会使农业产品的总产值下降。在总劳动力不变时，每个劳动力的平均农业产值下降，农产品不能满足转移农村劳动力的生存需求，即农产品出现短缺时的点。此时，农产品变得昂贵，农村劳动力与资本主义部门的劳动力的生存成本上升，影响由生存成本决定的工资，即刘易斯的第一转折点是农村劳动力向非农产业转移到农村劳动力的边际产品大于0的点。此时，农村劳动力的边际产品大于0与农村劳动力的边际产品等于0的农村劳动力无限供给不同，也与刘易斯提出的"第二转折点出现于资本主义与非资本主义部门的边际产品相等之时"的农村劳动力稀缺不同，即农村劳动力向非农产业转移到农村劳动力的边际产品大于0的点是农产品的稀缺点。对农村劳动力来说，既不是农村劳动力的无限供给点，也不是农村劳动力的稀缺点。可见，刘易斯提出的第一转折点是农产品出现稀缺的点，也是农村劳动力由无限供给转变为有限供给的点。刘易斯模型在解决发展中国家的二元经济转化问题中，没有明确提出农村劳动力有限供给，在农村劳动力从无限供给到稀缺的整个转化中主要将工资视为成本，将工资与利润完全对立，试图尽力压低工资至能吸纳到农村劳动力的最低限，以低工资增加城市现代部门的利润。利润资本化、增大资本积累、扩大企业规模、吸纳更多农村劳动力到城市现代部门就业会导致需求不足、劳资关系紧张，吸纳农村劳动力不能持续，二元经济转化难完成。在此过程中，看不到农村传统农业部门的发展，农村传统农业部门被视为一个被动的部门。费景汉、拉尼斯针对此不足进行了修正。

3. 费景汉和拉尼斯的乡村发展理论

费景汉、拉尼斯构建的新的二元经济转化模型，被命名为"费景汉 - 拉尼斯模型"。由于该模型脱胎于刘易斯模型，因此，通常被称为"刘易斯 - 费景汉 - 拉尼斯模型"。费景汉和拉尼斯对刘易斯模型的最大改进是将农村传统农业部门的发展纳入分析框架，认为农村传统农业部门不仅能像刘易斯指出的那样为城市现代部门的扩张提供丰富而廉价的农村劳动力，而且农村传统农业部门生产的农产品出现剩余是农村劳动力流向城市现代部门的先决条件，否则，在农业生产率不变的条件下，城市现代部门新吸收的农村劳动力就可能没有口粮和其他农产品供应，以农产品为原料的城市现代部门也得不到发展。费景汉、拉尼斯论述的二元经济向现代城市的一元经济的具体转移过程分为三个阶段。费景汉、拉尼斯认为，制度工资就是农村传统农业部门农村劳动力最初的平均产品（Average Product of Labor，APL），即农业中存在无限供给农村劳动力时的农村劳动力的平均产品。第一阶段与刘易斯模型基本相同，农村传统农业部门存在农村劳动力的边际产品等于 0（$MPLA = 0$）的隐蔽失业者（AD），此阶段转移的是这部分失业者。第二阶段是将农业中农村劳动力的边际产品大于 0，但小于平均产品（制度工资）的那部分农村劳动力（DP）转移出去。经过这两个阶段，农业中的剩余农村劳动力才得以消除。第三阶段是经济运行进入新古典阶段，农村劳动力的边际产品大于农村劳动力的平均产品（制度工资），第二阶段与第三阶段的交点，即当 $MPLA = APL$ 时，对应的农村劳动力的点（图 2 - 1 中的点 P），也就是费景汉、拉尼斯认为的商业化点。在这一商业化点，经济运行进入新古典阶段，农村劳动力稀缺。这与刘易斯认为的第二转折点是农村劳动力的边际产品与非农部门的劳动力的边际产品相等还有一定距离。在前两个阶段，费景汉、拉尼斯（1992）认为，任何实际工资明显上升的趋势和由此而产生的工农部门间的非正常工资差别，都会因农村劳动者向城市现代部门流动而受阻，即在二元经济转化中工资水平应基本保持不变。可见，"刘易斯－费景汉－拉尼斯模型"的进步之处是认为农村传统农业部门生产的农产品出现剩余是农村劳动力转移到城市现代部门的前提，并将转移过程分为三个阶段，更符合发展中国家二元经济转化的实际。然而，费景汉、拉尼斯没有明确提出农村劳动力供给有限，且认为在二元经济转化的不同阶段，工资水平保持不变，不同阶段采取相同的转移模式，这与实际情况不符。

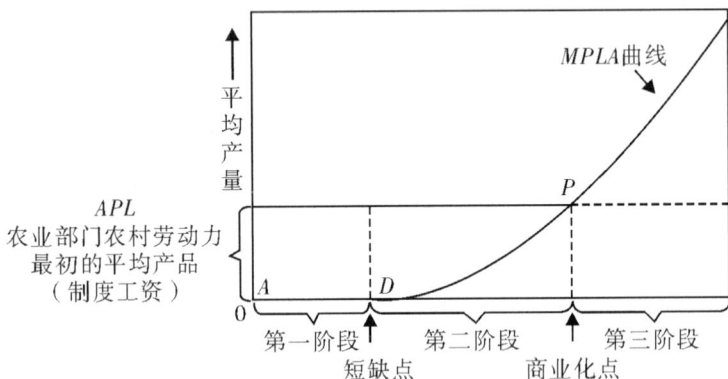

图 2-1　费景汉－拉尼斯模型三阶段示意图

4. 舒尔茨的乡村发展理论

舒尔茨一反其前诸多经济学家论述的关于农业发展被动受制于工业发展的理论，提出农业不是不能对经济发展或工业化做出贡献，关键在于要把传统农业改造成为现代农业。如果一个国家在经济发展过程中不能成功地将传统农业改造成现代农业，那么这个国家不仅无法实现工业化，而且必将落入工业与农业发展背道而驰的境地。舒尔茨的思考主要表现在以下两个方面：

（1）借助市场方式，向传统农业输入新的生产要素，把传统农业改造成为现代农业。

舒尔茨将农业划分为三类：传统农业、现代农业与过渡农业。传统农业有三个基本特征：一是技术状况长期保持不变，农业生产要素的供给和技术条件亦保持不变；二是农民没有改变传统生产要素的动力；三是农民的储蓄为 0，没有投资的经济能力。舒尔茨具体提出了改造传统农业的对策思路：

传统农业的改造方式只能采取市场方式，不能采用命令方式。命令方式，即政府用行政命令的方式改造传统农业，政府不仅重组农业生产，而且指挥农业活动，这样必然会束缚农民的生产积极性。农民是农业生产要素配置中的中心。采取市场方式，给农民以经济刺激，就能调动农民的生产积极性。

重组农业生产单位。由于专业化的存在，一个农场的规模不能太大。舒尔茨批评了传统的大农场观念，提出了农业生产基本单位的特点是具有真不可分性。具有真不可分性的单位只能是农户。"由于这种改造，农场的规模会发生变化——它们或者变得更大，或者变得更小——但是，规模的变化并不是这种现代化过程中产生的经济增长的源泉……因此，在这种改造所引起的过程中，关键问题不是规模问题，而是要素的均衡性问题。"

传统农业向现代农业转变需要投入新的技术、新的生产要素。新的生产要素的需求者是农民，供给者是发现、发明、生产与供应新生产要素的那些人和单位。新生产要素的供给者分营利的单位和非营利的单位两类。非营利性单位免费提供新的生产要素，实际上是不能持久的，因为要继续取得资源才能提供新的产品。能够持续供应新的生产要素的单位，都是营利的。新的生产要素也是商品，通过市场进入农户。在欠发达国家，新的生产要素的市场狭小，因此，需要政府提供帮助。农民接受新的生产要素的动机就是有利性。有的新生产要素的使用，需要农民学习知识，而学习是需要花费成本的。因此，要向农民投资，提高农民的文化素质和工作能力。

（2）通过向农民投资（主要是教育投资）来提高农民素质，进而提高农民利用新生产要素的能力，改造传统农业。

时代在不断变迁，技术在持续进步，这对使用技术（新生产要素）的人的素质也提出了更高的要求。维持低水平、均衡的传统农业虽然可以解决人们的温饱问题，但是传统农业状态下几乎是文盲的农民是不可能对新的生产要素产生需求的。即使在传统农业中，农民也是一个理性的经济人，基于自身素质低下而无法将新生产要素使用过程中的风险与不确定性降到最低，因而，传统农民理性选择的结果只能是拒绝使用一切新生产要素。舒尔茨实际上提出了改造传统农业的真正关键是必须提高农民使用新生产要素的素质。要提高农民素质，唯一可行的途径就是对农民进行教育投资。至于如何对农民进行教育投资，舒尔茨认为，可以通过三种方式使农民获得新知识和技能：第一种方式是沿用已久的方式，即通过试验和错误来学习，由严峻的经验进行教授。第二种方式是在职培训，这种培训可以由出售新生产要素的企业，如农业推广站这样的政府机构或农民自己来提供。第三种方式是教育，这在长期里是最有效的方法。

5. 托达罗的乡村发展理论

美国经济学家托达罗发表了《欠发达国家的劳动力迁移模式和城市失业问题》和《第三世界的经济发展》，提出了农村劳动力向城市迁移决策模型，简称"决策论"。在这里，托达罗模型既沿袭了刘易斯二元经济理论的分析范式，同时也认识到刘易斯模型的缺陷，并进行了相应改进。该模型表示如下：

$$R_t = Yu(t) \cdot \pi(t) - Yr(t) \tag{1}$$

$$Q_t = f(R_t) f' > 0 \tag{2}$$

在式（1）中，R_t 为 t 期预期城乡收入的差异，$Yu(t)$ 为 t 期城市实际工资，$\pi(t)$ 为 t 期就业概率，$Yr(t)$ 为 t 期农村实际平均收入，也是劳动力迁移的机会成本；在式（2）中，Q_t 为 t 期从农村向城市迁移的劳动力数量，$f' > 0$ 表示农村劳动力迁移是城乡预期收入差异的增函数。假如城市不存在失业，那么农村劳动力向城市迁移的就业概率 $\pi(t) = 1$。因此，农村劳动力迁移的行为决策取决于城乡实际收入的差异。托达罗模型表明，城市即使存在大量失业现象，但只要农村劳动力预期迁移城市获得的收入大于农村的实际平均收入，农村劳动力就会由农村向城市迁移。在图 2-2 中，DM 是农村传统农业部门的劳动需求曲线，DN 是城市现代部门的劳动需求曲线，横轴 O_M、O_N 表示社会总劳动力供给量。在经济发展的初期，农村传统农业部门的工资为 W_N 时，从事农业的农村劳动力的就业量为 $Q_N O_N$。假如城市现代部门的工资稍高于 W_N，这就意味着农村传统农业部门的农村劳动力会不断向城市现代部门流动。假如无论农村传统农业部门还是城市现代部门的工资高低能够随农村劳动力的供求灵活变动，那么伴随着农村劳动力从农村传统农业部门向城市现代部门转移，农村传统农业部门的农村劳动力的工资也会随之上升，当农村传统农业部门的工资与城市现代部门的工资相等，即农村传统农业部门的劳动需求曲线与城市现代部门的劳动需求曲线相交于均衡点 E 时，会实现两大部门的充分就业状态，均衡工资为 W_E。农村传统农业部门的均衡就业量为 $O_N Q_E$，而城市现代部门的均衡就业量为 $O_M Q_E$。实际上，城市现代部门的工资往往具有刚性，如果城市现代部门的实际工资为 W_M，农村传统农业部门的实际工资为 W_N，那么即使农村传统农业部门的农村劳动力愿意接受的工资为 W_E，也必然会导致城市出现大量失业现象。

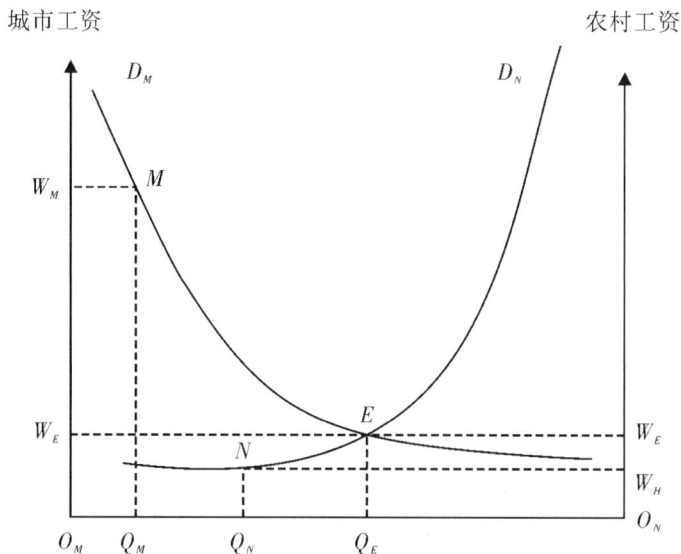

图 2 - 2　托达罗模型

6. 罗斯托的乡村发展理论

美国经济学家罗斯托于 1960 年在其《经济增长的阶段》一书中，提出了著名的经济增长阶段理论。罗斯托用一个经济史学家的归纳方法，将工业化进程分为五个阶段，即传统社会阶段、准备起飞阶段、起飞阶段、走向成熟阶段、大众消费阶段。1971 年又补充了追求生活质量阶段。

传统社会阶段。在这一阶段，经济处于原始状态，经济活动是围绕生存而展开的，通常都是封闭或孤立的经济。人们赖以生存的产业以农业为主，整个社会生产力低下，社会似乎对现代化毫无兴趣，人均收入仅维持在保证生存的状态。社会结构的僵硬阻碍着经济上的变革，生产活动中采用的技术是牛顿时代以前的技术，看待物质世界的方式也是牛顿时代以前的方式。

准备起飞阶段。这一阶段是传统社会阶段与起飞阶段之间的过渡阶段，社会上升所需的各种条件正在形成。这一阶段的重要任务是政治和经济制度上的变革为发展创造条件。政治上统一和趋于稳定，以促进统一市场的形成和大笔资本的积累。经济上发展的障碍正在逐步克服，近代科学知识开始在工业生产和农业革命中发挥作用，金融业开始发展，并开始解决新的投资所需的融资问题，商业也随着交通运输业的改进而正在扩大。农业的发展仍然具有基础性的作用，既要提供更多的粮食来养活迅速增长的城市人口，又要为工业的发展提供资金积累和销售市场。其主导产业是第一产业或劳动密集型的制造业。这一阶段要解决的关键难题是获得发展所需要的资金。

起飞阶段。这个阶段在社会历史发展中具有决定性意义，在经济由传统向现代的转换中是一个巨大分水岭。到达此阶段必须具备三个条件：一是要有较高的经济积累比例，使积累占国民收入的 10% 以上。二是要建立经济起飞的主导产业部门，使它发展较快，且能带动其他生产部门的增长。三是要有体制上的改革，即建立一种能够保证"起飞"的制度体系，以推动经济的扩张。这一阶段，大量的劳动力从第一产业转移到制造业，国外投资增加明显，以一些快速成长的产业为基础，国家出现了若干区域性的增长极，经济开始"自动持续成长"。这一阶段，生产方法和生产技术剧烈转变，新的工业部门迅速扩张，新型企业家阶层日益扩大，利润大部分用于再投资，人均收入大幅度上升，经济增长速度比较快。

走向成熟阶段。这是起飞阶段之后经过较长时期的经济持续发展所达到的一个新的阶段。这一阶段，现代技术的应用扩展到大范围的经济活动领域；对工业设备部门、工业制造业的投资带动了经济增长，新厂房设备的投资维持在占国民收入 10% ~ 20% 的高水平；投资的增长使生产的增长超过人口的增长。但是一旦经济对新技术的应用或推广速度放慢，经济增长就会因失去动力而出现减速趋势。由于生产技术的改进、产业结构的调整，高附加值的出口产业不断增多，本国经济在世界贸易中的地位和作用得到加强，国民福利、交通和通信设施显著改善，经济增长惠及整个社会。

大众消费阶段。这一阶段，工业生产能力高度发达。落后产能已经被淘汰，越来越多的资源用来生产耐用消费品，经济主导部门开始转向服务业；技术工人和城市人口的比例都比前一阶段有一定提高，用来提供社会福利和社会保障用的资源在生产和分配中逐渐增大。人们的生活方式也发生了较大变化，用于休闲、旅游、教育、保健、国家安全项目上的花费增加；奢侈品消费向上攀升，高科技成果应用广泛。

追求生活质量阶段。1971 年，罗斯托在其《政治和成长阶段》一书中又补充了追求生活质量阶段。他认为，这一阶段的主要目标是提高生活质量，人们主要看重的是劳务形式、环境状况、自我实现程度所反映的"生活质量"的高低程度。经济的主导部门是提供劳务而非生产物质产品的服务产业，如教育卫生、市政建设、休闲设施、环境保护、文化娱乐、旅游等部门。居民消费追求时尚与个性，消费文化呈现出多样性和多变性。随着这一阶段的到来，一些长期困扰社会的老大难问题有望逐步得到解决。

2.2.3 马克思主义关于乡村发展的理论

马克思主义关于农村发展和城乡融合发展的思想，是乡村振兴战略重要的理论来源。其思想观点主要有以下几方面：

农业具有基础性地位。马克思、恩格斯认为："农业劳动是其他一切劳动得以独立存在的自然基础和前提。超过劳动者个人需要的农业劳动生产率，是全部社会的基础。"① 虽然农业生产效率大幅度提高，农业的经济地位明显下降，但这并不意味着农业失去了基础性地位，相反，随着工业规模日益扩大，城市人口越来越多，农业对经济发展的产品贡献将再次凸显出来。

农业发展推动了城乡分离。马克思、恩格斯提出，农业劳动生产率制约着农业和工业之间社会分工的发展程度，决定着农业人口向城市和非农产业转移的速度和规模。城乡分离是历史的必然，是人类历史上最大的一次社会分工。从马克思主义关于生产力和生产关系相互作用的唯物史观出发，在生产力低下的人类社会早期，是不存在城乡区别的。只有当生产力达到一定的水平，社会上的一部分人用在农业上的全部劳动——必要劳动和剩余劳动，必须足以为整个社会，从而也为非农业工人生产必要的食物。也就是使从事农业的人和从事工业的人有实行这种大的分工的可能，并且也使生产食物的农民和生产原料的农民有实行分工的可能，这时候城与乡的分离也就理所当然了。

城乡的尖锐对立造成了乡村的衰退。马克思、恩格斯认为，城乡分离是生产力"有所发展但又发展不足"的结果，因此，存在着诸多消极影响。特别是对农村来说，城市及其工商业部门的巨大吸取力，往往从农村中吸走了最强壮、最有知识和能力的农村劳动力，进而使得"农村日益荒凉"。但人类社会最终还是必然由城乡分离走向城乡融合。马克思、恩格斯基于生产力与生产关系相互促进的辩证关系，提出生产力高度发展和私有制消灭是城乡融合的两个前提条件。

2.2.4 党和国家历届主要领导人关于"三农"问题的理论

1. 毛泽东关于"三农"问题的理论

中华人民共和国成立后，毛泽东更加重视农民问题，一方面，他运用马克思主义基本理论，吸取、借鉴苏联等国的建设经验；另一方面，他又从中国传统文化，包括从"重农"思想中吸取经验，推陈出新，形成了具有鲜明特色的"三农"思想。

"三农"问题关系到国家政权的巩固和发展。1957 年 2 月，毛泽东在《关于正确处理人民内部矛盾的问题》中强调："我国有五亿多农业人口，农民情

---

① 中共中央马克思恩格斯列宁斯大林著作编译局. 马克思恩格斯全集：第 26 卷 [M]. 北京：人民出版社，1972：28-29.

况如何，对于我国经济的发展和政权的巩固，关系极大。"这是因为，农民的经济状况如何，对工业的发展，乃至整个国民经济的发展影响极大；农民的政治状况如何，关系到整个社会的稳定和政权的巩固。中华人民共和国成立以后，由于党在农村紧紧依靠农民，重视农民工作，因此，我国的农村社会秩序是稳定的，基层政权是巩固的。

农业是国民经济发展的基础。毛泽东认为，农业是我国人民和社会生存、生活、发展的基础。在《论十大关系》中，他精辟地论述了农业的重要性，以及重工业和轻工业、农业的关系，并总结了苏联挖农业太苦的教训，提出"不能挖农业太苦"。在农业生产结构上，他提出"粮食是基础的基础""农业、林业、牧业、副业、渔业要全面发展"等重要思想。

把农民组织起来，引导其走社会主义道路。中华人民共和国成立以后，毛泽东领导开展了土地革命，实现了"耕者有其田"，解放了农村生产力。为了改变个体小农经济的弊端，毛泽东倡导建立农村合作社，组织起来走集体化的道路，并对农业进行了社会主义改造，实现了社会主义合作化。

2. 邓小平关于"三农"问题的理论

改革开放总设计师邓小平对我国社会主义时期的"三农"问题高度重视，总结经验教训，在继承和发展毛泽东关于"三农"理论的基础上，坚持解放思想，一切从实际出发，对解决"三农"问题进行了新的探索，初步形成了有中国特色的社会主义的"三农"理论。

农业发展要有"两个飞跃"。邓小平指出，农业生产必将发生"两个飞跃"。1990年3月3日，邓小平在同中央负责人的谈话中说："中国社会主义农业的改革和发展，从长远的观点看，要有两个飞跃：第一个飞跃，是废除人民公社，实行家庭联产承包为主的责任制。这是一个很大的前进，要长期坚持不变。第二个飞跃，是适应科学种田和生产社会化的需要，发展适度规模经营，发展集体经济。这又是一个很大的前进，当然这是很长的过程。"[1] 在这里，邓小平对中国农业的发展前景进行了预测，把新的历史时期的农业及农村的集体经济置于科学化、社会化的基础上，从而使中国农业、农村经济的发展坚持了社会主义方向，又纠正了过去脱离实际的"左"的错误做法。

工业化、城镇化是"必由之路"。对中国这样一个地少人多的农业大国来说，要从根本上解决"三农"问题，关键是实行"非农化"，也就是通过农村工业化、城镇化，使过多的农村劳动力、农村人口转移到工业、第三产业等非

---

[1] 邓小平. 邓小平文选：第三卷 [M]. 北京：人民出版社，1993：355.

农经济领域和城镇非农村新社区。邓小平认为，只有发展多种经营，尤其是"发展新型的乡镇企业"，才能解决农村人多地少、劳动力过剩的问题，从而实行农业的机械化与规模经营。

中国农村改革发展的方式是走科技兴农之路。邓小平认为，振兴农村经济主要取决于科技进步和科技成果的广泛运用，要把农业的发展转移到依靠科技进步和提高劳动者素质上来。他说："将来农业问题的出路，最终要由生物工程来解决，要靠尖端技术。"[①] 他还指出，科学技术的发展和作用是无穷无尽的。要大力加强农业科学研究和人才培养，切实组织农业科学重点项目的攻关。必须加大农业的投入力度，搞好新技术的研究、开发和推广。

3. 江泽民关于"三农"问题的理论

江泽民在探索建设有中国特色社会主义道路的过程中，非常重视"三农"问题。他在继承邓小平理论的基础上，结合新时期出现的新问题，将农业、农村和农民问题通盘考虑，认为这是一个关系党和国家全局的根本问题，并形成了理论上的新突破，对全面建设小康社会具有非常重要的指导意义。

加强农业基础设施建设，实现农业的可持续发展。江泽民指出，"加强农业基础设施建设，改善农业生产条件，这是关系农业稳定增长、增加农业后劲的一个重要问题"，必须把"农业基础设施放在与能源、交通、重要原材料等基础产业同等重要的地位"[②]，通过加强农业基础设施建设，保护好耕地，改善农业生产条件，促进农村经济快速、持续、健康发展。

进一步完善农村基本政策，继续深化农村改革。江泽民在肯定家庭联产承包责任制的基础上，根据我国农村发展的新特点、新情况，提出要不断完善统分结合的双层经营体制，继续深化农村改革。也就是说，深化农村的改革要"坚持以市场为导向，调整农村产业结构，优化资源配置，走高产、优质、高效的道路"。

如何减轻农民负担，增加农民收入，是一个带有全局性的问题。增加农民收入是"三农"问题的核心和根本，只有农民的收入能够稳定增长，农民才会有积极性，农业才会加强，农村才会发展；全面建成小康社会的重点和难点都在农村。关于如何增加农民收入，江泽民认为："继续推进农业和农村经济结构的战略性调整，是增加农民收入的根本途径。"[③] 减轻农民负担，重视扶贫开发也

---

① 邓小平．邓小平文选：第三卷［M］．北京：人民出版社，1993：275．

② 江泽民．要始终高度重视农业、农村和农民问题［M］//中共中央文献研究室．十四大以来重要文献选编：上．北京：中央文献出版社，2011：374．

③ 江泽民．当前经济工作需要把握的几个问题［M］//论"三个代表"．北京：中央文献出版社，2001：89．

是增加农民收入的一种手段。农民负担过重是农民收入增加缓慢的一个重要因素。江泽民提出："在农民增收困难情况下，尤其要高度重视减轻农民负担，让农民休养生息。加快农村税费改革，是减轻农民负担的治本之策。"①

4. 胡锦涛关于"三农"问题的理论

胡锦涛非常重视"三农"问题。从 2004 年起，中央每年都印发有关"三农"问题的一号文件。2005 年 10 月，党的十六届五中全会明确提出建设社会主义新农村的重大战略任务，对社会主义新农村建设做了部署。在社会主义新农村建设的伟大进程中，农村改革发展揭开了新的篇章。

坚持统筹城乡发展。党的十六届四中全会深刻分析了一些国家工业化发展历程，明确提出"两个趋向"的重要论断，即"在工业化初始阶段，农业支持工业，为工业提供积累是带有普遍性的趋向；但在工业化达到相当程度以后，工业反哺农业，城市支持农村，实现工业与农业、城市与农村协调发展，也是带有普遍性的趋向"。② 中央认为，经过几十年的发展，我国在总体上已进入以工促农、以城带乡的发展阶段，必须统筹城乡经济社会发展，把解决好农业、农村和农民问题作为全党工作的重中之重，坚持"多予、少取、放活"的方针，努力增加农民收入。

采取一系列重大措施切实减轻农民负担。2006 年 1 月 1 日起《中华人民共和国农业税条例》废止。由此，国家不再针对农业单独征税，一个在我国存在 2 600 年的古老税种宣告终结。附加在农业税上的一系列地方性收费也一并取消。农业税及各种附加收费的取消，根本性地扭转了农民负担过重的状况，给亿万农民带来了看得见、摸得着的实惠。

此外，国家还进行了包括乡镇机构、农村义务教育、农村最低生活保障制度、新型农村社会养老保险制度、县乡财政管理体制改革在内的农村综合改革和集体林权制度改革。几千年来中国农民学有所教、老有所养、病有所医、困有所济的梦想变成现实。

5. 习近平总书记的"三农"思想

新时代乡村振兴战略是习近平总书记以马克思主义城乡关系理论为指导，借鉴中国优秀传统农耕文明，对中华人民共和国成立 70 多年来城乡发展的经验总结和理论思考，是新时代加快农村发展、改善农民生活、推动城乡融合发展的"总抓手"。

---

① 《中共中央国务院关于切实做好减轻农民负担工作的决定》中发〔1996〕13 号。
② 于 2004 年党的十六届四中全会上提出。

产业振兴是乡村振兴之基。产业振兴是解决农村一切问题的基本前提和物质保障。从社会主义新农村建设的"生产发展"到新时代乡村振兴战略的"产业兴旺",体现了社会对农业产业优化升级的新期盼。新时代乡村产业振兴必须以加快培育、壮大农村优势产业为载体,进一步解放、发展和保护农业社会生产力,增强农业经济活力,夯实乡村振兴的物质基础。

人才振兴是乡村振兴之本。新时代乡村振兴要靠人才,也必须依托人才。改革开放以来,中国经济持续高速增长和城镇化快速发展与农村大量青壮年劳动力涌入城市密切相关,这也导致乡村长期处于"贫血""失血"状态,农村出现大面积"空心化"现象。如果不扭转人才等要素向城市单向集聚的状况,乡村振兴就是空中楼阁。

文化振兴是乡村振兴之魂。乡村振兴,既要塑形,也要铸魂。新时代乡村振兴战略把"乡风文明"作为主要内容,必须走乡村文化兴盛之道,传承、发展、提升农耕文明,构筑乡村振兴之魂。中国传统农耕文明和诚信重礼的乡风民俗都是中华文化的鲜明标签,都承载着华夏文明的基因密码和思想智慧。"弘扬社会主义核心价值观,保护和传承农村优秀传统文化,加强农村公共文化建设,开展移风易俗,改善农民精神风貌,提高乡村社会文明程度"是新时代乡村文化振兴的基本原则和目标。

生态振兴是乡村振兴之擎。新时代乡村建设从"村容整洁"到"生态宜居",生态振兴成为乡村振兴的内在要求。改革开放以来,经济社会的快速发展积累了十分严重的生态环境问题,"老百姓意见大、怨言多,生态环境破坏和污染不仅影响经济社会可持续发展,而且对人民群众健康的影响已经成为一个突出的民生问题,必须下大气力解决好"。[①] 改革开放以来,社会生产力快速发展和超常规经济增长给新时代生态振兴提供了良好的物质基础和现实条件,要满足人民日益增长的美好生活需要,生态振兴就应该而且必须成为乡村振兴的题中之义。以绿色发展引领乡村振兴是新时代"三农"工作的一场深刻革命,必须坚持人与自然和谐共生的原则。

组织振兴是乡村振兴之核。新时代乡村建设从"管理民主"到"治理有效",组织振兴成为乡村振兴的重要保障与领导核心。现阶段实施乡村振兴战略在其本质上就是城乡物质利益格局的调整和变迁。因此,新时代乡村组织振兴必须以建立和完善党的基层组织为核心,重视化解乡村内部矛盾,优先保障

---

① 习近平在青海考察:坚决筑牢国家生态安全屏障 [EB/OL]. (2016 – 08 – 24). https://www. rmzxb. com. cn/c/2016 – 08 – 24/997708. shtml.

和改善农村民生问题，创新乡村治理体系，走乡村善治之路。

2.2.5　其他相关理论

1. 农业农村发展理论①

中共十一届三中全会后，市场化取向的经济体制改革率先从农业生产经营体制开始，迅速扩大到农村经济社会发展的各个领域。以安徽凤阳小岗村"大包干"为序幕的农村改革开始后，农村迅速实行了家庭承包制，建立起家庭承包经营为基础、统分结合的双层经营体制，并配套推进农产品购销、生产要素流通、农村金融服务、多元产业发展、合作经济体制等的市场化改革。相关重大的理论主要有以下几方面：

一是发展和完善农村基本经营制度理论。1978 年"真理标准大讨论"后，胡乔木提出按照经济规律办事，调动农民积极性，缩小工农业产品价格剪刀差，承认生产队自主权，充分实现按劳分配原则，在经济理论上吹响了改革开放的号角。在随后的改革中，"家庭承包经营为基础、统分结合的双层经营体制"被逐步确立为农村基本经营制度。这重新阐明了家庭经营形式在农业生产中的地位和作用，丰富和发展了社会化大生产和小生产关系的理论。国家积极丰富农业经营体系内容，为释放家庭经营活力提供了制度解释。实施农业产业化经营，与第二、三产业建立稳定联系，能够为农户家庭经营稳定增收和农业现代化创造良好的外部环境。

二是积极探索农村工业化理论。中国农村工业化道路首先源自农村乡镇企业的大发展，乡镇企业的兴起是农村经济发展的"第二个奇迹"。乡镇企业的迅速崛起是因为城乡之间不同领域市场化改革步调不一致创造的市场空间，随着城乡分割体制的瓦解和城乡一体化发展，乡镇企业存在的合理性将会在历史进程中逐步消失。随着市场的逐步发育和完善使乡镇政府作为所有者的缺陷暴露、优势丧失，市场支配财产权利的规则发生作用使企业经营者的作用日趋突出，改制模式选择是地方政府与经营层博弈的结果，乡镇企业主导下的农村工业化道路有苏南模式、温州模式、珠三角模式等。

三是农村土地"三权"分置的理论创新。实施家庭联产承包责任制后，农村土地实现了从单一集体所有权向所有权和承包经营权分离；土地流转市场建立起来后，承包经营权又实现了向承包权和经营权的分离。土地经营权应具

---

① 魏后凯，苑鹏，芦千文. 中国农业农村发展研究的历史演变与理论创新 [J]. 改革，2020 (10)：5 – 18.

有物权性质，重点是强化耕作者的使用权，注意经营权和承包权的平衡，不能简单理解为做大规模经营主体，应避免经营权一权独大、符号化所有权、虚化承包权，遏制工商资本兼并农地和改变农地用途的冲动。

四是小农户衔接现代农业的理论创新。中国最大的国情农情就是小农户为主并将持续相当长的一个时期。中国要实现农业现代化，不能忽视这个基础。中国农业现代化既不能照搬欧美大规模经营的模式，又不能采取日韩依靠高补贴、高价格维持小农户高收入的做法，必须探索具有中国特色的农业现代化道路。中共十九大明确提出"实现小农户和现代农业发展有机衔接"。近年来，已有学者意识到，小农户在农业生产领域具有无可比拟的优势，并未过时，中国农业现代化不能抛弃"小农经济"，必须跳出经典理论中"小农消亡论"预设框架，要充分认识到小农户存在的合理性和长期性，激活以小农户为主体的中国特色农业现代化之路。可以针对农业不同产业和不同类型农户特征，完善多种组织形态的农业社会化服务，构建全程覆盖、区域集成、配套完备的新型农业社会化服务体系；采取"公司＋农户"的产业化经营形式，以合作社为载体实现与工商企业或市场对接，提高小农户组织化程度等。

五是中国特色农村反贫困理论创新。中国反贫困理论的构建始于20世纪80年代中期，中国的大规模反贫困，强调通过推进经济社会发展来分别帮助贫困地区和贫困人口，兼顾效率和平等。经济增长特别是农业农村经济的持续增长是中国大规模减贫的主要推动力量。从20世纪90年代中期开始，调整反贫困战略的呼声就被提出，精准扶贫的学术思想开始形成。如以贫困地区为主导的反贫困战略应当下沉，瞄准贫困农户和贫困农户占绝大多数的自然村。近年来，围绕实施精准扶贫精准脱贫方略，其重要经验在于构建了"政府领导、群众主体、社会参与"的扶贫运行机制，为贫困人口直接参与经济发展创造更多的就业和市场机会提供制度保障。

2. 外部性理论

从经济外部性理论的视角来看，溢出效应指"在社会经济活动中，一个经济主体（国家、企业或个人）的行为直接影响到另一个相应的经济主体的现象"，根据这一影响带来增益或减益效果而分为正外部性和负外部性。当存在正外部性时，私人成本大于私人收益，便会产生公共产品提供不足的问题；当存在负外部性时，私人成本小于私人收益，其他成本由公众负担，便会导致供给过多的问题。基于外部性理论，乡村振兴不仅对于目标群体——农村住户及政策客体具有增收促发展的直接效果，同时农村基础设施改善、城市对口扶贫等措施也对农村全体居民和城市发展具有显著的正外部性，此时由正外部性引发的问题便会产生。因此，在实施乡村振兴战略的过程中，需要重点把握好本就易引发外部性的重点领域，如基础设施、技术等，并将有限的经济资源优先安排在容易存在正外部性的领域中，不断提高资源的使用效率。同时，在乡村振兴的过程中，也会存在相应负外部性的问题，例如污染环境、破坏森林等行为，这种负外部性行为则需要通过征税、罚款等手段加以纠偏和制止，为乡村振兴更好实施奠定基础。

3. 国家治理理论①

国家治理的核心是治理。治理概念虽古已有之，但只是到了 20 世纪 50 年代以来其含义才更趋向于国家管制、教育管理、城市管理、政府管理和地区治理等。尽管治理的意涵丰富，类型多样，但全球治理委员会做出的治理定义被援引较多，其认为治理是各种公共的或私人的个人和机构管理其共同事务的诸多方式的总和，具有过程、协调、共治和互动四个特质。从西方对于治理的定义可以看出，其强调多元主体共同参与来解决公共事务的过程，虽然打破了传统侧重单一主体对客体的统治、管制、管理，强调了国家、社会、市场的彼此互动，但也较少关注作为参与主体的各自本身的治理问题，尤其是作为制度设计和决策执行的国家主体的治理问题。这种讨论和理论拓展近来在中国得到了关注和重视，2013年，党的十八届三中全会首次提出国家治理概念，区别于前期已提出的政府治理、社会治理、市场治理等主体治理，进一步丰富了治理范畴。

脱贫攻坚和乡村振兴分别作为一种治理策略，是彼此关联和共生发展的。脱贫攻坚是基础，重点解决公平问题，以消除绝对贫困为目标；乡村振兴是升级，重点解决发展问题，缓解发展过程中相对贫困问题。乡村振兴以农业农村优先发展为方针，到新中国成立一百年，实现乡村全面振兴和社会主义现代化。总体来看，脱贫攻坚与乡村振兴之间具有一些基本的关系和特点。一是阶段性，二者是农村农业发展过程中的不同阶段的战略需求和治理需求，在不同阶段各具有治理优势。二是继替性，二者是农村农业发展过程中继替展开的战略设计和治理设计，在接续过程中可以互借优势。三是升级性，二者是农村农业发展中不同时期的治理要求和目标规定，乡村振兴的要求更高，是对脱贫攻坚基础目标的提升和加强。

① 张大维，解惠强. 国家治理现代化视角下的脱贫攻坚经验与乡村振兴趋向［J］. 中国农村研究，2021（1）：5 - 27.

2.3　机理分析

在明确了财税支持政策促进乡村振兴的相关概念内涵及其基础理论之后，接下来将深入探讨财税支持政策如何通过其内在机制影响乡村振兴的进程。机理分析是连接理论与实践的桥梁，有助于揭示政策效果的深层次原因。

2.3.1　财税支持政策促进乡村振兴的原理[①]

1. 财税支持政策是实施乡村振兴战略的重要工具和手段

财政政策手段包括税收、公共支出、补贴和政府购买服务等。财政通过财政支出直接保障农村经济社会发展资金需要，为政府推进乡村振兴战略提供财力保障和物质基础，体现出财政在其中的政策性和工具性作用。在乡村振兴战略中，要加大财政投入力度，不断整合和引领各种资金投向"三农"领域，提高资金使用效率，优化资源配置。

2. 财税支持政策为实施乡村振兴战略提供基础性制度保障

财政直接涉及政府与市场的关系，与其相关的财力保障制度和农村基本公共服务制度等，均是乡村振兴战略中的基本制度安排。财政是庶政之母，其通过厘清政府与市场的边界，运用政府和市场两种机制推进乡村振兴；通过财政制度改革和创新，为推进乡村振兴战略提供体制机制支撑；通过创新基本公共服务均等化的财政制度框架，实现公共服务的公平性和均等化；通过推动公共资源和调整社会利益格局的财政制度化，形成可持续发展的体制环境和支撑体系。

3. 财税支持政策是乡村治理体系和治理能力的基础和重要支柱

财政是国家治理的基础和重要支柱，因而也是乡村治理的基础和重要支柱。乡村治理涉及治理主体和各要素培育发展，涉及治理规则明细，其中财政都发挥了基础性作用。当前中国正处于经济社会转型时期，乡村治理面临经济新常态、利益分化和各种利益矛盾凸显等问题，这些都需要通过财政化解和缓和矛盾，推进利益整合和社会整合。

---

① 德泓咨询. 乡村振兴｜公共财政支持乡村振兴的方式与政策选择［EB/OL］.（2022－12－29）. https：//mp. weixin. qq. com/s/U_gFG6YGodRGPGd－J8q7mw.

2.3.2 财税支持政策促进乡村振兴的基本原则

1. 财政优先保障原则

财政优先保障原则包括以下三个方面的内容：首先，明确各级财政对解决"三农"问题、助力乡村振兴的责任，要求财政政策向农业倾斜，确保包括财政支农的投入力度持续增强。继续加大扶持力度，优化财政投资结构，有效管理财政资金，并引导社会资本的投入。其中，关于优化财政投资结构里着重强化财政引导乡村振兴向现代化的方向发展，重视对公共服务平台、科研开发、农业专业人才培养、品牌宣传推介及智慧绿色农业等方面的财政支持投入。在此基础上优化财政的投入方式，改变以往"只给不问""寡而不均"的局面，重点支持农业产业绿色化、节约化生产，实现可持续健康发展。其次，考虑创新财政资金的投入形式。允许政府的投资性资金以资本金的新方式注入符合条件的乡村项目，并采取先建后补、以奖代补、设立产业投资资金等多种方法提高财政资金的投资效益。最后，加大对"三农"的增信服务。财政资金开发为小农户、小微企业和新型农业经济主体提供贷款担保的功能，通过综合多部门信息评定贷款主体的信用等级，帮助乡村从业者拓宽融资渠道，实现现代农业产业化，加快向县域拓展涉农担保业务的步伐。

2. 财政适配性原则

立足政府财政职能的定位，发挥财政在乡村振兴过程中的重要干预作用和支持作用，遵循财政政策和乡村振兴任务相适配的原则，形成覆盖范围完整、联动环节紧密、惠及群体广泛的财税政策，帮助突破乡村产业、文化、人才、生态和组织振兴的瓶颈。比如，支持乡村产业振兴的财税政策的总体思路要立足农业，赋予产业发展内生动力，明确财税政策的职能定位。应当强调财税政策在乡村产业振兴中的定位是支持与补缺。政府提供资金和税收优惠搭建乡村产业振兴的基础，补充市场配置失灵的缺漏，遵循财税政策和产业振兴任务相适配的原则。

3. 财政规范性原则

财政规范性原则是指对现行实施的财政专项拨款项目进行全面专项梳理、清理，对存在不规范执行的配套拨款措施进行整顿。通过内部梳理、整顿，有针对性地清理并规范相应的财政政策支持，对专项拨款要坚持公开、公正、透明的原则。比如，每项财政转移支付资金的每一个支付环节，从审批到发放过程都要严格监督，适时在政府官网上公布财政专项资金的用途，简化不必要的流程，在关键的环节"发力"，确保资金真正用在"刀刃"上。通过厘清、明确各级政府承担财政专项拨款的责任，减少问题的争议和烦琐的程序。同时，建立财政专项转移支付定期评估和淘汰机制，进而提高财政资金使用效率。

4. 税收法定原则

税收法定原则，又称税收法定主义，涵盖税种法定、税收要素确定、征税程序合法三个方面。2015年，《中华人民共和国立法法》第八条明确规定"税种的设立、税率的确定和税收征收管理等税收基本制度"只允许法律制定，我国目前基本上确立了税收法定原则。因此，"税收法定"要求需要由全国人大及其常委会出台法律确定具体税种内容、税种的征收管理程序。财税政策从设定到具体实施的全流程，不能缺少税收法定原则来指导。目前，我国促进乡村振兴财税政策多是通过授权立法的方式来制定的，立法层级较低，法律性的财税优惠形式较少，没有系统性和明确性，可能导致税收优惠权被滥用，从而造成税收优惠效果扭曲。因此，促进乡村振兴财税政策，应该遵守税收法定原则。

首先，税收优惠制定主体法定。现行的促进乡村振兴财税优惠政策需要进行统一的整理，检查我国当前促进乡村振兴财税政策的制定主体是不是符合法律的规定，严格限定授权性税收优惠立法，提高税收优惠法律制度的位阶。其次，税收优惠要素明确。进一步明确促进乡村振兴财税政策针对的纳税义务人、征税对象、优惠税目、计税依据、优惠税率等内容，加强其明确性与可操作性。最后，财税政策执行程序法定。财税政策实施过程当中需要严格遵守法律制度的规定，税务机关在执行促进乡村振兴财税政策时，应该遵守税收优惠实体法与《中华人民共和国税收征收管理法》的具体要求，不可以任意减免税款，破坏税收公平。

5. 税收公平原则

税收公平原则是"法律面前人人平等"在税收法律领域的体现，指国家所征收的税款需要使每一位纳税义务人所承担的税收负担与其自身的负担能力相匹配，并使纳税人之间的负担水平保持平衡。促进乡村振兴财税政策在设定上要遵守量能课税、公平课税的基本原则。一方面，遵守税收优惠实体公平原则。比如，当前我国可以享受税收优惠的新型农业经营主体主要包括农业龙头企业、农业合作社，对同样可以促进农业现代化的家庭农场和专业大户、专业服务组织的税收优惠制度较少，应当加大对它们的税收优惠力度，真正体现实质公平。另一方面，遵守税收优惠程序公平原则。税收优惠程序公平原则要求税务部门在执行税收优惠过程中要做到公平、公正，相同情况相同对待，不同情况不同对待，由于各地的税务部门工作人员专业知识水平参差不齐，对税收政策的掌握程度不同，或者出于地方保护主义，不同地区的税务执法部门在税收征管工作中对无差异的税收优惠对象，有时会选择使用差异化的税收优惠措施，造成税收优惠在实体上的不公平。因此，税务部门在税收征管工作中应该严格遵守程序公平原则。

6. 税收效率原则

税收效率原则涵盖税收经济效率和行政效率两个方面。研究分析的税收优惠效率原则大部分是指税收经济效率原则，内涵为出台的税收优惠可以引导市场资源得到合理、有效的配置，发挥资源最大的效用。在制定促进乡村振兴财税政策时，要严格遵循税收优惠效率原则，发挥税收优惠的导向性。一方面，税收优惠的对象需要限定在国家税务部门与农业农村部门共同认定的主体的范围内，不可以任意扩张税收优惠对象的范围，否则，不能发挥促进乡村振兴财税政策的示范效应。另一方面，在优惠内容方面，促进乡村振兴财税政策的要素不能过于概括、抽象，需要把优惠的重点明确、细化到可以促进乡村产业、人才、文化、生态和组织振兴的要素层面。

2.3.3 财税支持政策促进乡村振兴作用机理分析

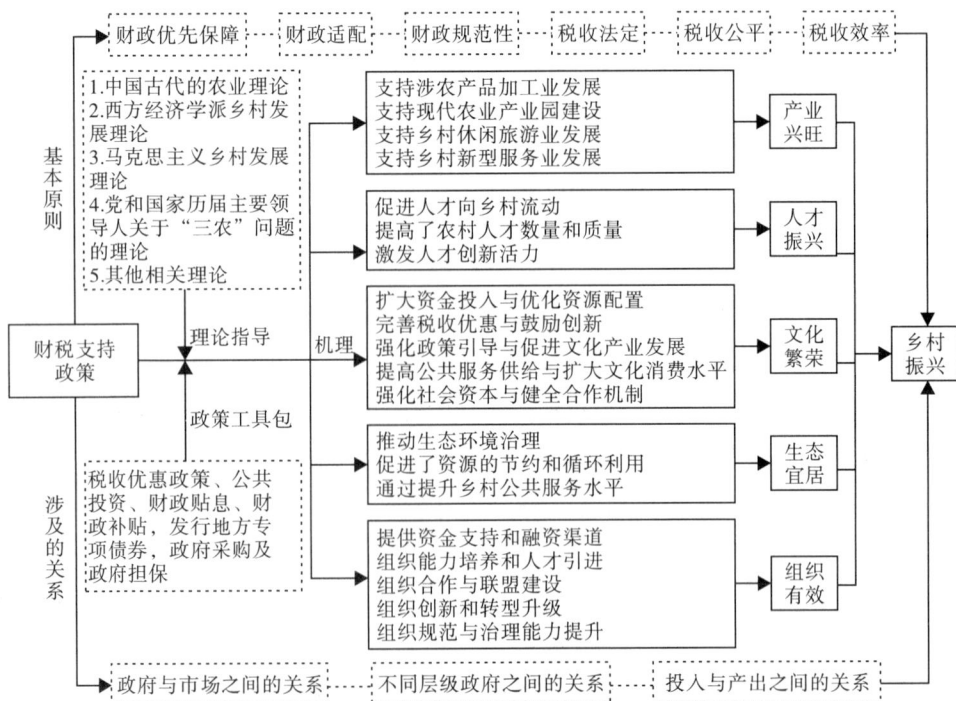

图2-3 财税支持政策促进乡村振兴作用机理分析

1. 财税支持政策影响乡村振兴产业兴旺的作用机理分析

财税支持政策影响乡村振兴产业兴旺主要是通过支持涉农产品加工业发展、支持现代农业产业园建设、支持乡村休闲旅游业和支持乡村新型服务业发展四条路径实现的。

首先，运用税收优惠等手段支持涉农产品加工业发展。涉农产品加工业是农业产业链的重要组成部分，是提高农产品附加值、增加农民收入、促进农村经济发展的重要途径。近年来，国家出台了一系列税收优惠政策，鼓励和引导企业投资涉农产品加工业，促进农产品深加工和精深加工。这些政策激发了涉农产品加工企业的投资热情，促进了涉农产品加工产能的提升和品种的丰富。涉农产品加工规模的不断扩大，不仅带动了上游的农产品生产和下游的市场销售，还带动了相关的物流、仓储、检测等服务行业的发展。这些行业形成了良好的协同效应，促进了乡村产业结构的优化和升级，促进了乡村产业兴旺。

其次，运用专项债券等手段支持现代农业产业园建设。现代农业产业园是集聚优势资源、整合要素供给、提升科技创新能力、培育新型经营主体、打造特色品牌、实现产业融合发展的重要平台，是推动乡村产业高质量发展的重要载体。近年来，各地积极调整优化政府专项债券资金投向，将符合条件的现代农业产业园建设项目优先纳入政府专项债券支持范围，为现代农业产业园建设提供了有力的资金保障。通过这些措施，各地加快现代农业产业园建设，打造了一批特色鲜明、优势突出的农业文化展示区、文化产业特色村落、生态休闲旅游区等。这些现代农业产业园不仅提高了农产品生产效率和品质，增加了农产品附加值和市场竞争力，还带动了乡村旅游、文化、教育等相关产业的发展。这些产业形成了良好的互补效应，促进了乡村产业多元化和集约化发展，实现了乡村产业兴旺。

再次，运用无偿性转移支付等手段支持乡村休闲旅游业发展。乡村休闲旅游是一种以乡村自然风光和人文风情为观赏对象的旅游方式，是一种以休闲为主要目的的旅游方式。近年来，国家不断加大对乡村休闲旅游的扶持力度，通过无偿性转移支付等方式，支持各地开展乡村旅游基础设施建设和公共服务提升工程，打造一批具有地方特色和民族风情的乡村旅游精品线路和示范点。这些政策激发了各地开发利用乡村资源、打造乡村特色、培育乡村品牌、提升乡村形象的积极性，促进了乡村休闲旅游产品供给的多样化和优质化。乡村休闲旅游规模的不断扩大，不仅带动了农民增收致富、农业增效益、农村增活力，还带动了相关的交通、餐饮、住宿、娱乐等服务行业的发展。这些行业形成了良好的协同效应，促进了乡村产业结构的优化和升级，实现了乡村产业兴旺。

最后，运用税收优惠等手段支持乡村新型服务业发展。乡村新型服务业是指以农民为主体或以农民为主要服务对象，在农民专业合作社、家庭农场、农民合作组织等新型经营主体中开展或提供的与农业生产相关或不相关的各类服务活动。近年来，国家出台了一系列税收优惠政策，鼓励和引导各类主体投资乡村新型服务业，促进乡村新型服务业的发展壮大。具体包括：农民专业合作社、家庭农场、农民合作组织等新型经营主体可按照小微企业的标准享受所得税优惠，降低企业应纳税所得额，减少企业所得税负担。对农民专业合作社、家庭农场、农民合作组织等新型经营主体，免征增值税、消费税、城市维护建设税、教育费附加、地方教育附加和印花税，降低企业经营成本，提高企业竞争力。对农民专业合作社、家庭农场、农民合作组织等新型经营主体，免征土地增值税、城镇土地使用税和房产税，降低企业资产成本，增加企业利润空间。

实施这些政策激发了乡村新型服务业的创新活力，促进了乡村新型服务业的多元化和专业化。乡村新型服务业规模的不断扩大，不仅为农民提供了更多的就业机会和收入来源，还为农民提供了更多的生活便利和福利保障。这些服务形成了良好的互动效应，促进了乡村社会结构升级，实现了乡村社会兴盛。

2. 财税支持政策影响乡村振兴人才振兴的作用机理分析

财税支持政策对人才振兴的作用机理主要体现在提升乡村发展吸引力、增加乡村人才培养投入和优化乡村人才激励机制三个方面。通过资金投入和资源配置的支持，财税支持政策提高了乡村的发展吸引力，促进了人才向乡村流动。同时，通过增加人才培养投入，财税支持政策提升了乡村人才的数量和质量。此外，通过优化激励机制，财税支持政策激发了乡村人才的创新活力。这些机制相互作用，共同推动了乡村人才振兴的实现，为乡村振兴战略的成功落地提供了重要支撑。

首先，财税支持政策通过提升乡村发展吸引力，促进人才向乡村流动。通过支持农村基础设施建设和乡村特色产业发展，财税支持政策改善了农村的生产生活环境，提高了农村经济社会发展水平，增强了农村对人才的吸引力。财税支持政策在农村基础设施建设方面的资金投入，提高了农村的公共服务水平和生活品质，减小了城乡差距，降低了人才向城市流失的动力。此外，财税支持政策在乡村特色产业发展方面的支持，提高了农村的经济效益和社会效益，扩大了人才的就业创业空间，增加了人才向农村流动的动力。

其次，财税支持政策通过增加乡村人才培养投入，提高了农村人才的数量和质量。通过无偿性转移支付、专项资金等方式，财税支持政策资助了农村教育、医疗、科技等领域的人才培养项目。财税支持政策在农村教育事业发展方面的资金投入，提高了农村教育资源的配置和教育服务水平，培养了更多具有现代知识和技能的农村人才。此外，财税支持政策在农村医疗卫生事业发展方面的投入，提高了农村医疗卫生资源的配置和医疗卫生服务水平，培养了更多具有专业素养和服务意识的农村人才。

最后，财税支持政策通过优化乡村人才激励机制，激发了农村人才的创新活力。通过降低税收负担、提供税收优惠等方式，财税支持政策支持小微企业和重点群体的创业就业，提高了农村人才的收入水平和社会地位。财税支持政策的减计收入和减征地方"六税两费"等举措，降低了小微企业和重点群体创业就业的成本和负担，增加了他们的经营效益和收入水平，激发了他们在农村创业就业方面的信心和动力。此外，财税支持政策也鼓励社会力量参与乡村振兴，提高了企业和个人对乡村振兴事业的认同感和责任感，增强了他们对乡村发展做出贡献的荣誉感和自豪感。

3. 财税支持政策影响乡村振兴文化繁荣的作用机理分析

财税支持政策对乡村文化繁荣产生深远影响。通过资金投入与资源配置，税收优惠与鼓励创新，政策引导与文化产业发展，公共服务与文化消费，以及社会资本与合作机制的推动作用，财税支持政策促进了乡村文化的繁荣和发展。

扩大资金投入与优化资源配置。财税支持政策在乡村文化繁荣中发挥着重要作用，其中资金投入是关键环节。政府通过财税支持政策，提供资金支持和配置，促进乡村文化设施的建设和改善，提升文化活动的质量和规模。首先，财税支持政策通过提供资金投入，解决了乡村地区文化建设的资金短缺问题。乡村地区通常面临资金匮乏的困境，限制了文化设施的建设和维护。政府通过增加财政拨款、设立专项资金、提供贷款或补贴等方式，向乡村地区注入资金，解决了资金来源的问题，为乡村文化繁荣提供了必要的经济支持。其次，财税支持政策的资源配置作用对乡村文化繁荣产生积极影响。政府通过财税支持政策的引导和调控，将资源向乡村文化领域倾斜，优化资源配置。例如，通过设立文化产业基金，提供贷款和资本支持，吸引文化创意企业进驻乡村地区，推动文化产业发展；通过设立文化设施建设专项资金，重点投入资金用于乡村文化设施的修缮和建设，提升乡村文化设施的质量和覆盖范围。这样的资源配置机制有助于优化乡村文化资源的利用效率，提升乡村文化繁荣的水平。

完善税收优惠与鼓励创新。税收优惠是财税支持政策中的重要组成部分，对乡村文化繁荣具有积极影响。财税支持政策通过对乡村文化创意产业给予税收减免、税收优惠等措施，鼓励个体和企业从事文化创意活动，提升创新能力，推动乡村文化的创新和繁荣。首先，税收优惠政策减轻了从事乡村文化创意产业的个体和企业的税负，降低了其经营成本。对于从事文化创意产业的个体工商户，政府可以给予起征点的调整、税收减免或税率优惠等措施，减轻其税收负担。对于文化创意企业，政府可以提供税收减免、税收优惠、研发费用的税收抵扣等政策，降低企业的税负。这样的税收优惠措施鼓励了乡村文化创意产业的发展，激发了个体和企业的创新活力，推动了乡村文化的繁荣。其次，税收优惠政策对个体和企业从事文化创意活动的激励作用，促进了乡村文化创新的发展。通过税收优惠，政府向个体和企业传递了积极的信号，鼓励他们投入更多资源和精力进行文化创意的探索和实践。这种激励机制有助于培养乡村地区的文化创意人才，吸引更多的文化创意企业进入乡村地区，推动乡村文化的创新和繁荣。

强化政策引导与促进文化产业发展。财税支持政策通过政策引导，推动乡村文化产业的发展和转型升级，对乡村文化繁荣产生重要影响。政府通过制定相关政策和措施，引导和推动乡村文化产业的发展方向，加强产业结构调整和市场开拓，促进文化产业的协同发展。首先，政策引导促进了乡村文化企业的产业结构调整。政府通过财税支持政策，鼓励乡村文化企业加强技术研发、产品创新和品牌建设，提高企业的竞争力和产品附加值。政府还可以提供技术培训、市场推广等支持，帮助企业实现产业升级和转型发展，推动乡村文化产业的结构调整和优化。其次，政策引导促进了乡村文化产业的市场开拓。政府通过财税支持政策，为乡村文化企业提供市场准入支持、展览展示平台、推广和销售渠道等资源，帮助企业拓展市场，提高产品和服务的知名度和影响力。政府还可以加强乡村文化旅游的推广和营销，吸引更多游客和消费者参与乡村文化活动，促进乡村文化产业的繁荣和发展。此外，政策引导还有助于促进乡村文化企业之间的协同发展。政府可以通过财税支持政策，鼓励乡村文化企业开展合作与联盟，共享资源、共同开发市场，提高整体竞争力和影响力。政府还可以推动乡村文化企业与其他相关产业的深度融合，促进跨界合作和创新，推动乡村文化产业的多元协同发展。

提高公共服务供给能力与提升文化消费水平。财税支持政策对乡村文化消费需求的引导和满足起着重要作用，通过提供公共文化服务设施和项目，提高乡村居民的文化消费能力和文化生活品质，促进乡村文化的繁荣和发展。首先，政府通过财税支持政策投入资金，建设和改善乡村公共文化设施，如文化中心、图书馆、剧场等，提供丰富多样的文化活动场所和资源。这些公共文化设施为乡村居民提供了便利的文化消费环境，满足了他们的文化需求，促进了乡村文化的繁荣。其次，政府通过财税支持政策开展丰富多样的文化项目和活动，丰富乡村居民的文化生活。政府可以组织文化节庆、艺术展览、演出演艺等活动，为乡村居民提供高质量的文化娱乐和交流机会。政府还可以支持文化创意产品和手工艺品的开发和销售，促进乡村文化消费的多样化和特色化。

强化社会资本作用与健全合作机制。财税支持政策对乡村社会资本的培育和合作机制的建立起到了重要的推动作用。政策的激励和引导促进了乡村居民、文化机构、企业等利益相关者之间的合作与协同，提高了乡村文化繁荣的整体效益。首先，政府通过财税支持政策激励和引导乡村居民积极参与文化活动和项目，培育乡村文化的社会基础和社会资本。政府可以设立奖励制度，表彰乡村居民在文化领域的贡献和参与，鼓励居民组织文化团体、开展文化志愿者活动等，提高乡村居民的文化参与度和认同感。其次，政府通过财税支持政策促进乡村文化机构与企业的合作与协同。政府可以鼓励文化机构与企业进行项目合作，共同开展文化创意活动和项目，实现资源共享和互利共赢。例如，文化机构与企业可以合作举办文化展览、演出、培训等活动，充分发挥各自的优势，提高文化产业的综合实力和竞争力。此外，政府还可以通过财税支持政策激发社会资本的投入和参与，扩大乡村文化繁荣的影响力和覆盖面。政府可以设立文化基金，吸引社会资本投资乡村文化项目，引导社会力量参与乡村文化建设和运营。同时，政府还可以为社会资本提供相应的税收优惠和扶持政策，鼓励社会资本投资乡村文化产业，实现政府、企业和社会资本的多方共赢。

4. 财税支持政策影响乡村振兴生态宜居的作用机理分析

财税支持政策对于实现乡村生态宜居具有重要的作用，通过一系列政策措施的制定和实施，促进了生态环境保护和改善，提高了乡村居民的生态获得感和生活品质。财税支持政策影响生态宜居的作用机理主要体现在推动生态环境治理、促进资源节约和循环利用、提升乡村公共服务水平三个方面。

首先，财税支持政策通过推动生态环境治理，促进了乡村的生态宜居发展。财税支持政策在生态环境治理方面发挥着重要的引导和支持作用。一方面，财政资金的投入和税收政策的优惠措施，用于推进农村生态环境保护和治理工作，改善农村的空气质量、水质状况等生态环境指标。例如，政府可以通过财政补贴和税收减免等方式，鼓励农村居民使用清洁能源、采取环保措施，减少污染物排放。另一方面，财税支持政策可以通过建立环境税收、资源税收等机制，对环境污染和资源浪费行为征收相应的税费，引导企业和个人改善环境行为，推动生态环境的治理和改善。

其次，财税支持政策促进了资源节约和循环利用，进一步提升了乡村的生态宜居水平。财税支持政策在资源管理和利用方面发挥着重要的调控作用。一方面，政府可以通过财政资金的投入和税收优惠政策的制定，支持农村能源、水资源、土地等资源的有效管理和利用，促进资源的节约和循环利用。例如，政府可以通过财政补贴和税收减免等方式，鼓励农村居民采用节能设备、推广循环农业模式等，减少资源的消耗和浪费。另一方面，财税支持政策可以通过资源税收和生态补偿机制，引导企业和个人合理利用资源，减少对生态环境的损害，保护生态系统的稳定和可持续发展。

最后，财税支持政策通过提升乡村公共服务水平，进一步增强了乡村的生态宜居性。财税支持政策在公共服务领域的支持和引导，有助于提高乡村居民的生活品质和福祉，营造良好的生态宜居环境。一方面，财政资金的投入用于改善乡村的基础设施建设，包括道路、供水、供电等公共设施的修建和改善。这些投资不仅提供了便利的生活条件，还改善了生态宜居环境，增加了居民的生活满意度。另一方面，财税支持政策可以通过减免农村居民的税负、提供社会保障等措施，增加居民的收入和福利，提升他们的生活水平和生活质量。

5. 财税支持政策影响乡村振兴组织有效的作用机理分析

财税支持政策在影响组织有效方面发挥着重要作用。通过资金支持、人才引进、合作联盟、创新转型和规范治理等多个方面的影响机制，财税支持政策能够推动乡村组织的发展壮大，提升组织的能力和竞争力，实现乡村振兴的目标。

提供资金支持和融资渠道。财税支持政策通过提供资金支持和创造融资渠道，帮助乡村组织解决资金短缺问题，推动组织的发展和壮大。政府可以通过财政拨款、补贴、贷款等方式，向乡村组织提供资金支持，用于组织建设、项目开展、技术创新等方面。此外，财税支持政策还可以引导金融机构加大对乡村组织的信贷支持，降低融资成本，提高组织的融资能力。

组织能力培养和人才引进。财税支持政策通过鼓励乡村组织开展培训、提供人才引进激励，提升组织的能力和人才水平。政府可以通过财政资金支持培训机构的设立和运营，提供专业培训课程和指导，帮助乡村组织提升管理能力和专业技能。同时，财税支持政策还可以通过税收优惠、奖励措施等方式，吸引高层次人才和专业人士到乡村组织工作，增加组织的人才储备和引领能力。

组织合作与联盟建设。财税支持政策通过鼓励组织之间的合作与联盟建设，促进资源共享、信息互通、协同创新，提高组织的综合实力和竞争力。政府可以提供资金支持和政策激励，推动乡村组织之间建立合作伙伴关系、共同开展项目和业务合作。此外，财税支持政策还可以通过减免税收、简化行政手续等方式，降低组织间的合作成本，促进乡村组织的联盟建设和合作发展。

组织创新和转型升级。财税支持政策通过提供创新和转型升级的支持和激励，推动乡村组织的创新能力和发展动力。政府可以通过财政资金投入科技研发、技术创新等方面，支持乡村组织开展创新活动，推动组织的技术升级和业务转型。同时，财税支持政策还可以通过税收减免、补贴措施等方式，激励乡村组织积极参与创新创业，鼓励组织通过引进先进技术、优化产品结构、拓展市场渠道等方式，提升竞争力和市场影响力。

组织规范与治理能力提升。财税支持政策通过加强对乡村组织的监管和规范，促进组织的治理能力提升和规范运作。政府可以通过制定相关法律法规、建立监督机制、加强执法力度等方式，规范乡村组织的运作行为，加强对组织的管理和监督。同时，财税支持政策还可以通过提供财务和税收管理指导，帮助乡村组织加强内部财务管理、合规运营，提升组织的治理水平和透明度。

2.3.4 财税支持方式

财税支持乡村振兴的方式主要有公共预算、税收优惠政策、公共投资、财政贴息、财政补贴，发行地方专项债券，政府采购及政府担保等，如"财政＋社会资本"模式、"财政＋金融＋保险"一体化方式、PPP模式以及构建多元投融资机制等。这些具体政策在乡村振兴的各个方面中均会涉及，此部分不作具体介绍。

2.4 财税支持政策促进乡村振兴涉及的关系

探究财税支持政策促进乡村振兴的相关概念、基础理论和机理分析之后，进一步分析其在乡村振兴过程中所涉及的多元关系成为必要。这些关系涵盖了政府与市场、不同层级政府之间以及投入与产出等多个维度，它们相互作用、相互影响，共同构成了乡村振兴的复杂系统。

2.4.1 政府与市场之间的关系

通过财税政策促进乡村振兴，离不开政府与市场的关系，而这种关系最终表现为政府干预市场的程度。政府和市场的关系在本质上并非不同主体之间的关系，也并非"强弱""大小""进退"的二元对立关系，而是不同机制或制度设计之间的关系，二者构成经济社会最基本的治理结构。在目前愈发形成的高水平农村市场经济中，二者不断调整、不断协调，最终形成相互促进、相辅相成的格局，从而有利于进一步推动乡村地区经济的高质量发展，最终全面实现乡村振兴。乡村振兴是全域、全员、全方位的振兴，从农村贫困地区到全部农村地区，从建档立卡贫困人口到全体农民，从"两不愁三保障"到乡村产业、人才、文化、生态、组织振兴，而在这种高要求、高水平的战略下，政府运行机制的主要优势在于通过类似于科层体系的制度安排，既可以做到集中力量办大事，又能够利用内化机制来降低市场交易中的交易成本和不确定性，而市场运行机制的主要优势在于通过竞争体系的制度安排，提高竞争效率，激发市场活力，促进乡村经济不断增长，并且降低科层体系下的组织控制成本。

1. 乡村振兴中的产业发展离不开政府与市场的作用

在乡村振兴战略的产业发展和振兴中，应发挥政府规划制定、政策引导和示范带动作用，而市场应在产业的选择、要素的配置、主体的行为、价格的形成等方面发挥其决定性作用。值得注意的是，必须把握好政府介入的程度，介入过度不仅会致使市场资源配置效率低下和竞争无序，而且会导致主体行为扭曲和经营制度异化。在乡村振兴的产业发展过程中，要避免因政府过度介入而导致的市场功能弱化、主体行为扭曲和经营制度异化，关键在于要确切把握党中央相关文件传达的精神，坚定我国经济体制改革的方向，以激活市场、激活主体、激活要素为主线，深化农业、农村供给侧结构性改革，进一步探索在社会主义基本经济制度框架下"充分发挥市场在资源配置中的决定性作用，更好发挥政府作用"的体制机制。

具体而言，就是要构建政府、市场、行业协会"三位一体"的经济治理结构。从政府角度来看，建立这样的经济治理结构有两点要求：一是完善产权制度，也就是说，通过产权制度改革，向市场主体赋权赋责，实现要素市场化。二是转变政府职能，将相关职能赋予市场和行业组织。

2. 乡村的生态转化与环境治理的关键在于政府与市场

乡村振兴离不开生态转化与环境治理，在这个过程中也必须发挥政府与市场相互协调的作用。在乡村振兴中，要深入践行习近平总书记"绿水青山就是金山银山"的发展理念，如何把乡村生态资源的优势转化为经济发展的优势，是实现生态优先、绿色发展的核心要义。自然生态资源形态多样，人类在自然生活中感受到的种种，基本属于自然生态资源的范畴，如青山绿水，白雪皑皑，抑或温度、湿度等。好的自然生态资源是人类高品质生活不可或缺的资源，能切实提高人们的幸福生活指数，其需求市场较大，但与此同时，大多数的自然生态资源又具有排他难、价值度量难和空间流动难的特点，难以同正常商品一样直接进入市场交易。因此，在实施乡村振兴的过程中，政府既要探索如何保护好自然生态资源，又要建构转化机制来实现其价值。

要解决这些问题，首先，要强化地方乡镇政府、村集体对乡村人居环境设施的资金投入与营运管护方面的作用。例如，将乡村人居环境设施建设资金纳入地方财政年度预算，出资设立相关公益性岗位；又或者进一步完善乡村公共事务治理体系，发挥村民自治功能，建立集体统筹领导、村民分工参与的村庄环境设施管护专人负责制度等。

其次，要发挥市场机制的决定性作用。具体说来，从投资角度来看，可以考虑将再生资源的利用与经营权赋予相关企业或公司，同时由企业或公司负责相关设施的建设与投入。从村庄环境管护角度来看，可以赋权农户从事与产业生态化有关的服务业，如民宿、农家乐等产业，进而通过市场机制激励经营者对垃圾与污水处理、厕所整洁、村容村貌等人居环境事宜进行改善与管护。

因此，乡村振兴战略的有效实施，需要发挥政府和市场的作用，最主要的是把握好政府介入的度，既不能过度干涉，又要发挥好市场在资源配置方面的决定性作用，进一步构建政府与市场相辅相成、协调并序的局面。在实施乡村振兴的过程中，对政府而言，需要做的就是努力维护一个有序且公平竞争的市场环境，通过完善相应的法律制度来对农民合法的产权进行保护和激励，同时要保证公平、正义，让乡村产业可以和谐、持续地发展下去，让乡村的人、财、物能够留下来，能够可持续地发展下去，确保我国乡村振兴的长久健康，最终服务于共同富裕；市场所要做的就是要发挥市场机制在农业、农村经济中的决定性作用，促进市场各方公平、有序地竞争，在竞争中进一步得到创新，助力经济的可持续发展，并通过价格机制引领农村产业结构的调整，通过市场的信誉机制来规范市场行为。

2.4.2 不同层级政府之间的关系

乡村振兴战略是国家主导的战略，即中央政府通过相应的政策及具体的任务和指标，将乡村振兴的任务层层传达到各级地方政府，主要是地级市、县以及乡镇政府，而这种不同层级政府之间的上下关系也是实现乡村振兴的一个挑战。

对上级政府而言，挑战在于如何通过县级、地级市政府的政绩需要，充分联动基层民众和政府，在有共同利益的领域形成协作合作动力。而对下级政府，尤其是乡镇政府而言，挑战在于如何更好地完成上级布置的任务，如何能够让脱贫后的广大农民，特别是自然条件相对恶劣地区的农民，保持持续致富的积极性，保持经济的可持续发展，而不是脱贫后就"小富则安"。乡镇政府作为乡村振兴战略的直接贯彻者，应根据乡村振兴战略对自身职能定位的新要求而加快职能转变，充分利用各项强农、惠农、富农政策，全面推进乡村全面振兴，贯彻落实通过乡村振兴战略进而实现共同富裕的目标。政府虽说可以持续为乡村振兴进行输血，并且对农民进行教育帮扶，通过直接发放资金等方式来使农民生活水平上升，但"授人以鱼不如授人以渔"，这种直接帮扶的方式终究只是一个短期决策，不能带来经济上长期、有效的可持续增长，因此，归根结底还需要农民有决心和动力愿意持续致富，政府对这部分愿意持续致富的农民进行补贴，或者助力其长期向好的决心。农民致富的动力必须依靠能够看到未来收入全面增加、生活指数愈来愈好的帮扶政策来支撑，而决心则主要靠在农民遇到困难的时候，政府和其他非政府机构或个人能够助力农民渡过难关的能力。在这种挑战下，必须探索出各级政府的最优关系，而这种关系的关键也在于探索出乡镇政府，也就是基层政府的职能转变路径。

1. 构建纵向间政府职责体系，进而增强乡镇政府的自主性

我国政府纵向层级分为中央、省、市、县和乡镇五级，不同层级政府间关系呈现"职责同构"的总特征，即不同层级政府在职能、职责和机构设置上具有高度的统一性和一致性。"职责同构"格局致使各级政府间职责范围模糊不清和乡镇政府的财力与事责不对等，最终导致乡镇政府的公共服务职能缺位。政府职责体系的构建注重"分解"与"归类"的关系，核心是强调事权、职责和利益的合理"归位"，可以有效避免"职责同构"带来的纵向间政府职责不清和乡镇政府财力与事责不对等的难题。因此，实现乡镇政府的公共服务职能扩大化，需要构建纵向间政府职责体系，以增强乡镇政府在事权和财力上的自主性，以为民众提供更完善的公共服务。全面推进乡村振兴，必须健全各级政府领导农村工作的组织体系、制度体系、工作机制，提高新时代党全面领导农村工作的能力和水平，做好农村精神文明建设和生态文明建设，不断提升乡村治理效能。

2. 完善法律，保障多元共治的乡村社会治理格局

传统中国农村社会的公共事务相对简单，叠加惯用官僚机制，乡镇政府成为管理乡村公共事务的唯一主体。但是，随着乡村行政生态环境的变化，乡镇政府"一家独大"的治理机制的局限性逐渐凸显，需要构建多元共治的乡村社会治理格局，该交由市场的交由市场，该让位社会组织的让位于社会组织。同时，由于乡镇政府的自利性，需要完善明确不同主体间职责范围的法律法规，并建立问责机制，以此保障多元主体共治。

3. 优化考核机制，增强乡镇政府的科学规划能力

乡村振兴，生态宜居是关键。面对日益严峻的乡村生态环境问题和民众对生态环境的关注日益上升，乡镇政府要加快职能转变，逐渐凸显并履行自身的环境保护职能：首先，要优化上级政府对乡镇政府的绩效考核机制，革除传统"经济导向"和"一票否决"的做法。其次，乡镇政府要强化自身的环境保护责任意识，树立正确的政绩观，避免为了发展经济而盲目招商引资。再次，要加强农村突出环境问题综合治理，治理农村既有污染，拒绝重污染工业企业的进入，切实履行环境保护职能。最后，乡镇政府要提升自身制定地区发展规划和环境保护规划的能力。乡镇政府要不断加强学习，学会根据当地的地理位置、文化特点、气候特征和资源优势等情况因地制宜制定地区经济社会发展规划和环境保护规划。

4. 优化上级政府对下级政府的转移支付方案

为加快建立现代财政税制度，建立权责清晰、财力协调、区域均衡的中央和地方财税关系，推进基本公共服务均等化，财政部于 2022 年 5 月 7 日根据《中华人民共和国预算法》及其实施条例，制定了《中央对地方均衡性转移支付办法》[①]（以下简称《办法》）。《办法》中提及中央财政按照测算办法，对目标财政支出大于标准财政收入的省级单位安排均衡性转移支付。其中，地方本级标准财政收入主要根据相关税种的税基和税率计算，并根据实际收入适当调整。中央对地方转移支付按照决算数确定，而转移支付包括一般性转移支付和专项转移支付。其中，一般性转移支付包括县级基本财力保障机制奖补资金等。此外，《办法》中还提及为促进省级以下推进基本公共服务均等化，对省级以下基本公共服务均等化程度较好的地区，考虑当年测算情况给予奖励等措

---

① 关于印发《中央对地方均衡性转移支付办法》的通知［EB/OL］．（2022 - 04 - 13）．https：//yss. mof. gov. cn/zhengceguizhang/202204/t20220427_3806658. htm.

施。实施细则的修订对建立科学、完善的转移支付体系有着重要的作用，对省级及以下各层级财政的事权、财权错配有着纠偏的作用。《办法》中关于推进基本公共服务均等化等相应措施也对乡村振兴有着积极的影响，是乡村振兴的利好举措。

乡村振兴的落实主要靠基层政府来执行，而基层政府的执行情况又依赖于上级政府的转移支付，而这种各级政府之间的关系在实施乡村振兴的过程中发挥着决定性的作用。各个促进农业、农村现代化的建设项目一般都由基层政府来组织、分配和使用一般性转移支付资金，而这些转移支付资金又来自上级政府。利用财政转移支付手段是保障农村发展、实现农村基本公共服务建设、减少城乡差距，进而最终实现乡村振兴的重要行政措施。完善不同层级政府之间的这种关系，更合理地制定转移支付法有其一定的历史使命，有利于推进乡村振兴进程。目前，农村的发展受到很多因素的阻碍，其中管理问题和资金问题取决于当地政府如何组织工作，如何利用财政资金。财政转移支付能够有效解决农村发展因资金短缺而阻碍其现代化进程的问题，当地政府要有规划地在农村建立各种同城市一样的公共服务设施，但这样庞大、复杂的工程需要明确各级政府相应的权力，从而进一步明确各级行政管理部门应当如何统筹规划、如何行使权力、如何承担责任。只有明晰各级政府之间的关系，确定好各级政府应该落实的责任，才能有效保障乡村振兴相关工作的有序开展，让财政转移支付资金的利用效果达到最大化。在目前政府财政紧张的状况下，应节约国家经济资源，保持经济平稳运行，确保经济健康、有序、可持续发展。

因此，为了应对上下级政府的挑战，必须设计一个合理的转移支付方案，合理协调上下级政府之间的关系。继 2022 年 5 月 7 日财政部颁发《中央对地方均衡性转移支付办法》之后，5 月 29 日，国务院办公厅颁发了进一步推进省级以下财税体制改革工作的指导意见，致力于解决省级以下财税体制存在的财税事权和支出责任划分不尽合理、收入划分不够规范、有的转移支付定位不清、一些地方"三保"压力较大、基本公共服务均等化程度有待提升等问题。意见中提及的内容包括清晰界定省级以下财税事权和支出责任、理顺省级以下政府间收入关系、完善省级以下转移支付制度、建立健全省级以下财税体制调整机制和规范省级以下财税管理五大部分的内容。

在事权界定中，将直接面向基层、由基层政府提供更为便捷、有效的社会治安、市政交通、城乡建设、农村公路、公共设施管理等基本公共服务确定为市县级财税事权。按照减轻基层负担、体现区域差别的原则，根据经济发展水平、财力状况、支出成本等，差别化确定不同区域的市县级财政支出责任。在理顺省级以下财政收入中提到，将税基较为稳定、地域属性明显的税收收入作为市县级收入或由市县级分享较高比例。省内同一税费收入在省与市、省与省直管县、市与所辖区、市与所辖县之间的归属和分享比例原则上应逐步统一，逐步取消对各类区域的财政收入全留或增量返还政策，确需支持的通过规范的转移支付安排。此外，省级因规范财税体制集中的收入增量，原则上主要用于对下级，特别是县级的一般性转移支付。在规范省级以下财税管理中，重点提到了推进省直管县财税改革，对区位优势不明显、经济发展潜力有限、财政较为困难的县，可纳入省直管范围或参照省直管方式管理，加强省级对县级的财力支持；做实县级"三保"保障机制，建立县级财力长效保障机制。坚持县级为主、市级帮扶、省级兜底、中央激励，全面落实基层"三保"责任；其中，与乡村振兴最为密切的当数推动乡财县管工作提质增效，将财政收入难以覆盖支出需要、财税管理能力薄弱的乡镇纳入乡财县管范围。加强财力薄弱乡镇支出保障，防范化解乡镇财税运行风险，加大对农村公益性事业发展的支持力度。结合预算管理一体化系统建设和应用，调整优化乡镇财税职能，强化县级财税对乡镇预算编制、预算执行、国有资产管理等的监督，提升乡镇财税管理的效率和水平。

2.4.3　投入与产出之间的关系

投入与产出分析是做出每个决策的重点，在任何领域中都需要考虑投入与产出比的平衡。乡村振兴战略作为国家战略，虽然多是政府投入，但还是要重点考虑投入与产出问题，要通过对投入与产出比的衡量，进一步优化乡村振兴的路径。

1. 乡村振兴战略的重点是振兴现代农业

"土地流转"成为这几年乡村发展的重要热词。近几年的中央一号文件都大手笔地去解决这个核心问题。目前全国上下，土地流转已成为乡村振兴的重要路径之一。规模化的现代化田园、农场、田园综合体、生态园、家庭农场、现代庄园等得以兴建，日益增多的现代农业组织已成为乡村振兴战略的重要成果。目前，现代化的农业组织已成为广大乡村农业大发展的重要主体，对促进我国现代农业发展起到非常重要的作用。农民成为产业工人，家庭承包日益演化为集体承包，个体传统农业日益演化为现代新型农业，农业生产力得到快速提升。同时，现代农业也表现在农村信息化水平迅速提高、农业生产数字化起步、数字乡村建设稳步向前。一批重大工程项目相继实施，各类市场主体积极参与农村信息化建设。利用电商来销售农产品或为农村产业进一步宣传已成为常事，农民利用数字化也可以进一步增产扩产，虽然投入显著增加，但是这种信息化、数字化也显著提高了农业、农村的产出。

2. 乡村振兴战略的公共投入由中央政府对地方政府转移支付与政策资金承担

我国中央层面及各省（自治区、直辖市）层面基本上都制定了不同的乡村振兴战略实施的政策资金资助或配套安排。以国家公布实施的中国传统村落为例，国家相继公布多批中国传统村落，并对这些传统村落的发展给予一定保护资金。国家及各省（自治区、直辖市）层面有一定的美丽乡村、美好乡村、景区村庄等建设资金。以浙江省为例，到 2030 年左右，每年投入 2 000 多亿元，在全省范围内建设 1 万个景区村庄，把浙江打造为一个大花园。政策资金投入基本上是公共设施投入与基础设施投入，对这种传统村落的保护投入了大量资金，但这种大量的投入未来可以创造出更多的产出，有利于乡村振兴的实现，进而全面推动共同富裕。

3. 乡村振兴战略应合理地引导社会资本有序参与

社会资本倾向于流动到收益高的地方，换句话说，资本的所有者都是"经济人"，会做出最有利于自身的决策，但同时，社会资本也是由国家政策引导的。在乡村振兴战略的指引下，大量社会资本看到了乡村经济的发展前景，对乡村相关产业进行投资，成为乡村经济发展的新主体。目前，广大乡村现代农业的主体有当地农民组成的合作社、外来资本引入创建的非本土化公司、当地致富能手创建的本土化公司等，国家政策会予以一定的配套资金，社会资本在乡村振兴战略中起到至关重要的作用。社会资本主要从现代农业发展与农村产业经济发展视角考虑投入与产出。社会资本投入的方向主要有民宿、农家乐、乡村旅游景区与电商销售等。但由于目前农村产权市场不成熟，农民和农村集体经济组织拥有的各类资产，特别是资源性资产缺乏合理的定价机制，难以充分估值，因此，不宜长时间、大面积、一次性作价转让给社会资本，而应从长计议，主要以入股、联营等方式与社会资本合作，形成长期、稳定的收益分享机制。但同时，社会资本的大量投入可能会导致产出严重过剩，需求不足，留下较大的需求消化空间。在这种情况下，必须全面探索出一条乡村振兴的最优路径，使每部分投入都能落到实处。

4. 乡村振兴战略投入巨大，产出与投入可能不成正比

乡村振兴战略投入巨大，国家层面及各省（自治区、直辖市）层面相继制订了乡村振兴发展战略规划，中央对地方转移支付数额巨大，投入了大量资金。以前大量的乡村振兴资金投入乡村地区，但很多情况下是仅改善了村容村

貌，河道也得到了一定的改造，生态环境有了很大提升，但农民依然生活来源单一，年轻人回归的少，现代农业经济依然徘徊不前，乡村经济依然孤立难成系统，投入与产出显著不成正比。因此，在新时代的乡村振兴中必须持续整治提升农村人居环境，加强农村道路、供水、用电、网络、住房安全等重点领域基础设施建设，保障基本功能，解决突出问题，逐步使农村基本具备现代生活条件，以实现投入与产出更有效率，切实提高农民的生活水平。

3 我国现行促进乡村振兴财税支持政策梳理

党的二十大报告强调要全面推进乡村振兴。全面建设社会主义现代化国家，最艰巨最繁重的任务仍然在农村。坚持农业农村优先发展，坚持城乡融合发展，畅通城乡要素流动。加快建设农业强国，扎实推动乡村产业、人才、文化、生态、组织振兴。在中国特色社会主义进入新时代的现实背景下，财税政策在国家治理中的基础性作用越来越凸显，也对我国实现乡村振兴起到了举足轻重的作用（储德银等，2019）。无论是财政支农、针对"三农"的专项转移支付等财税政策，抑或对农民免征个人所得税、取消农业税等税收政策均体现出我国财税政策在实现乡村振兴方面起到了显著作用，并且在我国各级政府及辖区内居民的共同努力之下，我国现行标准下的贫困县、贫困村全部摘帽出列，实现了全面脱贫的壮举。尽管如此，目前我国城乡间的发展差距依然不可忽视，无论是居民收入差距，抑或产业发展，我国城乡之间仍存在着较大的差距（刘树鑫等，2022）。截至2020年，反映城乡居民收入差距的我国基尼系数仍在国际警戒线0.4以上，而城乡收入比亦在2.5以上。因此，财税政策在农村公共基础设施建设和改善农村人居环境上仍然有比较繁重的任务，农村地区公共产品的提供仍然大大落后于城市，与农民生产和生活相关的公共基础设施和基本公共服务体系虽得以建立，但整体水平低，与农民需求相比，还存在很大差距（"城乡统筹发展研究"课题组，2015）。乡村振兴战略的提出，将"产业兴旺、生态宜居、乡风文明、治理有效、生活富裕"作为农业、农村进一步发展的战略目标，本质则是将乡村振兴细化成了五大振兴方向。在下文中，我们将分别从产业振兴、人才振兴、文化振兴、生态振兴和组织振兴五大方面梳理我国现行促进乡村振兴的财税支持政策。

在与乡村相关的财税政策发展历程中，农业税曾对乡村经济有重要的影响。早在中华人民共和国成立初期，农业税便是我国重要的财政收入。在土地改革完成前，我国分别在新解放区与老解放区实行两种农业税税制。土地改革完成后，即1958年，全国人大常委会颁布《中华人民共和国农业税条例》，由此统一了我国农业税税制。此后，由于"人民公社化运动"和"大跃进"极大地挫伤了农民的积极性，导致农村经济的不景气。针对此类现实问题，党中央出台政策"减少征收农业税"。直到 1978 年，我国开始实行家庭联产承包责任制，农村经济逐步恢复，为农业税税基扩大提供了经济基础，基于此，我国于 1983 年扩大了农业税的征税范围。从统一农业税到 1983 年，农业税持续为我国提供了重要的财税收入。然而随着改革开放以及国内产业结构的调整发展，农业作为第一产业已处于较为劣势的地位，因此，中央为减轻农民负担，提高农业竞争力，于 2006 年全面取消农业税（叶青等，2020）。农业税历经了长久的发展正式退出了我国税制舞台，农业税正式被取消，这一举措堵住了县、乡基层财税制度外筹资途径，从根本上减轻了农民的负担，为增加农民收入提供了保证。但不可否认，它也间接地削弱了乡镇基层政府的财政能力，农村公共品供给的不足与乡村治理的弱化成为新农村建设中不得不面对的突出问题（刘建平等，2016）。由此，党中央还加强了对农业的财政持续投入。2005 年，强调继续加强农业基础设施建设。2006 年，指出坚持"多予、少取、放活"的方针，重点在"多予"上下功夫。2007 年，明确建设用地税费提高后新增收入主要用于"三农"问题。2008 年，要求继续加大财政支农资金投入力度。2009 年，指出将财政支农资金和政策向中西部倾斜。2010 年，提高耕地占用税税率，并将新增收入和新增建设用地土地有偿使用费都用于农业。2011 年，强调加大农田和水利的财政投入。2012 年，强调农业科技领域的财政投入（公茂刚等，2021）。

财政作为国家治理的基础和重要支柱，在推进国家治理体系和治理能力现代化历程中发挥着不可替代的作用。正因如此，财税政策的供给应紧跟国家治理发展的新方向、新要求，做到精准、及时、有效。从"十三五"到"十四五"的历史交汇期，坚持农业、农村优先发展，实现巩固、拓展脱贫攻坚成果与全面推进乡村振兴战略有效衔接，将是财税政策的重要发力点，是财税政策供给须做出积极响应的战略性领域（王春城、王帅，2021）。税收是调节收入分配的重要工具，也是调控经济运行的重要手段，增税和减免税等手段对资源配置和社会经济发展产生影响。我国财税政策助力乡村振兴体现在对"三农"问题的特定优惠政策上。

3.1 现行促进乡村产业振兴的财税支持政策

产业振兴是乡村振兴的物质基础。乡村产业振兴，就是要形成绿色安全、优质高效的乡村产业体系，为农民持续增收提供坚实的产业支撑。

3.1.1 产业振兴的财政支持政策

乡村振兴战略中促进产业振兴的财政政策主要集中于资金的使用。

1. 农业生产发展资金的使用

（1）农机购置与应用补贴支出。

主要用于支持购置与应用先进适用农业机械，以及开展报废更新和相关创新试点等方面[1]。

（2）农业经营方式创新支出。

主要用于支持新型农业经营主体培育、农业生产社会化服务、高素质农民培育、农产品产地冷藏保鲜设施建设、农业信贷担保业务补奖等方面[2]。

（3）农业产业发展支出。

主要用于支持优势特色产业集群、国家现代农业产业园和农业产业强镇等农村第一、二、三产业融合发展，以及奶业振兴行动和畜禽健康养殖、种业发展、地理标志农产品保护等方面[3]。

（4）发放实际种粮农民一次性补贴。

主要是尽快将补贴发放到实际种粮农民手中[4]。

（5）实施奶业振兴行动和畜禽健康养殖。

通过实施良种补贴政策，在主要草原牧区省份对项目区内使用良种精液开

---

[1] 见附件1，第二章，第六条，第二项，转引自：财政部　农业农村部关于修订农业相关转移支付资金管理办法的通知［EB/OL］.（2022 – 04 – 01）. https：//www. mof. gov. cn/gkml/caizhengwengao/wg2022/wg202206/202208/t20220818_3834634. htm.

[2] 见附件1，第二章，第六条，第四项，转引自：财政部　农业农村部关于修订农业相关转移支付资金管理办法的通知［EB/OL］.（2022 – 04 – 01）. https：//www. mof. gov. cn/gkml/caizhengwengao/wg2022/wg202206/202208/t20220818_3834634. htm.

[3] 见附件1，第二章，第六条，第五项，转引自：财政部　农业农村部关于修订农业相关转移支付资金管理办法的通知［EB/OL］.（2022 – 04 – 01）. https：//www. mof. gov. cn/gkml/caizhengwengao/wg2022/wg202206/202208/t20220818_3834634. htm.

[4] 见附件1，第一条，第二项，转引自：农业农村部　财政部关于做好2022年农业生产发展等项目实施工作的通知［EB/OL］.（2022 – 05 – 09）. https：//www. gov. cn/zhengce/zhengceku/2022 – 05/13/content_5690136. htm.

展人工授精的肉牛养殖场（户），以及购买优良种公畜进行繁殖的存栏能繁母羊 30 只以上、牦牛能繁母牛 25 头以上的养殖场（户）给予适当补助，支持牧区畜牧良种推广。在生猪大县对使用良种猪精液开展人工授精的生猪养殖场（户）给予适当补助，加快生猪品种改良①。

2. 农村基础设施完善及改革试点

（1）对 2022 年农村客运补贴资金、城市交通发展奖励资金。

主要是将 2022 年农村客运及出租车的补贴资金、城市交通发展奖励资金预算指标下达到地方②。

（2）对 2022 年农村综合性改革试点试验进行扶持工作。

具体是将有条件新启动综合性改革试点试验的农村按照三年规划、分年实施的方式，中央财政通过农村综合改革转移支付，对 2022 年新启动试点实施定额补助③。

（3）中央财政继续扶持电子商务进农村工作。

主要是中央财政继续支持开展电子商务进农村综合示范，其中，2020 年第四季度提前下达的资金，主要用于拨付 2021 年示范县资金及 2019 年示范县尾款；2021 年下达资金，主要用于预拨 2020 年示范县尾款和拨付农村电商典型激励县奖励资金。鼓励各地优先采取贷款贴息、购买服务、以奖代补等支持方式。中央财政资金重点支持以下方向：完善农村电子商务公共服务体系；健全县乡村三级物流配送体系；推动农村商贸流通企业转型升级；培育农村电商创业带头人④。

（4）农民专业合作社解散、破产清算时进行财税补贴。

农民专业合作社解散、破产清算时，在清偿债务后如有剩余财产，清算组应当计算其中国家财政直接补助形成的财产总额⑤。

---

① 见附件 1，第三条，第二项，转引自：农业农村部 财政部关于做好 2022 年农业生产发展等项目实施工作的通知［EB/OL］.（2022 - 05 - 09）. https：//www. gov. cn/zhengce/zhengceku/2022 - 05/13/content_5690136. htm.

② 关于下达 2022 年农村客运补贴资金、城市交通发展奖励资金预算指标的通知［EB/OL］.（2022 - 04 - 02）. https：//www. mof. gov. cn/gkml/caizhengwengao/wg2022/wg202207/202209/t20220916_3840925. htm.

③ 关于做好 2022 年农村综合性改革试点试验申报工作的通知［EB/OL］.（2022 - 03 - 17）. https：//yn. mof. gov. cn/tongzhitonggao/202206/t20220627_3821906. htm.

④ 关于开展 2021 年电子商务进农村综合示范工作的通知［EB/OL］.（2021 - 05 - 11）. https：//jjs. mof. gov. cn/tongzhigonggao/202105/t20210514_3702148. htm.

⑤ 关于印发《农民专业合作社解散、破产清算时接受国家财政直接补助形成的财产处置暂行办法》的通知［EB/OL］.（2019 - 06 - 25）. https：//zcgls. mof. gov. cn/zhengcefabu/201907/t20190708_3292710. htm.

3.1.2　产业振兴的税收支持政策

1. 优化土地资源配置税收优惠

在优化土地资源配置方面，税收支持政策具体包括：

（1）转让土地使用权给农业生产者用于农业生产免征增值税。

具体为符合转让土地的使用权从纳税人转移到农业生产者，以及农业生产者取得土地使用权后用于农业生产条件的土地使用权的纳税人将土地使用权转让给农业生产者用于农业生产，免征增值税①。

（2）承包地流转给农业生产者用于农业生产免征增值税。

具体为纳税人采取转包、出租、互换、转让、入股等方式将承包地流转给农业生产者用于农业生产，免征增值税②。

（3）直接用于农、林、牧、渔业生产用地免征城镇土地使用税。

具体为从事农业生产的纳税人直接用于农、林、牧、渔业的生产用地免征城镇土地使用税。其中，直接用于农、林、牧、渔业的生产用地，是指直接从事于种植、养殖、饲养的专业用地，不包括农产品加工场地和生活、办公用地③。

（4）农村集体经济组织股份合作制改革免征契税。

具体为自 2017 年 1 月 1 日起，对进行股份合作制改革后的农村集体经济组织承受原集体经济组织的土地、房屋权属，免征契税④。

（5）农村集体经济组织清产核资免征契税。

具体为自 2017 年 1 月 1 日起，对农村集体经济组织，以及代行集体经济组织职能的村民委员会、村民小组进行清产核资收回集体资产而承受土地、房屋权属，免征契税⑤。

---

① 见附件 2，第一条，第三十五项，转引自：财政部　国家税务总局关于全面推开营业税改征增值税试点的通知［EB/OL］.（2016 - 03 - 23）. https：//www. gov. cn/zhengce/2016 - 03/29/content_5059411. htm.

② 财政部　税务总局关于建筑服务等营改增试点政策的通知［EB/OL］.（2017 - 11 - 08）. https：//www. mof. gov. cn/gkml/caizhengwengao/2017wg/wg201708/201711/t20171108_2746248. htm.

③ 见第六条，第五项，转引自：中华人民共和国城镇土地使用税暂行条例［EB/OL］.（2005 - 08 - 19）. https：//www. gov. cn/banshi/2005 - 08/19/content_24813. htm.；见第十一条，转引自：国家税务总局关于印发《关于土地使用税若干具体问题的解释和暂行规定》的通知［EB/OL］.（1988 - 10 - 24）. https：//fgk. chinatax. gov. cn/zcfgk/c100012/c5193049/content. html.

④ 见第一条，转引自：两部门关于支持农村集体产权制度改革有关税收政策的通知［EB/OL］.（2017 - 06 - 22）. https：//www. gov. cn/xinwen/2017 - 07/07/content_5208680. htm.

⑤ 见第二条，转引自：两部门关于支持农村集体产权制度改革有关税收政策的通知［EB/OL］.（2017 - 06 - 22）. https：//www. gov. cn/xinwen/2017 - 07/07/content_5208680. htm.

（6）收回集体资产签订产权转移书据免征印花税。

具体为自 2017 年 1 月 1 日起，对因农村集体经济组织，以及代行集体经济组织职能的村民委员会、村民小组进行清产核资收回集体资产而签订的产权转移书据，免征印花税①。

（7）农村土地、房屋确权登记不征收契税。

具体为集体土地所有权人，宅基地和集体建设用地使用权人及宅基地、集体建设用地的地上房屋所有权人对农村集体土地所有权、宅基地和集体建设用地使用权及地上房屋确权登记，不征收契税②。

2. 促进农业生产税收优惠

在促进农业生产方面则有以下税收支持政策：

（1）农业生产者销售的自产农产品免征增值税。

具体为从事种植业、养殖业、林业、牧业、水产业的单位和个人销售自产的初级农产品免征增值税。其中，农产品应当是列入《农业产品征税范围注释》（财税字〔1995〕52 号）的初级农业产品③。

（2）进口种子种源免征进口环节增值税。

具体为对进口种子的纳税人符合《进口种子种源免税货品清单》的进口种子种源免征进口环节增值税④。

（3）进口玉米糠、稻米糠等饲料免征增值税。

具体为经国务院批准，进口饲料的纳税人对《进口饲料免征增值税范围》所列进口饲料范围免征进口环节增值税⑤。

（4）单一大宗饲料等在国内流通环节免征增值税。

具体为从事饲料生产销售的纳税人生产销售单一大宗饲料、混合饲料、配

---

① 见第二条，转引自：两部门关于支持农村集体产权制度改革有关税收政策的通知［EB/OL］. （2017－06－22）. https：//www. gov. cn/xinwen/2017－07/07/content_5208680. htm.

② 见第三条，转引自：两部门关于支持农村集体产权制度改革有关税收政策的通知［EB/OL］. （2017－06－22）. https：//www. gov. cn/xinwen/2017－07/07/content_5208680. htm.

③ 见第十五条，第一项，转引自：中华人民共和国增值税暂行条例［EB/OL］. （2008－11－14）. https：//www. gov. cn/zxft/ft162/content_1171395. htm. ；见第三十五条第一项，转引自：中华人民共和国增值税暂行条例实施细则［EB/OL］. （2008－12－18）. https：//www. gov. cn/flfg/2008－12/18/content_1181744. htm. ；财政部　国家税务总局关于印发《农业产品征税范围注释》的通知［EB/OL］. （1995－06－15）. https：//fgk. chinatax. gov. cn/zcfgk/c102416/c5202652/content. html.

④ 关于"十三五"期间进口种子种源税收政策管理办法的通知［EB/OL］. （2016－11－24）. https：//www. gov. cn/xinwen/2016－12/05/content_5143411. htm.

⑤ 财政部　国家税务总局关于免征饲料进口环节增值税的通知［EB/OL］. （2001－08－14）. https：//fgk. chinatax. gov. cn/zcfgk/c102416/c5202770/content. html.

合饲料、复合预混料、浓缩饲料，免征增值税①。

（5）生产销售有机肥免征增值税。

具体为自 2008 年 6 月 1 日起，从事生产销售和批发、零售有机肥产品的纳税人生产销售和批发、零售有机肥料、有机 – 无机复混肥料和生物有机肥免征增值税②。

（6）滴灌产品免征增值税。

具体为自 2007 年 7 月 1 日起，生产销售和批发、零售滴灌带和滴灌管的纳税人生产销售和批发、零售滴灌带和滴灌管产品免征增值税③。

（7）生产销售农膜免征增值税。

具体为从事农膜生产销售、批发零售农膜的纳税人免征增值税。其中，农膜是指用于农业生产的各种地膜、大棚膜④。

（8）批发零售种子、种苗、化肥、农药、农机免征增值税。

具体为对从事种子、种苗、化肥、农药、农机批发零售的纳税人免征增值税。其中，农药是指用于农林业防治病虫害、除草及调节植物生长的药剂；农机是指用于农业生产（包括林业、牧业、副业、渔业）的各种机器、机械化和半机械化农具，以及小农具⑤。

（9）纳税人购进农业生产者销售自产的免税农业产品可以抵扣进项税额。

具体为自 2019 年 4 月 1 日起，纳税人购进农产品允许按照农产品收购发票或销售发票上注明的农产品买价和 9% 的扣除率抵扣进项税额；其中，购进用于生产或委托加工 13% 税率货物的农产品，按照农产品收购发票或销售发

---

① 见第一条，转引自：财政部　国家税务总局关于饲料产品免征增值税问题的通知［EB/OL］．（2001 – 07 – 12）．https：//fgk. chinatax. gov. cn/zcfgk/c102416/c5202778/content. html. ；见第十二条，转引自：国家税务总局关于印发《增值税部分货物征税范围注释》的通知［EB/OL］．（1993 – 12 – 25）．https：//fgk. chinatax. gov. cn/zcfgk/c100012/c5193123/content. html.

② 财政部　国家税务总局关于有机肥产品免征增值税的通知［EB/OL］．（2008 – 06 – 03）．https：//www. mof. gov. cn/zhengwuxinxi/zhengcefabu/2008zcfb/200806/t20080603_44622. htm.

③ 见第一条、第四条，转引自：财政部　国家税务总局关于免征滴灌带和滴灌管产品增值税的通知［EB/OL］．（2008 – 05 – 24）．https：//www. mof. gov. cn/zhengwuxinxi/zhengcefabu/2007zcfb/200805/t20080524_34889. htm.

④ 见第一条，第 1 项，转引自：关于农业生产资料征免增值税政策的通知［EB/OL］．（2001 – 07 – 20）．https：//szs. mof. gov. cn/zt/xczx/202012/t20201216_3635144. htm. ；见第十五条，转引自：国家税务总局关于印发《增值税部分货物征税范围注释》的通知［EB/OL］．（1993 – 12 – 25）．https：//fgk. chinatax. gov. cn/zcfgk/c100012/c5193123/content. html.

⑤ 见第一条，第 4 项，转引自：关于农业生产资料征免增值税政策的通知［EB/OL］．（2001 – 07 – 20）．https：//szs. mof. gov. cn/zt/xczx/202012/t20201216_3635144. htm. ；见第十四条、第十六条，转引自：国家税务总局关于印发《增值税部分货物征税范围注释》的通知［EB/OL］．（1993 – 12 – 25）．https：//fgk. chinatax. gov. cn/zcfgk/c100012/c5193123/content. html.

票上注明的农产品买价和 10% 的扣除率抵扣进项税额。此外，纳税人购进农产品进项税额已实行核定扣除的，按核定扣除的相关规定执行①。

（10）农产品增值税进项税额核定扣除。

具体为自 2012 年 7 月 1 日起，以购进农产品为原料生产销售液体乳及乳制品、酒及酒精、植物油的增值税一般纳税人，纳入农产品增值税进项税额核定扣除试点范围，其购进农产品无论是否用于生产上述产品，增值税进项税额均按照《农产品增值税进项税额核定扣除试点实施办法》（财税〔2012〕38号）的规定抵扣；自 2013 年 9 月 1 日起，各省、自治区、直辖市、计划单列市税务部门可商同级财政部门，根据《农产品增值税进项税额核定扣除试点实施办法》的规定，结合本省（自治区、直辖市、计划单列市）特点，选择部分行业开展核定扣除试点。其中，试点纳税人可以采用投入产出法、成本法、参照法等方法计算增值税进项税额；农产品应当是列入《农业产品征税范围注释》（财税字〔1995〕52 号）的初级农业产品②。

（11）从事农业、林业、牧业、渔业项目减免企业所得税。

具体为从事蔬菜、谷物、薯类、油料、豆类、棉花、麻类、糖料、水果、坚果的种植；农作物新品种的选育；中药材的种植；林木的培育和种植；牲畜、家禽的饲养；林产品的采集；灌溉、农产品初加工、兽医、农技推广、农机作业和维修等农业、林业、牧业、渔业服务业项目；远洋捕捞的企业免征企业所得税。从事花卉、茶及其他饮料作物和香料作物的种植；海水养殖、内陆养殖的企业减半征收企业所得税。其中，享受税收优惠的农业、林业、牧业、

---

① 见第八条，第二款，第三项，转引自：中华人民共和国增值税暂行条例［EB/OL］. （2008 - 11 - 14）. https：//www. gov. cn/zxft/ft162/content_1171395. htm.；见第二条，转引自：财政部　税务总局关于简并增值税税率有关政策的通知［EB/OL］. （2017 - 04 - 28）. https：//fgk. chinatax. gov. cn/zcfgk/c102416/c5202548/content. html.；见第二条、第三条，转引自：财政部　税务总局关于调整增值税税率的通知［EB/OL］. （2018 - 04 - 04）. https：//fgk. chinatax. gov. cn/zcfgk/c102416/c5202464/content. html.；见第二条，转引自：关于深化增值税改革有关政策的公告［EB/OL］. （2019 - 03 - 20）. https：//www. gov. cn/zhengce/zhengceku/2019 - 10/17/content_5441139. htm.

② 财政部　国家税务总局关于在部分行业试行农产品增值税进项税额核定扣除办法的通知［EB/OL］. （2012 - 04 - 06）. https：//fgk. chinatax. gov. cn/zcfgk/c102416/c5203766/content. html.；财政部　国家税务总局关于扩大农产品增值税进项税额核定扣除试点行业范围的通知［EB/OL］. （2013 - 08 - 28）. https：//www. mof. gov. cn/gkml/caizhengwengao/wg2013/wg201309/201403/t20140319_1056843. htm.；见第二条，转引自：财政部　税务总局关于简并增值税税率有关政策的通知［EB/OL］. （2017 - 04 - 28）. https：//fgk. chinatax. gov. cn/zcfgk/c102416/c5202548/content. html.；见第二条、第三条，转引自：财政部　税务总局关于调整增值税税率的通知［EB/OL］. （2018 - 04 - 04）. https：//fgk. chinatax. gov. cn/zcfgk/c102416/c5202464/content. html.；见第二条，转引自：关于深化增值税改革有关政策的公告［EB/OL］. （2019 - 03 - 20）. https：//www. gov. cn/zhengce/zhengceku/2019 - 10/17/content_5441139. htm.

渔业项目，除另有规定之外，参照《国民经济行业分类》（GB/T4754—2002）的规定标准执行。另外，企业从事农业、林业、牧业、渔业项目，凡属于国家发展改革委发布的《产业结构调整指导目录》中限制和淘汰类的项目，不享受该规定①。

（12）从事"四业"的个人暂不征收个人所得税。

具体为对个人、个体户从事种植业、养殖业、饲养业和捕捞业取得的"四业"所得，暂不征收个人所得税②。

（13）农业服务免征增值税。

具体为纳税人提供农业机耕、排灌、病虫害防治、植物保护、农牧保险，以及相关技术培训业务，家禽、牲畜、水生动物的配种和疾病防治，免征增值税。其中，农业机耕是指在农业、林业、牧业中使用农业机械进行耕作（包括耕耘、种植、收割、脱粒、植物保护等）的业务；排灌，是指对农田进行灌溉或排涝的业务；病虫害防治，是指从事农业、林业、牧业、渔业的病虫害测报和防治的业务；农牧保险，是指为种植业、养殖业、牧业种植和饲养的动植物提供保险的业务；相关技术培训是指与农业机耕、排灌、病虫害防治、植物保护业务相关以及为使农民获得农牧保险知识的技术培训业务；家禽、牲畜、水生动物的配种和疾病防治业务的免税范围，包括与该项服务有关的提供药品和医疗用具的业务③。

（14）农用三轮车免征车辆购置税。

具体为购买农用三轮车的单位和个人免征车辆购置税。其中，农用三轮车是指柴油发动机的功率不大于 7.4 kW，载质量不大于 500 kg，最高车速不大

---

① 见第二十七条第一项，转引自：中华人民共和国企业所得税法［EB/OL］.（2007－03－16）. https：//www. gov. cn/zhengce/2007－03/19/content_2602200. htm.；见第八十六条第一项、第二项，转引自：中华人民共和国企业所得税法实施条例［EB/OL］.（2007－12－11）. https：//www. gov. cn/jrzg/2007－12/11/content_831405. htm.；关于发布享受企业所得税优惠政策的农产品初加工范围（试行）的通知［EB/OL］.（2008－11－20）. https：//www. gov. cn/zwgk/2008－12/01/content_1164560. htm.；关于享受企业所得税优惠的农产品初加工有关范围的补充通知［EB/OL］.（2011－06－07）. https：//www. gov. cn/zwgk/2011－06/07/content_1878808. htm.；国家税务总局关于实施农 林 牧 渔业项目企业所得税优惠问题的公告［EB/OL］.（2011－09－21）. https：//www. gov. cn/zwgk/2011－09/21/content_1953115. htm.

② 财政部 国家税务总局关于农村税费改革试点地区有关个人所得税问题的通知［EB/OL］.（2004－01－17）. https：//fgk. chinatax. gov. cn/zcfgk/c102416/c5202886/content. html.

③ 见附件3，第一条，第十项，转引自：财政部 国家税务总局关于全面推开营业税改征增值税试点的通知［EB/OL］.（2016－03－23）. https：//www. gov. cn/zhengce/2016－03/29/content_5059411. htm.

于 40 km/h 的三个车轮的机动车①。

（15）捕捞、养殖渔船免征车船税。

具体为捕捞、养殖渔船的所有人或管理人免征车船税。其中，捕捞、养殖渔船是指在渔业船舶登记管理部门登记为捕捞船或养殖船的船舶②。

（16）农村居民拥有使用的三轮汽车等定期减免车船税。

具体为省、自治区、直辖市人民政府根据当地实际情况，可以对公共交通车船，农村居民拥有并主要在农村地区使用的摩托车、三轮汽车和低速载货汽车定期减征或免征车船税。其中，三轮汽车，是指最高设计车速不超过 50 km/h，具有三个车轮的货车；低速载货汽车，是指以柴油发动机为动力，最高设计车速不超过 70 km/h，具有四个车轮的货车③。

3. 支持新型农业经营主体发展税收优惠

在支持新型农业经营主体发展方面有以下税收支持政策：

（1）"公司 + 农户"经营模式销售畜禽免征增值税。

具体为采取"公司 + 农户"经营模式从事畜禽饲养，纳税人回收再销售畜禽，属于农业生产者销售自产农产品，免征增值税。其中，畜禽应当是列入《农业产品征税范围注释》（财税字〔1995〕52 号）的农业产品④。

（2）"公司 + 农户"经营模式从事农业、林业、牧业、渔业生产减免企业所得税。

具体为自 2010 年 1 月 1 日起，以"公司 + 农户"经营模式从事农业、林业、牧业、渔业项目生产的企业，可以享受减免企业所得税优惠政策。其中，

---

① 财政部　税务总局关于农用三轮车免征车辆购置税的通知［EB/OL］．（2004 – 09 – 07）．https：//www. gov. cn/ztzl/2005 – 12/30/content_143019. htm.

② 见第三条第一项，转引自：中华人民共和国车船税法［EB/OL］．（2011 – 02 – 25）．https：//www. gov. cn/flfg/2011 – 02/25/content_1857450. htm.；见第七条，转引自：中华人民共和国车船税法实施条例［EB/OL］．（2011 – 12 – 05）．https：//www. gov. cn/flfg/2011 – 12/09/content_2018019. htm.

③ 见第五条，转引自：中华人民共和国车船税法［EB/OL］．（2011 – 02 – 25）．https：//www. gov. cn/flfg/2011 – 02/25/content_1857450. htm.；见第二十六条，转引自：中华人民共和国车船税法实施条例［EB/OL］．（2011 – 12 – 05）．https：//www. gov. cn/flfg/2011 – 12/09/content_2018019. htm.

④ 见第十五条，第一项，转引自：中华人民共和国增值税暂行条例［EB/OL］．（2008 – 11 – 14）．https：//www. gov. cn/zxft/ft162/content_1171395. htm.；见第三十五条第一项，转引自：中华人民共和国增值税暂行条例实施细则［EB/OL］．（2008 – 12 – 18）．https：//www. gov. cn/zxft/ft162/content_1171395. htm.；财政部　国家税务总局关于印发《农业产品征税范围注释》的通知［EB/OL］．（1995 – 06 – 15）．https：//fgk. chinatax. gov. cn/zcfgk/c102416/c5202652/content. html.；国家税务总局关于纳税人采取"公司 + 农户"经营模式销售畜禽有关增值税问题的公告［EB/OL］．（2013 – 02 – 06）．https：//www. gov. cn/zwgk/2013 – 02/20/content_2336078. htm.

"公司＋农户"经营模式从事牲畜、家禽的饲养，是指公司与农户签订委托养殖合同，向农户提供畜禽苗、饲料、兽药及疫苗等［所有权（产权）仍属于公司］，农户将畜禽养大成为成品后交付公司回收①。

（3）农民专业合作社销售农产品免征增值税。

具体为农民专业合作社销售本社成员生产的农产品，视同农业生产者销售自产农产品免征增值税。其中，农产品应当是列入《农业产品征税范围注释》（财税字〔1995〕52 号）的初级农业产品；农民专业合作社是指依照《中华人民共和国农民专业合作社法》规定设立和登记的农民专业合作社②。

（4）农民专业合作社向本社成员销售部分农用物资免征增值税。

具体为农民专业合作社向本社成员销售的农膜、种子、种苗、农药、农机，免征增值税。其中，农民专业合作社，是指依照《中华人民共和国农民专业合作社法》规定设立和登记的农民专业合作社③。

（5）购进农民专业合作社销售的免税农产品可以抵扣进项税额。

具体为自 2019 年 4 月 1 日起，纳税人从农民专业合作社购进免税农产品允许按照农产品收购发票或销售发票上注明的农产品买价和 9% 的扣除率抵扣进项税额；购进用于生产或委托加工 13% 税率货物的农产品，按照农产品收购发票或销售发票上注明的农产品买价和 10% 的扣除率抵扣进项税额。其中，农产品应当是列入《农业产品征税范围注释》（财税字〔1995〕52 号）的农业产品；农民专业合作社，是指依照《中华人民共和国农民专业合作社法》

---

① 第二十七条，转引自：中华人民共和国企业所得税法［EB/OL］.（2007 – 03 – 16）. https：//www. gov. cn/zhengce/2007 –03/19/content_2602200. htm.；见第八十六条，转引自：中华人民共和国企业所得税法实施条例［EB/OL］.（2007 – 12 – 11）. https：//www. gov. cn/jrzg/2007 – 12/11/content_831405. htm.；关于发布享受企业所得税优惠政策的农产品初加工范围（试行）的通知［EB/OL］.（2008 – 11 – 20）. https：//www. gov. cn/zwgk/2008 – 12/01/content_1164560. htm.；关于享受企业所得税优惠的农产品初加工有关范围的补充通知［EB/OL］.（2011 – 06 – 07）. https：//www. gov. cn/zwgk/2011 – 06/07/content_1878808. htm.；国家税务总局关于"公司＋农户"经营模式企业所得税优惠问题的公告［EB/OL］.（2010 – 07 – 09）. https：//fgk. chinatax. gov. cn/zcfgk/c100012/c5194176/content. html.；国家税务总局关于实施农　林　牧　渔业项目企业所得税优惠问题的公告［EB/OL］.（2011 – 09 – 21）. https：//www. gov. cn/zwgk/2011 –09/21/content_1953115. htm.

② 财政部　国家税务总局关于农民专业合作社有关税收政策的通知［EB/OL］.（2008 – 06 – 24）. https：//www. gov. cn/zwgk/2008 – 07/08/content_1039022. htm.；财政部　国家税务总局关于印发《农业产品征税范围注释》的通知［EB/OL］.（1995 – 06 – 15）. https：//fgk. chinatax. gov. cn/zcfgk/c102416/c5202652/content. html.

③ 财政部　国家税务总局关于农民专业合作社有关税收政策的通知［EB/OL］.（2008 – 06 – 24）. https：//www. gov. cn/zwgk/2008 – 07/08/content_1039022. htm.

规定设立和登记的农民专业合作社①。

（6）农民、家庭农场、农民专业合作社、农村集体经济组织、村民委员会购买农业生产资料或销售农产品书立的买卖合同和农业保险合同免征印花税②。

（7）农业农村部等七部门对第七批农业产业化国家重点龙头企业名单将重点扶持，包括完善扶持政策、加大支持力度、强化指导服务以培育壮大龙头企业队伍③。

（8）农民专业合作社与本社成员签订的涉农购销合同免征印花税。

其中，购销合同签订双方为农民专业合作社与本社成员；合同标的为农业产品和农业生产资料；农民专业合作社，是指依照《中华人民共和国农民专业合作社法》规定设立和登记的农民专业合作社④。

4. 支持农村基础设施建设税收优惠

（1）国家重点扶持的公共基础设施项目企业所得税"三免三减半"。

具体为企业从事国家重点扶持的公共基础设施项目的投资经营的所得，自项目取得第一笔生产经营收入所属纳税年度起，第一年至第三年免征企业所得税，第四年至第六年减半征收企业所得税。其中，国家重点扶持的公共基础设施项目是指《公共基础设施项目企业所得税优惠目录》规定的港口码头、机场、铁路、公路、城市公共交通、电力、水利等项目。企业投资经营符合《公共基础设施项目企业所得税优惠目录》规定条件和标准的公共基础设施项目，采用一次核准、分批次（如码头、泊位、航站楼、跑道、路段、发电机组等）建设的，凡同时符合以下条件的，可按每一批次为单位计算所得，并

---

① 财政部 国家税务总局关于印发《农业产品征税范围注释》的通知［EB/OL］.（1995 – 06 – 15）. https：//fgk. chinatax. gov. cn/zcfgk/c102416/c5202652/content. html.；财政部 国家税务总局关于农民专业合作社有关税收政策的通知［EB/OL］.（2008 – 06 – 24）. https：//www. gov. cn/zwgk/2008 – 07/08/content_1039022. htm.；见第二条、第三条，转引自：财政部 税务总局关于调整增值税税率的通知［EB/OL］.（2018 – 04 – 04）. https：//fgk. chinatax. gov. cn/zcfgk/c102416/c5202464/content. html.；见第二条，转引自：关于深化增值税改革有关政策的公告［EB/OL］.（2019 – 03 – 20）. https：//www. gov. cn/zhengce/zhengceku/2019 – 10/17/content_5441139. htm.

② 见第十二条，第四项，转引自：国家税务总局关于"公司＋农户"经营模式企业所得税优惠问题的公告［EB/OL］.（2010 – 07 – 09）. https：//fgk. chinatax. gov. cn/zcfgk/c100012/c5194176/content. html.

③ 农业农村部 国家发展改革委 商务部 中国人民银行 国家税务总局 中国证券监督管理委员会 中华全国供销合作总社关于公布第七批农业产业化国家重点龙头企业名单的通知［EB/OL］.（2021 – 12 – 30）. https：//www. moa. gov. cn/govpublic/XZQYJ/202112/t20211230_6386016. htm.

④ 财政部 国家税务总局关于农民专业合作社有关税收政策的通知［EB/OL］.（2008 – 06 – 24）. https：//www. gov. cn/zwgk/2008 – 07/08/content_1039022. htm.

享受企业所得税"三免三减半"优惠：不同批次在空间上相互独立；每一批次自身具备取得收入的功能；以每一批次为单位进行会计核算，单独计算所得，并合理分摊期间费用①。

（2）农村电网维护费免征增值税。

具体为自 1998 年 1 月 1 日起，在收取电价时一并向用户收取的农村电网维护费免征增值税。对其他单位收取的农村电网维护费免征增值税②。

（3）县级及县级以下小型水力发电单位可选择按照简易办法计算缴纳增值税。

具体为自 2014 年 7 月 1 日起，县级及县级以下小型水力发电单位生产的电力，可选择按照简易办法依照 3% 征收率计算缴纳增值税③。

（4）水利设施用地免征城镇土地使用税。

对水利设施及其管护用地（如水库库区、大坝、堤防、灌渠、泵站等用地），免征城镇土地使用税④。

（5）农田水利设施占用耕地不征收耕地占用税。

具体为占用耕地建设农田水利设施的单位和个人，不缴纳耕地占用税⑤。

---

① 见第二十七条第二项，转引自：中华人民共和国企业所得税法［EB/OL］.（2007 – 03 – 16）. https：//www. gov. cn/zhengce/2007 – 03/19/content_2602200. htm.；见第八十七条、第八十九条，转引自：中华人民共和国企业所得税法实施条例［EB/OL］.（2007 – 12 – 11）. https：//www. gov. cn/jrzg/2007 – 12/11/content_831405. htm.；财政部　国家税务总局　国家发展改革委关于公布公共基础设施项目企业所得税优惠目录（2008 年版）的通知［EB/OL］.（2008 – 09 – 08）. https：// fgk. chinatax. gov. cn/zcfgk/c102416/c5203302/content. html.；国家税务总局关于实施国家重点扶持的公共基础设施项目企业所得税优惠问题的通知［EB/OL］.（2009 – 04 – 16）. https：// fgk. chinatax. gov. cn/zcfgk/c100012/c5194041/content. html.；财政部　国家税务总局关于公共基础设施项目和环境保护节能节水项目企业所得税优惠政策问题的通知［EB/OL］.（2012 – 01 – 15）. https：//fgk. chinatax. gov. cn/zcfgk/c102416/c5203792/content. html.；财政部　国家税务总局关于公共基础设施项目享受企业所得税优惠政策问题的补充通知［EB/OL］.（2014 – 07 – 04）. https：// fgk. chinatax. gov. cn/zcfgk/c102416/c5204040/content. html.

② 财政部　国家税务总局关于免征农村电网维护费增值税问题的通知［EB/OL］.（1998 – 03 – 05）. https：//fgk. chinatax. gov. cn/zcfgk/c102416/c5202592/content. html.；国家税务总局关于农村电网维护费征免增值税问题的通知［EB/OL］.（2009 – 10 – 23）. https：//fgk. chinatax. gov. cn/zcfgk/c100012/c5194085/content. html.

③ 见第二条第三项、第四条，转引自：关于部分货物适用增值税低税率和简易办法征收增值税政策的通知［EB/OL］.（2009 – 01 – 19）. https：//www. gov. cn/zwgk/2009 – 01/23/content_ 1213925. htm.；见第二条、第四条，转引自：财政部　国家税务总局关于简并增值税征收率政策的通知［EB/OL］.（2014 – 06 – 13）. https：//www. mof. gov. cn/gkml/caizhengwengao/wg2014/wg201407/201502/t20150204_ 1188194. htm.

④ 国家税务总局关于水利设施用地征免土地使用税问题的规定［EB/OL］.（1989 – 02 – 03）. https：// fgk. chinatax. gov. cn/zcfgk/c100012/c5193067/content. html.

⑤ 中华人民共和国耕地占用税法［EB/OL］. http：//www. npc. gov. cn/zgrdw/npc/xinwen/2018 – 12/29/content_2069862. htm.

（6）国家重大水利工程建设基金免征城市维护建设税。

具体为自 2010 年 5 月 25 日起，对国家重大水利工程建设基金免征城市维护建设税①。

（7）农村居民占用耕地新建自用住宅减半征收耕地占用税。

具体为农村居民在规定用地标准以内占用耕地新建自用住宅，按照当地适用税额减半征收耕地占用税；其中农村居民经批准搬迁，新建自用住宅占用耕地不超过原宅基地面积的部分，免征耕地占用税②。

（8）农村烈属等优抚对象及低保农民新建自用住宅免征耕地占用税。

具体为农村烈士遗属、因公牺牲军人遗属、残疾军人以及符合农村最低生活保障条件的农村居民，在规定用地标准以内新建自用住宅，免征耕地占用税③。

（9）农村饮水安全工程新建项目投资经营所得企业所得税"三免三减半"。

具体为从事《公共基础设施项目企业所得税优惠目录》规定的农村饮水安全工程新建项目投资经营的所得，自项目取得第一笔生产经营收入所属纳税年度起，第一年至第三年免征企业所得税，第四年至第六年减半征收企业所得税④。

---

①　关于免征国家重大水利工程建设基金的城市维护建设税和教育费附加的通知［EB/OL］. （2010 - 05 - 25）. https：//www. gov. cn/zwgk/2010 - 06/07/content_1622391. htm. ；关于继续执行城市维护建设税优惠政策的公告［EB/OL］. （2021 - 08 - 27）. https：//www. gov. cn/xinwen/2021 - 08/27/content_5633667. htm.

②　见第七条第三款，转引自：中华人民共和国耕地占用税法［EB/OL］. （2018 - 12 - 29）. http：//www. npc. gov. cn/zgrdw/npc/xinwen/2018 - 12/29/content_2069862. htm. ；见第十六条，转引自：关于发布《中华人民共和国耕地占用税法实施办法》的公告［EB/OL］. （2019 - 08 - 31）. https：//www. gov. cn/xinwen/2019 - 08/31/content_5426065. htm. ；见第九条，转引自：国家税务总局关于耕地占用税征收管理有关事项的公告［EB/OL］. （2019 - 09 - 04）. https：//www. gov. cn/xinwen/2019 - 09/04/content_5427119. htm.

③　见第七条第四款，转引自：中华人民共和国耕地占用税法［EB/OL］. （2018 - 12 - 29）. http：//www. npc. gov. cn/zgrdw/npc/xinwen/2018 - 12/29/content_2069862. htm. ；见第十六条，转引自：关于发布《中华人民共和国耕地占用税法实施办法》的公告［EB/OL］. （2019 - 08 - 31）. https：//www. gov. cn/xinwen/2019 - 08/31/content_5426065. htm. ；见第九条，转引自：国家税务总局关于耕地占用税征收管理有关事项的公告［EB/OL］. （2019 - 09 - 04）. https：//www. gov. cn/xinwen/2019 - 09/04/content_5427119. htm.

④　见第五条，转引自：财政部　税务总局关于继续实行农村饮水安全工程税收优惠政策的公告［EB/OL］. （2019 - 04 - 15）. https：//www. chinatax. gov. cn/chinatax/n810341/n810765/n4182981/201905/c4461038/content. html. ；见第一条，转引自：财政部　税务总局关于延长部分税收优惠政策执行期限的公告［EB/OL］. （2021 - 03 - 15）. https：//fgk. chinatax. gov. cn/zcfgk/c102416/c5202148/content. html.

（10）农村饮水安全工程免征增值税。

具体为自 2019 年 1 月 1 日至 2023 年 12 月 31 日，农村饮水安全工程运营管理单位向农村居民提供生活用水取得的自来水销售收入，免征增值税。对于既向城镇居民供水，又向农村居民供水的农村饮水安全工程运营管理单位，依据向农村居民供水收入占总供水收入的比例免征增值税①。

（11）农村饮水安全工程免征房产税。

具体为自 2019 年 1 月 1 日至 2023 年 12 月 31 日，农村饮水安全工程运营管理单位自用的生产、办公用房产，免征房产税。对于既向城镇居民供水，又向农村居民供水的农村饮水安全工程运营管理单位，依据向农村居民供水量占总供水量的比例免征房产税②。

（12）农村饮水安全工程运营管理单位自用土地免征城镇土地使用税。

具体为自 2019 年 1 月 1 日至 2023 年 12 月 31 日，农村饮水安全工程运营管理单位自用的生产、办公用土地，免征城镇土地使用税。对于既向城镇居民供水，又向农村居民供水的饮水工程运营管理单位，依据向农村居民供水量占总供水量的比例免征城镇土地使用税③。

（13）建设农村饮水安全工程承受土地使用权免征契税。

具体为自 2019 年 1 月 1 日至 2023 年 12 月 31 日，农村饮水安全工程运营管理单位为建设饮水工程而承受土地使用权，免征契税。对于既向城镇居民供水，又向农村居民供水的农村饮水安全工程运营管理单位，依据向农村居民供

---

① 见第四条，转引自：财政部　税务总局关于继续实行农村饮水安全工程税收优惠政策的公告 ［EB/OL］．（2019 - 04 - 15）．https：//www. chinatax. gov. cn/chinatax/n810341/n810765/n4182981/201905/c4461038/content. html.；见第一条，转引自：财政部　税务总局关于延长部分税收优惠政策执行期限的公告 ［EB/OL］．（2021 - 03 - 15）．https：//fgk. chinatax. gov. cn/zcfgk/c102416/c5202148/content. html.

② 见第三条，转引自：财政部　税务总局关于继续实行农村饮水安全工程税收优惠政策的公告 ［EB/OL］．（2019 - 04 - 15）．https：//www. chinatax. gov. cn/chinatax/n810341/n810765/n4182981/201905/c4461038/content. html.；见第一条，转引自：财政部　税务总局关于延长部分税收优惠政策执行期限的公告 ［EB/OL］．（2021 - 03 - 15）．https：//fgk. chinatax. gov. cn/zcfgk/c102416/c5202148/content. html.

③ 见第三条，转引自：财政部　税务总局关于继续实行农村饮水安全工程税收优惠政策的公告 ［EB/OL］．（2019 - 04 - 15）．https：//www. chinatax. gov. cn/chinatax/n810341/n810765/n4182981/201905/c4461038/content. html.；见第一条，转引自：财政部　税务总局关于延长部分税收优惠政策执行期限的公告 ［EB/OL］．（2021 - 03 - 15）．https：//fgk. chinatax. gov. cn/zcfgk/c102416/c5202148/content. html.

水量占总供水量的比例免征契税①。

（14）农村饮水安全工程免征印花税。

具体为自 2019 年 1 月 1 日至 2023 年 12 月 31 日，农村饮水安全工程运营管理单位为建设饮水工程取得土地使用权而签订的产权转移书据，以及与施工单位签订的建设工程承包合同，免征印花税。对于既向城镇居民供水，又向农村居民供水的农村饮水安全工程运营管理单位，依据向农村居民供水量占总供水量的比例免征印花税②。

5. 推动乡村特色产业发展

（1）蔬菜流通环节免征增值税。

具体为从事蔬菜批发、零售的纳税人销售的蔬菜免征增值税③。

（2）部分鲜活肉蛋产品流通环节免征增值税。

具体为对从事农产品批发、零售的纳税人销售的部分鲜活肉蛋产品免征增值税。免征增值税的鲜活肉产品，是指猪、牛、羊、鸡、鸭、鹅及其整块或者分割的鲜肉、冷藏或者冷冻肉，内脏、头、尾、骨、蹄、翅、爪等组织。免征增值税的鲜活蛋产品，是指鸡蛋、鸭蛋、鹅蛋，包括鲜蛋、冷藏蛋以及对其进行破壳分离的蛋液、蛋黄和蛋壳④。

（3）农产品批发市场、农贸市场免征房产税。

具体为自 2019 年 1 月 1 日至 2023 年 12 月 31 日，对农产品批发市场、农贸市场（包括自有和承租）专门用于经营农产品的房产，暂免征收房产税。对同时经营其他产品的农产品批发市场和农贸市场使用的房产，按其他产品与

① 见第一条，转引自：财政部　税务总局关于继续实行农村饮水安全工程税收优惠政策的公告 ［EB/OL］．（2019 - 04 - 15）．https：//www. chinatax. gov. cn/chinatax/n810341/n810765/n4182981/201905/c4461038/content. html.；见第一条，转引自：财政部　税务总局关于延长部分税收优惠政策执行期限的公告 ［EB/OL］．（2021 - 03 - 15）．https：//fgk. chinatax. gov. cn/zcfgk/c102416/c5202148/content. html.；见第四条，转引自：关于契税法实施后有关优惠政策衔接问题的公告 ［EB/OL］．（2021 - 08 - 27）．https：//www. gov. cn/zhengce/zhengceku/2021 - 08/31/content_5634333. htm.

② 见第二条，转引自：财政部　税务总局关于继续实行农村饮水安全工程税收优惠政策的公告 ［EB/OL］．（2019 - 04 - 15）https：//www. chinatax. gov. cn/chinatax/n810341/n810765/n4182981/201905/c4461038/content. html.；见第一条，转引自：财政部　税务总局关于延长部分税收优惠政策执行期限的公告 ［EB/OL］．（2021 - 03 - 15）．https：//fgk. chinatax. gov. cn/zcfgk/c102416/c5202148/content. html.

③ 财政部　国家税务总局关于免征蔬菜流通环节增值税有关问题的通知 ［EB/OL］．（2011 - 12 - 31）．https：//fgk. chinatax. gov. cn/zcfgk/c102416/c5204372/content. html.

④ 财政部　国家税务总局关于免征部分鲜活肉蛋产品流通环节增值税政策的通知 ［EB/OL］．（2012 - 09 - 27）．https：//fgk. chinatax. gov. cn/zcfgk/c102416/c5204437/content. html.

农产品交易场地面积的比例确定免征房产税①。

（4）农产品批发市场、农贸市场免征城镇土地使用税。

具体为自 2019 年 1 月 1 日至 2023 年 12 月 31 日，对农产品批发市场、农贸市场（包括自有和承租）专门用于经营农产品的土地，暂免征收城镇土地使用税。对同时经营其他产品的农产品批发市场和农贸市场使用的土地，按其他产品与农产品交易场地面积的比例确定征免城镇土地使用税②。

（5）国家指定收购部门订立农副产品收购合同免征印花税。

具体为国家指定的收购部门与村民委员会、农民个人书立的农副产品收购合同，免纳印花税③。

6. 激发乡村创业就业活力

（1）小规模纳税人阶段性免征增值税。

具体为自 2022 年 4 月 1 日至 2022 年 12 月 31 日，增值税小规模纳税人适用 3% 征收率的应税销售收入，免征增值税；适用 3% 预征率的预缴增值税项目，暂停预缴增值税④。

（2）小型微利企业减免企业所得税。

具体为自 2021 年 1 月 1 日至 2022 年 12 月 31 日，对小型微利企业年应纳税所得额不超过 100 万元的部分，减按 12.5% 计入应纳税所得额，按 20% 的税率缴纳企业所得税。自 2022 年 1 月 1 日至 2024 年 12 月 31 日，对小型微利企业年应纳税所得额超过 100 万元但不超过 300 万元的部分，减按 25% 计入应

---

① 财政部 税务总局关于继续实行农产品批发市场 农贸市场房产税 城镇土地使用税优惠政策的通知［EB/OL］．（2019 - 01 - 09）．https：//fgk. chinatax. gov. cn/zcfgk/c102416/c5202360/content. html.；财政部 税务总局关于延长部分税收优惠政策执行期限的公告［EB/OL］．（2022 - 01 - 29）．https：//fgk. chinatax. gov. cn/zcfgk/c102416/c5202048/content. html.

② 财政部 税务总局关于继续实行农产品批发市场 农贸市场房产税 城镇土地使用税优惠政策的通知［EB/OL］．（2019 - 01 - 09）．https：//fgk. chinatax. gov. cn/zcfgk/c102416/c5202360/content. html.；财政部 税务总局关于延长部分税收优惠政策执行期限的公告［EB/OL］．（2022 - 01 - 29）．https：//fgk. chinatax. gov. cn/zcfgk/c102416/c5202048/content. html.

③ 见第四条，转引自：中华人民共和国印花税暂行条例［EB/OL］. https：//www. gov. cn/gongbao/content/2011/content_1860821. htm.；见第十三条，转引自：中华人民共和国印花税暂行条例施行细则［EB/OL］．（1988 - 09 - 29）https：//fgk. chinatax. gov. cn/zcfgk/c102416/c5193045/content. html.

④ 关于对增值税小规模纳税人免征增值税的公告［EB/OL］. https：//www. gov. cn/zhengce/zhengceku/2022 - 03/24/content_5681202. htm.；国家税务总局关于增值税小规模纳税人减免增值税等政策有关征管事项的公告［EB/OL］. https：//www. gov. cn/zhengce/zhengceku/2023 - 01/10/content_5736056. htm.

纳税所得额，按 20% 的税率缴纳企业所得税①。

（3）增值税小规模纳税人、小型微利企业和个体工商户减免地方"六税两费"。

具体为自 2022 年 1 月 1 日至 2024 年 12 月 31 日，由省、自治区、直辖市人民政府根据本地区实际情况，以及宏观调控需要确定，对增值税小规模纳税人、小型微利企业和个体工商户可以在 50% 的税额幅度内减征资源税、城市维护建设税、房产税、城镇土地使用税、印花税（不含证券交易印花税）、耕地占用税和教育费附加、地方教育附加。增值税小规模纳税人、小型微利企业和个体工商户已依法享受资源税、城市维护建设税、房产税、城镇土地使用税、印花税、耕地占用税、教育费附加、地方教育附加其他优惠政策的，可叠加享受第一条规定的优惠政策②。

7. 推动普惠金融发展

（1）金融机构农户小额贷款利息收入免征增值税。

具体为 2023 年 12 月 31 日前，对金融机构向农户发放小额贷款取得的利息收入，免征增值税③。

（2）金融机构小微企业及个体工商户小额贷款利息收入免征增值税。

具体为 2023 年 12 月 31 日前，对金融机构向小型企业、微型企业及个体工商户发放小额贷款取得的利息收入，免征增值税。上述小额贷款，是指单户授信小于 100 万元（含本数）的农户、小型企业、微型企业或个体工商户贷款；没有授信额度的，是指单户贷款合同金额且贷款余额在 100 万元（含本数）以下的贷款。2018 年 9 月 1 日至 2023 年 12 月 31 日，对金融机构向小型企业、微型企业和个体工商户发放小额贷款取得的利息收入，免征增值税。上

---

① 见第一条，转引自：关于实施小微企业和个体工商户所得税优惠政策的公告［EB/OL］. https：//www. gov. cn/zhengce/zhengceku/2021－04/09/content_5598738. htm.；见第一条，转引自：国家税务总局关于落实支持小型微利企业和个体工商户发展所得税优惠政策有关事项的公告［EB/OL］. https：//www. gov. cn/zhengce/zhengceku/2021－04/09/content_5598741. htm.；关于进一步实施小微企业所得税优惠政策的公告［EB/OL］. https：//www. gov. cn/zhengce/zhengceku/2022－03/18/content_5679733. htm.

② 关于进一步实施小微企业"六税两费"减免政策的公告［EB/OL］. https：//www. gov. cn/zhengce/zhengceku/2022－03/04/content_5676898. htm.；财政部 税务总局关于进一步实施小微企业所得税优惠政策的公告［EB/OL］. http：//beijing. chinatax. gov. cn/bjswj/c104560/202204/ad88a0b7a4f3474db612058665f15376. shtml.

③ 见第一条、第三条，转引自：关于支持小微企业融资有关税收政策的通知［EB/OL］. https：//www. gov. cn/xinwen/2017－11/06/content_5237529. htm.；关于延续实施普惠金融有关税收优惠政策的公告［EB/OL］.（2020－04－20）. https：//www. gov. cn/zhengce/zhengceku/2020－04/26/content_5506262. htm.

述小额贷款，是指单户授信小于 1 000 万元（含本数）的小型企业、微型企业或个体工商户贷款；没有授信额度的，是指单户贷款合同金额且贷款余额在 1 000 万元（含本数）以下的贷款。金融机构可以选择以下两种方法之一适用免税：①对金融机构向小型企业、微型企业和个体工商户发放的，利率水平不高于中国人民银行授权全国银行间同业拆借中心公布的贷款市场报价利率 150%（含本数）的单笔小额贷款取得的利息收入，免征增值税；高于中国人民银行授权全国银行间同业拆借中心公布的贷款市场报价利率 150% 的单笔小额贷款取得的利息收入，按照现行政策规定缴纳增值税。②对金融机构向小型企业、微型企业和个体工商户发放单笔小额贷款取得的利息收入中，不高于该笔贷款按照中国人民银行授权全国银行间同业拆借中心公布的贷款市场报价利率 150%（含本数）计算的利息收入部分，免征增值税；超过部分按照现行政策规定缴纳增值税。金融机构可按会计年度在以上两种方法之间选定其一作为该年的免税适用方法，一经选定，该会计年度内不得变更①。

（3）金融机构农户小额贷款利息收入企业所得税减计收入。

具体为 2023 年 12 月 31 日前，对金融机构农户小额贷款的利息收入，在计算应纳税所得额时，按 90% 计入收入总额②。

（4）金融企业涉农和中小企业贷款损失准备金税前扣除。

具体为金融企业根据《贷款风险分类指引》（银监发〔2007〕54 号），对其涉农贷款和中小企业贷款进行风险分类后，按照以下比例计提的贷款损失准备金，准予在计算应纳税所得额时扣除：①关注类贷款，计提比例为 2%；②次级类贷款，计提比例为 25%；③可疑类贷款，计提比例为 50%；④损失

---

① 见第一条、第三条，转引自：关于支持小微企业融资有关税收政策的通知［EB/OL］. https：// www. gov. cn/xinwen/2017 – 11/06/content_5237529. htm. ；关于金融机构小微企业贷款利息收入免征增值税政策的通知［EB/OL］. https：//www. gov. cn/zhengce/zhengceku/2018 – 12/31/content_5441332. htm. 见第五条，转引自：财政部 税务总局关于明确国有农用地出租等增值税政策的公告［EB/OL］. （2020 – 01 – 20）. https：//www. gov. cn/zhengce/zhengceku/2020 – 01/22/content_5471620. htm. ；关于延续实施普惠金融有关税收优惠政策的公告［EB/OL］. （2020 – 04 – 20）. https：//www. gov. cn/zhengce/zhengceku/ 2020 – 04/26/content_5506262. htm. ；见第一条，转引自：财政部 税务总局关于延长部分税收优惠政策执行期限的公告［EB/OL］. （2021 – 03 – 15）. https：//fgk. chinatax. gov. cn/zcfgk/c102416/c5202148/ content. html. ；工业和信息化部 统计局 发展改革委 财政部 关于印发中小企业划型标准规定的通知［EB/OL］. （2011 – 06 – 18）. https：//www. gov. cn/gongbao/content/2012/content_2041870. htm.

② 见第二条、第四条，转引自：关于延续支持农村金融发展有关税收政策的通知［EB/OL］. （2017 – 06 – 09）. https：//www. gov. cn/xinwen/2017 – 06/13/content_5202182. htm. ；关于延续实施普惠金融有关税收优惠政策的公告［EB/OL］. （2020 – 04 – 20）. https：//www. gov. cn/zhengce/ zhengceku/2020 – 04/26/content_5506262. htm.

类贷款，计提比例为 100%①。

（5）金融企业涉农和中小企业贷款损失税前扣除。

具体为金融企业涉农贷款、中小企业贷款逾期 1 年以上，经追索无法收回，应依据涉农贷款、中小企业贷款分类证明，按下列规定计算确认贷款损失进行税前扣除：①单户贷款余额不超过 300 万元（含 300 万元）的，应依据向借款人和担保人的有关原始追索记录（包括司法追索、电话追索、信件追索和上门追索等原始记录之一，并由经办人和负责人共同签章确认），计算确认损失进行税前扣除。②单户贷款余额超过 300 万元至 1 000 万元（含 1 000 万元）的，应依据有关原始追索记录（应当包括司法追索记录，并由经办人和负责人共同签章确认），计算确认损失进行税前扣除。③单户贷款余额超过 1 000 万元的，仍按《国家税务总局关于发布〈企业资产损失所得税税前扣除管理办法〉的公告》（2011 年第 25 号）有关规定计算确认损失进行税前扣除②。

（6）保险公司农业大灾风险准备金税前扣除。

具体为保险公司经营财政给予保费补贴的农业保险，按不超过财政部门规定的农业保险大灾风险准备金（简称大灾准备金）计提比例，计提的大灾准备金，准予在企业所得税前据实扣除③。

（7）小额贷款公司农户小额贷款利息收入免征增值税。

具体为 2023 年 12 月 31 日前，对经省级金融管理部门（金融办、局等）

---

① 关于金融企业涉农贷款和中小企业贷款损失准备金税前扣除有关政策的公告［EB/OL］.（2019 - 08 - 23）. https：//www. gov. cn/zhengce/zhengceku/2019 - 09/18/content_5462164. htm. ；见第四条，转引自：财政部 税务总局关于延长部分税收优惠政策执行期限的公告［EB/OL］.（2021 - 03 - 15）. https：//fgk. chinatax. gov. cn/zcfgk/c102416/c5202148/content. html.

② 关于企业资产损失税前扣除政策的通知［EB/OL］.（2009 - 04 - 16）. https：//www. gov. cn/zwgk/2009 - 04/27/content_1297020. htm. ；关于金融企业涉农贷款和中小企业贷款损失准备金税前扣除有关政策的公告［EB/OL］.（2019 - 08 - 23）. https：//www. gov. cn/zhengce/zhengceku/2019 - 09/18/content_5462164. htm. ；国家税务总局关于发布《企业资产损失所得税税前扣除管理办法》的公告［EB/OL］.（2011 - 03 - 31）. https：//www. gov. cn/gongbao/content/2011/content_1967429. htm.

③ 财政部 国家税务总局关于保险公司准备金支出企业所得税税前扣除有关政策问题的通知［EB/OL］.（2016 - 11 - 02）. https：//www. mof. gov. cn/gkml/caizhengwengao/wg2016/wg201612/201704/t20170424_2586477. htm. ；见第四条，转引自：财政部 税务总局关于延长部分税收优惠政策执行期限的公告［EB/OL］.（2021 - 03 - 15）. https：//fgk. chinatax. gov. cn/zcfgk/c102416/c5202148/content. html.

批准成立的小额贷款公司取得的农户小额贷款利息收入，免征增值税①。

（8）小额贷款公司农户小额贷款利息收入企业所得税减计收入。

具体为2023年12月31日前，对经省级金融管理部门（金融办、局等）批准成立的小额贷款公司取得的农户小额贷款利息收入，在计算应纳税所得额时，按90%计入收入总额②。

（9）小额贷款公司贷款损失准备金企业所得税税前扣除。

具体为2023年12月31日前，对经省级金融管理部门（金融办、局等）批准成立的小额贷款公司按年末贷款余额的1%计提的贷款损失准备金准予在企业所得税税前扣除③。

（10）为农户及小型微型企业提供融资担保及再担保业务免征增值税。

具体为2023年12月31日前，纳税人为农户、小型企业、微型企业及个体工商户借款、发行债券提供融资担保取得的担保费收入，以及为原担保提供再担保取得的再担保费收入，免征增值税④。

（11）中小企业融资（信用）担保机构有关准备金企业所得税税前扣除。

具体为对于符合条件的中小企业融资（信用）担保机构提取的以下准备金准予在企业所得税税前扣除：①按照不超过当年年末担保责任余额1%的比例计提的担保赔偿准备，允许在企业所得税税前扣除，同时将上年度计提的担保赔偿准备余额转为当期收入。②按照不超过当年担保费收入50%的比例计提的未到期责任准备，允许在企业所得税税前扣除，同时将上年度计提的未到

---

① 见第一条、第四条，转引自：关于小额贷款公司有关税收政策的通知［EB/OL］．（2017－06－09）．https：//www.gov.cn/xinwen/2017－06/28/content_5206319.htm．；关于延续实施普惠金融有关税收优惠政策的公告［EB/OL］．（2020－04－20）．https：//www.gov.cn/zhengce/zhengceku/2020－04/26/content_5506262.htm.

② 见第二条、第四条，转引自：关于小额贷款公司有关税收政策的通知［EB/OL］．（2017－06－09）．https：//www.gov.cn/xinwen/2017－06/28/content_5206319.htm．；关于延续实施普惠金融有关税收优惠政策的公告［EB/OL］．（2020－04－20）．https：//www.gov.cn/zhengce/zhengceku/2020－04/26/content_5506262.htm.

③ 见第三条，转引自：关于小额贷款公司有关税收政策的通知［EB/OL］．（2017－06－09）．https：//www.gov.cn/xinwen/2017－06/28/content_5206319.htm．；关于延续实施普惠金融有关税收优惠政策的公告［EB/OL］．（2020－04－20）．https：//www.gov.cn/zhengce/zhengceku/2020－04/26/content_5506262.htm.

④ 见第六条，转引自：财政部　税务总局关于租入固定资产进项税额抵扣等增值税政策的通知［EB/OL］．（2017－12－25）．https：//www.gov.cn/fuwu/2017－12/27/content_5250698.htm．；关于延续实施普惠金融有关税收优惠政策的公告［EB/OL］．（2020－04－20）．https：//www.gov.cn/zhengce/zhengceku/2020－04/26/content_5506262.htm．；工业和信息化部　统计局　发展改革委　财政部关于印发中小企业划型标准规定的通知［EB/OL］．（2011－06－18）．https：//www.gov.cn/gongbao/content/2012/content_2041870.htm.

期责任准备余额转为当期收入①。

（12）农牧保险业务免征增值税。

具体为对农牧保险业务免征增值税②。

（13）保险公司种植业、养殖业保险业务企业所得税减计收入。

具体为2023年12月31日前，对保险公司为种植业、养殖业提供保险业务取得的保费收入，在计算应纳税所得额时，按90%计入收入总额③。

（14）农林作物、牧业畜类保险合同免征印花税。

具体为对农林作物、牧业畜类保险合同免征印花税④。

8. 鼓励社会力量加大乡村振兴捐赠

（1）企业符合条件的扶贫捐赠所得税税前据实扣除。

具体为自2019年1月1日至2025年12月31日，企业通过公益性社会组织或者县级（含县级）以上人民政府及其组成部门和直属机构，用于目标脱贫地区的扶贫捐赠支出，准予在计算企业所得税应纳税所得额时据实扣除。在政策执行期限内，目标脱贫地区实现脱贫的，可继续适用上述政策。企业同时发生扶贫捐赠支出和其他公益性捐赠支出，在计算公益性捐赠支出年度扣除限额时，符合上述条件的扶贫捐赠支出不计算在内。企业在2015年1月1日至2018年12月31日期间已发生的符合上述条件的扶贫捐赠支出，尚未在计算企业所得税应纳税所得额时扣除的部分，可执行上述企业所得税政策⑤。

（2）符合条件的扶贫货物捐赠免征增值税。

具体为自2019年1月1日至2025年12月31日，对单位或者个体工商户将自产、委托加工或购买的货物通过公益性社会组织、县级及以上人民政府及

---

① 见第四条，转引自：财政部　税务总局关于延长部分税收优惠政策执行期限的公告 ［EB/OL］.（2021 – 03 – 15）. https：//fgk. chinatax. gov. cn/zcfgk/c102416/c5202148/content. html.

② 见附件3，第一条，第十项，转引自：财政部　国家税务总局关于全面推开营业税改征增值税试点的通知 ［EB/OL］.（2016 – 03 – 23）. https：//www. gov. cn/zhengce/2016 – 03/29/content_5059411. htm.

③ 见第三条、第四条，转引自：关于延续支持农村金融发展有关税收政策的通知 ［EB/OL］.（2017 – 06 – 09）. https：//www. gov. cn/xinwen/2017 – 06/13/content_5202182. htm.；关于延续实施普惠金融有关税收优惠政策的公告 ［EB/OL］.（2020 – 04 – 20）. https：//www. gov. cn/zhengce/zhengceku/2020 – 04/26/content_5506262. htm.

④ 见第二条，转引自：国家税务总局关于对保险公司征收印花税有关问题的通知 ［EB/OL］.（1998 – 12 – 31）. https：//fgk. chinatax. gov. cn/zcfgk/c100012/c5193063/content. html.

⑤ 关于企业扶贫捐赠所得税税前扣除政策的公告 ［EB/OL］.（2019 – 04 – 02）. https：//www. gov. cn/zhengce/zhengceku/2019 – 10/16/content_5440641. htm.；关于延长部分扶贫税收优惠政策执行期限的公告 ［EB/OL］.（2021 – 05 – 06）. https：//www. gov. cn/zhengce/zhengceku/2021 – 05/18/content_5608392. htm.

其组成部门和直属机构，或直接无偿捐赠给目标脱贫地区的单位和个人，免征增值税。在政策执行期限内，目标脱贫地区实现脱贫的，可继续适用上述政策。在 2015 年 1 月 1 日至 2018 年 12 月 31 日期间已发生的符合上述条件的扶贫货物捐赠，可追溯执行上述增值税政策①。

（3）个人通过公益性社会组织或国家机关的公益慈善事业捐赠个人所得税税前扣除。

具体为个人将其所得对教育、扶贫、济困等公益慈善事业进行捐赠，捐赠额未超过纳税人申报的应纳税所得额 30% 的部分，可以从其应纳税所得额中扣除；国务院规定对公益慈善事业捐赠实行全额税前扣除的，从其规定②。

（4）境外捐赠人捐赠慈善物资免征进口环节增值税。

具体为境外捐赠人无偿向受赠人捐赠的直接用于慈善事业的物资，免征进口环节增值税。国际和外国医疗机构在我国从事慈善与人道医疗救助活动，供免费使用的医疗药品和器械及在治疗过程中使用的消耗性的医用卫生材料比照前款执行③。

3.2 现行促进乡村人才振兴的财税支持政策

人才振兴是乡村振兴的关键因素。如果没有人才的支撑，乡村振兴就只能是一句空话。乡村人才振兴的关键就是要让更多人才愿意来、留得住、干得好、能出彩，让人才数量、结构和质量能够满足乡村振兴的需要。

3.2.1 人才振兴的财政支持政策

在实现人才振兴方面，我国更多通过财政手段，对乡村人才提供财政拨款，或者通过财政补贴吸引人才建设乡村，促进乡村振兴。

---

① 关于扶贫货物捐赠免征增值税政策的公告［EB/OL］.（2019 - 04 - 10）. https：//www. gov. cn/zhengce/zhengceku/2019 - 10/16/content_5440628. htm.；关于延长部分扶贫税收优惠政策执行期限的公告［EB/OL］.（2021 - 05 - 06）. https：//www. gov. cn/zhengce/zhengceku/2021 - 05/18/content_5608392. htm.

② 见第六条第三款，转引自：中华人民共和国个人所得税法［EB/OL］.（2007 - 06 - 29）. https：//www. gov. cn/jrzg/2007 - 06/29/content_667722. htm.；见第十九条，转引自：中华人民共和国个人所得税法实施条例［EB/OL］.（2018 - 12 - 22）. https：//www. gov. cn/zhengce/content/2018 - 12/22/content_5351177. htm.；财政部　税务总局关于公益慈善事业捐赠个人所得税政策的公告［EB/OL］.（2019 - 12 - 30）. https：//fgk. chinatax. gov. cn/zcfgk/c102416/c5202248/content. html.

③ 财政部　海关总署　税务总局关于公布《慈善捐赠物资免征进口税收暂行办法》的公告［EB/OL］.（2015 - 12 - 23）. https：//www. gov. cn/gongbao/content/2016/content_5061684. htm.

1. 提高社会保险待遇水平

完善落实城乡居民基本养老保险待遇确定与基础养老金正常调整机制，适时提高城乡居民基础养老金标准，鼓励引导符合条件的城乡居民早参保、多缴费，规范个人账户记账利率办法，提高个人账户养老金水平。推进各省统一农民工和城镇职工失业保险参保缴费办法，享受同等待遇。按规定落实失业保险参保职工技能提升补贴政策，助力乡村振兴人才培养。落实工伤保险待遇调整机制，切实保障工伤农民工返乡后各项工伤保险待遇的落实，稳步提升工伤保险保障效能①。

2. 定向专业职业教育计划

加强农村职业院校基础能力建设，优先支持高水平农业高职院校开展本科层次职业教育，采取校企合作、政府划拨、整合资源等方式建设一批实习实训基地。支持职业院校加强涉农专业建设、开发技术研发平台、开设特色工艺班，培养基层急需的专业技术人才。采取学制教育和专业培训相结合的模式对农村"两后生"进行技能培训。鼓励退役军人、下岗职工、农民工、高素质农民、留守妇女等报考高职院校，可适当降低文化素质测试录取分数线②。具体涉及修订出台高职院校、中职学校、技工学校生均拨款制度，建立健全政府、行业、企业及其他社会力量依法筹集经费的多元投入机制（湖南省级筹措 3.3 亿元开展农村中职攻坚行动，以奖代补引导 66 所农村中职学校改善办学条件，带动全省投入中职攻坚建设资金 51.12 亿元）；落实资助政策，国家奖助学金、国家助学贷款、学费补偿代偿、校内奖助学金、勤工助学、困难补助、伙食补贴、学费减免、社会捐资助学等政策向职业学校农村家庭经济困难学生倾斜；落实国家、省和市级"农民大学生培养计划""乡村医生定向委托培养计划""乡村教师定向培养计划""基层农技特岗人员定向培养计划""基层水利特岗人员定向培养计划"等政策，定向招生、定向培养、定向就业，为农村地区输送本土化人才③。

3. 农村义务教育阶段教师特岗计划

在原集中连片特殊困难地区、中西部国家扶贫开发工作重点县和省级扶贫

① 见第二条，第三项，转引自：人力资源社会保障部　民政部　财政部　国家税务总局　国家乡村振兴局　中国残疾人联合会关于巩固拓展社会保险扶贫成果助力全面实施乡村振兴战略的通知［EB/OL］．（2021 - 08 - 13）．https：//www. gov. cn/zhengce/zhengceku/2021 - 08/20/content_5632453. htm.
② 中共中央　国务院关于全面推进乡村振兴加快农业农村现代化的意见［EB/OL］．（2021 - 01 - 04）．https：//www. gov. cn/zhengce/2021 - 02/21/content_5588098. htm.
③ 教育部　湖南省人民政府关于整省推进职业教育现代化服务"三高四新"战略的意见［EB/OL］．（2021 - 10 - 12）．https：//jyt. hunan. gov. cn/sjyt/xxgk/tzgg/202110/t20211012_1055055. html.

开发工作重点县，西部地区原"两基"攻坚县，纳入国家西部开发计划的部分中部省份的少数民族自治州以及西部地区一些有特殊困难的边境县、少数民族自治县和少小民族县开展招聘农村义务阶段学校教师特设岗位计划。通过中央财政对"特岗计划"教师给予工资性补助，从2024年1月1日起，提高特岗教师工资性补助标准，中部地区由年人均3.52万元提高到3.88万元，西部地区由3.82万元提高到4.18万元。教育部、财政部将根据各地2024年设岗计划和往届特岗教师在岗人数核拨2024年"特岗计划"中央补助经费①。

4. 高校毕业生"三支一扶"计划

围绕推进乡村全面振兴对人才的需求，招募选拔高校毕业生到基层从事"三支一扶"（支教、支农、支医和帮扶乡村振兴）服务工作，招募计划向脱贫地区、东北地区、边疆地区、民族地区、革命老区等倾斜，对国家乡村振兴重点帮扶县实行计划单列。人社部门将大力加强教育培训、强化岗位实践锻炼、做好经费保障工作，确保"三支一扶"人员工作生活补贴达到政策标准并按月足额发放，落实一次性安家费，按规定缴纳社会保险费，发放艰苦边远地区津贴。有条件的地方可在政策框架内结合实际缴纳住房公积金，按规定办理补充医疗和商业保险等。中央指导基层服务单位优化工作生活保障，提供食宿、交通等便利。健全考核奖励机制，组织做好年度考核和期满考核，参照当地相关规定给予一定奖励②。

5. 深入实施农村创新创业带头人培育行动

统筹利用好现有创新创业扶持政策，为符合条件的返乡入乡创业人员和企业提供支持，农村创新创业带头人可按规定申领。鼓励地方统筹利用现有资金渠道，支持农村创新创业带头人兴办企业、做大产业。允许发行地方政府专项债券，支持农村创新创业园和孵化实训基地中符合条件的项目建设。对首次创业、正常经营1年以上的农村创新创业带头人，按规定给予一次性创业补贴。将符合条件的返乡入乡创业青年纳入创业担保贷款政策支持范围，提供个人最高20万元、小微企业最高300万元的财政贴息贷款。对10万元及以下的个人创业担保贷款免除反担保要求。农业农村部在全国认定了1 096个各具特色的全国农村创新创业基地（园区）和200个农村创新创业典型县，为返乡入乡

---

① 关于做好2024年农村义务教育阶段学校教师特设岗位计划实施工作的通知［EB/OL］.（2024 - 04 - 30）. https：//www.gov.cn/zhengce/zhengceku/202405/content_6950803.htm.

② 人力资源社会保障部办公厅 财政部办公厅关于做好2024年高校毕业生"三支一扶"计划实施工作的通知［EB/OL］.（2024 - 05 - 11）. https：//www.gov.cn/zhengce/zhengceku/202405/content_ 6952 246.htm.

创业青年提供低成本、全要素、便利化的创业服务。对入驻创业示范基地、创新创业园区和孵化实训基地的农村创新创业带头人创办的企业，可对厂房租金等相关费用给予一定额度减免。

6. 支持大学生志愿服务西部计划

大学生志愿服务西部计划具体为招募选拔大学生，到西部基层开展为期1~3年的教育、卫生、扶贫等志愿服务。其中，在财政方面，西部计划作为中央举办、地方受益的国家项目，所需经费由中央和地方财政共同承担。中央财政按照西部地区每人每年3万元（新疆南疆四地州、西藏每人每年4万元）、中部地区每人每年2.4万元的标准给予补助，通过一般性转移支付体制结算方式拨付省级财政部门[①]。

7. 深化基层农技推广体系改革与建设

继续实施农业重大技术协同推广，激发各类推广主体活力，建立联动推广机制。继续实施农技推广特聘计划，通过政府购买服务等方式，从乡土专家、新型农业经营主体、种养能手中招募特聘农技（动物防疫）员[②]。

8. 提升新型农业经营主体技术应用和生产经营能力

鼓励各地加强新型农业经营主体辅导员队伍和服务中心建设，可通过政府购买服务方式，委托其为家庭农场和农民专业合作社提供技术指导、产业发展、财务管理、市场营销等服务。鼓励各地开展农民专业合作社质量提升整县推进工作[③]。

3.2.2　人才振兴的税收支持政策

1. 退役军人税收优惠政策

对于符合条件的返乡创业退役军人，按规定纳入创业扶持政策范围。对于符合条件的返乡入乡创业企业，提供创业担保贷款贴息支持。充分发挥农产品产地冷藏保鲜设施建设、农业产业融合发展等项目的示范引领作用，引导、鼓

①　关于印发《2022—2023 年度大学生志愿服务西部计划实施方案》的通知［EB/OL］.（2022 - 04 - 12）. https：// www. gqt. org. cn/xxgk/tngz_gfxwj/gfxwj/202210/t20221012_790003. htm.

②　见附件 1，第二条，第二项，转引自：农业农村部　财政部关于做好 2022 年农业生产发展等项目实施工作的通知［EB/OL］.（2022 - 05 - 09）. https：// www. gov. cn/zhengce/zhengceku/2022 - 05/13/content_5690136. htm.

③　见附件 1，第四条，第一项，转引自：农业农村部　财政部关于做好 2022 年农业生产发展等项目实施工作的通知［EB/OL］.（2022 - 05 - 09）. https：// www. gov. cn/zhengce/zhengceku/2022 - 05/13/content_5690136. htm.

励退役军人参与。返乡入乡退役军人从事个体经营或在乡企业招用退役军人，可按规定享受税收优惠政策。退役军人在乡村创办中小微企业，吸纳就业困难人员，并为其缴纳社会保险费的，按规定给予企业社会保险补贴①。

2. 重点群体创业税收扣减

具体为 2019 年 1 月 1 日至 2025 年 12 月 31 日，从事个体经营的，自办理个体工商户登记当月起，在 3 年（36 个月）内按每户每年 12 000 元为限额依次扣减其当年实际应缴纳的增值税、城市维护建设税、教育费附加、地方教育附加和个人所得税。限额标准最高可上浮 20%，各省、自治区、直辖市人民政府可根据本地区实际情况在此幅度内确定具体限额标准②。自 2023 年 1 月 1 日起至 2027 年 12 月 31 日，脱贫人口（含防止返贫监测对象，下同）、持《就业创业证》（注明"自主创业税收政策"或"毕业年度内自主创业税收政策"）或《就业失业登记证》（注明"自主创业税收政策"）的人员，从事个体经营的，自办理个体工商户登记当月起，在 3 年（36 个月，下同）内按每户每年 20 000 元为限额依次扣减其当年实际应缴纳的增值税、城市维护建设税、教育费附加、地方教育附加和个人所得税。限额标准最高可上浮 20%，各省、自治区、直辖市人民政府可根据本地区实际情况在此幅度内确定具体限额标准③。增值税小规模纳税人中月销售额不超过 2 万元（按季纳税 6 万元）的企业和非企业性单位提供的应税服务，免征文化事业建设费④。按月纳税的月销售额不超过 10 万元，以及按季度纳税的季度销售额不超过 30 万元的缴纳义务人免征教育费附加、地方教育附加、水利建设基金⑤。

---

① 见第三条，第七项，转引自：退役军人事务部等 16 部门关于促进退役军人投身乡村振兴的指导意见 [EB/OL]．（2021 - 08 - 16）．https：//www. gov. cn/zhengce/zhengceku/2021 - 08/26/content_5633431. htm.

② 见第一条、第五条，转引自：关于进一步支持和促进重点群体创业就业有关税收政策的通知 [EB/OL]．（2019 - 02 - 02）．https：//www. gov. cn/zhengce/zhengceku/2019 - 10/15/content_5439958. htm.；见第一条，转引自：关于实施支持和促进重点群体创业就业有关税收政策具体操作问题的公告 [EB/OL]．（2019 - 02 - 26）．https：//www. gov. cn/zhengce/zhengceku/2019 - 11/04/content_5448493. htm.；关于延长部分扶贫税收优惠政策执行期限的公告 [EB/OL]．（2021 - 05 - 06）．https：//www. gov. cn/zhengce/zhengceku/2021 - 05/18/content_5608392. htm.

③ 关于进一步支持重点群体创业就业有关税收政策的公告 [EB/OL]．（2023 - 08 - 02）．https：//www. gov. cn/zhengce/zhengceku/202308/content_6896453. htm.

④ 财政部 国家税务总局关于营业税改征增值税试点有关文化事业建设费政策及征收管理问题的通知 [EB/OL]．（2016 - 03 - 28）．https：//fgk. chinatax. gov. cn/zcfgk/c102416/c5194625/content. html.

⑤ 财政部 国家税务总局关于扩大有关政府性基金免征范围的通知 [EB/OL]．（2016 - 01 - 29）．https：//fgk. chinatax. gov. cn/zcfgk/c102416/c5194616/content. html.

3. 吸纳重点群体就业税收扣减

自 2023 年 1 月 1 日至 2027 年 12 月 31 日，企业招用脱贫人口，以及在人力资源社会保障部门公共就业服务机构登记失业半年以上且持《就业创业证》或《就业失业登记证》（注明"企业吸纳税收政策"）的人员，与其签订 1 年以上期限劳动合同并依法缴纳社会保险费的，自签订劳动合同并缴纳社会保险费当月起，在 3 年内按实际招用人数予以定额依次扣减增值税、城市维护建设税、教育费附加、地方教育附加和企业所得税优惠。定额标准为每人每年 6 000 元，最高可上浮 30%，各省、自治区、直辖市人民政府可根据本地区实际情况在此幅度内确定具体定额标准。城市维护建设税、教育费附加、地方教育附加的计税依据是享受本项税收优惠政策前的增值税应纳税额①。

4. 残疾人创业免征增值税

具体为对残疾人个人提供的加工、修理修配劳务，为社会提供的应税服务，免征增值税②。

5. 安置残疾人就业的单位和个体户增值税即征即退

具体为对安置残疾人的单位和个体工商户（以下称纳税人），由税务机关按纳税人安置残疾人的人数，限额即征即退增值税。每月可退还的增值税具体限额，由县级以上税务机关根据纳税人所在区县（含县级市、旗）适用的经省（含自治区、直辖市、计划单列市）人民政府批准的月最低工资标准的 4 倍确定。一个纳税期已交增值税额不足以退还的，可在本纳税年度内以前纳税期已交增值税扣除已退增值税的余额中退还，仍不足以退还的可结转本纳税年度内以后纳税期退还，但不得结转以后年度退还。纳税期限不为按月的，只能对其符合条件的月份退还增值税③。

6. 特殊教育校办企业安置残疾人就业增值税即征即退

具体为对安置残疾人的特殊教育学校举办的企业，实行由税务机关按纳税

---

① 关于进一步支持重点群体创业就业有关税收政策的公告［EB/OL］.（2023 - 08 - 02）. https：//www. gov. cn/zhengce/zhengceku/202308/content_6896453. htm.

② 见附件 3，第一条，第六项，转引自：财政部　国家税务总局关于全面推开营业税改征增值税试点的通知［EB/OL］.（2016 - 03 - 23）. https：//www. gov. cn/zhengce/2016 - 03/29/content_5059411. htm.；见第八条，转引自：财政部　国家税务总局关于促进残疾人就业增值税优惠政策的通知［EB/OL］.（2016 - 05 - 05）. https：//fgk. chinatax. gov. cn/zcfgk/c102416/c5203716/content. html.

③ 财政部　国家税务总局关于促进残疾人就业增值税优惠政策的通知［EB/OL］.（2016 - 05 - 05）. https：//fgk. chinatax. gov. cn/zcfgk/c102416/c5203716/content. html.；国家税务总局关于发布《促进残疾人就业增值税优惠政策管理办法》的公告［EB/OL］.（2016 - 05 - 27）. https：//www. gov. cn/gong-bao/content/2016/content_5120713. htm.

人安置残疾人的人数，限额即征即退增值税。安置的每位残疾人每月可退还的增值税具体限额，由县级以上税务机关根据纳税人所在区县（含县级市、旗，下同）适用的经省（含自治区、直辖市、计划单列市，下同）人民政府批准的月最低工资标准的 4 倍确定。在计算残疾人人数时可将在企业上岗工作的特殊教育学校的全日制在校学生计算在内，在计算企业在职职工人数时也要将上述学生计算在内①。

7. 安置残疾人就业的企业残疾人工资加计扣除

具体为企业安置残疾人员的，在按照支付给残疾职工工资据实扣除的基础上，可以在计算应纳税所得额时按照支付给残疾职工工资的 100% 加计扣除②。

8. 安置残疾人就业的单位减免城镇土地使用税

具体为减征或免征城镇土地使用税③。

3.3 现行促进乡村文化振兴的财税支持政策

文化振兴是乡村振兴的精神基础，乡村文化振兴贯穿于乡村振兴的各领域、全过程，为乡村振兴提供持续的精神动力。

3.3.1 文化振兴的财政支持政策

财政支持政策侧重于对点的支持，在促进乡村文化产业发展的过程中，财政支持政策的主要形式就是通过专项资金扶持文化产品或项目。同样，由于我国目前同样缺乏专门针对乡村文化振兴的财政支持政策，因此，在此总结我国现行促进文化产业发展及农家书屋的财政支持政策。

1. 中央补助地方公共文化服务体系建设专项资金

（1）读书看报服务支出（属于基本公共文化服务项目具体支出）。

---

① 见第三条，转引自：财政部　国家税务总局关于促进残疾人就业增值税优惠政策的通知［EB/OL］.（2016 – 05 – 05）. https：//fgk. chinatax. gov. cn/zcfgk/c102416/c5203716/content. html.；国家税务总局关于发布《促进残疾人就业增值税优惠政策管理办法》的公告［EB/OL］.（2016 – 05 – 27）. https：//www. gov. cn/gongbao/content/2016/content_5120713. htm.

② 见第三十条第二项，转引自：中华人民共和国企业所得税法［EB/OL］.（2007 – 03 – 16）. https：//www. gov. cn/zhengce/2007 – 03/19/content_2602200. htm.；见第九十六条第一款，转引自：中华人民共和国企业所得税法实施条例［EB/OL］.（2007 – 12 – 11）. https：//www. gov. cn/jrzg/2007 – 12/11/content_831405. htm.；关于安置残疾人员就业有关企业所得税优惠政策问题的通知［EB/OL］.（2009 – 05 – 06）. https：//www. gov. cn/zwgk/2009 – 05/06/content_1305998. htm.

③ 见第一条，转引自：关于安置残疾人就业单位城镇土地使用税等政策的通知［EB/OL］.（2011 – 01 – 06）. https：//www. gov. cn/zwgk/2011 – 01/06/content_1779236. htm.

　　主要用于公共图书馆、文化馆（中心）、乡镇和村（社区）（村指行政村，下同）基层综合文化服务中心（含农家书屋）等配备图书、报刊和电子书刊，并免费提供借阅服务；用于在城镇主要街道、公共场所、居民小区等人流密集地点设置阅报栏或电子阅报屏，提供时政、"三农"、科普、文化、生活等方面的信息服务①。

　　（2）收听广播和观看电视服务支出（属于基本公共文化服务项目具体支出）。

　　主要用于为全民提供突发事件应急广播服务；用于补助纳入中央广播电视节目无线覆盖（包括模拟信号覆盖和数字化覆盖）范围的发射机及附属系统购置及运行维护；用于补助广播电视直播卫星相关实施方案确定的家庭接收设备购置②。

　　（3）观赏电影服务支出（属于基本公共文化服务项目具体支出）。

　　主要用于为农村群众提供数字电影放映服务③。

　　（4）送地方戏服务支出（属于基本公共文化服务项目具体支出）。

　　主要用于为农村乡镇每年送戏曲等文艺演出④。

　　（5）公共数字文化服务支出（属于基本公共文化服务项目具体支出）。

　　主要用于公共图书馆、文化馆（站）、公共博物馆、美术馆、公共电子阅览室等公共文化设施开展公共数字文化服务。具体包括公共数字文化软硬件平台建设；公共数字文化资源制作采集与加工整理；数字资源版权征集购买；公共数字文化服务宣传培训推广等；全国博物馆、纪念馆、公共图书馆、美术馆、文化馆（站），以及城市社区文化中心免费开放运转经费中央补助通过中央财政一般性转移支付安排⑤。

---

　　①　见第二章，第八条，转引自：财政部关于印发《中央补助地方公共文化服务体系　建设专项资金管理暂行办法》的通知［EB/OL］．（2015 - 12 - 24）．https：//www.gov.cn/gongbao/content/2016/content_5059105.htm.

　　②　见第二章，第九条，转引自：财政部关于印发《中央补助地方公共文化服务体系　建设专项资金管理暂行办法》的通知［EB/OL］．（2015 - 12 - 24）．https：//www.gov.cn/gongbao/content/2016/content_5059105.htm.

　　③　见第二章，第十条，转引自：财政部关于印发《中央补助地方公共文化服务体系　建设专项资金管理暂行办法》的通知［EB/OL］．（2015 - 12 - 24）．https：//www.gov.cn/gongbao/content/2016/content_5059105.htm.

　　④　见第二章，第十一条，转引自：财政部关于印发《中央补助地方公共文化服务体系　建设专项资金管理暂行办法》的通知［EB/OL］．（2015 - 12 - 24）．https：//www.gov.cn/gongbao/content/2016/content_5059105.htm.

　　⑤　见第二章，第十二条，转引自：财政部关于印发《中央补助地方公共文化服务体系　建设专项资金管理暂行办法》的通知［EB/OL］．（2015 - 12 - 24）．https：//www.gov.cn/gongbao/content/2016/content_5059105.htm.

（6）开展文体活动支出（属于基本公共文化服务项目具体支出）。

主要用于城乡居民依托村（社区）综合文化服务中心、文体广场、公园、健身路径等公共设施就近方便参加各类文化体育活动，以及各级文化馆（站）等开展文化艺术知识普及和培训等①。

（7）公共文化体育设施维修和设备购置支出。

主要用于公共图书馆、文化馆（中心）、博物馆、纪念馆、剧院（场）、体育场（馆），广播电视发射（监测）台站、转播台站、卫星地球站、保留事业单位性质的广播电视播出机构等的设施维修与设备购置；保留事业单位性质的文艺院团、新闻出版单位等设施维修与设备购置；省及省以下文物保护单位维修保护；乡镇和村基层综合文化服务中心维修和设备购置；流动文化车购置；城市街道（社区）文化中心维修购置通过中央集中彩票公益金安排②。

（8）基层公共文化服务人才队伍建设支出。

主要用于购买村（社区）公共文化服务中心的公益文化岗位，组织乡镇、街道和村（社区）文化专兼职人员每年的集中培训等③。

（9）公共文化其他项目支出。

主要用于党中央、国务院决定，以及中央相关部门、财政部共同实施的基本公共文化服务项目④。

2. 农家书屋工程专项资金

农家书屋工程专项资金的使用范围包括：

（1）对中西部地区的补助资金，主要用于农家书屋出版物购置等⑤。

（2）对东部地区的奖励资金，主要用于农家书屋管理人员的培训、部分

---

① 见第二章，第十三条，转引自：财政部关于印发《中央补助地方公共文化服务体系　建设专项资金管理暂行办法》的通知［EB/OL］.（2015 - 12 - 24）. https：//www. gov. cn/gongbao/content/2016/content_5059105. htm.

② 见第二章，第十四条，转引自：财政部关于印发《中央补助地方公共文化服务体系　建设专项资金管理暂行办法》的通知［EB/OL］.（2015 - 12 - 24）. https：//www. gov. cn/gongbao/content/2016/content_5059105. htm.

③ 见第二章，第十五条，转引自：财政部关于印发《中央补助地方公共文化服务体系　建设专项资金管理暂行办法》的通知［EB/OL］.（2015 - 12 - 24）. https：//www. gov. cn/gongbao/content/2016/content_5059105. htm.

④ 见第二章，第十六条，转引自：财政部关于印发《中央补助地方公共文化服务体系　建设专项资金管理暂行办法》的通知［EB/OL］.（2015 - 12 - 24）. https：//www. gov. cn/gongbao/content/2016/content_5059105. htm.

⑤ 见第二章，第五条，第一项，转引自：财政部　新闻出版总署关于印发《农家书屋工程专项资金管理暂行办法》的通知［EB/OL］.（2008 - 08 - 12）. https：//jkw. mof. gov. cn/zhengcefabu/201108/t20110829_589594. htm.

农家书屋补充出版物及与农家书屋管理相关的支出①。

（3）专项资金不得用于农家书屋管理人员的工资和福利性支出②。

中央财政专项资金安排原则：

（1）中央财政按照每个农家书屋 2 万元的配置标准，分别给予中部地区 50%、西部地区 80% 的补助资金，其余部分由地方财政部门统筹安排解决③。

（2）根据农家书屋工程的实施情况，中央财政每年对东部地区安排一定额度的奖励资金④。

3.3.2 文化振兴的税收支持政策

虽然我国目前存在促进文化产业发展的税收支持政策，但是专属于乡村文化振兴的税收支持政策较为缺乏。因此，在此梳理的是我国现行促进文化产业发展的税收支持政策。

1. 宣传文化增值税支持政策

（1）自 2021 年 1 月 1 日起至 2023 年 12 月 31 日，对出版物在出版环节执行增值税 100% 先征后退的政策。具体包括中国共产党与各民主党派的各级组织的机关报纸和机关期刊，各级人大、政协、政府、工会、共青团、妇联、残联、科协的机关报纸和机关期刊，新华社的机关报纸和机关期刊，军事部门的机关报纸和机关期刊；专为少年儿童出版发行的报纸和期刊，中小学的学生教科书；专为老年人出版发行的报纸和期刊；少数民族文字出版物；盲文图书和盲文期刊；经批准在内蒙古、广西、西藏、宁夏、新疆五个自治区内注册的出版单位出版的出版物；列入公告的图书、报纸和期刊⑤。

（2）自 2021 年 1 月 1 日起至 2023 年 12 月 31 日，对下列出版物在出版环

---

① 见第二章，第五条，第二项，转引自：财政部 新闻出版总署关于印发《农家书屋工程专项资金管理暂行办法》的通知［EB/OL］.（2008 - 08 - 12）. https：//jkw. mof. gov. cn/zhengcefabu/201108/t20110829_589594. htm.

② 见第二章，第五条，第三项，转引自：财政部 新闻出版总署关于印发《农家书屋工程专项资金管理暂行办法》的通知［EB/OL］.（2008 - 08 - 12）. https：//jkw. mof. gov. cn/zhengcefabu/201108/t20110829_589594. htm.

③ 见第二章，第六条，第一项，转引自：财政部 新闻出版总署关于印发《农家书屋工程专项资金管理暂行办法》的通知［EB/OL］.（2008 - 08 - 12）. https：//jkw. mof. gov. cn/zhengcefabu/201108/t20110829_589594. htm.

④ 见第二章，第五条，第二项，转引自：财政部 新闻出版总署关于印发《农家书屋工程专项资金管理暂行办法》的通知［EB/OL］.（2008 - 08 - 12）. https：//jkw. mof. gov. cn/zhengcefabu/201108/t20110829_589594. htm.

⑤ 见第一条，第一项，转引自：财政部 税务总局关于延续宣传文化增值税优惠政策的公告［EB/OL］.（2021 - 03 - 22）. https：//fgk. chinatax. gov. cn/zcfgk/c102416/c5202142/content. html.

节执行增值税先征后退50%的政策。具体包括各类图书、期刊、音像制品、电子出版物，但（1）规定执行增值税100%先征后退的出版物除外；列入公告的报纸①。

（3）自2021年1月1日起至2023年12月31日，对下列印刷、制作业务执行增值税100%先征后退的政策。具体包括对少数民族文字出版物的印刷或制作业务；新疆维吾尔自治区印刷企业的印刷业务②。

（4）自2021年1月1日起至2023年12月31日，免征图书批发、零售环节增值税③。

（5）自2021年1月1日起至2023年12月31日，对科普单位的门票收入，以及县级及以上党政部门和科协开展科普活动的门票收入免征增值税④。

2. 经营性文化事业单位税收支持政策

（1）经营性文化事业单位转制为企业，自转制注册之日起五年内免征企业所得税。2018年12月31日之前已完成转制的企业，自2019年1月1日起可继续免征五年企业所得税⑤。

（2）由财政部门拨付事业经费的文化单位转制为企业，自转制注册之日起五年内对其自用房产免征房产税。2018年12月31日之前已完成转制的企业，自2019年1月1日起对其自用房产可继续免征五年房产税⑥。

（3）党报、党刊将其发行、印刷业务及相应的经营性资产剥离组建的文化企业，自注册之日起所取得的党报、党刊发行收入和印刷收入免征增值税⑦。

---

① 见第一条，第二项，转引自：财政部　税务总局关于延续宣传文化增值税优惠政策的公告［EB/OL］．（2021－03－22）．https：//fgk. chinatax. gov. cn/zcfgk/c102416/c5202142/content. html.

② 见第一条，第三项，转引自：财政部　税务总局关于延续宣传文化增值税优惠政策的公告［EB/OL］．（2021－03－22）．https：//fgk. chinatax. gov. cn/zcfgk/c102416/c5202142/content. html.

③ 见第二条，转引自：财政部　税务总局关于延续宣传文化增值税优惠政策的公告［EB/OL］．（2021－03－22）．https：//fgk. chinatax. gov. cn/zcfgk/c102416/c5202142/content. html.

④ 见第三条，转引自：财政部　税务总局关于延续宣传文化增值税优惠政策的公告［EB/OL］．（2021－03－22）．https：//fgk. chinatax. gov. cn/zcfgk/c102416/c5202142/content. html.

⑤ 见第一条，第一项，转引自：财政部　税务总局　中央宣传部关于继续实施文化体制改革中经营性文化事业单位转制为企业若干税收政策的通知［EB/OL］．（2019－02－16）．https：//www. gov. cn/gongbao/content/2019/content_5419226. htm.

⑥ 见第一条，第二项，转引自：财政部　税务总局　中央宣传部关于继续实施文化体制改革中经营性文化事业单位转制为企业若干税收政策的通知［EB/OL］．（2019－02－16）．https：//www. gov. cn/gongbao/content/2019/content_5419226. htm.

⑦ 见第一条，第三项，转引自：财政部　税务总局　中央宣传部关于继续实施文化体制改革中经营性文化事业单位转制为企业若干税收政策的通知［EB/OL］．（2019－02－16）．https：//www. gov. cn/gongbao/content/2019/content_5419226. htm.

（4）对经营性文化事业单位转制中资产评估增值、资产转让或划转涉及的企业所得税、增值税、城市维护建设税、契税、印花税等，符合现行规定的享受相应税收优惠政策①。

3. 文化事业建设费税收支持政策

（1）增值税小规模纳税人中月销售额不超过 2 万元（按季纳税 6 万元）的企业和非企业性单位提供的应税服务，免征文化事业建设费②。

（2）对归属中央收入的文化事业建设费，按照缴纳义务人应缴费额的50% 减征；对归属地方收入的文化事业建设费，各省（区、市）财政、党委宣传部门可以结合当地经济发展水平、宣传思想文化事业发展等因素，在应缴费额 50% 的幅度内减征③。

3.4 现行促进乡村生态振兴的财税支持政策

生态振兴是乡村振兴的重要支撑。乡村振兴，生态宜居是关键。良好的生态环境是农村的最大优势和宝贵财富。要坚持人与自然和谐共生，走乡村绿色发展之路，让良好生态成为乡村振兴支撑点。

3.4.1 生态振兴的财政支持政策

我国现行促进生态振兴的财政支持政策集中于对自然资源保护、绿色生产及动物防疫的扶持补助。

1. 财政支持政策助力绿色生产

（1）耕地地力保护支出。

主要用于支持保护耕地地力。对已作为畜牧养殖场使用的耕地、林地、草地、成片粮田转为设施农业用地、非农征（占）用耕地等已改变用途的耕地，以及抛荒地、占补平衡中"补"的面积和质量达不到耕种条件的耕地等不予

---

① 见第一条，第四项，转引自：财政部　税务总局　中央宣传部关于继续实施文化体制改革中经营性文化事业单位转制为企业若干税收政策的通知 [EB/OL]．（2019 - 02 - 16）．https：//www. gov. cn/gongbao/content/2019/content_5419226. htm.

② 财政部　国家税务总局关于营业税改征增值税试点有关文化事业建设费政策及征收管理问题的通知 [EB/OL]．（2016 - 03 - 28）．https：//fgk. chinatax. gov. cn/zcfgk/c102416/c5194625/content. html.

③ 财政部关于调整部分政府性基金有关政策的通知 [EB/OL]．（2019 - 04 - 22）．https：//fgk. chinatax. gov. cn/zcfgk/c102416/c5194869/content. html.

补贴①。

（2）农业绿色发展与技术服务支出。

主要用于支持重点作物绿色高质高效、基层农技推广体系改革与建设、良种良法技术推广等方面②。

2. 财政支持政策助力资源保护

（1）开展耕地深松。

深松（深耕）作业深度一般要求达到或超过 25 cm，每亩作业补助原则上不超过 30 元，具体技术模式、补助标准和作业周期由各地因地制宜确定。充分利用北斗作业监测手段保证作业质量，提高监管工作效率，鼓励扩大作业监测范围③。

（2）加强渔业资源养护。

中央财政补助资金主要用于补助购买苗种、暂养、运输、后期跟踪监测和效果评估等放流苗种支出，其中用于补贴购买苗种的支出不少于 90％④。

（3）实施第三轮草原生态保护补助奖励政策。

按照《财政部　农业农村部　国家林草局关于印发〈第三轮草原生态保护补助奖励政策实施指导意见〉的通知》（财农〔2021〕82 号），扎实实施好草原生态保护补助奖励政策⑤。

（4）农村黑臭水体治理支出。

对遴选出的有基础、有条件支持开展黑臭水体治理试点的农村地区实施分档定额奖补，具体包括 2 亿元、1 亿元、5 000 万元的分档定额奖补，资金分年安排。原则上，对投资额不大于或等于 4 亿元的，奖补 2 亿元；对投资额大

---

① 见附件 1，第二章，第六条，第一项，转引自：财政部　农业农村部关于修订农业相关转移支付资金管理办法的通知［EB/OL］.（2022 – 04 – 01）. https：//www. mof. gov. cn/gkml/caizhengwengao/wg2022/wg202206/202208/t20220818_3834634. htm.

② 见附件 1，第二章，第六条，第三项，转引自：财政部　农业农村部关于修订农业相关转移支付资金管理办法的通知［EB/OL］.（2022 – 04 – 01）. https：//www. mof. gov. cn/gkml/caizhengwengao/wg2022/wg202206/202208/t20220818_3834634. htm.

③ 见附件 2，第一条，第二项，转引自：农业农村部　财政部关于做好 2022 年农业生产发展等项目实施工作的通知［EB/OL］.（2022 – 05 – 09）. https：//www. gov. cn/zhengce/zhengceku/2022 – 05/13/content_5690136. htm.

④ 见附件 2，第二条，转引自：农业农村部　财政部关于做好 2022 年农业生产发展等项目实施工作的通知［EB/OL］.（2022 – 05 – 09）. https：//www. gov. cn/zhengce/zhengceku/2022 – 05/13/content_5690136. htm.

⑤ 见附件 2，第三条，转引自：农业农村部　财政部关于做好 2022 年农业生产发展等项目实施工作的通知［EB/OL］.（2022 – 05 – 09）. https：//www. gov. cn/zhengce/zhengceku/2022 – 05/13/content_5690136. htm.

于或等于 2 亿元，且小于 4 亿元的，奖补 1 亿元；对投资额大于或等于 1 亿元，且小于 2 亿元的，奖补 5 000 万元。其中，按 2 亿元奖补的城市治理面积应不低于 60 万平方米，不足 60 万平方米的奖补 1 亿元；按 1 亿元奖补的城市治理面积应不低于 30 万平方米，不足 30 万平方米的奖补 5 000 万元①。

3. 财政支持政策助力动物防疫

（1）强制免疫补助。

主要用于开展口蹄疫、高致病性禽流感、H7N9 流感、小反刍兽疫、布鲁氏杆菌病、包虫病等动物疫病强制免疫疫苗（驱虫药物）采购、储存、注射（投喂）及免疫效果监测评价、疫病监测和净化、人员防护等相关防控工作，对实施强制免疫和购买动物防疫服务等予以补助。2022 年继续对符合条件的养殖场户实施强制免疫"先打后补"。各地要加强资金使用管理，提高免疫质量和政策成效，使动物高致病性禽流感、口蹄疫、小反刍兽疫抗体合格率常年保持在 70% 以上②。

（2）强制扑杀和销毁补助。

主要用于对在动物疫病预防、控制、净化、消灭过程中强制扑杀的动物、销毁的动物产品和相关物品的所有者给予补偿。纳入中央财政补助范围的疫病种类包括非洲猪瘟、口蹄疫、高致病性禽流感、H7N9 流感、小反刍兽疫、布鲁氏杆菌病、结核病、包虫病、马鼻疽和马传染性贫血病等。销毁的动物产品包括被动物疫病污染或可能被污染、存在动物疫病传播风险的猪肉、牛肉、羊肉、禽肉、马肉等肉类，鸡蛋等蛋类，牛奶等奶类；销毁的相关物品包括被动物疫病污染或可能被污染的、未拆包装的成品饲料③。

（3）养殖环节无害化处理补助。

按照"谁处理补给谁"的原则，对承担养殖环节病死猪无害化处理任务的实施者给予补助。补助资金不得用于重大动物疫病扑杀畜禽、屠宰环节病死畜禽和病害畜禽产品无害化处理补助。各省（自治区、直辖市）要按照本区

---

① 财政部办公厅　生态环境部办公厅　关于开展 2022 年农村黑臭水体治理试点工作的通知 [EB/OL]. （2022 - 07 - 29）. https：//www. mof. gov. cn/gkml/caizhengwengao/wg2022/wg202205/202207/t20220729_3830962. htm.

② 见附件 3，第一条，转引自：农业农村部　财政部关于做好 2022 年农业生产发展等项目实施工作的通知 [EB/OL]. （2022 - 05 - 09）. https：//www. gov. cn/zhengce/zhengceku/2022 - 05/13/content_5690136. htm.

③ 见附件 3，第二条，转引自：农业农村部　财政部关于做好 2022 年农业生产发展等项目实施工作的通知 [EB/OL]. （2022 - 05 - 09）. https：//www. gov. cn/zhengce/zhengceku/2022 - 05/13/content_5690136. htm.

域无害化处理补助标准，统筹省、市、县资金安排，足额安排资金。要加快资金执行进度，中央和省级财政资金下发后，市、县财政应在三个月内将补助资金给付到位，确保无害化处理体系有效运行①。

4. 财政支持政策助力渔业发展

（1）建设国家级海洋牧场。

按照"建管一体"的要求，统一谋划建设、运营和管护，明确管护主体和管护责任，建立长期、有效的管护机制，切实发挥国家级海洋牧场典型示范和辐射带动作用。中央财政对部分第六批、第七批国家级海洋牧场示范区分年度进行适当补助，补助资金重点用于人工鱼礁、海藻种移植、信息化和管护平台等②。

（2）建设国家级沿海渔港经济区。

中央财政对沿海各地渔港经济区建设给予适当奖补。各地要按照"建管一体"的要求，统一谋划建设、运营和管护，合理确定管护主体，落实管护资金，压实管护责任。中央财政对通过中期评估的渔港经济区分年度给予适当补助，补助资金重点用于对渔港相关公益性基础设施进行更新改造和整治维护③。

（3）建设远洋渔业基地。

承担基地建设项目的企业须连续三年以上具有农业农村部远洋渔业企业资格，并拥有基地所有权或经营管理权，境外基地还需获得有关部门批准的境外投资许可等。中央财政对符合条件的远洋渔业基地项目按照不超过中方企业已完成投资的30%给予补助，补助资金重点用于对基地相关基础设施进行更新改造和整治维护④。

---

① 见附件3，第三条，转引自：农业农村部　财政部关于做好2022年农业生产发展等项目实施工作的通知［EB/OL］.（2022－05－09）. https：//www.gov.cn/zhengce/zhengceku/2022－05/13/content_5690136.htm.

② 见附件4，第一条，转引自：农业农村部　财政部关于做好2022年农业生产发展等项目实施工作的通知［EB/OL］.（2022－05－09）. https：//www.gov.cn/zhengce/zhengceku/2022－05/13/content_5690136.htm.

③ 见附件4，第二条，转引自：农业农村部　财政部关于做好2022年农业生产发展等项目实施工作的通知［EB/OL］.（2022－05－09）. https：//www.gov.cn/zhengce/zhengceku/2022－05/13/content_5690136.htm.

④ 见附件4，第三条，转引自：农业农村部　财政部关于做好2022年农业生产发展等项目实施工作的通知［EB/OL］.（2022－05－09）. https：//www.gov.cn/zhengce/zhengceku/2022－05/13/content_5690136.htm.

（4）提升现代渔业设施设备水平。

采取后补助方式，支持改善渔业设施设备，提升渔业设施设备现代化水平，提高渔业综合生产能力。具体包括支持渔船和船上设施设备更新改造，支持水产养殖和加工设施设备建设①。

（5）持续推进渔业绿色循环发展。

补助资金重点用于养殖池塘标准化改造、尾水达标治理、水质监控和环境调控系统、建立管护机制等方面②。

（6）开展渔业资源调查养护和国际履约能力提升。

具体包括开展采取当年补助方式，支持具备条件的科研院所和高校利用渔业资源专业科学调查船，辅以租用群众渔船，开展我国近岸近海外海渔业资源调查，逐步掌握渔业资源状况和变动趋势；采取当年补助方式，支持符合条件的远洋渔业企业和教学科研单位开展远洋渔业资源调查、监测评估，促进全球渔业资源科学养护和长期可持续利用③。

3.4.2 生态振兴的税收支持政策

我国现行促进生态振兴的税收支持政策主要体现在对农业资源的合理利用上。

（1）以部分农林剩余物为原料生产燃料、电力、热力的实行增值税即征即退100%。

主要是以部分农林剩余物等为原料生产的生物质压块、沼气等燃料，电力、热力的纳税人对销售自产的以餐厨垃圾、畜禽粪便、稻壳、花生壳、玉米芯、油茶壳、棉籽壳、三剩物、次小薪材，农作物秸秆、蔗渣，以及利用上述资源发酵产生的沼气为原料，生产的生物质压块、沼气等燃料，电力、热力实行增值税即征即退100%的政策。享受优惠政策的具体条件包括纳税人为增值税一般纳税人；销售综合利用产品和劳务，不属于国家发展改革委《产业结构调整指导目录》中的禁止类、限制类项目；销售综合利用产品和劳务，不

---

① 见附件4，第四条，转引自：农业农村部　财政部关于做好2022年农业生产发展等项目实施工作的通知［EB/OL］.（2022 – 05 – 09）. https：//www. gov. cn/zhengce/zhengceku/2022 – 05/13/content_5690136. htm.

② 见附件4，第五条，转引自：农业农村部　财政部关于做好2022年农业生产发展等项目实施工作的通知［EB/OL］.（2022 – 05 – 09）. https：//www. gov. cn/zhengce/zhengceku/2022 – 05/13/content_5690136. htm.

③ 见附件4，第六条，转引自：农业农村部　财政部关于做好2022年农业生产发展等项目实施工作的通知［EB/OL］.（2022 – 05 – 09）. https：//www. gov. cn/zhengce/zhengceku/2022 – 05/13/content_5690136. htm.

属于原环境保护部《环境保护综合名录》中的"高污染、高环境风险"产品或重污染工艺；综合利用的资源，属于原环境保护部《国家危险废物名录》列明的危险废物的，应当取得省级及以上生态环境部门颁发的危险废物经营许可证，且许可经营范围包括该危险废物的利用；纳税信用等级不属于税务机关评定的 C 级或 D 级；产品原料或燃料 80% 以上来自所列资源；纳税人符合《锅炉大气污染物排放标准》（GB 13271 – 2014）、《火电厂大气污染物排放标准》（GB 13223 – 2011）或《生活垃圾焚烧污染控制标准》（GB 18485 – 2014）规定的技术要求①。

（2）以部分农林剩余物为原料的生产资源综合利用产品实行增值税即征即退 70%。

具体指的是以三剩物等生产纤维板等工业原料的纳税人对销售自产的以三剩物、次小薪材、农作物秸秆、沙柳为原料生产的纤维板、刨花板、细木工板、生物炭、活性炭、栲胶、水解酒精、纤维素、木质素、木糖、阿拉伯糖、糠醛、箱板纸实行增值税即征即退 70% 的政策。享受优惠政策的具体条件包括纳税人为增值税一般纳税人；销售综合利用产品和劳务，不属于国家发展改革委《产业结构调整指导目录》中的禁止类、限制类项目；销售综合利用产品和劳务，不属于原环境保护部《环境保护综合名录》中的"高污染、高环境风险"产品或重污染工艺；综合利用的资源，属于原环境保护部《国家危险废物名录》列明的危险废物的，应当取得省级及以上生态环境部门颁发的危险废物经营许可证，且许可经营范围包括该危险废物的利用；纳税信用等级不属于税务机关评定的 C 级或 D 级；产品原料 95% 以上来自所列资源②。

（3）以废弃动植物油为原料生产的生物柴油等实行增值税即征即退 70%。

具体指的是以废弃动植物油为原料生产的生物柴油等资源综合利用产品的纳税人对销售自产的以废弃动物油和植物油为原料生产的生物柴油、工业级混合油实行增值税即征即退 70% 的政策。享受优惠政策的具体条件包括纳税人为增值税一般纳税人；销售综合利用产品和劳务，不属于国家发展改革委《产业结构调整指导目录》中的禁止类、限制类项目；销售综合利用产品和劳务，不属于原环境保护部《环境保护综合名录》中的"高污染、高环境风险"

---

① 财政部　国家税务总局关于印发《资源综合利用产品和劳务增值税优惠目录》的通知［EB/OL］.（2015 – 06 – 12）. https：//www. mof. gov. cn/gkml/caizhengwengao/wg2015/wg201508/201601/t20160107_1645702. htm.

② 财政部　国家税务总局关于印发《资源综合利用产品和劳务增值税优惠目录》的通知［EB/OL］.（2015 – 06 – 12）. https：//www. mof. gov. cn/gkml/caizhengwengao/wg2015/wg201508/201601/t20160107_1645702. htm.

产品或重污染工艺;综合利用的资源,属于原环境保护部《国家危险废物名录》列明的危险废物的,应当取得省级及以上生态环境部门颁发的危险废物经营许可证,且许可经营范围包括该危险废物的利用;纳税信用等级不属于税务机关评定的 C 级或 D 级;产品原料 70% 以上来自所列资源;工业级混合油的销售对象须为化工企业①。

(4)以农作物秸秆为原料生产的纸浆、秸秆浆和纸实行增值税即征即退 50%。

具体指的是以农作物秸秆为原料生产的纸浆、秸秆浆和纸的纳税人,对其销售自产的以农作物秸秆为原料生产的纸浆、秸秆浆和纸实行增值税即征即退 50% 的政策。享受优惠政策的具体条件包括纳税人为增值税一般纳税人;销售综合利用产品和劳务,不属于国家发展改革委《产业结构调整指导目录》中的禁止类、限制类项目;销售综合利用产品和劳务,不属于原环境保护部《环境保护综合名录》中的"高污染、高环境风险"产品或重污染工艺;综合利用的资源,属于原环境保护部《国家危险废物名录》列明的危险废物的,应当取得省级及以上生态环境部门颁发的危险废物经营许可证,且许可经营范围包括该危险废物的利用;纳税信用等级不属于税务机关评定的 C 级或 D 级;产品原料 70% 以上来自所列资源;废水排放符合《制浆造纸工业水污染物排放标准》(GB 3544 - 2008)规定的技术要求;纳税人符合《制浆造纸行业清洁生产评价指标体系》规定的技术要求;纳税人必须通过 ISO9000、ISO14000 认证②。

(5)以锯末等原料生产的人造板及其制品实行减按 90% 计入收入总额。

具体指的是以锯末等为原料生产的人造板及其制品的纳税人,对其企业以锯末、树皮、枝丫材为原料生产的人造板及其制品取得的收入,减按 90% 计入收入总额。享受优惠政策的具体条件包括生产的产品符合标准及产品原料

---

① 财政部 国家税务总局关于印发《资源综合利用产品和劳务增值税优惠目录》的通知 [EB/OL] . (2015 - 06 - 12). https://www. mof. gov. cn/gkml/caizhengwengao/wg2015/wg201508/201601/t20160107_1645702. htm.

② 财政部 国家税务总局关于印发《资源综合利用产品和劳务增值税优惠目录》的通知 [EB/OL] . (2015 - 06 - 12). https://www. mof. gov. cn/gkml/caizhengwengao/wg2015/wg201508/201601/t20160107_1645702. htm.

100%来自锯末、树皮、枝丫材等①。

（6）以农作物秸秆及壳皮等原料生产的电力等产品实行减按90%计入企业所得税收入总额。

具体指的是以农作物秸秆及壳皮等为原料生产的电力等产品的纳税人，对其企业以农作物秸秆及壳皮（包括粮食作物秸秆、农业经济作物秸秆、粮食壳皮、玉米芯）为主要原料生产的代木产品、电力、热力及燃气取得的收入，减按90%计入收入总额。享受优惠政策的具体条件包括产品原料70%以上来自农作物秸秆及壳皮（包括粮食作物秸秆、农业经济作物秸秆、粮食壳皮、玉米芯）②。

（7）沼气综合开发利用享受企业所得税"三免三减半"。

具体指的是从事沼气综合开发利用项目的纳税人，对其在从事沼气综合开发利用项目中"畜禽养殖场和养殖小区沼气工程项目"的所得，自项目取得第一笔生产经营收入所属纳税年度起，第一至三年免征企业所得税，第四至六年减半征收企业所得税。条件包括销售的单体装置容积不小于300平方米，年平均日产沼气量不低于300平方米/天，且符合国家有关沼气工程技术规范的项目；废水排放、废渣处置、沼气利用符合国家和地方有关标准，不产生二次污染；项目包括完整的发酵原料的预处理设施、沼渣和沼液的综合利用或进一步处理系统，沼气净化、储存、输配和利用系统；项目设计、施工和运行管理人员具备国家相应职业资格；项目按照国家法律法规要求，通过相关验收；符

---

① 见第三十三条，转引自：中华人民共和国企业所得税法［EB/OL］．（2007 - 03 - 16）．https：//www.gov.cn/zhengce/2007 - 03/19/content_2602200.htm.；见第九十九条，转引自：中华人民共和国企业所得税法实施条例［EB/OL］．（2007 - 12 - 11）．https：//www.gov.cn/jrzg/2007 - 12/11/content_831405.htm.；关于执行资源综合利用企业所得税优惠目录有关问题的通知［EB/OL］．（2008 - 09 - 23）．https：//fgk.chinatax.gov.cn/zcfgk/c102416/c5203290/content.html.；财政部　国家税务总局　国家发展改革委关于公布资源综合利用企业所得税优惠目录（2008 年版）的通知［EB/OL］．（2008 - 08 - 20）．https：//fgk.chinatax.gov.cn/zcfgk/c102416/c5203308/content.html.

② 见第三十三条，转引自：中华人民共和国企业所得税法［EB/OL］．（2007 - 03 - 16）．https：//www.gov.cn/zhengce/2007 - 03/19/content_2602200.htm.；见第九十九条，转引自：中华人民共和国企业所得税法实施条例［EB/OL］．（2007 - 12 - 11）．https：//www.gov.cn/jrzg/2007 - 12/11/content_831405.htm.；关于执行资源综合利用企业所得税优惠目录有关问题的通知［EB/OL］．（2008 - 09 - 23）．https：//fgk.chinatax.gov.cn/zcfgk/c102416/c5203290/content.html.；财政部　国家税务总局　国家发展改革委关于公布资源综合利用企业所得税优惠目录（2008 年版）的通知［EB/OL］．（2008 - 08 - 20）．https：//fgk.chinatax.gov.cn/zcfgk/c102416/c5203308/content.html.

合国务院财政、税务主管部门规定的其他条件①。

3.5　现行促进乡村组织振兴的财税支持政策

组织振兴是乡村振兴的保障条件，就是要培养、造就一批坚强的农村基层党组织和优秀的农村基层党组织干部，建立更加有效、充满活力的乡村治理新机制。我国目前促进组织振兴方面的政策主要体现在财政支持政策方面。

3.5.1　加强精神文明建设

深入开展社会主义核心价值观宣传教育，继续在乡村开展"听党话、感党恩、跟党走"宣传教育活动。深化农村群众性精神文明创建，拓展新时代文明实践中心、县级融媒体中心等建设，支持乡村自办群众性文化活动。注重家庭家教家风建设。深入实施农耕文化传承保护工程，加强重要农业文化遗产保护利用。办好中国农民丰收节。推动各地因地制宜制定移风易俗规范，强化村规民约约束作用，党员、干部带头示范，扎实开展高价彩礼、大操大办等重点领域突出问题专项治理。推进农村丧葬习俗改革②。

3.5.2　加强组织领导

具体为要自觉将思想和行动统一到党中央、国务院关于巩固拓展脱贫攻坚成果同乡村振兴有效衔接的总体部署上来。健全中央统筹，省负总责，市、县、乡抓落实的工作机制，强化工作力量、组织保障、制度资源等方面的统筹衔接。强化农村基层党组织政治功能和组织功能。突出大抓基层的鲜明导向，强化县级党委抓乡促村责任，深入推进抓党建促乡村振兴。全面培训提高乡镇、村班子领导乡村振兴能力。派强用好驻村第一书记和工作队，强化派出单位联村帮扶。开展乡村振兴领域腐败和作风问题整治。持续开展市县巡察，推

①　见第二十七条，转引自：中华人民共和国企业所得税法［EB/OL］.（2007 - 03 - 16）. https：//www. gov. cn/zhengce/2007 - 03/19/content_2602200. htm.；见第八十八条，转引自：中华人民共和国企业所得税法实施条例［EB/OL］.（2007 - 12 - 11）. https：//www. gov. cn/jrzg/2007 - 12/11/content_831405. htm.；财政部　国家税务总局　国家发展改革委关于公布环境保护节能节水项目企业所得税优惠目录（试行）的通知［EB/OL］.（2009 - 12 - 31）. https：//fgk. chinatax. gov. cn/zcfgk/c102416/c5203568/content. html.；财政部　国家税务总局关于公共基础设施项目和环境保护节能节水项目企业所得税优惠政策问题的通知［EB/OL］.（2012 - 01 - 05）. https：//fgk. chinatax. gov. cn/zcfgk/c102416/c5203792/content. html.

②　中共中央　国务院关于做好2023年全面推进乡村振兴重点工作的意见［EB/OL］.（2023 - 02 - 13）. https：//www. gov. cn/zhengce/2023 - 02/13/content_5741370. htm.

动基层纪检监察组织和村务监督委员会有效衔接，强化对村干部全方位管理和经常性监督。对农村党员分期分批开展集中培训。通过设岗定责等方式，发挥农村党员先锋模范作用[1]。各地要结合本地实际制订具体实施方案，明确时间表、路线图，层层落实责任，周密组织实施。要建立统一、高效的议事协调工作机制，研究解决政策衔接过渡中的重大问题[2]。

3.5.3 加强部门协同

具体为民政、乡村振兴等部门相应负责农村低收入人口身份认定和信息共享。财政部门负责资金投入保障、卫生健康部门基层医疗卫生服务能力建设和医疗机构行业管理。税务部门协同费款征收工作。银保监部门规范商业健康保险发展[3]。

3.5.4 加强运行监测

具体为每个省份选取 1~2 个国家乡村振兴重点帮扶县或巩固拓展脱贫攻坚任务较重的县开展监测。做好与农村低收入人口数据库的信息比对和信息共享，健全农村低收入人口医保综合保障信息台账，加强信息动态管理，及时跟踪政策落实、待遇享受情况，做好因病返贫致贫风险预警和相关政策的督导、落实[4]。深入实施促进涉农资金规范管理专项行动，全面开展惠民惠农补贴专项整治，确保各项惠民惠农补贴政策落地见效和涉农资金监管长效常治，不断增强人民群众的获得感、幸福感。将政策性农业保险监管作为贯彻财会监督决策部署的重要举措，纵向加强与财政部监管部门的联动监督，充分利用农险数据平台、承保机构业务系统等数据资源加强承保数量、保费收缴、见费出单等关键环节审核监管；横向强化与农业农村主管部门协同监督，推动完善农业保险保费补贴资金管理、绩效评价、遴选考核等相关制度体系，加大业务情况调

---

① 中共中央 国务院关于做好 2023 年全面推进乡村振兴重点工作的意见［EB/OL］．（2023 - 01 - 02）．https：//www. gov. cn/zhengce/2023 - 02/13/content_5741370. htm.

② 见第五条，第十三项，转引自：国家医疗保障局 民政部 财政部 国家卫生健康委 国家税务总局 银保监会 国家乡村振兴局 关于巩固拓展医疗保障脱贫攻坚成果有效衔接乡村振兴战略的实施意见［EB/OL］．（2021 - 04 - 23）．https：//www. nhsa. gov. cn/art/2021/4/23/art_37_4926. html.

③ 见第五条，第十四项，转引自：国家医疗保障局 民政部 财政部 国家卫生健康委 国家税务总局 银保监会 国家乡村振兴局 关于巩固拓展医疗保障脱贫攻坚成果有效衔接乡村振兴战略的实施意见［EB/OL］．（2021 - 04 - 23）．https：//www. nhsa. gov. cn/art/2021/4/23/art_37_4926. html.

④ 见第五条，第十五项，转引自：国家医疗保障局 民政部 财政部 国家卫生健康委 国家税务总局 银保监会 国家乡村振兴局 关于巩固拓展医疗保障脱贫攻坚成果有效衔接乡村振兴战略的实施意见［EB/OL］．（2021 - 04 - 23）．https：//www. nhsa. gov. cn/art/2021/4/23/art_37_4926. html.

度以及保费补贴资金使用情况的监督检查力度，做到及时校准纠偏，严肃财经纪律，扎实筑牢粮食安全和重要农产品供给的"防火墙"①。

3.5.5 提高"三支一扶"培训质量

具体为深入实施"三支一扶"人员能力提升专项计划，加强乡村振兴和农业农村现代化建设等重点领域的示范培训，中央财政按照每人每年3 000元给予补助。省级人力资源社会保障部门要统筹推进岗前、在岗和离岗前培训工作，确保"三支一扶"人员每人每年参加培训不少于5天。强化专业培训，将"三支一扶"人员纳入相关行业人才培训范围②。

3.5.6 落实"三支一扶"工作生活补贴

具体为当地乡镇机关或事业单位根据高校毕业生中新聘用工作人员试用期满后的工资收入水平确定，并根据物价、同岗位人员待遇水平等动态调整。在艰苦边远地区服务的，享受艰苦边远地区津贴补贴。中央财政补助标准为西部地区每人每年3万元（其中新疆南疆四地州、西藏自治区每人每年4万元），中部地区每人每年2.4万元，东部地区每人每年1.2万元。地方各级财政部门要落实投入责任，安排相应配套资金，按月足额发放工作生活补贴③。

3.5.7 落实"三支一扶"社会保险等待遇

具体为各地可根据实际，按规定为"三支一扶"人员办理补充医疗保险、重大疾病、人身意外伤害等商业保险及住房公积金。中央财政按照每人3 000元的标准，为新招募且在岗服务满6个月的人员发放一次性安家费。各地要为"三支一扶"人员提供交通、住宿和伙食等方面便利，参照本单位工作人员标准给予相应补助④。

---

① 天津财政："六个聚焦"助力乡村振兴全面推进行动［EB/OL］.（2023 – 12 – 22）. https：//www. mof. gov. cn/zhengwuxinxi/xinwenlianbo/tianjingcaizhengxinxilianbo/202306/t20230608_388943 6. htm.

② 见第三条，第五项，转引自：中共中央组织部 人力资源社会保障部等十部门关于实施第四轮高校毕业生"三支一扶"计划的通知［EB/OL］.（2021 – 05 – 28）. https：//www. gov. cn/zhengce/zhengceku/2021 – 06/04/content_5615404. htm.

③ 见第四条，第七项，转引自：中共中央组织部 人力资源社会保障部等十部门关于实施第四轮高校毕业生"三支一扶"计划的通知［EB/OL］.（2021 – 05 – 28）. https：//www. gov. cn/zhengce/zhengceku/2021 – 06/04/content_5615404. htm.

④ 见第四条，第八项，转引自：中共中央组织部 人力资源社会保障部等十部门关于实施第四轮高校毕业生"三支一扶"计划的通知［EB/OL］.（2021 – 05 – 28）. https：//www. gov. cn/zhengce/zhengceku/2021 – 06/04/content_5615404. htm.

3.6　现行促进乡村振兴的财税支持政策总结

通过前文对财税支持政策的梳理和数据总结，发现我国出台了大量的财税支持政策以促进乡村振兴，包括财政方面的专项资金支出及转移支付等政府补助，税收方面的减免优惠，以及对特定群体的优惠政策，充分体现了财税政策的职能，我国政府充分运用这些政策，多管齐下助力乡村振兴。总体来说，这些举措有以下几方面的特点：

3.6.1　支持手段灵活多样

财税支持政策包括财政支持政策与税收支持政策两方面。财政支持政策主要通过财政拨款等直接投入，支持产业发展和农村基础设施建设，推动农业与农村经济的发展。以山东省为例，2023 年，中央用于山东省乡村振兴重大专项资金的财政补助约为 6.4 亿元，其中用于巩固拓展脱贫攻坚成果和乡村振兴任务的财政补助为 6.36 亿元，用于欠发达国有农场巩固提升任务的财政补助为 312 万元，用于少数民族发展任务的财政补助为 140 万元。这些财政补助金额巨大，落实到省、市、县三级，惠及新型农村集体经济，易地扶贫搬迁，普查激励、吸纳中西部脱贫人口跨省就业，国有农场建设，少数民族发展等多个方面。

税收支持政策则是通过税收减征、税收免征、退税、税收优惠等手段，降低农业企业的税负，增强其市场竞争力。例如，在广东省，至 2023 年 6 月，广东省财政厅已下达第二批中央财政衔接推进乡村振兴补助资金 3 亿元，该补助资金覆盖全省 16 个地级市，重点向粤东、粤西、粤北地区进行倾斜。下达的补助资金主要用于扶持发展新型农村集体经济、开展通村入户便民利民工程等乡村建设，其中重点支持农村集体经济建设，对全省 897 个村级集体经济组织按照每个村 30 万元的标准进行扶持。同时，对获得全国促进乡村产业振兴、改善农村人居环境督查激励的广州市增城区以及涉农资金使用进度较快的部分县（市、区）进行奖励，帮助当地进一步提升乡村基础设施建设水平，并支持部分少数民族村开展民族村寨建设和发展特色产业。

3.6.2　支持范围广

促进乡村振兴的财税政策覆盖了产业振兴、人才振兴、文化振兴、生态振兴和组织振兴等多个领域。在具体的政策实施上，支持范围广泛。例如，财税政策支持农业生产方面，针对农膜、种子、种苗、农药、农机等生产资料进行税收减免，资助农村基础设施建设、农业产业扶持、新技术新产业投资等，从而促进农业的现代化。此外，财税政策还用于乡村基础设施建设、生态环保等领域，提高农民收入和生活品质。以山东省和广东省的政策实施为例，专项资金和税收优惠政策不仅涵盖了农业生产、基础设施建设，还包括了农村集体经济发展、易地扶贫搬迁等多个方面。

3.6.3　支持方式由"输血"向"造血"转变

以往的财税政策主要通过"输血"方式，将财政资金等直接输送到农村地区，用于农业生产和农民发展，以满足当时的需求。然而，当前的财政政策在原有"输血"的基础上逐步发展为"造血"方式，政府在制定财税政策时，主要通过投资、创新和融合等方式，拉动农村地区的创新和创造力，鼓励农民发展农业，增加收入，实现其自身的可持续发展。例如，通过财政补贴和激励政策，吸引和留住优秀人才到乡村工作，提高乡村人力资源的综合素质。广东省的补助资金不仅用于扶持农村集体经济，还通过奖励机制激励产业振兴和基础设施建设，体现了由"输血"向"造血"的转变。

3.6.4　多层次、多渠道的资金保障

我国现行促进乡村振兴的财税政策通过中央、省、市、具四级联动，形成多层次、多渠道的资金保障体系。例如，中央财政通过专项资金支持各地乡村振兴，地方政府则通过配套资金和地方债券等多种形式筹集资金，确保乡村振兴战略的顺利实施。同时，鼓励社会资本参与乡村振兴，通过 PPP 模式等引导社会资金投入农业农村基础设施建设和公共服务领域，形成财政资金和社会资金协同发力的格局。以山东省为例，中央财政的大额补助资金通过省、市、县三级联动落实到具体项目，确保了政策的实施效果。

3.6.5　政策执行的精准性和灵活性

在政策执行过程中，政府根据不同地区的实际情况，制定差异化的支持政策。例如，在欠发达地区，重点支持基础设施建设和公共服务质量提升；在经济相对发达的地区，则侧重于支持农业科技创新和现代农业产业发展。通过这种精准和灵活的政策执行，确保财税支持政策能够因地制宜，发挥最大效益。广东省的补助资金重点向粤东、粤西、粤北地区倾斜，并对涉农资金使用进度较快的地区进行奖励，就体现了政策执行的精准性和灵活性。

3.6.6　综合评价

通过对财税支持政策的梳理和数据分析，我们可以发现我国出台了大量的财税支持政策以促进乡村振兴，其中不乏税收方面的减免优惠以及对特定群体的优惠政策，充分体现了税收的职能，也包括财政方面的专项资金、转移支付、政府补助等，共同助力我国的乡村振兴。总体来说，我国现行促进乡村振兴的财税支持政策在实践中取得了很大的成效，有力推动了乡村经济社会的全面发展。

然而，在政策实施过程中仍存在一些不足之处。例如，部分地区的政策执行力度不够，资金使用效率有待提高；财政政策的覆盖面和精准度还需进一步提升；税收政策的落实效果有待加强。针对这些问题，国家需要进一步完善政策体系，加强政策宣传和培训，提高基层执行力，确保财税支持政策真正惠及广大乡村地区。

通过上述综合分析，可以看出，我国现行的乡村振兴财税支持政策在产业、人才、文化、生态和组织等多个方面发挥了积极作用，为实现乡村振兴战略目标提供了有力保障。未来，应继续优化和完善这些政策，增强政策的科学性、系统性和可操作性，进一步推动乡村全面振兴和可持续发展。

4 财税支持乡村产业振兴的路径优化与现代化探索

产业振兴是乡村振兴的首要任务。必须牢牢抓住机遇，顺势而为，乘势而上，加快发展乡村产业，促进乡村全面振兴。乡村振兴，产业兴旺是基础。要聚集更多资源要素，发掘更多功能价值，丰富更多业态类型，乡村振兴的基础才牢固。然而，目前乡村产业在发展过程中存在一些困难和挑战，乡村产业转型升级任务艰巨。财税政策在推动现代农业发展的过程中具有举足轻重的作用，因此，要充分发挥财税政策作用，加大财税政策对乡村产业振兴的支持，促进农业现代化，推进农业规模化、标准化，纵向延长产业链条，横向拓展产业形态，发展特色产业，助力农业强、农村美、农民富。

4.1 乡村振兴的产业发展规划和目标

为深入贯彻党中央、国务院的决策部署，加快发展乡村产业，依据《国务院关于促进乡村产业振兴的指导意见》，农业农村部编制了《全国乡村产业发展规划（2020—2025 年）》。该规划指出，到 2025 年，乡村产业体系健全完备，乡村产业质量效益明显提升，乡村就业结构更加优化，产业融合发展水平显著提高，农民增收渠道持续拓宽，乡村产业发展内生动力持续增强（如表4-1 所示）。

表 4-1 2025 年乡村产业发展目标

指标	2019 年	2025 年	年均增长率/%
农产品加工业营业收入/万亿元	22	32	6.5
农产品加工业与农业总产值比	2.3∶1	2.8∶1	[0.5]
主要农产品加工转化率/%	67.5	80	[12.5]
产值超 100 亿元乡村产业特色集群	34	150	28
休闲农业年接待游客/亿人次	32	40	3.8

（续上表）

指标	2019 年	2025 年	年均增长率/%
休闲农业年营业收入/亿元	8 500	12 000	5.9
农林牧渔及辅助性活动产值/亿元	6 500	10 000	7.5
农产品网络销售额/亿元	4 000	10 000	16.5
返乡入乡创业创新人员/万人	850	1 500	10
返乡入乡创业带动就业人员/万人	3 400	6 000	10

数据来源：《全国乡村产业发展规划（2020—2025 年）》。

注：［ ］为累计数。

第一，农产品加工业持续壮大。农产品加工业营业收入达到 32 万亿元，农产品加工业与农业总产值比达到 2.8∶1，主要农产品加工转化率达到 80%。

第二，乡村特色产业深度拓展。培育一批产值超百亿元、千亿元优势特色产业集群，建设一批产值超十亿元农业产业镇（乡），创响一批"乡字号""土字号"乡土品牌。

第三，乡村休闲旅游业优化升级。农业多种功能和乡村多重价值深度发掘，业态类型不断丰富，服务水平不断提升，年接待游客人数超过 40 亿人次，经营收入超过 1.2 万亿元。

第四，乡村新型服务业类型丰富。农林牧渔专业及辅助性活动产值达到 1 万亿元，农产品网络销售额达到 1 万亿元。

第五，农村创新创业更加活跃。返乡入乡创新创业人员超过 1 500 万人[①]。

4.2 当前我国乡村产业发展现状

了解当前乡村产业的发展基础、结构特征及面临的挑战，对于制定和优化财税政策至关重要。

4.2.1 农业发展基础良好

随着乡村振兴战略的深入实施，我国农业发展基础日益坚实。传统农业正逐步向现代农业转型，这得益于一系列有力的政策支持、科技创新、基础设施

---

① 农业农村部关于印发《全国乡村产业发展规划（2020—2025 年）》的通知［EB/OL］．（2020 - 07 - 09）．https：//www. gov. cn/zhengce/zhengceku/2020 - 07/17/content_5527720. htm.

建设和市场机制的完善。据国家统计局数据，2023 年国内生产总值达 1 260 582 亿元，其中，第一产业增加值 89 755 亿元，比上年增长 4.1%，这一增长率反映出农业发展的良好势头。在农业生产方面，2023 年粮食产量 69 541 万吨，比上年增加 888 万吨，再创历史新高，连续 9 年稳定在 65 000 万吨以上。这一成绩的取得，得益于我国农业科技的持续进步和农业基础设施的不断改善。农业科技进步贡献率已超过 60%，智能农业、精准农业等现代技术的应用，提高了农业生产效率和产品质量，增强了农业的可持续发展能力。

4.2.2 农产品加工业持续发展

截至 2023 年，农产品加工业平稳发展，规模以上农产品加工业企业超过 9 万家。农村电商蓬勃发展，全年农村网络零售额达到 2.49 万亿元。现代农业园区建设提档升级，新建 50 个国家现代农业产业园、40 个优势特色产业集群、200 个农业产业强镇，创建 100 个农业现代化示范区。农业社会化服务面积超过 19.7 亿亩、服务小农户 9 100 多万户。在产业带动、就业拉动下，农民收入保持增长。据国家统计局数据，农村居民人均可支配收入达到 21 691 元，比 2022 年实际增长 7.6%①。

4.2.3 乡村特色产业蓬勃发展

建设了一批产值超 10 亿元的特色产业镇（乡）和超 1 亿元的特色产业村，发掘了一批乡土特色工艺，创立了一批休闲旅游精品景点，推介了一批休闲旅游精品线路。据农业农村部统计，2019 年，我国乡村旅游接待人次达 32 亿，年收入超 8 500 亿元。《全国乡村产业发展规划（2020—2025 年）》指出，到 2025 年，年接待游客人数将超过 40 亿人次，经营收入将超过 1.2 万亿元。乡村休闲旅游业迎来的将是万亿级的市场，走势看好。

4.2.4 乡村新型服务业加快发展

近几年来，我国乡村新型服务业迎来了快速发展的新阶段。这一领域的发展不仅为乡村经济注入了新的活力，而且促进了乡村产业结构的优化升级，提高了农民的生活水平。当前，乡村服务行业包括了乡村电商、乡村旅游、乡村健康和养老服务以及乡村文化创意产业等多个领域。其中，乡村电商作为新型

---

① 乔金亮. "三农"工作稳中有进［EB/OL］.（2024 - 01 - 25）. https：//www.mof.gov.cn/zhengwuxinxi/caijingshidian/jjrb/202401/t20240125_3927202.htm.

服务业的重要组成部分，近年来取得了显著的发展成果。通过电商平台，农产品得以直接面向全国乃至全球市场销售，拓宽了销售渠道，增加了农民收入。同时，乡村电商的发展还带动了物流、包装、设计等相关服务业的兴起。2023年农村网络零售额达到 2.49 万亿元。

4.2.5　农村创新创业规模扩大

数据显示，截至 2022 年底，全国返乡入乡创业人数累计达到 1 220 多万。其中，70% 是返乡创业的农民工，创办项目中 80% 以上是乡村第一、二、三产业融合项目。根据初步统计，平均每个创业主体带动 6~7 名农民就近就业，为农村带来了人气、增添了活力，以创业带动农民的就近就业。

近年来，各地在促进乡村产业发展中积累了宝贵经验。第一，注重布局优化，在县域内统筹资源和产业，探索形成县城、中心镇（乡）、中心村层级分工明显的格局。第二，注重产业融合，发展第二、三产业，延伸产业链条，促进主体融合、业态融合和利益融合。第三，注重创新驱动，开发新技术，加快工艺改进和设施装备升级，提升生产效率。第四，注重品牌引领，推进绿色兴农、品牌强农，培育农产品区域公用品牌和知名加工产品品牌，打响乡土特色品牌，提升品牌溢价。第五，注重联农带农，建立多种形式的利益联系机制，让农民更多分享产业链增值收益。

4.3　当前我国乡村产业发展的机遇与挑战

当前时期，我国乡村产业发展迎来诸多机遇，同时也面临不少挑战。机遇主要来源于政策支持的加强、市场需求的增长以及科技进步的推动。挑战则包括全球化带来的不确定性、资源要素的制约、基础设施的不足以及产业链的不完善。

4.3.1　乡村产业发展的机遇

在政策层面，国家坚持农业、农村优先发展的方针，并通过加快实施乡村振兴战略，引导更多资源要素向农村集聚。"新基建"项目改善了农村的信息网络等基础设施，优化了乡村产业的发展环境。在市场层面，随着消费结构的升级，城乡居民对个性化、多样化、高品质农产品的需求不断增长，为乡村产业提供了巨大的市场空间。在技术层面，新一轮科技革命和产业变革为乡村产业的转型升级提供了技术支撑，生物技术、人工智能、5G、云计算、物联网、区块链等新兴技术在农业中的广泛应用，促进了新产业、新业态、新模式的涌现。

4.3.2 乡村产业发展的挑战

然而，乡村产业的发展也面临着一系列挑战。经济全球化带来的不确定性增加，特别是此前新冠疫情对全球经济格局的冲击，影响了乡村产业链的构建。资源要素瓶颈依然突出，资金、技术、人才向乡村流动存在障碍，稳定的投入机制和激励保障机制尚未完全建立。此外，乡村网络、通信、物流等基础设施相对薄弱，发展方式较为粗放，创新能力总体不强，政策扶持力度不够，产业链条延伸不充分，利益联系机制不健全。

4.3.3 财税政策在乡村产业发展中的作用

面对乡村产业发展的机遇与挑战，财税政策发挥着至关重要的作用。财政政策通过直接投资、补贴和奖励等手段，为乡村产业注入资金，改善基础设施，支持技术创新和人才培养。这些措施有助于缓解乡村产业的资金约束，促进产业升级和转型，提高乡村产业的整体生产能力和效率。税收政策则通过减免税、税收抵免等优惠措施，降低乡村产业的运营成本，激发企业和个人的投资热情。特别是针对乡村地区"定制化"的税收优惠政策，能够更精准地扶持乡村特色产业，吸引更多的社会资本投入乡村发展中。通过制定和实施具有针对性的财税支持政策，可以有效促进乡村产业的健康发展，提升其竞争力，是助力乡村振兴产业发展的有效途径。

4.4 当前我国促进乡村产业振兴的财税支持政策

党的二十大报告中提出"加快建设农业强国"。农业强国的建设必须以农业高质高效发展为前提。财税支持政策是现代农业产业体系的有力支撑。近几年，国家陆续出台扶持乡村产业振兴的财税支持政策，主要包括现代农业产业、农产品加工业、现代产业园区、乡村旅游产业等方面的相关政策。

4.4.1 促进涉农产品加工业发展的财税支持政策

1. 优化土地资源配置税收优惠

一是增值税方面。政府规定将土地使用权转让给农业生产者或承包地流转给农业生产者用于农业生产，免征增值税。二是建设用地政策。政府为涉农产品加工业提供了优惠的土地政策。在土地使用权方面，涉农产品加工企业可以享受低租金或者租金减免的政策，以降低企业的运营成本。三是契税方面。农村集体经济组织股份合作制改革或农村集体经济组织股份合作制改革，免征契税。农村土地、房屋确权登记，不征收契税。四是印花税方面。自 2017 年 1 月 1 日起，政府对因农村集体经济组织，以及代行集体经济组织职能的村民委员会、村民小组进行清产核资收回集体资产而签订的产权转移书据，免征印花税。

2. 促进涉农产品加工业税收优惠

一是所得税方面。政府对涉农产品加工业给予了一系列的减税优惠政策。例如，对从事农产品加工的企业，可以享受所得税减免或减半征收、优惠税率等税收优惠政策，以降低企业经营成本并鼓励投资。二是增值税和消费税方面。针对涉农产品加工业，政府实施了增值税、消费税等方面的税收优惠政策。例如，农产品加工企业的原材料采购环节，可以享受增值税免税或者减免税政策，减轻企业的税负压力。对于采用公司联合农户模式销售畜禽的乡村企业，可免征增值税；农民专业合作社销售农产品、向本社成员销售规定的农业物资，纳入免征增值税的范畴；此外，乡村产业还可享受印花税、城镇土地使用税、车船税等税费的优惠。

3. 政府投资及补贴

一是政府投资。国家对重点支持的农产品初加工设施建设加大政府投资和财政补贴，鼓励支持农民合作社和家庭农场发展保鲜、储藏、分级、包装等设施建设。二是财政补贴。政府设立了各类财政补贴基金，用于支持农产品加工业发展。这些补贴资金可以用于技术改造、设备升级、创新研发、质量认证等方面，帮助企业提高生产能力和产品质量。三是融资支持。为了解决农产品加工业的融资难题，政府设立了专项资金和信贷支持机制。政府引导各类农业产业发展基金、担保机构和农村信用社等，向农产品加工业提供贷款担保、优惠贷款利率来支持企业发展。四是市场开拓和贸易促进。政府积极推动农产品加工业的市场开拓和贸易促进，通过举办农产品交易会、开展国内外展销活动、推动农产品出口退税等方式，帮助企业拓展销售渠道，提升产品竞争力。五是农产品质量安全补贴。为了提高农产品加工业的质量标准和安全控制水平，政府设立了农产品质量安全补贴制度。企业通过获得相关的质量认证或产品经认定符合特定标准，可以获得政府给予的一定金额的质量安全补贴，从而积极推行质量管理体系和标准化生产。六是金融支持和保险政策。为了解决农产品加工业的融资难题和风险防范问题，政府推出了金融支持和保险政策。通过设立农产品加工业专项信贷、贷款担保和风险补偿机制，帮助企业获得更便利的融资渠道和金融服务。同时，提供农产品加工业的保险产品，降低企业在自然灾害、质量问题等方面面临的风险。

4.4.2 促进现代农业产业园区建设的财税支持政策

新型经营主体是推动产业园区发展的主要力量。近年来，农业农村部切实加强部门协调，推动政策创新，积极支持新型经营主体发展，加大对入园经营主体的政策支持。

1. 财政扶持支持

2020年，农业农村部会同财政部安排中央财政资金250多亿元，支持各地大力培育新型经营主体。其中，安排50亿元支持新型经营主体等建设农产品产地冷藏保鲜设施，增强技术应用和生产经营能力，提升市场营销和品牌培育水平。安排资金105亿元支持各地建设优势特色产业集群、现代农业产业园和农业产业强镇，带动新型经营主体集聚发展[①]。另外，中央财政持续加大现代农业产业园建设支持力度，创新财政资金供给和使用机制，累计安排中央财政奖补资金91.21亿元，重点支持产业园改善公共基础设施条件、提升公共服务能力，撬动金融和社会资本投入产业园建设，提高财政资金使用效益。基层干部反映，产业园已成为涉农项目建设成效好、资金使用效率高、带动社会资本投入大的标杆。

2. 金融服务支持

2020年，农业农村部会同财政部等部门印发《关于进一步做好全国农业信贷担保工作的通知》，创新农业适度规模经营主体贷款服务模式，将农业信贷担保费率降低至0.8%，其中脱贫地区降低0.5%。鼓励金融机构开发新型经营主体专属信贷产品，协调农业银行、邮政储蓄银行，以及省级农业信贷担保公司开发仓储贷等专属产品。2019年，推动财政部在10个省开展地方优势特色农产品保险以奖代补试点，2020年试点范围已扩大到20个省[②]。

3. 用地保障支持

自然资源部2019年印发《关于加强村庄规划促进乡村振兴的通知》，明确各地可在乡镇国土空间规划和村庄规划中预留不超过5%的建设用地机动指

---

① 数据来源：农业农村部。
② 数据来源：农业农村部。

标，用于农村公共公益设施、零星分散的乡村文旅设施及农村新产业新业态等。农业农村部会同自然资源部等部门 2021 年印发《关于保障和规范农村一二三产业融合发展用地的通知》，鼓励在符合国土空间规划的前提下，拓展集体建设用地使用途径，盘活农村存量建设用地，支持农村产业融合发展。

4. 税收优惠支持

省级以上认定的重点龙头企业，所缴纳的企业所得税超过 15% 的部分，财政可给予一定补贴；在现代农业园区设立的企业从事农业、林业、牧业、渔业项目所得，符合相关政策要求的，可免征或减征企业所得税。对国家重点扶持并取得省级高新技术企业认定管理机构颁发的高新技术企业证书的企业，减按 15% 的税率征收企业所得税。依法成立的农民专业合作社销售本社成员生产的农业产品，视同农业生产者销售自产农业产品，免征增值税。农民专业合作社向本社成员销售的种子、种苗，免征增值税。部分省份提出凡在本省投资兴办国家鼓励类农业项目金额达 1 000 万元，且主营业务收入占企业总收入70% 以上的企业，从纳税年度起，第 1—2 年缴纳的企业所得税地方本级留成部分全部补贴给企业，第 3—5 年缴纳的企业所得税地方本级留成部分按 50%补贴给企业。接下来各省各县应用好支持"双创"、小微企业发展、返乡下乡创业创新、激活民间投资等财税支持政策，大力推动创业创新。落实用水、用电、人才、科技等优惠政策，吸引多方力量参与产业园建设。

4.4.3 促进乡村休闲旅游业的财税支持政策

随着我国经济水平日益增长，人民收入不断提高，人们消费需求逐渐多样化，乡村旅游也逐渐成为人们主要的旅游方式，特别在我国推进乡村振兴的进程中，乡村旅游产业得到快速发展。目前，我国已经陆续实施财税支持政策，助力乡村旅游持续发展。这些财税支持政策主要包括以下四个方面的内容：①《中共中央国务院关于落实发展新理念加快农业现代化实现全面小康目标的若干意见》提到，要大力发展休闲农业和乡村旅游，提供财政资金，为乡村旅游"输血"，推动乡村旅游发展；为乡村旅游提供发展用地，通过"以奖代补、先建后补、财政贴息、设立产业投资基金"等方式扶持乡村旅游。②2016 年，国家旅游局启动 120 亿元基建基金申报项目，乡村旅游、文化旅游、研学旅行、旅游小城镇为重点扶持对象。③2017 年，财政部、农业部联合下发《关于深入推进农业领域和社会资本合作的实施意见》积极推动 PPP项目落地，为乡村旅游筹集资金。④2017 年，农业部办公厅下发《关于推动落实休闲农业和乡村旅游发展政策的通知》促进引导休闲农业和乡村旅游持续健康发展，加快培育农业农村经济发展新动能，壮大新产业新业态新模式，推进农村第一、二、三产业融合发展。在财政政策上，鼓励各地整合财政资金，将中央有关乡村建设资金向休闲农业集聚区倾斜；在金融政策上，创新担保方式，搭建银企对接平台，鼓励担保机构加大对休闲农业和乡村旅游的支持力度，帮助经营主体解决融资难题。这些财税政策的落地对乡村旅游的发展起到一定的推动作用。

自党的十九大报告首次提出实施乡村振兴战略，党的二十大报告明确强调全面推进乡村振兴以来，全国各省注重发挥财税政策的支持引导作用，出台了一系列政策，采取了一系列举措，并取得一定成效。其中，对现代农业园区建设提供比较完善的政策支持的有四川省，在涉农税收政策方面，主要是从增值税、企业所得税、其他税种等方面对现代农业园区建设给予税收优惠政策支持；在财政支农政策方面，主要是从四川省星级现代农业园区的认定、金融配套、用地保障、人才支持等方面为现代农业园区建设提供财政支持，促进四川省现代农业园区建设，具体举措如下：第一，增值税方面。国家税务总局、四川省税务局发布的《国家税务总局　四川省税务局　四川省财政厅关于在丝棉、夏布、苦荞茶、泡菜、茶叶和腌腊制品加工行业试点农产品增值税进项税额核定扣除办法的公告》（2018 年 16 号）、《国家税务总局　四川省税务局　四川省财政厅关于在稻谷、肉制品、调味品加工等七个行业试点农产品增值税进项税额核定扣除办法的公告》（2019 年第 6 号）等针对农业生产的涉农税收政策[1]，旨在贯彻落实国家税务总局关于现代农业发展的减免增值税政策，促进现代农业园区建设的健康发展。第二，企业所得税方面。根据《财政部　税务总局关于实施小微企业普惠性税收减免政策的通知》（财税〔2019〕13 号）、《财政部　税务总局　国家发展改革委关于延续西部大开发企业所得税政策的公告》（财政部　税务总局　国家发展改革委公告 2020 年第 23 号）等规定，"公司 + 农户"经营模式从事农业、林业、牧业、渔业项目的所得，可以减免企业所得税，促进现代农业的健康发展。国家税务总局没有出台专门针对现代农业园区建设的企业所得税优惠政策，主要是普惠性的企业所得税优惠政策，没有明显地区分农业企业与非农业企业，如开发新技术、新产品、新工艺发生的研究开发费用加计扣除政策，小微企业普惠性税收减免政策，西部大开发优惠政策，用于环境保护、节能节水、安全生产等专用设备的投资抵免等

---

① 熊运莲，何怡. 乡村振兴战略下现代农业园区建设的财税政策研究：以四川省为例 [J]. 西南科技大学学报（哲学社会科学版），2021，38（5）：35－42.

税收优惠政策，促进现代农业园区的技术创新、引导绿色生产。第三，其他税种方面。除增值税、企业所得税之外的其他税种，主要涉及城镇土地使用税、耕地占用税、印花税、房产税、契税等税种，均有规定对农民和农业生产实行减免税政策，有助于减轻农业生产者的负担，促进农业现代化发展。例如，直接用于农业、林业、牧业、渔业的生产用地，免征城镇土地使用税；自2021年9月1日起施行的《中华人民共和国契税法》第六条规定，承受荒山、荒地、荒滩土地使用权用于农、林、牧、渔业生产的，免征契税。尽管其他税种的税收优惠数量较少，但也在一定程度上减轻了农业生产者或涉农企业的税收负担，有助于现代农业园区建设的稳步推进。

湖南省也在乡村振兴政策支持下取得了一定的成绩。作为粮食大省、鱼米之乡，农业一直是湖南省发展乡村产业的重头戏。2020年，湖南省出台了《关于抓好全面小康决胜年"三农"领域重点工作的意见》《关于深入推进农业"百千万"工程促进产业兴旺的意见》等重要文件，明确将"三农"问题列为财政支出的优先保障领域，建立完善的财政支农稳定投入增长机制，加大涉农资金统筹整合力度，从品牌、特色、质量、产业融合、科技、开放六大强农行动入手，通过加大财政投入、优化财政资金供给结构，促进财政支持力度与支持效果的提升。一是拓宽财政资金的筹集渠道，调整土地出让收入使用范围，所得收益全部用于支持乡村振兴。《关于探索建立涉农资金统筹整合长效机制的实施意见》提出，将设置涉农专项资金，并在整体统筹的基础上拓展资金来源、优化投入结构。二是加大"三农"增信服务发展力度，加快向县域拓宽涉农担保业务。多部门可通过综合信息评定贷款主体的信用等级，运用财政资金开发为小农户、小微企业和新型农业经济主体提供贷款担保的功能，为乡村从业者开辟新的融资渠道。三是优化财政投入方式，以财政补贴为主，采取多种辅助手段，重点支持乡村产业规模经营、绿色生产和可持续发展，提高投资效益。应坚持财政优先保障的原则，重点为新型农业主体提供贷款利息补贴，为农产品质量检测及认证费用提供补贴等。政府的投资性资金应以资本金的新方式注入符合条件的乡村项目，并采取先建后补、以奖代补、设立产业投资资金等多种方法提高财政资金的投资效益。

4.4.4 促进乡村新型服务业的财税支持政策

目前，我国一直致力于推动乡村新型服务业的发展，涉农电商是该种战略重要方向之一，为了推动乡村振兴战略的实施，政府采取了一系列财政和税收政策来支持涉农电商的发展。第一，资金支持方面。政府设立专项资金，用于支持乡村振兴涉农电商的发展。这些资金通过贷款、担保等方式提供给涉农电商企业，用于项目启动、设备购置、技术升级等方面。鼓励金融机构为涉农电商提供低息贷款、风险投资等金融服务，满足其资金需求。第二，减税优惠方面。从事乡村振兴涉农电商的企业可以享受一定程度的税收减免政策。例如，减免企业所得税、增值税、个人所得税等，以降低经营成本，鼓励企业创新和发展。针对农村电商从业者，可能会设立一定的税收起征点，减轻其个人所得税负担。第三，基础设施建设方面。政府加大农村基础设施建设投入，包括宽带网络、物流配送、电子支付等方面的设施。这将为涉农电商提供良好的发展环境和条件，促进乡村电商的繁荣。第四，培训支持方面。政府组织开展涉农电商从业人员的培训计划，提供电商技能、营销策略、电商平台运营等方面的培训课程和指导，提升其专业能力和电商运营水平。鼓励高校、职业教育机构和电商协会合作，开展定制化培训项目，培养涉农电商人才队伍，提供专业支持和指导。第五，扶持政策方面。政府制定乡村振兴涉农电商的发展规划和政策，鼓励农民专业合作社、农村合作经济组织等发展电商业务，推动农产品销路打开和农民增收。简化电商平台注册、运营许可等方面的程序，降低进入门槛，鼓励更多农村创业者参与涉农电商。第六，市场拓展方面。支持乡村新型服务业企业参加国内外展览会、交流会等活动，提供市场宣传和推广支持。组织乡村新型服务业的专题推介会，邀请投资者、客户、合作伙伴等参与，促进业务洽谈和项目合作。推动乡村新型服务业的品牌建设和知名度提升，通过推动"乡村品牌"认证和推广，增强乡村服务的市场竞争力。

2020年4月20日，习近平总书记在陕西考察期间指出，电商作为新兴业态既可以推销农副产品、帮助群众脱贫致富，又可以推动乡村振兴，是大有可为的。《"十四五"电子商务发展规划》明确指出，电子商务要"与一二三产业加速融合，全面促进产业链供应链数字化改造，成为助力传统产业转型升级和乡村振兴的重要力量"，并重点推进以下任务：

一是突出"电子商务＋三产融合"，推动乡村产业振兴。鼓励运用短视频、直播等新载体，宣传推广美丽乡村，让"绿水青山"变成"金山银山"；深入发掘生态涵养、休闲观光、文化体验、健康养老等乡村多种功能，发展乡村共享经济等新业态；进一步实施好"互联网＋"农产品出村进城工程，深入开展"农商互联"，创新发展网络众筹、预售、领养、定制等产销对接新方式，让更多"养在深闺人未识"的农产品通过网络走进千家万户。

二是以电子商务应用为先导，推动数字乡村建设。在农村加快普及社交电商、直播电商等新兴业态，让手机加速成为新农具、直播加速成为新农活、农民加速成为新网红、农特产品加速成为新网货、数据加速成为新农资。利用大数据推动农业供给侧结构性改革，加快物联网、人工智能在农业生产经营管理中的运用，完善农产品安全追溯监管体系。推动互联网支付、移动支付、供应链金融在乡村普及应用，加快乡村商业数字化改造，带动乡村数字政务发展。

三是持续加大基础设施投入，加快完善农村电商生态体系。大力实施"数商兴农"行动，全面加大农村"新基建"投资。加快推进"互联网＋高效物流"，健全农村寄递物流体系，深入发展县乡村三级物流共同配送，加速补上物流分级分选、预冷冷链等短板。大力发展农村电商服务业，引导平台和龙头企业开展电商服务相关业务，强化县域电商服务中心功能，鼓励电商创业者转型参与各环节专业化服务，推广"一件代发"等供应链服务模式。以政府购买服务等形式，支持企业参与农产品标准化、品牌化等方面的服务。

四是不断创新培养模式，切实强化农村电商人才支撑。出台优惠政策，用好产业园区、创新创业基地、公共服务中心等载体，加强电子商务就业、创业服务，吸引更多人才返乡下乡。适应电商发展趋势和农民群众认知特点，加快形成政府引导、平台参与、专业机构承担的人才培养模式，广泛开展线上线下融合、多层次、多梯度的电子商务培训。联合平台开展各类短视频直播大赛和电商创业竞赛，提供配套支持服务，促使更多优秀人才脱颖而出。探索将电商人才培养为乡村发展的带头人，从长远推动乡村人才振兴和组织振兴。

4.5　当前促进乡村产业振兴的财税支持政策的评价与反思

当前促进乡村产业振兴的财税支持政策在促进乡村经济发展方面发挥了重要作用，但在实际实施过程中仍存在一些问题和挑战。为了更全面地评估这些政策的有效性和不足，下面将从几个关键方面进行详细分析和反思。

4.5.1　财税支持政策对乡村产业振兴的支撑作用不足

一是财税支持政策针对性不强，资金使用缺少规划。提出的关于乡村产业振兴的具体执行办法还未落实、落细，财政支持政策多是泛泛而谈或是给出整体数额，未能细致提出具体的资金使用指导和使用指南，对不同地区的指导和帮助有限。二是财税支持政策的惠及对象有限，不能满足现有乡村产业经营主体需要。乡村产业涉及的经营主体众多，不同的群体有不同的政策需求。现行的财税政策多追求普遍适用，覆盖的可适用主体范围有限，且缺乏激励措施，应该动员更多的市场参与者切实参与乡村产业振兴。三是税收优惠政策支持力度有限。一方面,涉农税收优惠政策范围过窄。目前乡村振兴产业涉及的税收优惠,主要针对自产农产品、农产品初加工阶段,但要鼓励产业链延伸,必然涉及物流、仓储、深加工、电商等多个产业。而现行税收优惠范围过窄,税收调节经济的职能作用发挥不够。另一方面,现行涉农税收政策设计不合理,可操作性不强。比如,按照税法规定购进农产品,除取得增值税专用发票或海关进口增值税专用缴款书之外,可按照农产品收购发票或销售发票上注明的农产品买价和扣除率计算进项税额。但纳税人自行开具收购发票抵扣税款,随意性较大,虚开风险很高。税务机关在农产品收购发票的日常管理和事后监管上监管力度不足,导致实际并未达到惠农的效果,反而带来很大涉税风险。四是扶持农村养老服务产业税收政策未充分发挥激励机制作用。未来乡村养老将是一个庞大的市场,但是现行扶持乡村养老服务税收政策仅限于试点城市的试点机构,仅对养老机构经营环节进行税收减免,养老机构的筹资、投资、回报等环节缺乏明确的政策扶持,大多数还没有破题。

4.5.2 财税支持政策对乡村产业振兴的扶持力度有限

一是财政资金用于乡村产业的力度有限。乡村振兴建设资金需求量极大,虽然国家每年给予农业、农村巨大的资金支持,但基础设施建设对资金的需求往往较大,会逐渐稀释对非基础设施建设项目的投入。因此,虽然国家对"三农"领域的投入不断增加,但财政支持缺口较大的情况依然存在。另外,政府支持力度不够,无法打消社会资本顾虑。社会资本发展产业需要土地支持,产业用地指标是否有余、土地规划是否更新、土地性质是否明确等与产业发展初期息息相关的问题,乡镇政府或村级组织层面并不清楚。二是财税政策碎片化现象突出,弱化了整体链式效应。乡村产业振兴应以农业为基础,连接第二产业和第三产业,力求延长产业链实现三产融合。从湖南省的数据来看,目前相关财税政策存在较为明显的弊病,即对第二、三产业的支持相对缺少,易导致第一、二、三产业配套升级时缺少相对应、环环相扣的资金支撑体系。三是各类经营成本偏高,企业税收负担偏重,税收调节作用未充分发挥。首先,农产品销售物流成本过高。对于农产品电商销售平台,农产品单位价值较低,产品物流费用较高,上游物流企业又多为个体工商户或小规模纳税人,个体工商户无法开具增值税专用发票,小规模纳税人只能开具3%的增值税专用发票,导致农村电商企业物流成本较高。其次,农民劳务报酬个人所得税负过高,提高了企业人工成本。当前,很多乡村振兴产业仍处于开办建设期,有大量的劳务用工需求。要取得劳务发票,只能按20%计征个人所得税,这部分税费实际均由企业承担，导致企业实际用工成本大幅度增加。以陕果集团为例，由于企业正处于建设期，果园基地建设用工形式多为农民务工，因此，企业每年支付的务工费用为 2 000 万元以上，税费负担约为 400 万元，占企业营业成本的 8%。四是近年来原材料价格上涨明显，再加上农产品的保质期很短，企业的材料成本增加较为明显。

4.5.3　财税支持政策对乡村产业振兴的引导效果欠佳

一是面向乡村产业发展的财税工作重心不够突出。虽然地方政府高度关注乡村产业发展，并将此作为财税工作的重要工作来抓，但思路不清、政策分散、重心不明的现象普遍存在，尚未切实做到因地制宜、有的放矢、精准施策。例如，以种植业为优势产业的地区应当重视提供良种补贴、农用机械设备购买补贴等。二是财税参与打造农业产业化的效果有待提升。当前，虽然我国各省都在重点打造农业特色优势企业，但目前受培育成为龙头企业的较少，以家庭为单位辅以生产合作社的做法没有形成产业化规模。农业规模生产与经营的基础薄弱，没有丰厚的资金介入，难以实现产业规模化发展。三是涉农税收政策的宣传辅导缺乏针对性。现行涉农税收政策分散在财政部及国家税务总局的各项通知、公告、条例、法规中。涉农企业经营方式呈现多元化态势，在具体执行过程中，各类企业对自身可享受的税收优惠、存在的涉税风险不够熟悉，直接影响企业对未来生产经营模式的规划。

4.5.4　财税支持政策对乡村产业振兴的保障机制有待落实

一是基础设施建设有待加强。乡村产业的发展离不开必要的基础设施：种植业需要丰富的水资源和节能的灌溉体系；农产品加工业需要高效的生产车间和完善的物流体系；乡村旅游和服务业更是需要畅通的交通道路与舒适的居住环境。而大部分省份（自治区、直辖市）的乡村基础设施建设相对滞后，特别是中西部的省份情况更是如此，难以满足乡村产业发展的需求。水电、交通、网络通信等基础设施作为产业振兴的重要保障，亟须进一步重视和解决。在乡村产业振兴的进程中，基础设施须先行，再辅之以财政投入改善其他条件。二是融资担保服务尚未落实。省、市、县三级服务农业的政策性融资担保体系需加快构建，通过省级政府的信用背书担保的形式，鼓励农业银行等金融机构加大贷款支持，以达到金融助农政策的重要目标，进一步疏通金融保险渠道，为乡村产业振兴提供重要融资渠道，从根本上解决产业主体融资的后顾之忧。但目前仍有不少企业反映融资难、融资贵、保险不足的问题没有从根本上得到缓解，因而融资担保服务仍需进一步落到实处。三是财政资金的使用缺少有效的监督和管理。乡镇政府本身难以获得并提供乡村产业振兴的资金，通常依靠上级财政转移支付来维持运转，而上级政府财力投入有限，在转移支付资金的使用上，目标不明确、管理不规范、缺乏必要监督等现象仍明显存在。财政资金的使用缺乏有效监督和管理在一定程度上存在安全隐患。

4.6 国际乡村产业振兴的经验及启示

乡村五大振兴中，产业振兴是基础，只有基础发展好，才能扎实推进乡村可持续发展。部分发达国家目前乡村产业发展已经实现了专业化，在乡村发展政策方面进行了一系列有益探索，已经取得一定的成效。其经验对我国更好实施乡村产业振兴战略、推动乡村实现"农业强、农村美、农民富"具有借鉴意义。

4.6.1 美国

美国乡村产业振兴具有两大突出特点：一是以增强地区自我发展能力为核心目标，发展地区特色产业。美国政府主要通过提高劳动力素质、支持中小企业发展、帮助企业更新改造产品，以及鼓励地方发展特色产业来提高乡村产业自我发展能力。纳帕县是美国第一个跻身世界级行列的葡萄酒产地。因此，葡萄酒产业是纳帕谷的支柱产业。"纳帕谷葡萄酒产品注重科技的应用、品牌的保护和产品附加值的提升，纳帕谷的葡萄酒产量只占整个加州葡萄酒产量的4%，产值却占整个加州的三分之一，平均每年的收入达到100亿美元"（徐腊梅，2019）。二是美国政府坚持适度干预原则，为私人投资构建平台，提供财政、金融政策并举的产业开发支持。第二次世界大战后，美国将发展工业与产业扶贫结合起来，以促进加快南部各州的工业发展，通过联邦财政拨款建立一系列发展高端技术的国防工业基地，改善产业落后地区的基础设施。美国政府以改善农民的生活质量和增加农村经济发展机会为目标，重点实施能源项目资助、重点商业项目资助、社区项目资助、住房资助等农村发展项目。此后，在开发管理局的基础上成立经济开发署，采取帮助开发地区资源、兴建公共设施、加强人力资源培训、创造就业平台、保障住房等帮扶措施，进一步加强对困难地区的经济开发支持。

4.6.2 德国

德国实施乡村产业振兴模式的突出特点是一系列经济政策的制定与实施，

实现政府适度干预与市场调节的有机结合，推动地区间的横向合作。依托自身比较优势，提升产品竞争力，逐步形成区域特色优势产业，同时注重生态保护。具体来说，表现在以下三个方面：第一，德国的乡村产业振兴发展注重向乡村倾斜，在相关政策的制定上引导产业向小城市和乡村布局，为"在乡村生活、在城镇就业"的生产生活方式提供了可能，带动了乡村的发展。第二，德国在产业振兴的不同时期实施了不同的政策：早期主要推进农地整治，解决农业用地细碎化问题，以利于机械化和规模经营；后期主要注重基础设施建设和乡村公共服务设施建设，在城市化率达到70%后，更加注重乡村生态环境保护和乡土文化塑造，以此来留住人才在乡村。第三，注重乡村氛围的营造，如举办乡村社区美化竞赛等（徐腊梅，2019）。

4.6.3　日本

日本在面对乡村产业萧条和人口减少的挑战后，实施了多次振兴计划，以挽救地方经济。其中，OVOP（One Village One Product，一村一品）运动是日本乡村建设中的一个独特且成功的模式，它强调基于本土资源和文化特色的乡村发展。OVOP运动的核心在于通过增强农产品的地域特性、加工技术和文化价值，提升农业经营的附加价值和经济效益。这种模式不仅关注产品的差异化和特色化，还注重品牌的打造和市场竞争力的提升。例如，小岩井农场通过发展休闲农业和乡村旅游，成功地将农业生产与旅游业结合起来，创造了新的经济增长点。日本的经验表明，乡村振兴需要综合考虑地域特色、产业融合和创新发展。通过顶层设计和政策支持，可以有效地推动农业多功能性的发挥，促进第一、二、三产业的融合发展。此外，加强平台建设，推进产业融合，强化科技赋能，以及加大人才培养力度，都是实现乡村振兴战略的关键措施。日本还特别重视城乡融合发展，通过加强顶层设计，明确城乡融合发展政策目标，实现城乡居民权利平等化，推动城乡要素流动自由化，优化城乡公共资源配置，实现融合发展。这些措施不仅提升了乡村的经济活力，还促进了乡村社会的全面发展。这些对中国乡村振兴具有借鉴意义。

4.6.4　韩国

为推进乡村产业发展，韩国政府采取的措施有序、政策有力，值得参考借鉴。首先，韩国通过制定长期及有针对性的政策和措施来推动乡村产业振兴。针对农村地区的不同需求和特点，制定相应的政策支持。我国可以借鉴这一做法，关注不同地区的发展需求，制定有针对性的政策，为乡村产业振兴提供明

确的方向和支持。其次，强化农村金融服务。韩国的农村信用合作社模式值得
借鉴。农村信用合作社为农民提供贷款、储蓄和保险等金融服务，支持农村经
济发展。这种合作社由农民自己管理，能够更好地了解农民的需求，并提供相
应的金融支持。我国可以考虑建立和发展类似的金融机构，为农民提供更便
捷、灵活的金融服务，助力乡村产业振兴。再次，促进农村电子商务发展。韩
国通过发展农村电子商务平台解决了农产品销售渠道不畅的问题，提高了农民
的收入。我国可以借鉴韩国的经验，加大对农村电子商务的支持力度，推动农
产品的线上销售和配送。通过建设健全农村电子商务平台，将农产品与消费者
直接联系起来，拓展销售渠道，提高农产品的附加值。最后，加强科技创新和
技术支持。韩国通过技术创新和农村发展计划实现了乡村产业的振兴。他们引
入先进技术，提高农产品的品质和产量。同时，通过提供资金和技术支持，推
动农村地区的创新和发展。我国可以加大对农村科技创新的支持力度，推广现
代农业技术，培育农村产业的新动能，提升农业的现代化水平。

4.6.5　法国

法国乡村产业的快速发展主要是从 20 世纪 60 年代开始的，乡村发展理念
转变为提高国民福祉，促进城乡、人与自然和谐发展，注重农业可持续性发展
及农村社会经济的多元化。在产业发展上，法国通过统筹规划、三产融合、科
技引领推动乡村产业深层次、高标准、综合性发展，实现农业、农村现代化。
其举措主要体现在以下三个方面：第一，为推进农业产业发展，法国加强了农
业用地管理，全面推进农业生产规模化、专业化。20 世纪 60 年代，法国的农
业生产模式中，家庭分散经营逐渐减少，转变为以规模农场、合作社、农业公
司经营为主。第二，法国按照"平原发展种植业，丘陵发展畜牧业，山地发
展果蔬业"的生态适应性要求，进行了产业布局规划，最终形成了以巴黎盆
地为中心的粮食生产区、南部山地果蔬区和西部高原畜牧区三大重要产地。第
三，强调联合农业相关部门，如工商、物流运输、金融等部门构建利益共同
体，进而发挥技术、资本的集聚效应。

4.6.6　荷兰

首先，荷兰在农业科技创新方面具有世界领先地位，其通过投资于农业科
研和技术创新，成功实现了高效的农业生产和资源利用。荷兰采用先进的温室
种植技术、精确的水肥管理系统以及智能农业解决方案，提高了农产品的产量
和质量。我国可以借鉴荷兰的经验，在农业科技创新方面加大投入，引进和推

广先进技术，提高农业生产的效率和可持续性。其次，荷兰注重农产品的附加值提升和市场开拓。他们通过品牌建设、质量认证和营销推广等手段，提高农产品的附加值，使其具有竞争力和市场号召力。荷兰的农产品以高品质、安全和可追溯性闻名全球。我国可以借鉴荷兰的经验，加强农产品品牌建设，提高产品质量和安全标准，拓展国内外市场，增加农民的收入。再次，荷兰注重农村地区的社会和经济发展，为之提供全面的支持和服务。他们通过建立农村发展基金和专门机构，为农村创业者和农民提供资金、培训和咨询等支持。荷兰还鼓励农村地区的多元化经济发展，培育农村旅游、农产品加工和农村服务业等新兴产业。我国可以借鉴荷兰的经验，加强对农村创业者和农民的支持，鼓励他们开展多样化的经营活动，促进乡村经济的发展。最后，荷兰注重农村地区的合作与合作社发展。他们鼓励农民组建合作社，通过集体经营和资源共享，提高农产品的生产效率和市场竞争力。合作社在农产品采购、销售和技术支持等方面发挥重要作用。我国可以借鉴荷兰的经验，推动农民合作社的发展，促进农村地区的合作经济，加强农民之间的合作与交流。

4.6.7　加拿大

加拿大的农业现代化发展主要得益于政府的有力推进，从法律法规、政策支持、资金投入等全方面促进农业现代化发展，以及农业与其他关联产业的紧密结合。首先，农业支持。加拿大政府设立了农业发展基金和计划，为农民提供资金支持和补贴，用于改善农业设施、技术引进、耕地保护和农产品质量认证等方面。此外，加拿大还为农业企业提供税收优惠，降低农业土地税和企业所得税，减轻农民和农业企业的经济负担。其次，农产品加工。加拿大提供了税收优惠和补贴，以支持农产品加工企业的设立和扩大规模。加拿大的政策措施包括减免企业所得税、降低设备采购税率、提供贷款和补贴等，为农产品加工业提供了良好的发展环境。再次，农村旅游产业。加拿大注重发展农村旅游产业，并通过财税政策提供支持。他们设立了农村旅游发展基金和计划，为农村旅游企业提供财务支持和补贴。加拿大的税收政策鼓励农村旅游企业的投资和发展，包括减免税、税收抵免和税收减免等优惠措施。最后，创新创业。加拿大通过财税政策支持乡村创新创业，设立了创新基金和创新企业支持计划，为乡村创业者提供资金、技术支持和市场推广等方面的支持。加拿大提供了包括减免企业所得税、提供税收抵免和研发税收优惠等一系列政策，鼓励乡村创新创业的发展。

4.6.8　国外乡村产业振兴的经验及启示总结

从这七个国家乡村产业振兴的发展路径来看，它们的成功得益于政府"有形的手"和市场"无形的手"双管齐下，构建了宏观调控有度、市场机制有效的乡村产业发展环境，找准当地特色，因地制宜，由此很好地支持了乡村产业的升级转型，更重要的是激活了微观主体高质量参与乡村产业发展的内生动力。对以上国外先进经验进行梳理，可以总结出以下四点经验及启示：

一是注重农村特色产业发展。日本的小岩井农场开辟了集动物农场、天文馆、农具展览馆、牧场馆等为一体的观光牧场模式，获得了游客的认同；美国纳帕县的葡萄酒产业注重科技应用、品牌保护和附加值提升，发展出了具有自身特色的葡萄酒产业，赢得了市场的认可。二是注重政策资金支持。政策不仅是指资金项目方面，还涉及构建平台、建设基础设施和公共服务设施等。美国在第二次世界大战后通过联邦财政对西部和南部的军事拨款倾斜，建立了一系列高端技术的国防工业基地，改善了产业落后地区的基础设施，从而逐步改变了农村落后的面貌，最终实现乡村产业振兴；德国在乡村产业振兴后期，注重基础设施建设和乡村公共服务设施建设。三是注重政府和市场双向结合。比如，加拿大政府为农业发展构建完善的支持政策体系，起兜底作用，社会资本才更有动力和信心参与。四是注重科技投入，专业化发展。在科研方面，法国政府直接对乡村振兴给予高达 25 亿欧元的财政预算，组建农业科研团队，并加强了农业用地管理，全面推进农业专业化发展。这些都为我国乡村产业振兴提供了经验借鉴。

4.7　完善财税支持政策，促进乡村产业现代化

2022 年 4 月，农业农村部、国家乡村振兴局联合下发《社会资本投资农业农村指引（2022 年）》，积极鼓励社会资本投入，综合利用财政政策和税收政策激励社会资本加入，充分调动各方优势，为全面推进乡村振兴，加快农业、农村现代化提供强有力保障。

4.7.1　鼓励投资的重点产业和领域

1. 乡村基础设施建设

乡村基础设施建设是乡村振兴发展的基本保障。所谓"道路通，百业兴"，应重点加强道路、土地、供水、供电等基础设施建设，提升乡村振兴发

展效率。支持社会资本参与农田建设，更新改造小型工程系统。

2. 现代种养业

目前，部分地区的种养业小型且零散化。要鼓励发展规模化、标准化的种养业，推动品质提升、品牌打造，助力提升粮食和重要农产品的供给保障能力。要支持新型农业经营主体发展，提供税收优惠。企业与农户建立合理利益联系机制，可形成"风险共担、利益共享"的联合体。现有的针对"公司 + 农户"相关税收优惠政策主要有《国家税务总局关于纳税人采取"公司 + 农户"经营模式销售畜禽有关增值税问题的公告》（国家税务总局公告 2013 年第 8 号）及《国家税务总局关于"公司 + 农户"经营模式企业所得税优惠问题的公告》（国家税务总局公告 2010 年第 2 号）。根据文件规定，企业采取"公司 + 农户"经营模式从事畜禽饲养，可按照农业生产者销售自产农产品享受免征增值税，按照从事农业、林业、牧业、渔业项目享受减免企业所得税。此外，上述两份公告均强调公司与农户签订委托养殖合同，但是在实际活动中，执行"公司 + 农户"模式享受税收优惠政策时有争议，接下来完善税收政策时需要及时予以明确。

3. 农产品加工流通业

在做好"促产"工作的同时还应开展"疏浚"工作，即加强建设县、乡、村物流体系，提升农产品流通服务水平，加大产销对接力度。现在的农产品加工业已经往精深加工发展，应鼓励社会资本参与建设加工场地、仓储物流、冷链物流等设施，支持农产品加工流通业做大、做强。另外，税收优惠政策应从注重生产向注重加工、销售转变，对农业合作组织、农产品深加工、种养加工销售一体企业及"互联网 + 农业"新业态实行增值税超税负即征即退、企业所得税定期减免；建议出台专门针对乡村地区农产品加工产业发展的地区性优惠政策，对投资乡村地区从事农产品加工的企业，除给予现有所有企业所得税优惠政策之外，还应给予更特殊的优惠政策。比如，对于中小微企业，在现有所得税优惠政策的基础上，再给予减半的乡村地区定向优惠，即对于投资乡村地区的中小企业，应纳税所得额不超过 100 万元的部分，按照 2.5% 的税率征收；超过 100 万元，但不超过 300 万元的部分按照 5% 的税率征收。对于大型加工企业，在西部大开发 15% 企业所得税优惠政策的基础上，给予再降低 5个百分点的优惠，即征收 10% 的所得税，同时扩大产业目录，适时将乡村地区新产业、新业态纳入鼓励类产业目录。建议扩大促进农产品流通的税收优惠范围，如用于农产品仓储的土地、房屋免征房产税和城镇土地使用税等。建议与农民专业合作社签订的购销合同可免征印花税。

4. 乡村现代农业产业园

挖掘本地特色资源，支持农业现代化示范区主导产业全产业链升级，鼓励社会资本积极参与建设现代农业产业园、特色产业集群、农业产业强镇、农村产业融合示范园区，支持建设"一村一品"示范村镇和标准化生产基地。在税收优惠方面，首先，建议针对有特色的现代农业园区项目，根据发展进度给予阶段性的奖励补助，并进行项目资金的绩效评价，更好地推动现代农业园区的科技创新和基础设施建设。其次，进一步提高特色农产品的出口退税率。目前在国家层面，国家税务总局针对农产品的出口发布了减免税政策，但是省级税务局旨在贯彻落实税收优惠政策，出台政策未涉及农产品出口的税收减免范围、力度等具体问题。无论在国家层面，还是在省级层面，农产品的出口退税率不高。农产品要走向国际市场，需要通过多重国际产品认证，认证所需的费用较高。建议进一步提高特色农产品的出口退税率，甚至可以实行农产品出口零税率，降低农产品出口企业的生产经营成本，缓解涉农企业的现金流压力，提高农产品的国际竞争力，有助于农产品走出国门、走向世界。最后，进一步提高农产品深加工的税收优惠力度。在国家层面，国家税务总局发布的税收政策主要针对农业初级产品、出口、初级加工等实行减免税政策，尚未涵盖对农产品进行深加工的税收优惠。目前，部分省份旨在贯彻落实税收优惠政策，也未涉及农产品深加工的税收减免范围、力度等具体问题。现行涉农税收政策主要涵盖初级农产品，就农产品的深加工而言，对涉农企业的税收优惠程度还不够。建议针对农产品的深加工环节，提高税收方面的优惠力度，同时将优惠的农产品深加工目录加以明确，适当扩大相关农产品优惠的具体区间，提升我国农产品深加工水平，为现代农业园区的高质量发展奠定坚实的税收政策基础。

5. 新型服务业

乡村新型服务业包括乡村休闲旅游、乡村民宿、农耕文化和农村康养等产业，要综合利用好财政政策和税收政策，推动乡村新型产业发展。财政政策主要是利用财政资金的导向作用，为乡村旅游发展提供急需的资金，让财政扶持资金发挥出"四两拨千斤"的乘数效应，引导社会资本积极、有序地进入乡村旅游领域，引导采取"互联网＋"、大数据等新技术方式，发展、拓展生活性服务业；税收政策主要发挥市场引导和调节作用，通过降低税收负担，鼓励企业到乡村经营，开发乡村旅游，发展乡村旅游服务业和新兴产业，将乡村旅游和乡村养老、乡村建设有机结合起来。

6. 农业科技创新

鼓励社会资本创办农业科技创新型企业，参与农业关键核心技术攻关，开展全产业链协同攻关。鼓励社会资本参与农业领域国家重点实验室等科技创新平台基地建设，参与农业科技创新联盟、国家现代农业产业科技创新中心等建设，促进科技与产业深度融合。支持农业企业牵头建设农业科技创新联合体或新型研发机构，加强农业科技社会化服务体系建设，完善农业科技推广服务云平台。引导发展技术交易市场和科技服务机构，提供科技成果转化服务，加快先进实用技术集成创新与推广应用。特别地，随着智能时代的到来，新技术和人工智能在农业中也得到了广泛应用。因此，可积极鼓励社会资本投入建设数字乡村和智慧农业，提高农业生产智能化。从财政税收支持力度来看，政府可以加大财政补贴、加大税收优惠力度。比如，投资智慧农业建设可以加大税收扣除比例等。

7. 对外合作

鼓励社会资本参与农业对外经贸合作，建设境外农业合作园区。鼓励参与农业国际贸易高质量发展基地、农业对外开放合作试验区等建设，创新农业经贸合作模式，对接有关规则标准培育出口农产品品牌，建设国际营销促销网络，培育农业国际竞争新优势。在税收方面，一般而言，企业取得境外所得计征企业所得税时，可抵免境外已纳或负担所得税额。当企业在对方国家享受了涉农减免税待遇，对方国家尚未与我国订立税收协定或税收协定中没有税收饶让条款时，企业境外所得需按国内的适用税率补足企业所得税，税收负担较高。建议借鉴海南境外直接投资所得免征企业所得税的做法，设立农业鼓励类产业目录，对企业从境外子公司分回的股息所得免征企业所得税。

8. 创业创新

鼓励社会资本投资建设返乡入乡创业园、农村创业创新园区和农村创业孵化实训基地等平台载体，加强各类平台载体的基础设施、服务体系建设，推动产学研用合作，激发农村创业创新活力。政府部门应当开展必要的财税政策激励，为乡村旅游吸引人才。对高层次、创新型乡村旅游人才提供引进奖励，满足乡村旅游规划、营销、品牌创建、新兴和创意产业培育、诗意栖息景观设计需要。加大文创产业、创意产业、新兴复合型产业等急需旅游服务人才的引进和扶助力度，进行政策支持、资金支持和税收支持，引导其在乡村大显身手，发挥才干，助推乡村旅游升级。

4.7.2 营造良好环境

1. 创新投入方式

根据各地乡村农业实际发展情况，因地制宜地创新投融资模式。比如，完善全产业链开发模式，支持龙头企业发挥示范带动作用；创新政府和社会资本合作模式，鼓励信贷、保险机构加大金融产品和服务创新力度，配合财政支持乡村重大项目实施，加大投贷联动等投融资模式探索力度。加大财政资金扶助力度，发展乡村 PPP 项目，有序推进政府和社会资本合作。

2. 搭建合作平台

打造一批社会资本投资农业、农村的合作平台，为之提供规划、项目信息、融资、土地、建设运营等一揽子、全方位投资服务，促进要素集聚、产业集中、企业集群，实现控风险、降成本、提效率。

3. 加强组织领导

各级农业、农村部门，乡村振兴部门加强与财政、税务、金融监管、自然资源等部门的沟通，推进信息互通共享，协调各有关部门紧密协作，使之形成合力。建立规范的合作机制，引导社会资本积极参与。

4. 强化政策激励

政策支持是项目推进的强有力保障。比如，支持地方政府发行政府债券，用于符合条件的乡村振兴公益性项目，发挥专项债券资金对促进乡村振兴的作用。加大金融、保险、税务联动作用，财税政策与金融保险政策共同推进，切实破解乡村企业资金困难问题，持续为乡村发展"输血供氧"。

5. 广泛宣传引导

宣传财政税收政策对投资乡村振兴的支持力度，引导社会资本进入乡村经济领域，有针对性地解读政策，并充分利用报刊、互联网、多媒体宣传乡村振兴的建设成果，让社会更好地获取信息。

4.8 促进乡村产业振兴的财税支持政策再调整

为确保乡村产业振兴财税支持政策的科学性和有效性，必须不断进行调整和优化。在此基础上，下面将探讨如何通过完善税收政策和财政政策，全面助力乡村产业的可持续发展。

4.8.1 完善税收政策，全面助力乡村产业振兴

在乡村振兴的背景下，大力发展农业产业，需要调整税收政策，使农业生产企业的财务状况能满足各农业项目的执行需求，逐步完成农业税收政策倾斜工作。

1. 优化完善涉农税收制度，破解乡村产业发展难题

一是允许涉及农产品收购（农产品销售及加工收入必须占企业主营业务收入的70%以上）的企业选择简易计征方式缴纳税款，直接降低农产品收购、加工、销售企业税率。二是取消农产品收购发票抵扣税款，一律使用普通发票作为收购免税农产品扣税凭证，完善农产品收购产业增值税链条，减少涉农产业税收风险，缓解税务机关对涉农企业的征管困境。三是取消劳务代开发票预征个人所得税，对农村劳务用工者代开劳务发票时，不再预征个人所得税，而是由其在次年依法自行申报汇算清缴劳务所得个人所得税。

2. 切实降低税负，提升农民参与积极性

农民是乡村振兴的主要建设者，是推进乡村振兴最活跃、最积极的因素。制定降低农民税收负担的税收政策，可借鉴大多数发达国家的做法，降低中间税所占比例，实现由农产品的生产、加工、经营的流转税制向收入分配、财产积累调整的直接税制的转变，对农民采取直接优惠的方式。一方面，完善以增值税为主的流转税优惠制度，形成约束机制，实现农民增值税的进项税额抵扣；另一方面，个人所得税的征收应充分考虑农民应税收入来源的渠道多寡和家庭负担，加大对农民个人所得税的抵扣力度，使农民直接受益。优化乡村税收征管与纳税服务，简化涉农税务登记、涉税信息报送、税收征管流程，加强涉农税收政策的宣传和辅导，积极协调乡镇邮政点代开发票。同时，在办税服务厅为农户开通绿色通道，为涉农纳税人提供便利。农村专业合作社是农民的自治自发组织，为提高农民入社的积极性，当前我国税法规定，合作社为社员采购农用物资享受相关税收优惠。这显然不利于合作社组织规模的扩大。合作社对非社员提供的服务（销售非社员的农产品），也应享受增值税与企业所得税的减免。对合作社所得的各项捐赠收入，以及合作社之间的涉农业务合作等应给予相应的企业所得税抵扣和增值税减免。

3. 扩大税收优惠政策范围，增强税收优惠普惠性

加大税收政策对乡村产业振兴的支持，应在税收的"扩围""免征""减征""抵税"四个方面持续发力。保证税收优惠在农村基础设施建设，涉农要

素供给，农产品生产、加工、储存、流通、运输、销售等各个方面实现全覆盖。一是对符合条件的农产品加工企业出售深加工农产品，以6%税率征收增值税，鼓励企业延长产业链，提高农产品附加值。二是允许农产品销售企业加计扣除物流成本，有效减少涉农企业中间运营成本。三是对涉农产业上下游产业给予一定税收优惠。当前，我国涉农产业在初级生产销售环节大多不纳税，应在此基础上考虑与第一产业发展相关联的第二、三产业的税收扶持问题，如涉农科学研究、涉农仓储物流、涉农电商、涉农咨询服务、涉农产品深加工等。对具有自主创新能力的涉农科技企业的研发支出做税前扣除，对转让技术给涉农企业的研究机构给予技术研发费用的应税额扣除。加大对涉农电商产业、家庭农场等新型农业经营模式，涉农资金金融机构，以及为农业发展提供服务的涉农物流产业的相关税收优惠力度。在耕地占用税、契税、印花税、企业所得税上加大对从事园林艺术、旅游休闲、农家乐、生态观光、民族文化产品销售等乡村旅游产业的税收支持力度。四是以支持现代农业产业园建设为重点，鼓励新技术应用于农业领域，加大研发费用加计扣除、高新技术企业税收优惠政策的力度。

4. 加强涉农税收政策的宣传辅导，提供更加"定制化"的纳税服务

一是进一步简化涉农税收征管流程，积极探索在乡镇信用社等机构代开增值税发票，有效提升农户代开发票的便利性。二是加快推进增值税普通发票电子化进程，让更多的电商企业、农民尽快享受到电子发票的便捷。三是提供更加精准的纳税宣传辅导。各基层税务机关应针对农产品发票开具、劳务发票开具、个人所得税汇算清缴等农民普遍会面临的问题，采用简明、生动、易懂的方式对农民进行实地宣传教育。四是对涉农企业进行"打包式"的税收辅导。梳理每一类企业可享受的税收优惠政策、存在的涉税风险、办税业务流程等事项，开办涉农电商平台、农产品加工企业、涉农服务企业等不同主体的纳税人学堂，对企业进行有针对性的宣传辅导。五是通过与金融监督管理局的深度合作，为纳税人提供信贷扶持。建立涉农纳税人联合激励守信机制，加大涉农企业的"银税贷"等服务，以税务力量帮助涉农企业打通融资渠道。

5. 加大公益性捐赠扣除力度，鼓励社会力量对乡村产业捐赠

乡村要"富"起来，需要社会各界力量的帮助。资金支持是乡村产业振兴的重要保障，社会各界可以通过捐赠资助实现参与和协作。目前，我国有关捐赠的税收优惠政策主要有：企业通过公益性社会团体或政府部门的公益性捐赠可以在缴纳企业所得税税前扣除。我国接下来应加大公益性捐赠扣除力度。

比如，如果是针对乡村振兴项目，企业通过公益性社会团体或县级以上人民政府及其部门发生的公益性捐赠支出，建议针对年度利润总额12%以内的部分，准予在计算应纳税所得额时扣除；超过年度利润总额12%的部分，准予结转以后五年内在计算应纳税所得额时扣除。个人所得税方面：个人将其所得对教育、扶贫、济困等公益慈善事业进行捐赠，捐赠额未超过纳税人申报的应纳税所得额35%的部分，可以从其应纳税所得额中扣除；国务院规定对公益慈善事业捐赠实行全额税前扣除的，从其规定。针对境外捐赠人无偿向受赠人捐赠的直接用于慈善事业的物资，免征进口环节增值税。我国已实现全部脱贫，但是为了让原贫困地区能更好地持续发展，与乡村振兴更好衔接，政府应该持续发力，鼓励原支持脱贫的企业符合条件的扶贫捐赠所得税税前据实扣除之外，若对实现脱贫的原贫困地区实现持续捐赠，可继续适用上述政策。另外，应完善乡村养老服务产业扶持政策。给予非营利性养老机构同等税收优惠，对购买土地、房产用于养老服务的，减免耕地占用税和契税，自用房产、车船、土地免征房产税、车船税和土地使用税。鼓励社会资本长期投入，对金融机构与养老机构签订的借款合同免征印花税，相应贷款利息收入减免所得税。

6. 加大税收优惠力度，鼓励乡村特色产业发展

特色产业发展是当今一个热门话题，根据美国、日本等国乡村产业振兴的经验，注重对农村现有资源进行开发利用，挖掘出与众不同的自有产业，提升产业附加值。湖南省在乡村产业振兴的发展上，重点扶持特色小镇型综合产业带，取得了一定成效。在湖南省乡村产业振兴的前期探索中，涌现出一批特色小镇，如长沙浔龙河镇、醴陵陶瓷小镇、祁东黄土铺镇（黄花菜产业）、南县南洲小龙虾镇等。特色小镇的模式会在未来很长时间内成为各地建设的主攻点，但是目前特色小镇建设的重点方向应在现有特色小镇的产业基础上加强多产业融合。因此，财政政策上，政府在风险担保、融资便利等方面应给予一定优惠，主动吸引企业和社会资本进入，进一步开发、拓展特色小镇产业融合面，增加农民创收点，提高特色小镇发展的持久性和抗风险能力。为促进旅游资金、旅游经营企业参与乡村旅游开发和产业经营，政府应该实行税收优惠，进行税负减免：一是降低企业所得税。对培育期的乡村旅游开发企业进行所得税减免，降低其经营成本。比如，对乡村地区采取"互联网＋旅游产业＋农家乐＋超市"等形式发展全链条旅游产业的，建议实施10%的企业所得税优惠税率；对全国旅游公司组织人员到乡村地区旅游所取得的收入，减计应纳税所得额。对全国知名新闻媒体网络平台开展乡村地区特色农产品品牌发展宣传工作所取得的广告费和宣传费等收入，建议参照资源综合利用企业所得税优惠

政策，按收入额的90%计入应纳税所得额，通过对全国知名电视台和网络媒体的税收优惠，进一步降低乡村地区企业广告宣传费的价格，鼓励对乡村地区的产品宣传和培育。二是降低个人所得税。对到乡村进行旅游开发、服务创新、产业创新、创意创新的乡村旅游服务人才进行所得税减免。同时出台个人到贫困地区旅游的个人所得税优惠政策。比如，对于到乡村地区旅游的个人，消费超过一定数额（如每日或每次1万元以上）的，在取得相关旅游或购物消费凭据的当年，给予一定限额的个人所得税专项抵扣，以鼓励更多的人到乡村地区旅游和消费。

7. 加强各部门联动合作，形成推进乡村振兴的政策合力

乡村振兴的发展离不开税收优惠政策的扶持，更需要税收政策、财政政策，以及其他政策的同步实施和共同作用，从而产生政策的"聚集效应"。首先，要坚持税收政策与财政政策共同发力的原则。利用好国家项目补贴和农业补贴，财政转移支付、社会保障、财政补贴、财政奖补资金等与税收优惠双管齐下，二者同向发力，共同助力乡村振兴。比如，在加强农业、农村基础设施建设方面，要加大财政资金的投入，加大对纳税人投资农业、农村基础设施建设的税收优惠，共同促进农业、农村基础设施建设。其次，加强税收与金融保险互动。税收政策与金融保险政策相互配合、相互促进。税务联合金融机构推出"税银互动"等多种信贷产品，将企业信用转化为融资信用，切实破解小微企业融资难、融资贵难题，持续为乡村企业"输血供氧"。最后，采取直接支持与间接促进相互协调的措施。一方面，通过税收直接减免、先征后退、税额抵扣等直接措施支持乡村振兴；另一方面，通过政策措施促进、引导、鼓励全社会和相关行业投入乡村振兴事业中。比如，延续支持农村金融发展的有关税收政策，对金融机构向农户发放小额贷款取得的利息收入免征增值税；对金融保险机构为种植业、养殖业、畜牧业种植和饲养的动植物提供保险业务取得的收入免征增值税等。这是通过税收的直接或间接方式，鼓励金融保险机构向农业、农村提供金融贷款和保险服务，共同促进乡村振兴。

4.8.2 完善财政政策，保障乡村产业持续发展

根据国际乡村产业振兴的经验，应注重政策资金支持。乡村振兴投入规模巨大，亟须发挥财政资金的撬动作用，通过"财政＋社会资本"等模式，创新投融资机制，加快形成财政优先保障、金融重点倾斜、社会积极参与的多元投入格局。因此，应扩宽融资渠道，除利用上级资金支持补助之外，还需要建立完善的金融体系，鼓励社会资本加入。

1. 提高财政无偿投入

任何产业的发展都离不开资金的支持，农业产业也不例外，财政政策需要向农业方面倾斜，增加农业财政投入，促使农业产业实现可持续健康发展，加强政策性融资，全面调动市场存量资金，最大化地发挥资金价值，减少政府财政压力，促进农业产业转型升级。通过"财政＋金融＋保险"一体化方式，将财政补贴、金融贷款和保险保障结合起来，形成综合支持和风险管理体系。

2. 拓宽现有融资渠道

第一，利用互联网、大数据平台了解经营主体融资渠道和困境，加大对微信、手机短信等信息化平台的应用，为农村经营主体提供简单、高效的网络融资平台，同时提高其信贷额度，完善企业信用担保。第二，不断拓宽政策性融资渠道，使农业生产拥有多种资金来源，鼓励社会资本投入和完善金融体系，通过"财政＋金融＋保险"一体化方式，积极为企业缓解融资困难，促进企业和个体经营快速成长和产业转型，为乡村振兴事业打好坚实基础。

3. 加大资金投入

一方面，加大市、县两级财政，尤其是县级财政对产业园建设的投入力度，鼓励、吸引社会资本、工商资本投入，开发建设标准化生产基地、集约化加工基地、仓储物流基地，完善科技支撑体系、生产服务体系、品牌与市场营销体系、质量控制体系，建立利益联结紧密的建设运行机制。另一方面，逐步增加财政专项资金投入用于富民兴村农业产业发展。积极整合资源，谋划项目，主动对接国家和省级产业扶持政策，争取更多的项目支持。通过构建多元投融资机制，利用政府财政、金融机构和社会资本的共同作用，提升乡村产业发展的资金保障水平。

4. 建立各级政府间的沟通与协调机制

近几年，各省为了推动现代农业园区建设，发布了大量财政政策，力求对现代农业园区建设的方方面面都给予支持，这些政策在内容上不同程度地存在重叠的情形，容易导致财政资金的低效使用。建议各级政府在执行具体的财政政策时建立内在的沟通与协调机制，注重政策的落实情况，对相应的财政资金进行绩效评价，真正做到在加强财政资金引导作用的同时提高财政资金的使用效率，进一步促进乡村振兴。

5. 鼓励新型乡村产业发展，引领乡村产业转型升级

随着智能时代的到来，新技术和人工智能在农业中得到了广泛应用，5G、

云计算、物联网等与农业交互联动，新产业、新业态不断涌现。为加快产业结构升级，国家应在确保粮食安全的基础上，使财政支农资金重点向科技创新、产业融合、品牌营销、农业转型升级和绿色发展、"互联网＋农业"、农村电商等农商文旅融合的新产业、新业态领域投入，促进农产品产销对接，支持数字乡村标准化建设，加强农村信用基础设施建设，推动遥感卫星数据在农业、农村领域中的应用，健全农村信息服务体系。鼓励建设数字田园、数字灌区和智慧农（牧、渔）场，借力信息技术赋能乡村公共服务，推动"互联网＋政务服务"向乡村延伸覆盖；给予新产业、新业态政策性补助，以更好地促进乡村产业转型升级，应对国内外环境的不确定性带来的风险挑战，培育我国乡村经济新的经济增长点。另外，可以利用税收大数据进一步激发乡村地区的创业与就业活力，解决东西部供给端与需求端衔接不畅的问题。例如，通过整合帮扶资源，积极协助西部地区科学引进农产品加工、文化旅游等企业，不断扩大农产品的销路和脱贫人口的就业渠道。深化并拓展消费帮扶的"帮销、促产、疏浚、解困"政策功能，有效解决乡村地区产品外销的瓶颈问题，及时化解脱贫地区农产品滞销的风险。通过对税收大数据的深入分析，将西部在农产品、文化旅游方面的供给能力与东部地区的消费需求进行有效对接，从而实现供需平衡，优化区域协作的效果。

6. 创新政府和社会资本合作模式，鼓励社会资本投入

为推动乡村产业振兴，解决资金短板问题，政府财政部门应继续加大财政资金扶助力度，建立财政扶助资金正常增长机制。培育一批适于采取 PPP 模式、有稳定收益的公益性项目，依法合规、有序地推进政府和社会资本合作，让社会资本投资可预期、有回报、能持续。鼓励社会资本探索通过资产证券化、股权转让等方式，盘活项目存量资产，丰富资本进入、退出渠道。积极探索设立乡村振兴投资基金，各地要结合当地发展实际，推动设立金融机构支持、社会资本广泛参与、市场化运作的乡村振兴基金。通过上述措施，可以更好地引导和吸引社会资本参与乡村产业振兴，推动乡村经济的可持续发展。

5 乡村人才振兴的财税引导与国际借鉴

"发展是第一要务，人才是第一资源，创新是第一动力。"时至今日，优秀人才日益成为各地区参与竞争的稀缺性、战略性资源，人才在经济社会发展中的基础性、决定性作用日益突出。乡村振兴最明显的短板仍然在"三农"，现代化建设中最薄弱的环节仍然是农业、农村。农民适应生产力发展和市场竞争的能力不足，农村人才匮乏；农村基础设施建设仍然滞后，农村环境和生态问题比较突出，乡村发展整体水平亟待提升。要攻克乡村振兴的"三农"问题，主要动力在人才，关键在人才，希望也在人才。必须认真贯彻新发展理念，主动研判新形势对人才工作的新要求，把人才工作摆在更加突出的位置，紧扣人才这一关键寻求突破，把加强人才工作作为顺应时代之举、竞争制胜之本和富民强县之基，切实把人才工作抓得更紧、更见成效。

5.1 我国乡村人才发展：乡村振兴的规划与展望

为明确各级政府及有关部门推进乡村振兴的职责和任务，为实施乡村振兴战略提供法律保障，《中华人民共和国乡村振兴促进法》由中华人民共和国第十三届全国人民代表大会常务委员会第二十八次会议通过，并自2021年6月1日起施行。《中华人民共和国乡村振兴促进法》第三章"人才支撑"提出，国家健全乡村人才工作体制机制，采取措施鼓励和支持社会各方面提供教育培训、技术支持、创业指导等服务，培养本土人才，引导城市人才下乡，推动专业人才服务乡村，促进农业农村人才队伍建设。国家鼓励城市人才向乡村流动，建立健全城乡、区域、校地之间人才培养合作与交流机制。县级以上人民政府应当建立鼓励各类人才参与乡村建设的激励机制，搭建社会工作和乡村建设志愿服务平台，支持和引导各类人才通过多种方式服务乡村振兴。乡镇人民政府和村民委员会、农村集体经济组织应当为返乡入乡人员和各类人才提供必要的生产生活服务。农村集体经济组织可以根据实际情况提供相关的福利待遇。

立法的着力点是把党中央关于乡村振兴的重大决策部署，包括乡村振兴的任务、目标、要求和原则等转化为法律规范，确保乡村振兴的战略部署得到落实，确保各地不松懈、不变调、不走样，持之以恒、久久为功地促进乡村振兴。人才振兴为文化振兴、生态振兴、组织振兴、推进城乡融合发展等方面提供源源不断的动力。

为加快推进农业农村人才队伍建设，农业农村部在《"十四五"农业农村人才队伍建设发展规划》中提出，到 2025 年，初步打造一支规模宏大、结构优化、素质优良、作用凸显，以主体人才为核心、支撑人才和管理服务人才为基础的农业农村人才队伍，形成各类人才有效支撑农业农村发展的新格局，促进农业高质高效、乡村宜居宜业、农民富裕富足，为全面推进乡村振兴、加快农业农村现代化提供强有力的人才支撑和智力保障。

第一，队伍规模稳步壮大。主体人才队伍持续壮大、支撑人才队伍充实做强、管理服务人才队伍更加优化，打造一支推动乡村振兴的主力军，更好满足农业农村发展需要。到 2025 年，培育家庭农场主、农民合作社理事长等乡村产业振兴带头人 10 万人，辐射带动 500 万新型生产经营主体负责人发展壮大；农业科研人才量质双升，"神农英才"等领军人才有效增加；农业产业化国家重点龙头企业家超过 2 000 人；返乡入乡创业人员超过 1 500 万人，其中农村创业带头人 100 万人。

第二，结构素质明显优化。适应新产业新业态发展要求的各类人才不断涌现，支撑保障和示范引领的能力素质全面提升，人才结构和布局更加合理，人才供给更加有效，高层次领军人才比重进一步增加。

第三，作用发挥更加充分。农业农村人才在保障粮食和重要农产品有效供给、提高农业质量效益和竞争力、提升产业链供应链现代化水平等方面技术支撑更加牢固，在深化农村改革、提升乡村治理能力、加强乡村建设等方面的关键引领作用更加凸显。

第四，机制环境不断优化。人才培养开发、评价发现、选拔使用、激励保障机制不断健全，人才队伍建设的资源要素投入大幅提高，人才是第一资源理念更加深入人心，有利于人才发展的政策环境和良好氛围进一步巩固。

乡村振兴缺乏全面性人才和专业性人才，应注重本地人才培养，同时大力对外招纳贤能之士。与高校、企业加强联动，建设基层乡村高校培训基地，为乡村提供扎实的人才队伍基础。发动基层工作单位为乡村提供专业技术支持，鼓励省级工作单位提供远程技术协助。乡村人才是全面推进乡村振兴的主体，乡村人才队伍是全面推进乡村振兴、助推共同富裕的生力军、急先锋，充分激活乡村人才对全面推进乡村振兴具有重要意义。党的二十大报告指出，"全面推进乡村振兴""坚持农业农村优先发展""加快建设农业强国，扎实推动乡村产业、人才、文化、生态、组织振兴"。全面推进乡村振兴，必须充分激活乡村人才，让乡村人才队伍在全面推进乡村振兴中注入活力、大显身手、发挥作用、创造价值。

5.2　我国乡村人才发展现状：问题与分析

随着工业化和城镇化的持续推进，我国大量的农村青壮年劳动力持续从农业生产部门向第二、三产业部门转移。具体来说，如表 5－1 所示，从年龄角度看，我国的农村对外转移人口以青壮年为主，对外转移人口中农民工总体年龄逐步提高，2023 年全国农民工平均年龄为 43.1 岁，相比上年提高了 0.8 岁。从年龄结构分布来看，年龄为 16～20 岁的农民工群体占比逐年下降，50 岁以上农民工成为主力，占比为 30.6%。农村地区年轻子女和老年父母"进城"与"留守"的代际分化明显；从性别角度看，2023 年全国农民工中，男性和女性占比分别为 62.7%、37.3%，这意味着农村地区大量男性向外转移，农业生产主要依靠老人、妇女和儿童支撑。我国乡村由于地方发展不充分、人力内需不足，无法就近消化庞大的劳动力，导致大量青壮年劳动力外流，乡村青壮年劳动力极其缺乏。

表 5－1　农民工年龄构成

单位：%

年龄	2019 年	2020 年	2021 年	2022 年	2023 年
16～20 岁	2.0	1.6	1.6	1.3	1.2
21～30 岁	23.1	21.1	19.6	18.5	15.4
31～40 岁	25.5	26.7	27.0	27.2	28.0
41～50 岁	24.8	24.2	24.5	23.8	24.8
50 岁以上	24.6	26.4	27.3	29.2	30.6

数据来源：国家统计局 . 2023 年农民工监测调查报告［EB/OL］. （2024－04－30）. http：//www. stats. gov. cn/sj/zxfb/202404/t20240430_1948783. html.

虽然在推进脱贫攻坚和乡村振兴的过程中，人才的关键作用已经得到前所未有的重视，相关部门制定和出台了很多针对性政策措施，使一大批人才在脱贫攻坚中发挥了关键作用，但在贫困地区，人才匮乏、人才外流、人才难留的状况仍然突出，直接关系到贫困地区巩固脱贫成果及乡村振兴进程。因此，要把乡村人才振兴摆在乡村振兴的首要位置，通过政策引导、财政支持等措施，破解乡村人才瓶颈制约，畅通技术和智力的下乡通道，引导教科文卫等各类人才向乡村流动，按照"爱农业、懂技术、善经营"的总要求，加快培育现代农民，造就更多新型职业农民、农业科技人才、农民企业家等乡村人才。

在《2023年农民工监测调查报告》中，我国农民工存在学历层次偏低、技能水平不高的现象。在全部农民工中，未上过学的占0.8%，小学文化程度占13.8%，初中文化程度占52.1%，高中文化程度占17.5%，大专及以上占15.8%。大专及以上文化程度农民工所占比重比2022年提高2.1%。由此可见，我国农民工的文化技能水平较低成为乡村振兴发展的困扰因素之一，提升农民工技能水平是发展的重中之重。

贫困地区贫困的原因在很大程度上为当地劳动力受教育程度低，思想较为保守、封闭，没有一技之长，适应不了现代社会生产发展的需要。推进乡村人才振兴，需要结合各地贫困劳动力的实际情况，结合产业发展，因地制宜，因人施策，精准培训，让贫困劳动力掌握一技甚至多技之长，让他们在本土或外出就业、创业有本领，"志"和"智"都得以提升。与此同时，要着力培养、造就一批新型乡村治理复合型人才，提升乡村治理能力和治理水平。一支懂农业、爱农村、爱农民、会管理的农村工作队伍对加快推进脱贫攻坚同乡村振兴的有效衔接是很有必要的，各级政府应该通过加强"三农"工作干部队伍的培养和任用，借助他们的聪明才智，努力提升现代乡村治理的能力和水平。

5.3 我国乡村人才振兴的困境与实例

在推动乡村振兴过程中，人才的作用不可或缺。然而，我国乡村人才振兴面临着诸多困境与挑战，需要我们深入分析并加以解决。扬州市提供了一个具有代表性的乡村人才振兴措施范本，下文拟作进一步讨论。

5.3.1 我国乡村人才振兴困境

当前的城乡人才收入差距导致农村劳动力外流，年轻劳动力倾向于前往大城市工作。全国人才收入差距已经到了十分严峻的地步，不但直接导致了部分社会矛盾的产生，也逐渐对我国经济的可持续发展造成了阻碍。根据库兹涅茨（Simon Kuznets）的倒"U"形理论，发展中国家为了成功过渡到发达国家，作为经济增长动力的储蓄和积累早期必然集中在社会的少数富裕阶层手中，而随着经济的增长，马太效应的出现又会使"穷者越穷，富者越富"的情形愈发显著，但一旦经济的增长到达一定的临界点时，社会资源分配的不公平就会导致社会生产积极性的降低和诸多民生问题。无论是社会生产积极性的降低还是国家民生问题的出现，都会使经济增长速度放缓或是使国家财政转移性支出增加。当财政转移性支出在财政支出中的比例不断扩大的时候，特别是在为了减少社会贫富差距和收入差距的财税政策的作用下，居民收入分配的差距势必会逐渐得到改善。

2023年，全国居民人均可支配收入39 218元，比上年名义增长6.3%，扣除价格因素，实际同比增长6.1%。分城乡看，城镇居民人均可支配收入51 821元，同比增长5.1%，扣除价格因素，实际同比增长4.8%；农村居民人均可支配收入21 691元，同比增长7.7%，扣除价格因素，实际同比增长7.6%。城镇居民可支配收入是农村的2.39倍[①]，直接反映了我国城乡的二元经济结构差距持续扩大的长期态势。这样的城乡收入差距不断扩大的现象，被大多数学者认为是我国基尼系数实际已超过国际警戒线的重要原因。

因此，当前如何缩小城乡人才收入差距，改善人才就业环境、居住环境成为社会各界关注的重点。党的二十大报告中指出，分配制度是促进共同富裕的基础性制度。坚持按劳分配为主体、多种分配方式并存，构建初次分配、再分配、第三次分配协调配套的制度体系。2023年政府工作报告强调应当推动巩固拓展脱贫攻坚成果同乡村振兴有效衔接，建立健全防止返贫动态监测和帮扶机制，有力应对疫情、灾情等不利影响，确保不发生规模性返贫。确定并集中支持160个国家乡村振兴重点帮扶县，加大对易地搬迁集中安置区等重点区域的支持力度，坚持并完善东西部协作、对口支援、定点帮扶等机制，选派用好医疗、教育"组团式"帮扶干部人才和科技特派员，推动脱贫地区加快发展和群众稳定增收。

历经改革开放40多年，我国的经济发展速度较快，城乡居民收入大幅度提高，生活水平得到了明显改善，但居民收入差距也在不断扩大，尤其是城乡二元结构下的居民收入差距过大，这成为影响我国构建和谐社会的重要因素。

---

① 2023年居民收入和消费支出情况［EB/OL］．（2024-01-17）．https：//www.stats.gov.cn/sj/zxfb/202401/t20240116_1946622.html.

因此，缩小城乡居民收入分配差距成为当前亟须解决的问题。党的二十大报告首次提出"全面建设社会主义现代化国家，最艰巨最繁重的任务仍然在农村"。坚持农业农村优先发展，坚持城乡融合发展，畅通城乡要素流动。加快建设农业强国，扎实推动乡村产业、人才、文化、生态、组织振兴。人才作为重要的发展要素之一，是实现"畅通城乡要素流动"，打破城乡二元结构、促进城乡融合的重要手段，更是实现乡村振兴的重要条件。

农业农村部印发的《全国乡村产业发展规划（2020—2025年）》中提出，乡村产业发展面临一些挑战。主要表现在以下几个方面：经济全球化的不确定性增大。新冠疫情对世界经济格局产生冲击，全球供应链调整重构，国际产业分工深度演化，对我国乡村产业链构建带来较大影响。资源要素瓶颈依然突出。资金、技术、人才向乡村流动仍有诸多障碍，资金稳定投入机制尚未建立，人才激励保障机制尚不完善，社会资本下乡动力不足。乡村网络、通信、物流等设施薄弱。发展方式较为粗放。创新能力总体不强，外延扩张特征明显。目前，农产品加工业与农业总产值比为2.3：1，远低于发达国家3.5：1的水平。农产品加工转化率为67.5%，比发达国家低近18个百分点。产业链条延伸不充分。第一产业向后端延伸不够，第二产业向两端拓展不足，第三产业向高端开发滞后，利益联系机制不健全，小而散、小而低、小而弱问题突出，乡村产业转型升级任务艰巨。

财政政策是国家制定的指导财政分配活动和处理各种财政分配关系的基本准则。它是客观存在的财政分配关系在国家意志上的反映。乡村人才振兴离不开财政的保障。通过财政手段加大均衡性转移支付力度，建立常态化财政资金直达机制，完善区域发展财力困难保障机制，能够为乡村人才振兴提高保障，缩小城乡人才收入差距。

税收政策是政府宏观调控的有效工具，自动稳定器的功能更是使得其成为改善收入分配的着力点，肩负着调节收入分配的责任。同时，税收还拥有资源配置的功能，可以有效引导城乡居民消费行为和储蓄行为、企业生产行为，提升资源配置效率，完善区域经济发展结构，发挥税收扶贫功能。我国自1994年税制改革以来，逐渐形成了以间接税为主体的税制结构。我国间接税，即货物劳务税占税收收入的比例为57.4%，由此可见，间接税占据举足轻重的作用，调节收入分配的效果更是引起广泛关注。

因此，乡村振兴离不开乡村人才振兴，乡村人才振兴离不开财税政策支持。农村人才培养可为农村新产业新业态的发展提供高质量的人力保障。提高农村劳动力技能水平，提升就业能力，拓宽就业面，提高基层工作人员待遇水平，进一步完善就业渠道有利于缩小城乡居民收入差距，进而促进乡村劳动力服务于乡村振兴。

5.3.2 "引人""育人""用人""留人"助力乡村人才振兴：以扬州市为例

江苏省扬州市通过"四位一体"的政策措施，即发挥财政金融作用"引人"、提供专业技能培训"育人"、调整资金支持方式"用人"和持续改造农村环境"留人"，全面推进乡村振兴。近三年，扬州财政投入巨资支持村集体经济发展、培育高素质农民、扶持家庭农场和农民合作社，并改善农村基础设施和公共服务环境，显著提升了农村经济和生活质量，吸引了大量新农人积极参与农村建设和发展①。

第一，发挥财政金融作用"引人"。扬州财政充分发挥财政资金和金融政策作用，积极引导新农人参与农村建设发展。针对新农人区别于传统农业从业者的特点，通过政策和资金引导新农人参与农村建设，促进集体发展。截至2023年10月，近三年内扬州财政安排发展村集体经济资金9 244万元，引导农业从业者、经营者发展多种形式规模经营，构建集约化、专业化、组织化、社会化相结合的新型经营体系，推动村集体经济收入增加。2022年全市村集体经营性收入20.8亿元，同比增长6.6%。同时，创新财政金融协同支农机制，通过贷款贴息、融资担保、担保费减半征收以及农业保险等创业融资扶持政策，引导新农人积极创业创新。全市"小微贷"已向农业生产经营主体发放贷款超5 000万元，"苏农贷"已向农业生产经营主体发放贷款超1.4亿元，累计减免担保费用超2 500万元。

第二，提供专业技能培训"育人"。建立面向农村的教育和培训体系，注重农业科技、环保、商业管理等方面的教育，为农业农村发展培育专业人才。近三年，扬州财政安排高素质农民培育资金1 782.1万元，以满足农民需求为核心，以提升培育质量效能为重点，根据乡村振兴对不同层次人才的需求，支持分层分类培育新型职业农民。既培育农业经营管理者，包括龙头企业老板、家庭农场主、农民合作社社长等，也培育种养能手和社会化服务型新农人，包括农民经纪人、农机手、植保员、防疫员等各类生产经营和技能服务人才。推动发展壮大一支爱农业、懂技术、善经营的新型职业农民队伍，带动乡村人口综合素质、生产技能和经营能力进一步提升。

---

① 扬州财政：全力支持乡村人才振兴［EB/OL］．（2023－11－09）．https：//czt.jiangsu.gov.cn/art/2023/11/9/art_77300_11071291.html.

第三，调整资金支持方式"用人"。家庭农场和农民合作社是新农人参与农业生产的重要生产经营活动形式，由于这部分群体在农业农村发展中起到了关键作用，近年来扬州财政在资金支持方向上对这部分新农人给予重点关注，充分调动他们的积极性。一方面，扬州财政改变过去单一的直接给予补助的支持方式，通过树典型、立标杆、带全面，进一步发挥示范农场和合作社的引领带动作用。对创成部、省、市级和被评定为"头雁"项目的家庭农场、农民合作社给予奖励，吸引更多人才投身家庭农场和农民合作社建设。截至 2023 年 10 月，近三年内，扬州财政共安排资金 2 917.3 万元，支持和奖补家庭农场和合作社创建。另一方面，加强引导宣传，鼓励更多行业精英投身到乡村建设中。对具有一定生产规模、经济效益和品牌效应的新农人设立开办的新型农业经营主体加大宣传推广力度，安排资金 200 万元，通过新媒体宣传、印制带有标识的包装物、举办宣传推介会等形式做好宣传推广。

第四，持续改造农村环境"留人"。积极推动农村公共服务建设，促进农村现代化，提高农村生活品质，为新农人参加农村建设打造良好生活环境，使他们安心留在农村，扎根农村。加强农村生态环境改造，支持农村户厕改造、废弃物回收处置等，建设美丽乡村，为新农人创业提供良好的自然环境。加强农村基础设施建设，近三年安排村级公益事业建设资金 7 326 万元，促进村内道路、桥梁等基础设施进一步完善，为新型经营主体的生产运输提供便利。加强农村公共服务建设，投资 11.3 亿元打造农村区域医疗卫生中心，方便农村居民就医，同时加大教育文化等公共事业投入，提升农村基本公共服务水平，促进城乡一体化均衡发展。

上述案例显示，乡村振兴需要在"引人""育人""用人""留人"各环节与财税支持政策相结合。通过财政资金和金融政策引导新农人参与农村建设，提供专业技能培训以提升农民素质，调整资金支持方式以激励新农人积极投身农业生产，持续改善农村环境以留住人才，扬州市全面推动了乡村振兴，显著提升了农村经济和生活质量。

5.4　乡村人才振兴的国际经验借鉴与参考

乡村是中国的重要组成部分。每个市区都会有乡村，而往往发展最差的就是乡村。乡村的人口流失、村落空心化、土地闲置、贫困化等一系列问题影响着整体发展。从国际发展经验来看，促进乡村人才振兴需要多方面系统性的激励政策，引导优质资源向乡村地区布局，才能从根本上解决乡村振兴的实际问题。

5.4.1　美国乡村人才振兴的经验及启示

在所得税方面，美国税法规定，资本利得可以适用较低税率。首先，农业生产者在经营中可以把农产品划入资本利得，从而获得税收减免。其次，农业生产者可灵活选择记账方法。为获得税收优惠及经营上的便利，农业生产者多采用现金记账法。在销售农产品时，在实际收到货款后才确认销售。这种记账方式有利于降低当期所得税，便于农业生产者进行资金周转。此外，如果纳税人的收入三分之二以上来自农业，纳税人就可延迟预缴税款，即无需按照季度预缴，只要在汇算清缴规定的期限之前缴纳即可。灵活的缴税方式大大减轻了农业生产者的负担。在实际生产中，农业生产者可能在某一年盈利较多，不得不适用超额高税率，从而导致该年度税收负担畸高。借助美国的"收入平均政策"，农牧场主可以按三年净收入的平均数申报个人所得税。经过平均后，农业生产者的纳税额每年大体相同，税收负担有所减轻。在金融支持方面，美国在农村地区建立起了完善的农村创业金融体系，农村信用社可免缴所得税和销售税。

5.4.2　俄罗斯乡村人才振兴的经验及启示

俄罗斯实行统一农业税的基本原则是减轻农业经营者税收负担。根据俄罗斯税法规定，对农业经营者按照纯收入的6%征收农业税，低税率极大减轻了农业经营者的负担。农业企业缴纳统一农业税后，不再缴纳利润税、增值税、财产税和统一社会税；个体农户无需缴纳个人所得税、增值税、个人财产税等。在增值税方面，标准税率为18%，农产品则以10%的低税率课税。此外，农业企业可采用现金记账法，即收到货款后才进行纳税，费用开支可在当年收入汇总中扣除，农业经营者可通过提前购买农业生产资料减少纳税。2012年，俄罗斯进一步以专门立法的方式强化了税收优惠政策，明确规定农业企业利润税无限期实行零税率政策，粮食种子、种畜等农产品可享受10%的低税率。

5.4.3　德国乡村人才振兴的经验及启示

德国是欧洲最大的经济体，农业科技水平位居世界前列。凭借良好的基础设施和科学技术，德国农业一向以高产、高效闻名。在增值税方面，德国在农产品生产、流通、服务等环节都给予农业生产者税收优惠照顾：首先，在税率方面，农产品可享受较低的税率。根据德国税法规定，农产品可适用7%的优惠税率，低于16%的一般税率和11%的基准税率。饮料、食品、农林初级产品可适用5.5%的低税率。其次，德国对农林业纳税人的进项抵扣设置了特殊规则，以固定税率与纳税人交易额相乘获得抵扣数额。采用该算法后，农林业纳税人的税收负担大大减轻，部分企业实质上已免缴增值税。在个人所得税方面，农业生产者可自由选择记账方法，从而合理减少应纳税额。德国的家庭农场也可以采取比较灵活的记账方式，由于德国的农场以家庭式农场为主，农场主普遍文化水平不高，因此难以建立起健全的账簿。德国政府为此简化了农场净所得课税方法，以平均值对家庭农场净所得进行估算，估算出的净收益大约只相当于农场实际净收益的60%。通过此种估算办法，农场需要缴纳的税款大幅减少。

5.4.4　西班牙乡村人才振兴的经验及启示

西班牙是欧洲经济较为落后的国家，农业在国民经济中的占比很大。西班牙大量出口小麦、葡萄、猪肉、橄榄油等农产品，是世界主要农产品出口国之一。为扶持农业发展，西班牙政府在各个税种上都制定了税收优惠政策。增值税方面的优惠主要包括以下三个方面：一是低税率优惠。根据西班牙税法规定，农业及畜牧业适用特别优惠税率，如畜牧产品的增值税率为7%，粮食产品，如小麦、玉米的税率为4%。二是征收制度较为灵活，农民可以自由选择缴纳方式。三是注重以税收优惠吸引资金。对购买农业机械设备等形式投资农业、畜牧业的个人或企业，政府在两年内退还全部税款，这一做法大大提升了西班牙农业的装备水平。在企业所得税方面，规模较小的农业企业可适用较低税率，创造额外就业的还可以扣除相应支出。在财产税方面，用于农业生产的土地和财产都必须征收土地税。与城市土地相比，农村土地可享受一定税收优惠。一方面，农村土地税率低于城市，且起征点高于城市；另一方面，农村土地税的计税依据是土地登记簿上标明的市场价格折半后再按相关标准扣除，此种计税方式使纳税人应纳税款大幅减少。在合作社方面，农业合作社可按20%的优惠税率缴税，并且可在该优惠税率的基础上用以后年度的利润弥补以前年度的损失。

5.4.5　日本乡村人才振兴的经验及启示

日本政府高度重视人才，为留住乡村人才创造良好的环境。1958年，日本修订《边远地区教育法》，增加对边远地区学校的支持。第一，政府补贴新建食堂、电力、饮用水等设施经费比例达到33%～55%。第二，承担学生交通费、住宿费和医疗费等。第三，建立边远地区教师专项工资制度，增加教师补贴，为教师子女上学及寄宿提供便利。第四，支持社会力量参与农村教育。针对农民个性化需求设立专业培训机构，有计划地为农民提供技能培训，从而拓宽农民职业的发展方向，不断更新农民的知识技能。日本高度重视对农村管理人才、科研人才和技术推广人才的培养，不断加大对此方面的政策倾斜力度。1961年，日本实施城乡一体化的国家年金制度。考虑到农业管理的特殊性，1971年，日本规定若农民每年从事农业生产超过60天，政府将对其补贴20%～50%的养老保险。为缓解农村老龄化问题，并吸引青年人才返回乡村就业，2006年，日本政府提出了"青年务农计划"。通过增加农村劳动力供给和培养年轻农村劳动者，提高农业生产竞争力，实现可持续发展。

5.4.6　韩国乡村人才振兴的经验及启示

第二次世界大战以后，作为新兴市场的重要经济体，韩国实现了较快的经济增长。在1962—1971年的两个五年计划中，韩国启动了以出口为导向的工业化战略，加快工业化和城市化发展速度。同时，韩国也出现了城乡发展严重失衡的问题。为扭转这一趋势，韩国政府将经济发展的重点转向城乡平衡增长。为此，韩国制定了多种扶持政策，其中也包括人才政策。首先，在建立健全农村公共服务和基础设施的"新村运动"初期，政府的工作重点是改善农村道路、房屋、灌溉设施、饮用水、公共浴室和厕所等生活基础设施。基础设施的改善使所有农民都住在砖房里，并彻底改变多户共用一口井的局面。为满足农民医疗服务需求，韩国政府以农村医疗诊所为单位向农民提供基本医疗服务和医疗咨询。农村基础设施的完善为乡村人才创造了良好的生活环境。其次，发挥金融系统的资金保障功能。成立农业协会中央委员会，组织农产品直销和农资直供，降低生产成本。政府通过农协窗口发放农村低息贷款，建立农地抵押制度，引导农民增加农业资本投资。同时，组织非正规信贷组织为农民提供信贷服务，有效解决农民资金短缺问题。出台工业反哺农业和城市支持农村的助农政策，仅1994年就制定了14项40条有关促进农渔村发展的政策措施，吸引了多数非农劳动力返乡就业。再次，自下而上激发农村内生动力。韩国"新村运动"始于政府政策推动，由政府主导。但当时韩国综合实力较弱，财力有限，单纯依靠国家资金投入难以实现乡村振兴。为此，韩国充分发挥村干部的核心作用，同时重视农民自发参与的积极性，激发农村内生动力，充分发动农民，调动其主动性，使其投入乡村建设运动中。因此，尽管韩国政策制定是自上而下的，但政策实施是自下而上的，通过口号宣传和建立"新村运动"培训学院，树立农民乐观向上、自立自强的意识形态，激发农民参与乡村振兴的热情。最后，通过建立农业协会、农业专科学校等农业技术培训机构，提高农民的农业生产技术和管理技能。

5.4.7　乡村人才振兴国际经验的启示和反思

乡村人才振兴依赖于乡村人才人力资本的积累。一方面，乡村人才人力资本的积累是乡村经济增长的源泉。现代经济发展已经不能单纯依靠自然资源和人的体力劳动，生产中必须提高体力劳动者的智力水平，增加脑力劳动者的比例，以此来代替原有的生产要素。由教育形成的人力资本在经济增长中会更多地代替其他生产要素。

当前促进我国乡村振兴还需要通过借鉴国际经验，缩小城乡人才收入的差距。在财政政策方面，第一，为留住人才创造良好的环境，优化农村公共服务，改善农村人员的住宿条件，建立健全农村公共服务和基础设施。第二，充分发挥村干部的核心作用，同时重视农民自发参与的积极性，激发农村内生动力，充分发动农民，调动他们的主动性，使其积极投入乡村建设运动中。通过建立农业协会、农业专科学校等农业技术培训机构，提升农民的农业生产技术和管理技能。第三，增加中央对边远地区学校的支持，如增加新建食堂、电力、饮用水等设施经费，承担学生交通费、住宿费和医疗费等。建立边远地区教师专项工资制度，增加教师补贴，并为教师子女上学甚至寄宿提供便利。

在税收政策方面，主要体现为减轻农业经营者税收负担。第一，农业企业缴纳统一农业税后，不再缴纳利润税、增值税、财产税和统一社会税。第二，资本利得可以适用较低税率，农业生产者在经营中可以把农产品划入资本利得，从而获得税收减免。第三，农业生产者可灵活选择记账方法，政府建立灵活的征收制度，使农民可以自由选择缴纳方式，农业企业可采用"现金记账法"，从而合理减少应纳税额。第四，在金融支持方面，在农村地区建立起完善的农村创业金融体系，农村信用社可免缴所得税和销售税。第五，农产品可享受较低的税率，在农产品生产、流通、服务等环节都给予农业生产者税收优惠照顾。

5.5　财政支持政策在促进乡村人才振兴中的实践

财税支持政策在促进乡村人才振兴中发挥了关键作用。为了更好地了解这些政策的实际效果，下面将探讨几项具体的实施策略。

5.5.1 农民工技能培训补贴：有效的人才发展策略

中共中央办公厅、国务院办公厅印发的《关于加快推进乡村人才振兴的意见》"工作原则"中提到："坚持完善机制、强化保障。深化乡村人才培养、引进、管理、使用、流动、激励等制度改革，完善人才服务乡村激励机制，让农村的机会吸引人，让农村的环境留住人。"

目前，有文献研究职业培训对农民工收入的影响。宋月萍（2015）采用第三期中国妇女社会地位调查主要数据报告中的农民工样本进行分析，结果表明职业培训可显著提升农民工工资，但不同类型的职业培训存在较大异质性：技能型培训的作用最明显，参与多次培训或职业培训的时间较长，才能对农民工工资增长带来实质性影响。张世伟（2015）依据2008年中国城乡劳动力流动调查数据，应用广义倾向分方法分析一般培训和专门培训的培训时间对农民工收入的影响。研究结果表明，一般培训和专门培训均有助于农民工收入水平的提升。随着培训时间的延长，培训时间对农民工收入的边际影响递减。农民工接受一般培训在30天以内或专门培训在120天以内，其收入水平将随着培训时间的延长而得到显著提升。开展农民工职业培训能有效提高劳动力技能水平，也是乡村人才振兴的重要手段。

农民工是乡村经济发展的主力军，应大力提高乡村农民的技能水平和就业能力，拓宽就业渠道。"授人以鱼，不如授人以渔"，为农民工开展一系列的培训尤为重要。实施促进乡村振兴的人才计划，应加快构建有文化、懂技术、善经营、会管理的高素质农民队伍。

一是拓宽培育类型。各地除培育专业生产型、技能服务型高素质农民之外，还应重点培育经营管理型高素质农民，包括新型农业经营和服务主体带头人、农业产业领军人才、创业创新带头人、农业经理人和乡村治理带头人等。

二是创新培训方式。优化组合集中学习、线上学习、实习实训、案例观摩交流等培训方式，确保培训实效。依托农业企业建立实训基地和农民田间学校，方便农民就地、就近接受培训。突出实践教学，培训教师带着农民学员到实训基地实操演练、观摩交流，在实践中提升能力水平。

三是强化政策扶持。支持高素质农民创办、领办新型农业经营主体，享受土地流转服务设施、农业用地、涉农项目和财政补贴等方面的扶持政策。指导国家农业信贷担保公司针对高素质农民开展融资担保服务，解决农民融资难、融资贵问题。

四是畅通申报通道。2019年，人力资源和社会保障部会同农业农村部印发《关于深化农业技术人员职称制度改革的指导意见》，畅通农民合作社、家庭农场、农业企业、农业社会化服务组织等生产经营主体中农业技术人员的职称申报渠道。同时，依托农业企业建立实训基地和农民田间学校，方便农民就地、就近接受培训。

另外，制定政策扶持市属技工院校开设涉农专业，有利于提升乡村人才技能水平，优化涉农专业申报和评审机制，推动涉农类专业的开发与建设，在重点特色专业申报上予以倾斜。以都市现代农业为主导，建设技工院校涉农专业群，贯通农业生产、加工流通和观赏休闲三大领域，重点打造绿色农业专业群、智慧农业专业群、休闲农业专业群。积极开办粤菜烹饪、无人机技术、生态旅游服务、数字农场等专业。推动技工院校专业布局与乡村振兴战略协同发展，打造乡村人才振兴品牌学校。根据地方乡村振兴的发展需求，结合当地技工院校涉农专业的招生、就业情况，完善涉农专业建设动态调整机制，实现涉农专业人才的精准培育。推动涉农专业师资队伍建设，在市属技工院校积极引进"土专家""田秀才""乡创客"等优秀人才，打造一支熟悉现代都市农业发展的涉农专业专兼职师资队伍。

为了更好地为农民工开展培训，应当优化财政政策扶持，减少农民工在接受培训时的资金困难问题，减少他们因培训而缩短工作时间带来的经济损失。参加培训符合条件的个人可以享受相应的培训补贴。财政补贴方式可以多样化，包括为符合培训补贴条件的市民个人先行垫付培训费，培训后向人力资源和社会保障部门申请培训补贴；定点培训机构为符合垫付规定的对象垫付培训费用或采取个人信用支付方式，培训结束后由培训机构向人力资源和社会保障部门申请培训补贴；各级公共就业训练中心先免费开展培训，再向人力资源和社会保障部门申请培训补贴。此外，对农民工就业提供就业奖补，发放就业补助，提高就业率。

5.5.2 乡村人才发展基金：人才战略的有力支柱

乡村振兴与否最重要的标志是人才人口是否向乡村回流。支持乡村人才引进，应当建立引领乡村振兴工程资金库，支持选派帮扶干部在乡村开展工作；拨付兑现高校毕业生"三支一扶"计划人员生活补助和绩效奖励，引导和鼓励高校毕业生到基层干事、创业；每年支持开展定向招收培养大学生，并给予相应的财政补助，充实乡村医生、乡村教师、乡村基层干部工作队伍；建立创新驱动专项资金，向农业科技特派员、专家大院等拨付补助资金，支持农业技术人员投身乡村振兴。继续实施农村义务教育阶段教师特岗计划、中小学幼儿园教师国家级培训计划、乡村教师生活补助政策，优先满足脱贫地区对高素质教师的补充需求。

1. "领头雁""土专家""新乡贤"，各类人才并重

"领头雁""土专家""新乡贤"对推动脱贫攻坚和乡村振兴有效衔接非常重要。具体来说，这些人才能够为乡村振兴带来实实在在的信息、技术和资金，尤其和其他类型的人才相比，这些人才做出的贡献更加"接地气"。从稳定性角度来看，"领头雁""土专家""新乡贤"不存在离土离乡的情况，从而容易保持人才队伍的稳定。对于这类人才的吸引和培育，各级政府应做好以下三个方面的工作：一是要打好"乡情牌"，以乡情作为联系人才的感情纽带，通过建立在外优秀人才信息库，健全联络服务机制，拓宽在外优秀人才服务家乡渠道。二是应该为"领头雁""土专家""新乡贤"参与乡村治理创造条件，通过严格执行乡村事务"四议两公开一监督"制度，引导"领头雁""土专家""新乡贤"主动参与乡村振兴计划和决策。三是设置专项资金，制定专项制度，为"领头雁""土专家""新乡贤"的进一步成长、成才提供便利，以此增强乡村对他们的吸引力。

目前，许多地方实施"领头雁"计划取得了较好的成果。以重庆市为例，重庆市着眼于"引得进""留得住""用得好"，让愿意下乡创业的人有热情、有舞台、有奔头。数据显示，截至2021年，全市有农村实用人才50万余人、高素质农民28万余人，培育农村致富带头人1万人，认定2 000人，涵盖教师、医生、高校毕业生、企业家、军人等。2022年，重庆启动农民教育"4322"工程，即每年培育400名乡村振兴"领头雁"、实施高素质农民学历提升300人、认定农村致富带头人2 000人、培育高素质农民2万人，为乡村全面振兴组建"生力军"。

2017年以来，共青团广东省委先后联合多家单位实施广东省"领头雁"农村青年人才培养计划，累计投入1 500余万元。通过广泛选拔、精准培养、跟踪孵化，建立起300多个人才生态圈微信群、30多个电商服务平台，累计发放近10亿元农村青年创业小额贷款，带动2万户贫困户发展生产和近6万名农村青年就业。在广东，8万多名"领头雁"带领乡亲们创业致富，为乡村振兴注入活水；成千上万名青年前赴后继地帮扶乡村青少年，托起祖国未来的希望。

"领头雁"取得的成功离不开财政资金的支持。在财政方面，应该积极推荐符合条件的"领头雁"个人或企业申报国家级专精特新"小巨人"企业，争取中央资金支持。对国家级专精特新"小巨人"企业，省财政还将在有效

期内每年按照不超过其设备、软件实际投资的30%给予补助，补助额度最高可达500万元。支持"领头雁"个人带动中小企业公共服务平台建设，为"专精特新"中小企业提供更好服务。通过培育一批在细分领域具有竞争力的中小企业，与"领头雁"企业协同创新、协作配套，支撑产业链补链、延链、固链，促进形成大企业"顶天立地"、小企业"铺天盖地"的发展格局。同时，还将在坚持创新引领、持续优化服务、加强绩效管理等方面提高资金使用效益，助力产业发展。

2. 广泛吸纳外部人才，强化财政补贴

当前乡村振兴的重点地区多半是偏远贫困地区，这些地区由于历史、文化、地理等因素的影响，经济发展、公共服务、教育、医疗、卫生水平等方面相对落后，需要多渠道、多方位提供外来人才支持，助力脱贫攻坚、乡村振兴。

通过"三支一扶"计划选拔的优秀高校毕业生，学历层次高，专业知识丰富，年龄普遍较小。通过"三支一扶"下沉到乡村工作的青年人，广泛分布在乡镇机关、村级组织和教育、农技、医疗、畜牧等各类基层服务岗位上，能够优化基层部门的年龄和学历结构，提高基层组织队伍的整体素质，在一定程度上缓解了农村人才匮乏的问题。在疫情防控期间，参与基层工作的"三支一扶"人员，特别是支医岗位人员为基层疫情防控做出了巨大的贡献，降低了基层弱势地区疫情蔓延的风险。此外，通过创新"三支一扶"计划招募选拔方式，优化量化测评系统，将"本地生源"作为分值较高的评分项，拓宽本土人才回流渠道。通过吸引在外就业的本地青壮年劳动力归巢创业，可以补齐乡村发展的人才短板，也能给基层组织带来新理念、新方法和新技术。只有广大青年身体力行地服务乡村振兴等国家战略，才能让乡村振兴的一池春水真正活起来。

积极引入高校毕业生"三支一扶"项目，实施"万名大学生服务乡村计划"，支持大学生毕业后到农村基层从事支农、支教、支医和扶贫工作。建立引领乡村振兴工程资金库，支持选派帮扶干部在村开展工作；拨付兑现"三支一扶"人员生活补助和绩效奖励，引导和鼓励高校毕业生到基层干事创业；每年招收定向培养医学生，财政发放一定的补助，充实村医工作队伍；从市级创新驱动专项资金中拨付农业科技特派员、专家大院等补助资金，支持农业技术人员投身乡村振兴。

以教师队伍建设为例，从几个方面出发全面落实教师工资待遇保障。如广东省财政厅印发了《关于进一步做好工资津补贴保障工作的通知》，明确将保障教师待遇放在预算保障顺序的第一位。2020 年，广东省财政厅、省教育厅、省人力资源和社会保障厅联合印发《关于进一步加强义务教育教师工资经费保障工作的紧急通知》，要求全省高度重视义务教育教师工资待遇保障工作，严禁挤占、挪用义务教育教师工资保障经费和教育经费，确保义务教育教师平均工资收入水平不低于当地公务员平均工资水平。广东省财政下达各地进行财力性转移支付，全力支持基层，保基本民生、保工资、保运转。引导落实乡村教师生活补助。将各地差别化待遇落实情况列入省对下教育综合奖补资金分配主要因素，引导地级以上市将生活补助政策落实到位。集中对特困县乡村教师发放生活补助。高额奖励优秀乡村教师。对扎根乡村精心教书、潜心育人的优秀教师给予奖励，每年奖励优秀乡村教师，对乡村学校从教年限较长的优秀教师给予奖励。

3. 财政并举，培养新型、复合型基层管理人才

乡村振兴，人才先行。在全面推进乡村振兴的过程中，产业要靠人才来发展，文化要靠人才来振兴，生态要靠人才来美化，组织要靠人才来强健。在脱贫攻坚工作中，人才起到了关键作用。人才到乡村开展脱贫攻坚工作，使我国的脱贫攻坚工作取得前所未有的成就，让我们经历了"人才参与、人才带动"的过程，深刻感受到人才的重要性。人才是推动乡村振兴非常宝贵的资源，是引领乡村发展的不竭动力，只有牢牢把握这一关键性因素，才能给乡村振兴插上智慧的"翅膀"。只有重视人才，才能全面推进乡村振兴战略。

实现乡村振兴，需要加强基层党组织的建设力度，发挥基层党组织的带头作用。在党支部的选人用人上，要下足功夫，选出想干事、会干事的党员担任支部书记、委员，激发他们干事的热情，并通过基层党建增强支部的凝聚力，广泛发动广大党员群众积极参与本村的各项工作，让"产业兴旺、生态宜居、乡风文明、治理有效、生活富裕"逐步成为现实。

5.5.3 城乡社会保障体系的整合：吸引劳动力回流的策略

1. 劳动力流动促进乡村经济社会发展

目前，许多农民离开农村前往沿海城市工作，但是随着产业调整升级，一部分工厂倒闭，大量农村劳动力闲置下来，进而回流到农村。乡村振兴，关键在人、关键在干。"游燕"归乡，带动资金、技术等生产要素重组，可以为乡村振兴迎来充满活力的新局面。许多农民凭借着多年在沿海地区务工的经验，形成了新思路，带来了新动力。

回流的劳动力在城市的就业经历使其有更多接受职业培训和提升技术、能力的机会，迁移增强了他们的社会网络和商贸渠道，外出迁移劳动者的经济财富积累使得他们有更大的投资能力。这些有助于其在返乡后实现生产方式的转变，更加倾向非农就业，也更有利于其在乡村实现自主创业。这使他们在迁移过程中的人力资本积累转而在回流迁移中构成了对人口流出地区人力资本的补偿，有利于促进农业生产活动的服务业发展，推动非农经济的发展，反映出劳动力回流迁移对农村地区实现经济发展和经济结构变化带来的积极作用。

2. 统一城乡社会保障体系，为乡村人才提供保障

劳动力回流之后，能否留住劳动力是乡村能否持续发展的关键。我国长期以来，城镇和农村两套不同的社会保障体系一直并存，因而在实施过程中一直存在着不一样的社会保障标准，具有明显的不公平性和不合理性，影响着乡村人才的回流返乡。随着城镇居民社会养老保险制度和新型农村社会养老保险制度（简称"新农保"）的逐步统一，社会养老保险将率先实现城乡一体化，为城乡社会保障体系的统一打下坚实基础。事实上，制约劳动力回流的另一个重要因素是我国社会保障体系中的医疗保险制度。根据西方的经济学理论，居民收入可以用来满足三种基本动机：消费动机、预防动机和投资动机。一般而言，不管是城镇还是农村，家庭的收入首要都是满足消费动机。结合马斯洛需求层次理论，人只有在满足了生理需要之后，才能依次满足安全需要、社交需要、尊重需要和尝试自我价值的实现。因此，在农村家庭的收入水平要远远低于城镇家庭的现实情况下，农村居民的支出主要花费在日常生活上。然而，一旦农村居民不幸发生意外或染上重大疾病，就不得不将原本为了满足消费动机的收入花费在医疗上，从而降低生活水平。因此，统一城乡社会保障体系是缩小城乡人才收入差距的一项必要补充措施，是鼓励返乡农民创造美好生活的保护伞。只有当农村居民不需要过多地在医疗等社会保障上浪费太多金钱的时候，城乡居民才算是站到了同一起跑线上，为生活奋斗。而这一点，恰好就是城乡一体化下我国居民的权利要求体现。

5.6 税收支持政策在促进乡村人才振兴中的实践

实现乡村振兴，政府不仅要制定切合实际的战略和政策，而且要通过征税获取财政收入，为提供公共服务、满足社会公共需要和履行公共职能提供资金支持。在市场经济条件下，市场主体的逐利性导致其只会将有限资源投向非农业农村领域，阻碍乡村振兴。因此，乡村振兴，一方面需要政府财政资金的大量"输血"；另一方面需要政府从税收政策等各方面给予扶持，引导社会资金、技术、人才等各种资源向乡村振兴聚集。乡村振兴需要各界帮助农业、农村积极"造血"，更需要政府通过税收政策来支持乡村人才的发展。

5.6.1 拓展所得税与增值税税收优惠范围：减轻农业经营者税收负担

1. 构建城乡与工农商相统一的税收体系

取消农业税以来，农民负担减轻，但并没有解决其收入偏低问题。城乡居民收入差距还呈现进一步拉大趋势，城乡二元体制及工农业产品"剪刀差"并没有根本改变。取消农业税，农民只是在农业生产环节获得了实惠，在农产品流通、农业生产资料购买等环节不同程度地承担了增值税、营业税、建设税等"暗税"。我国可借鉴发达国家的经验，遵循税制一体化的原则建立城乡、工农商统一的税收体系，对涉农税收给予特别的优惠和减免政策，以保护农业、提高农业生产和投资收益，推动乡村振兴。

2. 发挥税收在乡村振兴中的导向作用

充分运用税收"杠杆效应"，发挥其在调节农产品进出口贸易、引导社会资金技术人才聚集、加强农民社会保障及养老支持、打造"一村一品"乡村文化等方面的积极作用，形成税收助力乡村振兴的聚合效应。同时，通过科学的税收政策设计来规避乡村振兴过程中可能出现的环境污染、资源浪费等负面效应。

对于个人开办从事农业生产的企业，以"公司＋农户"经营模式从事农业、林业、牧业、渔业项目，可以享受减免企业所得税优惠政策。对于从事个人创业的农民、开办的农业个体工商户，可以免征所得税，如以下项目从业者均可享受该类税收优惠：从事蔬菜、谷物、薯类、油料、豆类、棉花、麻类、糖料、水果、坚果的种植；农作物新品种的选育；中药材的种植；林木的培育和种植；牲畜、家禽的饲养；林产品的采集；灌溉、农产品初加工、兽医、农技推广、农机作业和维修等农业、林业、牧业、渔业服务业项目；远洋捕捞。对于部分项目，还可以减半征收企业所得税，该类项目包括：从事花卉、茶以及其他饮料作物和香料作物的种植；海水养殖、内陆养殖。

在增值税方面，农业生产企业购进农民专业合作社销售的免税农产品可以抵扣进项税额。纳税人购进农产品允许按照农产品收购发票或销售发票上注明的农产品买价和9%的扣除率抵扣进项税额；其中，购进用于生产或委托加工13%税率货物的农产品，按照农产品收购发票或销售发票上注明的农产品买价和10%的扣除率抵扣进项税额。农民专业合作社与本社成员签订的涉农购销合同免征印花税；农民专业合作社与本社成员签订的农业产品和农业生产资料购销合同免征印花税。

3. 适当促进农村第一、二、三产业就地融合

一是扩大税收优惠政策覆盖范围。从支持初级种养向精深加工、销售环节延伸，对农业合作组织，农产品深加工、种养加工销售一体企业等新型农业经营主体实行增值税和所得税优惠。

二是制定支持乡村休闲旅游的税收政策。对乡村旅游基础设施建设环节中的耕地占用税、契税、印花税等税收进行减免。借鉴企业所得税项目投资抵免和定期减免政策，对乡村休闲旅游收入实行税收减免，对乡村文化产品实行低税或免税政策。

三是鼓励社会资本投入乡村产业，降低融资成本。对金融机构向农产品精深加工、仓储保鲜、冷链物流、乡村休闲旅游、乡村康养企业发放贷款利息收入减免所得税。给予金融机构涉农贷款增量税收优惠政策，鼓励金融机构不断创新金融产品和服务方式，拓展贷款担保抵押的范围和品种，降低龙头企业和农户的融资成本。

4. 优化调整现行税收扶持政策

一是提升直接税比例。降低间接税所占比例，实现由农产品生产、加工、经营的流转税制向收入分配、财产积累调整的直接税制转变。

二是改革农产品增值税征收模式。建议对初级农产品取消免税政策，采用"即征即退"或"先征后返"方式予以支持。同时，取消农产品收购发票，改用普通发票作为扣税凭证。这样，一方面，可以完善增值税链条机制，减少控管风险；另一方面，可以增加广大农业生产主体的税"感"。

三是对农业、农民实行精准扶持。改"暗补"为"明补"，对农户购入农用机械、种子、化肥等生产资料，凭发票实行增值税退税。

四是推进社会保险制度改革。合并城镇、农村居民社会保险两套制度，加快推行社会保险费改税，提高社保资金来源的稳定性，确保乡村居民老有所养。

5.6.2　个人所得税优惠政策：激励研发型人才的动力

一是鼓励人才进乡村。对乡村引进管理型、研发型人才所产生的人力资本支出给予个人所得税税前扣除，对农村扶贫的援助人员予以免征。对回乡自主

创业兴办实体的人员，在房产税、企业所得税等税种上予以税收优惠。支持职业技术院校培养乡村文化传承人，提高乡村文化传承人税收优惠待遇。

二是加大定向优惠力度。对在农村从事互联网、大数据、云平台等新兴产业的人员，以及"生产基地＋加工企业＋商超销售"等新模式从业人员，提高个人所得税六项附加扣除标准。对在乡村从事讲学、技术服务和指导等人员取得的劳务报酬，免征个人所得税。鼓励优秀专业人员以技术指导和兼职等方式参与乡村产业研发与技术服务，弥补人才短板。对到乡村从事旅游开发、服务创新、产业创新、创意创新的旅游服务人才给予所得税减免。

5.6.3 强化税收宣传：提升乡村人才的税收认知水平

1. 扩大乡村税收优惠政策宣传

农民不知税、不懂税是当前农村的普遍现象。我国取消农业税后，普通农户与税收的接触进一步减少，加上缺乏宣传，在调查中农户被问及税收优惠情况时均表示"不存在税收问题"。农业生产者需要提前了解税收优惠政策，才能使政策落地，各项税收优惠政策才能发挥实实在在的作用。其具体措施如下：

一是扩大宣传途径。税务机关要开通纳税服务热线，安排熟悉农业税收优惠政策的工作人员予以解答，并通过微信公众号、微博等方式宣传优惠政策。

二是定期到农村举办税收优惠讲座、座谈会等，加强与农户的互动。

三是定期开展实际调研，了解实践中存在的真实问题，解决农民的实际困难，提高农村农户的税收认知水平。相关地方税务人员可以前往种植基地，了解农作物的种植、销售情况，为农户送上最新、最全的税收政策宣传手册。同时结合种植基地的经营实际，现场讲解应享税收优惠政策和智慧办税便民举措，征询其对税务机关便民办税工作的意见建议。税务部门重视对乡村企业带头人宣传税收政策，再加上各项税收优惠政策的支持，企业一定能蓬勃发展。

2. 优化乡村税收优惠政策宣传服务

一是深化"放管服"改革。加快税收业务融合，优化征管流程、简化审批流程、减少涉税资料报送。简化涉农税务登记、涉税信息报送及税收征管流程，积极协调乡镇邮政点代开发票，同时在办税服务厅为农户开通绿色通道，为涉农纳税人提供便利。在税务登记、发票领用、税收征管等环节为涉农企业提供个性化服务和专项支持。

二是构建税收宣传大格局。税务部门联合市场监管、金融保险、招商等部门，加强对新型农业经营主体和农民个人税收优惠政策的宣传和培训，增强他们运用税收优惠政策服务自身发展的动力和能力。

5.6.4 优化农业生产者的记账方法：探讨提高税收便利性的策略

农业生产者主要从事农业生产活动，对农户创办的企业财务制度、记账方法还存在很多知识盲区，因此，对农户企业要因地制宜，设立更加灵活的记账方法。例如，采用现金记账法。农业企业收到货款后才进行纳税，费用开支可在当年收入汇总中扣除，农业生产者可通过提前购买农业生产资料减少纳税。如果纳税人的收入大部分来自农业，那么纳税人可延迟预缴税款，即无须按照季度预缴，只要在汇算清缴规定的期限之前缴纳即可，灵活的缴税方式可以大大减轻农业生产者的负担。

5.6.5 实施退役军人返乡政策：开拓乡村人才振兴的宝贵资源

退役军人投身乡村振兴，既是响应国家号召、投身国家战略的具体体现，也是扎根干事创业、实现人生价值的重要途径，有助于推动农村基层社会治理现代化能力提升，有助于推动农业、农村经济更快、更好发展，有助于推动乡村国防动员能力进一步强化。当前，应当充分发挥退役军人这支宝贵人力人才资源的作用，促进更多退役军人投身乡村振兴，为全面推进乡村振兴和加快农业、农村现代化，推动实现民族复兴贡献力量。对于符合条件的返乡创业退役军人，按规定纳入创业扶持政策范围。对于符合条件的返乡入乡创业企业，提供创业担保贷款贴息支持。充分发挥农产品产地冷藏保鲜设施建设、农业产业融合发展等项目的示范引领作用，引导、鼓励退役军人参与。返乡入乡退役军人从事个体经营或乡村企业招用退役军人，可按规定享受税收优惠政策。退役军人在乡村创办中小微企业，吸纳就业困难人员，并为其缴纳社会保险费的，应按规定给予企业社会保险补贴。

6 乡村文化振兴的财税驱动与策略选择

针对"如何振兴"和"建设什么样的乡村"的问题，习近平总书记高度概括地提出了乡村振兴战略的内涵和目标，指出："乡村振兴，既要塑形，也要铸魂。"乡村振兴不仅是经济振兴，更要进行乡村文化的重建和复兴。乡村文化振兴是乡村振兴战略的重点工程。

党的十九大、二十大以来，党中央围绕乡村振兴战略做出了一系列重大部署，出台了一系列政策举措，其中文化振兴问题一直是各项决策部署的重要构成。2017年12月29日召开的中央乡村工作会议，提出了实施乡村振兴战略的目标任务和基本原则，强调要走乡村文化兴盛之路，坚持物质文明和精神文明一齐抓。2018年1月2日，中共中央、国务院发布年度一号文件《关于实施乡村振兴战略的意见》，专门就"繁荣兴盛农村文化，焕发乡风文明新气象"做出了详细部署，指出要"立足乡村文明，吸取城市文明及外来文化优秀成果，在保护传承的基础上，创造性转化、创新性发展，不断赋予时代内涵、丰富表现形式。切实保护好优秀农耕文化遗产，推动优秀农耕文化遗产合理适度利用"。同年9月26日，中共中央、国务院印发了《乡村振兴战略规划（2018—2022年）》，其中第七篇专门就"繁荣发展乡村文化"做出了战略部署，提出要"培育文明乡风、良好家风、淳朴民风，推动乡村文化振兴，建设邻里守望、诚信重礼、勤俭节约的文明乡村"。2021年1月4日，中央一号文件《关于全面推进乡村振兴加快农业农村现代化的意见》发布，强调要"深入挖掘、继承创新优秀传统乡土文化，把保护传承和开发利用结合起来，赋予中华农耕文明新的时代内涵"。党中央为我们擘画了乡村文化建设的宏伟蓝图，要求立足新发展阶段、贯彻新发展理念、构建新发展格局，坚持走习近平新时代中国特色社会主义乡村振兴道路，不断加大对乡村振兴战略视阈下文化振兴问题的探究。与此同时，乡村文化振兴事业具有明显的外部性和公共产品属性或准公共产品属性，如公共文化产品或服务，因此，政府有必要进行一定的介入，对市场失灵的领域进行必要的干预。财税政策作为国家调控的有利手段，对促进乡村文化振兴有举足轻重的作用。

6.1 乡村振兴与乡村文化振兴概述

培育文明乡风，推进乡村文化建设，实现乡村文化振兴，是全面实施乡村振兴战略的重要目标任务。推进乡村文化振兴，可以满足农民精神层面的需求，为全面实施乡村振兴战略提供了强大精神动力（罗嗣亮，2021）。

6.1.1 乡村文化与乡村文化建设

乡村文化是乡村居民在其常年的农业生产、生活实践过程中形成，并不断发展的具有区域特点的风俗习惯、道德标准、居民情感、行为准则、理想追求，是非标准的精神文明的总和。乡村文化建设是维持乡村社会秩序的重要力量。从某种意义来说，乡村文化是某一村落的乡村居民独特的生命个体形式的社会背景知识的体现，所呈现出来的是乡村居民独特的人际交往方式。与此同时，也给乡村居民在现实生活过程中表现出的行为选择模式和逻辑思维能力提供了相应的认知条件。乡村居民作为农业发展的主体，由于与同一区域下的乡村居民共同生长，会形成相近的行为规范、生活观念、表达方式，从而形成独具特色的乡村文化体系，这一体系是形成独特乡村文化的重要条件。乡村文化是中国特色社会主义文化的要素和体现，同时还是新时代乡村文化建设的先导和灵魂。

乡村文化建设是为了让乡村居民的生产和生活方式、文化心理和思想情感与现代化社会相融合、相衔接。乡村文化建设必须依靠乡村社会本身，依靠农民主体的主动参与，提高乡村居民参与的积极性，才能扭转乡村发展的态势，也才能由此塑造出拥有内在发展活力，且能够适应现代社会的乡村文化，从而为生活在乡村的居民提供精神养料。乡村文化建设的基本要求是把乡村社会中的优秀文化在传承、弘扬、创新的基础上，与现代文明深度融合发展。这才是新时代乡村文化建设所需要的环境。因此，乡村文化建设就是对传统文化和现代文化进行融合、创新、发展的过程。传统文化资源的保护利用是我们必须注意的问题。在人们长期的生产、生活过程中，具有自身特色的村落建筑、民风民俗、自然环境共同形成了乡村文化的资源，丰富的传统文化资源让乡村形成了不同于城市的独特文化形式，从而成为中华文化的重要部分。促进乡村文化建设必须重视对乡村传统文化资源的保护和利用，将新时代的中国发展需要与之相结合，让乡村的传统文化价值得到新的提升，从而传承和发扬中华优秀传统文化。新时期加强精神文明建设的内涵要求比以往更为丰富，愈发重视社会主义理想信念宣传教育、核心价值观培育践行和中华优秀传统文化传承弘扬工作，并继续坚持物质文明和精神文明一起抓，改善农民精神风貌，不断提高乡村社会文明程度（李少惠、赵军义，2019）。

6.1.2 乡村振兴战略与乡村文化振兴

乡村振兴战略的提出，给乡村的发展建设带来了有目共睹的新机遇。实施乡村振兴战略的过程中，资本和高科技等元素迅速进入，开阔了农民视野，带来了生活便利，打破乡村故步自封的局面，但乡村对先进文化的接受度还不够。人们普遍认为乡村振兴应当大力发展乡村经济，建设现代化的乡村设施服务；认为农耕文明是落后生产、生活方式的象征，应当走城市化发展道路，甚至认为快速实现现代化才是必然，乡村成为城市才是振兴的最终目标。这显然忽视了乡村的客观现实和农民的根本诉求，农民的精神需求得不到满足，乡村文化建设需要进一步推进。习近平总书记曾经用"乡愁"来阐释乡村文化建设的价值，"乡愁"所指便是无论经济社会如何发展，都不能忽略传统文化和乡村精神内核。激活乡村活力，重现乡村文化价值，满足农民文化需求，唤醒农民文化自觉，是实施乡村振兴战略的重中之重。

2018 年 9 月 21 日，习近平总书记在十九届中央政治局第八次集体学习时做出重要指示："乡村振兴是包括产业振兴、人才振兴、人才振兴、文化振兴、组织振兴的全面振兴，是'五位一体'总体布局、'四个全面'战略布局在'三农'工作的体现。我们要统筹推进农村经济建设、政治建设、文化建设、社会建设、生态文明建设和党的建设，促进农业全面升级、农村全面进步、农民全面发展。"乡村文化振兴就是要对乡村的文化教育、文化公共设施、文化元素、文化产业、文化习俗等进行振兴。在振兴过程中，理解乡村，尊重农民，不能盲目地为了现代化建设而忽略乡村和农民的真实感受。乡村文化振兴是乡村振兴的"根"与"魂"，要全面贯彻落实习近平总书记的相关指示要求，立足乡村实际，着眼乡村长远发展，齐抓共管做好乡村文化振兴这篇大文章。乡村文化振兴是一场长期和复杂的伟大斗争，是一项需要建设的利国利民的伟大工程，是一项需要推进的功在当代、利在千秋的伟大事业，是实现伟大中国梦的思想保障和智力支持。乡村文化振兴不是只追求单一的经济发展，而是要促进经济与社会文化发展的良性互动，实现乡村的全面振兴（龙文军等，2019）。2018 年 3 月 8 日，习近平总书记在参加十三届全国人大一次会议山东代表团审议时强调："要推动乡村文化振兴，加强农村思想道德建设和公共文化建设，以社会主义核心价值观为引领，深入挖掘优秀传统农耕文化蕴含的思想观念、人文精神、道德规范，培育挖掘乡土文化人才，弘扬主旋律和社会正气，培育文明乡风、良好家风、淳朴民风，改善农民精神风貌，提高乡村社会文明程度，焕发乡村文明新气象。"可见，乡村文化振兴在乡村振兴战略中具有特殊地位，并发挥着重要作用，是乡村振兴的智慧源泉和内在动力，对五大振兴具有引领和推动作用。

乡村文化振兴为乡村产业振兴增加着文化附加值，为乡村人才振兴培育着智慧土壤，为乡村生态振兴提供着智慧保障，为乡村组织振兴提供着新的方向。同时，乡村文化振兴有助于乡村发展理念的根本转变，有助于农民主体地位的巩固，有助于农民精神文化生活的丰富，有助于乡村文化服务的补给，有助于乡村产业结构升级。乡村文化振兴既是乡村振兴的有机组成部分，更是乡村振兴的思想文化基础和力量源泉。

6.2　财税支持政策促进乡村文化振兴的机理分析

在我国的宏观经济体制中，财税政策一直以来都是调控经济的重要手段之一，不仅具有稳定、调节经济的作用，而且在促进各领域协调发展方面也极具现实意义。厘清财税支持政策促进乡村文化振兴的内在逻辑，有利于明确利用财税支持政策促进乡村文化振兴的机理。

6.2.1　财政支持政策促进乡村文化振兴的机理分析

乡村文化振兴是促进乡村全面发展的重要任务之一。财政支持政策作为国家经济管理的重要手段，具有推动乡村文化振兴的重要作用。运用公共物品作用机制、外部性作用机制、利益相关者作用机制及竞争优势作用机制等，可以详细分析财政支持政策如何促进乡村文化振兴。

1. 公共物品理论作用机制

公共物品理论提供了解释财政支持政策如何促进乡村文化振兴的重要机制。

财政支持政策可以通过资金投入等方式支持乡村文化建设项目，提供公共物品。政府可以提供资金支持，用于修建和维护乡村文化设施，使其成为乡村居民和游客共享的公共资源。同时，政府可以鼓励私人投资者参与乡村文化建设项目，促进乡村文化的多元化发展。

（1）非竞争性供给。根据公共物品理论，公共物品的特点是其供给于一个人并不会减少其他人的使用机会。在乡村文化振兴过程中，很多文化建设项目具有公共物品的属性，例如乡村剧场、图书馆、博物馆等。财政支持政策通过资金投入等方式，支持乡村文化建设项目的供给。政府提供资金支持，用于修建和维护乡村文化设施，使其成为乡村居民和游客共享的公共资源。同时可鼓励私人投资者参与乡村文化建设项目，扩大乡村文化的供给范围。

（2）非排他性使用。公共物品的另一个特点是其使用是非排他性的，即一个人的使用并不会阻止其他人行使使用权。在乡村文化振兴中，乡村文化设施对于所有居民和游客来说都是开放的。财政支持政策通过公共投资，降低乡村文化设施的使用门槛或提供免费入场，确保所有居民和游客都能够平等地享受乡村文化设施的服务。

（3）市场失灵纠正。在乡村文化振兴过程中，私人投资者可能不愿意承担全部风险，导致市场对乡村文化的供给不足。公共物品理论指出，由于公共物品的非竞争性和非排他性特征，单纯依靠市场机制无法有效提供充足的公共物品和满足社会需求。财政支持政策通过资金投入，可纠正市场失灵问题，提供公共物品，填补市场缺失的文化设施和服务供给。同时可鼓励私人投资者参与乡村文化建设项目，提升乡村文化的质量和规模。

通过以上机制，公共物品理论解释了财政支持政策如何通过支持乡村文化建设项目的方式促进乡村文化振兴。政府通过资金投入等手段提供公共物品，降低其使用门槛，纠正市场失灵问题，以推动乡村文化的发展和提升。这些举措有助于增加乡村文化的可及性，提高乡村居民的文化素质，进而推动乡村社区的发展和居民生活的改善。

2. 外部性理论作用机制

外部性理论提供了解释财政支持政策如何促进乡村文化振兴的另一个重要机制。外部性理论指出，文化活动和文化产业的发展对整个社会产生了正面的外部效应。乡村文化建设项目的兴起和发展，不仅为当地居民提供了丰富的文化体验，还能够吸引游客、促进就业和创造经济增长。此外，财政支持政策还可以通过规范和引导的方式，纠正乡村文化发展所带来的负向外部性的影响。财政支持政策可以通过资金投入等方式，弥补乡村文化建设项目所产生的外部效应。政府可以提供资金支持，用于改善乡村文化设施的质量和数量，提升文化活动的水平和规模。同时，政府可以鼓励私人投资者参与乡村文化产业，促进乡村经济的发展。

（1）正向外部性。外部性理论指出，某些经济活动的效益或成本会波及不直接参与该活动的第三方，形成正向外部性。在乡村文化振兴中，文化建设项目的开展和发展会产生正向外部性，为整个乡村社区带来积极的影响。财政支持政策通过资金投入等方式，支持乡村文化建设项目的发展。这些项目包括乡村剧场、艺术展览、文化节庆等，它们不仅提供了文化娱乐和艺术体验，还吸引了游客，促进了旅游业发展，带动了相关产业的繁荣。这些正向外部性效应通过财政支持政策得以实现，为乡村社区带来了经济增长和社会发展的机会。

（2）负向外部性的纠正。外部性理论还指出，某些经济活动会对周围环境或其他个体产生负面影响，形成负向外部性。在乡村文化振兴中，一些文化建设项目可能对环境、社会和居民的福利产生负面影响。财政支持政策可以通过规范和引导的方式，纠正负向外部性的影响。政府可以设立相应的法律法规和监管机制，确保乡村文化建设项目符合环境保护、文化保护和社会公平等方面的要求。此外，政府还可以通过制定和实施相应的补偿措施，对那些因乡村文化建设项目受到负面影响的个体进行补偿，以提高整体社会福利。

（3）社会效益最大化。外部性理论强调，通过合适的政策干预，可以实现社会效益的最大化。在乡村文化振兴中，财政支持政策的目标是通过支持乡村文化建设项目，提高公共服务水平，引入社会资本等方式，实现乡村社区的整体发展和居民福祉的提升。财政支持政策下的乡村文化建设项目不仅为居民提供了文化体验和艺术享受，还促进了社区的凝聚力和社会资本的形成，改善了居民的生活质量。财政支持政策的干预能够有效地引导乡村文化发展，使其产生更大的社会效益。

所以，外部性理论可以解释财政支持政策如何通过支持乡村文化建设项目、提高公共服务水平、引入社会资本等方式促进乡村文化振兴的机制。这些政策干预能够使社会效益最大化，实现乡村文化的可持续发展和居民文化生活质量的提升。

3. 利益相关者理论作用机制

利益相关者理论是一种分析政策制定和实施过程中各方利益和影响力的理论框架。在财政支持政策促进乡村文化振兴的背景下，利益相关者理论可以帮助理解财政支持政策如何通过各种方式促进乡村文化振兴，并解释其中的机制。

（1）利益相关者分析。利益相关者理论强调政策制定过程中各方的利益和影响力。在乡村文化振兴中，可能涉及政府部门、乡村居民、文化机构、旅游业从业者等多个利益相关者。利益相关者理论帮助分析各方的利益诉求、权利关系和互动模式，从而使决策者更好地理解他们在乡村文化振兴中的作用和影响。

（2）利益协调和合作。利益相关者理论强调利益相关者之间的互动和合作。在乡村文化振兴中，财政支持政策可以通过支持乡村文化建设项目、提供经费支持、建立合作机制等方式，吸引各方参与和合作。政府、文化机构和居民等利益相关者可以共同努力，形成合作伙伴关系，共同推动乡村文化振兴的实施。

（3）利益权衡和平衡。利益相关者理论提醒我们在制定财政支持政策时需要进行利益权衡和平衡。不同利益相关者可能有不同的利益和诉求，政府需要在制定政策时考虑各方的利益，尽量实现多方共赢。在乡村文化振兴中，政府可以通过尽量平衡各方的利益，鼓励更多人投资和参与，推动乡村文化事业的发展。

（4）利益表达和沟通。利益相关者理论强调利益相关者之间的信息传递和沟通。在乡村文化振兴中，政府可以通过财政支持政策来向各方传递政策意图和目标，激发他们的参与和支持。同时，政府也可以借助利益相关者的反馈和意见，不断优化和调整政策，以更好地满足各方的需求和期望。

总的来说，利益相关者理论可以解释财政支持政策如何通过分析各方利益和影响力、协调合作、权衡平衡和沟通交流的方式，促进乡村文化振兴。通过理解和应用利益相关者理论，政府可以更好地制定和实施财政支持政策，确保各方利益得到平衡，推动乡村文化振兴的可持续发展。

4. 竞争优势理论作用机制

竞争优势理论是经济学中的一个重要理论框架，用于解释产业和地区之间的竞争力差异和优势形成的原因。在财政支持政策促进乡村文化振兴的背景下，竞争优势理论可以帮助理解财政支持政策如何促进乡村文化振兴的机制。

（1）资源优势。竞争优势理论强调资源的重要性。乡村地区可能拥有独特的文化资源，如历史遗产、传统工艺、自然风光等。财政支持政策可以通过提供经济支持、补贴、资金投入等方式，帮助乡村地区充分发掘和利用这些资源，形成乡村文化的竞争优势。

（2）创新能力。竞争优势理论强调创新对于竞争力的重要性。财政支持政策可以通过支持创新性的文化项目、鼓励文化创意产业发展等方式，激发乡村地区的创新能力。政府可以通过财政支持政策提供资金、技术支持和培训等资源，帮助乡村地区培养创新人才和创业环境，提高其在乡村文化领域的竞争力。

（3）市场机制。竞争优势理论认为市场机制对于优势的形成和发展至关重要。财政支持政策可以通过改善市场环境、扶持文化产业等方式，促进乡村文化的市场化发展。政府可以通过提供税收优惠、减少行政壁垒等措施，鼓励文化企业和从业者在乡村地区投资和创业，推动乡村文化的市场竞争力提升。

（4）合作优势。竞争优势理论也强调合作对于竞争力的重要性。在乡村文化振兴中，政府可以通过建立合作平台，促进文化机构、企业和社区的合作，形成乡村文化的合作优势。政府可以提供资金支持、组织合作项目、推动跨部门和跨行业的合作，促进资源共享、互补优势，提高乡村文化的整体竞争力。

总而言之，竞争优势理论可以解释财政支持政策如何通过支持资源优势、激发创新能力、改善市场机制和促进合作优势，从而推动乡村文化振兴。政府在制定和实施财政支持政策时，可以充分考虑和利用乡村地区的竞争优势，推动乡村文化的可持续发展。

6.2.2　税收支持政策促进乡村文化振兴的机理分析

税收支持政策在促进乡村文化振兴方面发挥着重要的作用。通过合理设计和调整税收支持政策，可以激发乡村文化的活力，提升乡村文化产业的发展，增强乡村社会资本，促进乡村文化振兴，涉及税收中性原则、税收激励原则及税收公平原则的运用。

1. 税收中性原则作用机制

税收中性原则要求税收支持政策对不同产业和地区应该是中立的，不应该偏向某个特定的产业或地区。在乡村文化振兴中，税收支持政策可以通过减免税收、税收优惠等方式，鼓励乡村产业的发展，提供经济支持和激励。

（1）促进投资和创业。

税收中性原则鼓励个人和企业进行投资和创业，无论是在城市还是乡村地区。在乡村文化振兴中，税收中性原则意味着政府不会对乡村地区的文化产业征收过高的税收或对投资进行限制，为乡村文化创意产业的发展提供了公平竞争的环境，为乡村文化建设项目提供更多的投资动力。这可以吸引资金、资源和更多的文化创意项目流入乡村地区，激发乡村创意人才的积极性，促进乡村文化产业的发展。

（2）促进文化创意产业发展。

税收中性原则为乡村文化创意产业的发展提供了公平竞争的环境。税收支持政策不应歧视乡村地区的文化创意产业，而应给予其与城市地区同等的税收待遇。这样可以激发乡村创意人才的积极性，吸引更多的文化企业和创意项目进入乡村地区，推动乡村文化振兴。

（3）提高资源配置的效率。

税收中性原则有助于实现资源的有效配置，避免资源的浪费和分配的偏颇。在乡村文化振兴中，合理的税收支持政策可以引导资源向乡村地区的文化产业倾斜，提高乡村文化资源的利用效率。例如，政府通过减免税收或税收优惠，鼓励个人和企业将资金投入乡村文化建设项目中，提升乡村文化设施和服务水平，从而促进乡村文化振兴。

（4）促进区域均衡发展。

税收中性原则有助于促进区域之间的均衡发展，缩小城乡差距。乡村地区往往面临发展资源和机会的不足，税收中性原则可以避免进一步加剧城乡差距。合理的税收支持政策，可以鼓励乡村地区的文化产业发展，提高文化设施和服务水平，改善乡村居民的生活品质，促进乡村文化振兴。

税收中性原则为乡村文化振兴提供了公平、公正和有效的税收环境，可以促进乡村文化产业的发展，吸引投资和资源流入乡村地区，提高乡村文化设施和服务水平，实现乡村文化振兴的目标。

2. 税收激励原则作用机制

税收激励原则是指通过税收支持政策的设计和调整，激励个人和企业在特定领域或地区进行有益的经济活动。在乡村文化振兴中，税收激励原则可以发挥重要的作用，促进乡村文化的发展和振兴，具体体现在以下几个方面：

（1）促进文化产业发展。

政府可以通过减免税收、降低税率或提供税收优惠等方式，鼓励个人和企业在乡村地区从事文化产业相关的经营活动。例如，在乡村地区设立文化企业、投资乡村文化项目或提供文化创意服务的个人和企业，可以享受一定的税收减免或优惠政策，以激励他们在乡村地区积极投入文化产业，推动乡村文化振兴。

（2）鼓励文化创新和创意活动。

政府可以通过为乡村地区的文化创新和创意活动提供税收优惠，促进乡村文化创新和创意产业的发展。例如，针对乡村地区的文化企业或创意人才，可以提供研发费用的税收抵扣、知识产权的税收优惠等政策，以鼓励他们进行更多的创新活动，推动乡村文化的创新发展。

（3）引导资源配置和投资方向。

政府可以通过调整税收政策，引导资源向乡村文化领域的投资倾斜。例如，对于在乡村地区从事文化建设项目的投资者，可以享受一定的税收减免或税收优惠，从而吸引更多的投资流入乡村文化领域，提升乡村文化设施和服务水平。

通过税收激励原则，税收支持政策可以在乡村文化振兴中发挥积极的作用，鼓励个人和企业在乡村地区从事文化产业、文化创新和文化遗产保护等活动，推动乡村文化的发展和振兴。同时，税收激励原则也可以引导资源的合理配置和投资方向，增强乡村文化事业的可持续发展能力。

3. 税收公平原则作用机制

税收公平原则是税收政策制定的基本原则之一，它要求税收在征收和分配上要公正合理。在促进乡村文化振兴的过程中，税收公平原则发挥着重要的作用，具体体现在以下几个方面：

（1）促进收入分配公平。

税收支持政策可以通过调节城乡收入差距，实现收入的公平分配，促进乡村文化振兴。针对乡村地区的个人和家庭，政府可以通过设立更低的税收起征点、减免低收入者税负等措施，降低其税收负担，增加可支配收入，提高其文化消费能力，进而推动乡村文化事业的发展。

（2）优惠税收政策的公平性。

政府可以通过设立税收支持政策，对从事乡村文化产业、文化创意活动的个人和企业给予一定的减免或优惠。这样的政策安排能够鼓励和支持乡村地区的文化创意人才和文化产业发展，促进乡村文化的振兴。

（3）保护文化遗产的公平性。

政府可以针对乡村地区的文化遗产保护工作，设立相关的税收支持政策。这样的政策安排体现了征税的公平性，可以促使个人和企业积极参与乡村文化遗产的保护和修复工作，保护乡村地区的历史文化遗产。

（4）公共服务设施的公平性。

政府还可以通过提高乡村地区的公共服务设施水平，实现公共服务的均等化。通过适当的税收调整和资源配置，可以确保乡村地区获得与城市相当的基础设施和文化服务，让乡村居民享受公平的文化教育、文化娱乐和文化交流机会。

税收公平原则在税收支持政策中的应用可以促进乡村文化振兴。通过税收支持政策的公平性调整，合理分配税收负担，提供税收优惠，确保公共服务的公平性，为乡村地区提供更多的文化资源和发展机会，推动乡村文化的振兴和可持续发展。

6.3 国际乡村文化振兴的经验及启示

乡村文化振兴是乡村振兴战略的重要内容，是推动乡村振兴可持续发展的内生动力及路径。发达国家乡村文化振兴起始时间早，模式较为完善，与其相比，我国乡村文化振兴还不成熟，乡村文化产业处于幼稚产业阶段。因此，我们可合理借鉴发达国家乡村文化振兴的经验，结合中国乡村文化振兴的具体状况，将之内化为具有中国特色的乡村文化振兴助力政策，进而推动中国的乡村文化振兴。

6.3.1 法国

1. 法国乡村文化振兴概况

法国的文化管理模式是典型的国家主导型。法国政府关注的是本国文化安全、文化资源和遗产保护，维护公民受教育的权利。文化和交流部负责法国的公共文化事务，法国所有国家级的文化政策均出自这个部门，文化和交流部还负责制订对不同的艺术理事会分配资金的计划。国家档案中心、博物馆、多媒体图书馆等公共文化机构也归属文化和交流部管辖，它们在文化和交流部的指导下为社会提供公共文化产品和服务。在国家文化安全上，法国的目标非常明确，就是保障民族文化的传承，抵制英美文化入侵。

事业经费支出责任方面，法国政府在预算年度内先对文化和交流部拨款，再由文化和交流部决定对各个城市的公共文化机构及公共文化服务进行资助，资助重点是大型文化设施、大型文艺院团和重要文化活动。中央与地方之间支出责任划分相对合理，地方政府只需负责资助本辖区内的公共文化机构。经费支出结构方面，主要对涉及知识和文化传播、文化遗产保护、文化科学研究的各类文化设施、院团和活动进行资助。

法国政府认为，乡村文化振兴能够带动投资和就业的增加，在提高经济发展水平的同时，还能有效应对外国文化入侵产生的负面影响。因此，法国政府对乡村文化振兴给予了很多优惠措施。长期以来，法国主张文化艺术保护与政策激励相结合，采取"以政府公共投入为主、国家政策促进、多方合作"的策略，对本国的乡村文化振兴构建完善的文化产业税收优惠政策体系，尤其在政府文化产业税收经济政策调控方面具有自身的独特优势，促进与激励作用显著，值得我国吸收借鉴（杨京钟、洪连埔，2012）。

20世纪70年代起，法国开始重视乡村文化振兴，并将文化维度融入乡村整治规划等公共政策。到 20 世纪 90 年代，法国逐步形成了集文化设施发展、文化遗产保护、人文景观规划、文化项目开发为一体的乡村文化战略，对乡村复兴起到了促进作用。在法国乡村复兴的历程中，农业现代化、农民社会保障机制的完善、分权法的实施及乡村整治规划分别奠定了法国乡村复兴的经济、制度、行政，乃至空间规划方面的基础。文化维度在乡村公共政策中从无到有，从单一的物质文化遗产保护发展为集文化设施发展、文化遗产保护、人文景观规划、文化项目开发为一体的乡村文化战略，体现了法国政府对乡村文化政策认知的逐步提升（李明烨、汤爽爽，2018）。

2. 法国促进乡村文化振兴的财税政策

（1）财政政策。

①财政预算支出。法国的财政预算支出主要针对重要文化设施和文化活动，中央财政负责巴黎及其他一些大城市的重要文化设施和文化活动；地方政府，即各大区、省和市镇政府则通过专项预算对辖内的重要文化设施和文化活动提供财政支持，如对艺术馆、博物馆、文化剧场等文化基础设施项目的兴建、维护和维修，对"戛纳国际电影节"活动的补助等。针对发展乡村文化事业，法国主要是依靠市、镇级财政拨款，主要用于文化事业的支出。支出的经费分为两部分：日常运行经费和投资性经费。日常运行经费主要用于维持文化事业正常运行，如人员经费和其他经常性开支；而投资性经费则主要是用于与基础建设、设备采购等项目有关的开支。

②财政补贴。法国政府除对公共文化事务和公共文化机构给予财政拨款之外，还对促进文化事业发展的重要文化项目，如新闻出版、电影、重要文化项目等进行财政补贴，以促进传统文化产业的发展。补贴的对象主要集中于报刊业、出版商、电影业、作者。

对报刊业的补贴，主要采取直接补贴和间接补贴两种形式。直接补贴主要针对报刊发行过程中产生的印刷、运输、销售费用；间接补贴主要对时政类报刊实行邮寄价格优惠。

对出版商的补贴，资助形式包括低息贷款、零税率贷款等。

对作者的补贴，体现在作者的创作环节。为了更好地鼓励作者写出好的作品，法国政府提供给作者写作奖金、临时经费、住房补贴、"斯约朗"奖金、"让卡帝诺"等不同形式的补助和奖励。这些补助和奖励为专门从事创作的作者提供了安心、专注创作的有利条件。

对杂志的补贴，主要有对杂志经营运转补贴、杂志发展补贴、杂志数字化补贴、创建在线杂志补贴，以及对译者的补贴。

对电影业的补贴，是指法国文化和交流部给予国家电影中心的财政补助，目的就是支持法国电影制作、发行和放映等各个环节及电影教育（培训）等。

对非营利性专业协会的补贴，如音乐协会、话剧学会、舞蹈协会等的活动经费，部分来自政府财政补贴，在举办公共文化活动时也可直接向文化和交流部申请资助。

③各类基金。法国政府为促进乡村文化振兴设立了多个基金，以下是其中一些主要的基金：

文化传承和乡村发展基金：该基金的目标是支持乡村地区的文化传承和发展。它提供资金用于乡村地区的文化遗产保护、修复和改造，以及支持文化活动、艺术节目和文化旅游项目的发展。

乡村文化创意产业基金：该基金旨在促进乡村地区的文化创意产业发展。它为在乡村地区从事文化和艺术创作的个人和团体提供资金支持，以鼓励创新和创意表达，并促进乡村地区的文化经济增长。

乡村音乐和表演艺术基金：该基金专注于支持乡村地区的音乐和表演艺术发展。它提供资金支持音乐家、表演者和艺术团体在乡村地区进行演出和文化交流活动，促进乡村音乐和表演艺术的繁荣和多样性发展。

文化旅游与乡村发展基金：该基金的目标是促进乡村地区的文化旅游发展。它提供资金支持乡村旅游项目的开发和改善，包括旅游路线、文化遗产解说、旅游设施建设等，以吸引游客并推动乡村地区的经济增长和文化繁荣。

这些基金的设立为法国乡村文化振兴提供了重要的财政支持，促进了乡村地区的文化传承、创意产业、艺术表演和文化旅游等方面的发展。它们帮助推动乡村地区的经济多元化，提升乡村的文化形象，增强乡村社区的凝聚力和活力。

（2）税收政策。

①增值税税收优惠。法国一般商品的增值税税率为20%，法国政府针对传统文化产业中的新闻出版、电影电视和文艺演出实行增值税优惠税率5.5%、2.1%和2%。除此之外，还出台了对于非营利性文化活动、文化自由职业者、营业收入小于10万法郎的中小文化企业实行免征或免缴增值税的优惠措施。这些措施不仅有利于文化的传播，而且有利于处于发展初期的文化企业或个人在政策扶持下不断发展壮大。针对文化贸易的进口环节实行增值税的免缴，有利于促进法国文化走出去，而文化企业智力投入、剧本创作和制作成本可以进行增值税的进项税抵扣，则有利于降低文化企业成本，提高其资金积累能力。

②所得税优惠。从企业所得税来看，法国主要针对境外文化组织、集团公司或控股公司，以及为文化发展提供帮助和向国家进行捐赠的企业实行纳税扣除和减免税，以鼓励企业对法国文化产业领域的投资和捐赠行为。从个人所得税来看，对从事文化产业研发、创作文化精品的个人进行减免税，主要是为了鼓励文化产业者多出作品，出好作品。

③其他税收优惠。法国政府为了促进文化产业的发展，除运用增值税、所得税等税收工具之外，还通过其他税种，如消费税、关税等方面的税收优惠加以扶持。法国政府出台促进文化产业发展的税收优惠的目的就是鼓励针对文化产业的非营利性活动、捐赠行为及文化产品或服务的出口。

6.3.2　日本

日本的乡村文化受我国的影响较大，乡村文化的类型、内容都与我国非常相似。在经历了战争、现代化和城市化进程的冲击后，日本更加重视对乡村文化的保护与传承创新，在乡村文化事业的开发方面进行了有益探索，其经验值得借鉴。

1. 日本乡村文化振兴概况

（1）日本"魅力乡村建设"。

日本在第二次世界大战后经历了一段时期的乡村凋敝、农业发展滞后，但经过三次大规模的"魅力乡村建设"运动，如今乡村社会进入了一个充满魅力的可持续发展时期，实现了人口、社会、产业与城市化、工业化发展的同步，同时也促进了日本乡村传统和农耕文化的传承。

日本"魅力乡村建设"运动是日本在第二次世界大战后针对乡村凋敝、农业发展滞后所开展的大规模乡村重建运动。具体来看，日本在"魅力乡村建设"运动中，通过造街运动和造乡运动延伸了乡村文化的价值链（张薇、秦兆祥，2017）。

造街运动。此项运动开展的背景是随着日本工业化和城市化的快速发展，很多传统的乡村历史建筑遭到了严重的破坏，使得乡村文化失去了传承的载体。在20世纪60年代中期，经过日本学者的倡议，日本民众发起了旨在保护乡村建筑及文化的造街运动。这个倡议得到了日本政府的回应，从1966年起，中央政府每年拨出大量的经费用于保护市町村地区的历史村落、街道、古建筑、人文景观，推进了乡村文化的传承和发展。

造乡运动。如果说造街运动保护的是乡村物质及其文化，那么造乡运动保护的则是乡村非物质文化。通过造乡运动，全面挖掘乡村传统文化，提升乡村社区居民的文化自豪感，减少城市化和工业化进程带给人们的精神冲击，同时也提升乡村文化的魅力。在造乡运动中，日本各地乡村社区推进人、地、产、景与文化的结合，将文化传承与产业发展相结合，提升了农业和乡村发展的多元价值。

造街运动和造乡运动给日本乡村建设提供了动力与活力，更以这些运动为载体，提升了乡村建设的文化层次，使得传统文化保护和传承成为一种常态，充分调动了乡村社区民众的积极性，呈现出一种全民参与式的发展态势。

魅力乡村建设不仅需要产业发展和人文传承，也需要发挥其魅力的景观建设。如果没有景观的营造和建设，那么产业发展和人文传承也是难以持续的。日本在"魅力乡村建设"中，通过打造森林、农田、村落建筑、园艺载体与传统文化的结合体，推进了乡村生态景观建设，形成了乡村聚落景观化、民俗文艺景观化等综合性特征，推动了各地乡村休闲旅游、观光旅游的发展。很多乡村由于人口减少和老龄化，面临着合并或撤销的命运，但通过推进生态景观建设，开发乡村旅游业，促进农业多元价值的融合，使得很多离乡的人口又逐渐回来了。除建立生态景观之外，日本政府还投入了大量的资金改善乡村基础设施建设，通过建立涵盖城乡的交通、物流、通信、社会服务、文化教育等公共服务设施，不仅拉近了城乡之间的基建差距，更使得城乡之间的人心联系变得紧密，为乡村价值的综合提升提供了保障。

（2）日本 OVOP 运动。

日本的 OVOP 运动始于 20 世纪 60 年代，持续了半个多世纪，并成功地向包括中国在内的世界各国"输出"了这一运动，成为众多国家发展乡村经济、实现乡村振兴的有效抓手（张婧，2019）。

OVOP 运动并不是一场简单的产品生产运动，而是以特色产品开发为抓手，集传统技术发掘和现代技术创新为引导的产业链打造、人才培养、村民教育和社区建设于一体的一场综合性的社会振兴运动。在这场运动中，县政府是参与者而非事无巨细的决策者，政府加强基础设施建设，搭建平台，引导成立科研机构，强化人才培养、市场引导和宣传，提供融资渠道等，更重要的是精神层面的激励和引导。例如，与 OVOP 运动相配套的创意运动、一单位一改善运动、一村一德运动等。OVOP 运动的实施主体是市、町、村各级农业协作社和乡村社区居民自己成立的各类经营主体。OVOP 运动坚持三原则，第一是地方的即世界的，第二是自立自强和创新，第三是人力资源开发，即培养人才。在大分县全县推广 OVOP 运动时，各市、町、县既注重自然环境建设、良好生态系统的维护，又关注人文教育和精神文明建设。

2. 日本促进乡村文化振兴的财税政策

（1）财政政策。

日本是发达、成熟的市场经济国家，但与美国促进乡村文化振兴的方式相比，日本政府通过政策调控主导乡村文化振兴的特征比较强。具体来说，日本采用多种财政政策支持方式促进乡村文化振兴。

①财政投资。日本政府从中央到地方，都会将财政资金投向公共文化基础设施建设、公益性文化项目，以及文化产业中文化设施的改建和扩建。

②财政补贴。日本财政补贴主要针对民间艺术团体的艺术人员培养，传统文化中的歌剧、芭蕾舞和电影等领域的专业人才培养，优秀文化作品的创作及发行，重要学术期刊的制作与发行等。此外还有用于振兴具有地方特色的文化遗产、民间艺术、传统工艺和非物质文化遗产的综合援助。为了向世界推广本国特色文化，日本利用综合援助组织本国民间文化团体到世界各地举办花道、跆拳道、茶艺等表演活动。同时还有政府采购，日本政府会购买具有地方特色的民间文化产品或服务，免费提供给边远地区和居民。

③专项基金。这是日本促进文化事业发展的最具特色的财政政策之一。为促进文化事业发展，日本利用财政资金设立了各种专项基金，以鼓励文化产业发展。以下是其中一些主要的基金：

乡村文化振兴基金：该基金旨在支持乡村地区的文化振兴和传统艺术保护。它提供资金用于乡村地区的文化活动、传统艺术表演、文化节庆、手工艺品制作等项目，以激发乡村地区的创造力和文化活力。

乡村文化遗产保护基金：该基金专注于保护乡村地区的文化遗产和历史建筑。它提供资金支持乡村地区的文化遗产保护工作，包括修复古建筑、保护传统工艺技术、培训传统工艺师等。

乡村文化活动支援基金：该基金旨在支持乡村地区的文化活动和艺术表演。它提供资金用于举办乡村音乐会、艺术展览、戏剧演出、文化交流等活动，为乡村社区提供多样化的文化体验和娱乐。

乡村旅游振兴基金：该基金专注于促进乡村地区的旅游发展和乡村体验。它提供资金支持乡村旅游项目的开发和改善，包括乡村民宿、观光农庄、自然探险等，以吸引游客并推动乡村地区的经济增长和文化繁荣。

这些基金的设立为日本乡村文化振兴提供了重要的财政支持，推动了乡村地区的文化传承、艺术表演、文化活动和旅游发展。它们鼓励乡村地区的创新和创意，增加乡村的吸引力，促进地方经济的多元化和可持续发展。这些基金的运作还涉及与地方社区、非营利组织和民间团体的合作，共同推动乡村文的振兴和繁荣。

（2）税收政策。

日本税制以直接税为主，实行三级［中央、道（府、县）和市（町、村）］课征分税征管。这在促进文化振兴的税收政策中表现尤为明显。

①实行普遍的文化产业税收优惠政策。日本可以享受到税收优惠政策的文化产业主体非常广泛。日本实行特定公益增进法人制度，特定公益增进法人由公益法人和独立行政法人构成，二者都可享受税收优惠。对于文化产业中进行学术、艺术、文化振兴的特定非营利活动法人，日本政府同样给予税收优惠，对捐赠给这些法人的资金减免个人所得税、企业法人税。

②实行差异化的文化产业税收优惠。不同的文化主体享受不同的财产转让税收优惠政策。国家、地方公共团体、独立行政法人的有形民俗文化财产转让，征收一半的所得税；国家、地方公共团体、独立行政法人的财产转让，免征所得税；国家、地方公共团体、独立行政法人作为重要文化财产、历史名胜天然纪念载体的土地转让，实行限额征收法人税政策。

③针对乡村地区文化振兴的税收优惠。一方面，鼓励投资文化产业。投资于具有地方特色的文化遗产、民间艺术、传统工艺和祭祀活动等所形成的资产，免征固定资产税。另一方面，鼓励文化旅游。对以游乐、教育、文化传播为目的的，免费参观的文化旅游设施及景点，免征相关税收；以医疗、保健、科研为目的的文化旅游，减免相关税收。

6.3.3　美国

1. 美国乡村文化振兴概况

美国通过财税政策等措施在促进乡村文化振兴方面取得了显著成果。首先，大量的资金投入和项目支持为乡村地区带来了丰富多样的文化活动与艺术表演，激发了乡村社区的文化创意和艺术表达。其次，通过文化遗产保护和修复项目，美国成功保留和传承了乡村地区的历史遗址、古建筑和传统手工艺品等宝贵的文化遗产。再次，政府的文化艺术节目支持使乡村地区居民能够享受到高品质的文化体验，丰富了他们的生活。教育和培训方面的努力培养了乡村地区的艺术人才和文化从业者，为乡村文化事业的发展提供了坚实的基础。最后，通过推动乡村旅游发展，美国将乡村地区的文化资源和自然景观与旅游结合，吸引了大量游客，促进了乡村的经济增长。这些成果不仅推动了乡村文化的振兴和繁荣，还为乡村地区的居民提供了更好的生活品质和更高的经济收入。

2. 美国促进乡村文化振兴的财税政策

（1）财政政策。

①财政支持。美国通过多项财政政策支持了乡村文化的振兴，主要包括以下几个方面：

资助文化机构和项目。美国政府通过财政资助支持乡村地区的文化机构和项目，包括对博物馆、艺术中心、图书馆等文化机构的经费支持，以及对文化节、展览、表演等项目的资助。这些资金可以用于设施修缮、艺术家和工作人员的聘请、展览策划等方面，提高乡村地区的文化服务水平。

补贴文化艺术节目。政府通过财政补贴支持乡村地区的文化艺术节目，如音乐会、戏剧表演、舞蹈演出等。这些补贴可以用于演出费用、场地租赁、宣传推广等方面，鼓励乡村地区举办多样化、高质量的文化活动，吸引观众参与，促进文化交流和艺术创作。

支持艺术家和文化工作者。政府通过财政政策支持乡村地区的艺术家和文化工作者。包括艺术家驻村计划、艺术家奖学金、创作补助等形式的资助，为艺术家提供创作空间、资金支持和专业培训等，激发他们的创造力和创新能力，推动乡村地区的文化创作和表达。

支持文化教育项目。政府通过财政政策支持乡村地区的文化教育项目。包括学校艺术教育、社区艺术教育等方面的资助，用于培训艺术教师、提供艺术教育资源、组织艺术活动等。这样可以确保乡村地区的学生和居民能够接受到优质的艺术教育，培养他们的艺术兴趣和才能，促进文化素质的提高。

美国政府投入财政预算用于数字化乡村地区的文化资源。包括文化遗产数字化保存、建立在线文化资源库、推动数字技术在文化领域的应用等。通过数字化，乡村地区的文化资源可以更广泛地被人们了解和利用，为文化振兴提供了新的渠道和机会。

推动乡村文化旅游。政府通过财政支持促进乡村地区的文化旅游业发展。包括景点和旅游项目的开发和改善，以及宣传和推广乡村地区的文化旅游资源。财政资金可以用于景点建设、旅游设施改善、宣传推广等方面，吸引游客前往乡村地区，体验当地的文化风情，促进乡村地区的经济发展。

通过以上财政政策，美国政府致力于提升乡村地区的文化水平、促进文化创意产业的发展，同时也为乡村地区创造了更多的就业机会和经济增长点。这些政策不仅注重文化设施和项目的发展，也注重培养和支持文化从业者，提高文化教育水平，推动文化旅游业的繁荣。

②各类基金。在美国，各类乡村文化遗产保护基金和文化产业发展基金是

重要的财政工具，旨在促进乡村文化的振兴和发展。这些基金通过提供财政支持、资源和项目管理等方式，为乡村地区的文化遗产保护和文化产业发展提供了关键的支持。代表性的基金会有：

乡村文化遗产保护基金：该基金旨在保护和传承乡村地区的文化遗产。它提供经费和资源，用于乡村地区的历史建筑、文化景观、传统技艺等的保护、修复和传承。基金还鼓励乡村社区参与文化遗产保护工作，通过培训、教育和推广活动提高公众对乡村文化遗产的认识和关注。

乡村艺术基金会：该基金会致力于支持和推动乡村地区的艺术和文化发展。基金会为乡村地区的艺术项目、艺术家和文化组织提供资金支持，鼓励乡村地区的艺术创作和文化交流。

美国历史地标保护基金会：该基金会致力于保护和恢复美国的历史地标建筑和文化遗产。基金会提供财政支持和技术指导，帮助乡村地区保护历史建筑、历史遗址和传统文化景观。

美国国家公园基金会：该基金会为美国国家公园系统性提供财政支持，包括乡村地区的自然保护区和历史遗址。基金会通过筹集资金、开展项目和与不同组织建立合作伙伴关系，推动乡村地区的自然和文化遗产保护。

国家艺术基金会：这是美国联邦政府设立的艺术基金会，致力于支持和促进艺术的发展。该基金为乡村地区的艺术项目、机构和个人提供资金支持，覆盖领域包括表演艺术、视觉艺术、文学、音乐、舞蹈等。

国家人文基金会：这是美国联邦政府设立的人文科学基金会，致力于推动人文学科的研究和普及。该基金会为乡村地区的人文项目、博物馆、图书馆、历史遗址保护等提供财政支持。

文化产业发展基金：该基金旨在支持乡村地区的文化产业发展，包括艺术、手工艺、表演艺术、文学、音乐、电影、传媒等领域。基金提供资金、培训、市场推广等支持，帮助乡村地区的文化从业者和文化机构提升专业能力、拓展市场渠道，促进文化产品和服务的创新和商业化。基金还鼓励文化产业与旅游业、教育业、创意产业等相关行业合作，推动乡村地区的经济多元化和可持续发展。

这些基金为乡村地区的文化项目、艺术家、艺术机构和文化遗产保护提供了财政支持和资源，通过资金拨款、项目资助、技术指导和推荐合作伙伴关系等方式，促进了乡村文化的振兴和发展。

总体而言，美国在乡村文化振兴方面通过财政政策的支持，致力于保护和传承乡村地区的文化遗产、提高文化艺术教育水平、发展文化产业和推动文化旅游。这些政策的目标是促进乡村地区的经济繁荣、社会发展和文化传承，使乡村成为独具特色和吸引力的地方。通过资金支持和政策环境的改善，乡村地区的文化资源得到了有效保护和利用，乡村文化振兴得到了有力推动。这些政策措施为乡村地区创造了良好的发展条件，使其成为文化创意产业的孕育地、人才培养的基地，为乡村居民提供了丰富多彩的文化生活和经济机会。

（2）税收政策。

税收政策在美国乡村文化振兴中扮演着重要的角色。通过一系列税收政策的制定和实施，美国政府以此激励、支持和保护乡村文化，促进了乡村社区的文化发展和繁荣。

文化机构免税政策。美国的税法规定了非营利性文化机构可以享受免税待遇，包括博物馆、艺术画廊、文化中心等乡村地区的文化机构。免税政策的实施可以减轻这些机构的财务负担，提供更多的资源用于文化活动的开展和乡村文化项目的推进。此举鼓励了乡村地区的文化机构的发展和运营，为其提供了更好的经济支持，促进了乡村文化的振兴。

文化创意产业税收优惠。为了激励乡村地区的文化创意产业的发展，美国制定了一系列税收优惠政策。这些政策旨在降低文化创意企业的税负，为其提供经济上的激励和支持。例如，乡村地区的文化创意企业可以享受税收减免、税收抵免等优惠。这些措施降低了企业的经营成本，鼓励其在乡村地区投资、创业和创新，促进了文化创意产业的发展，为乡村文化振兴提供了动力。

文化捐赠抵免政策。美国的税法允许个人和企业将向文化机构和项目的捐赠列为税务抵免项目。这项政策鼓励人们积极参与乡村地区的文化事业，通过捐赠资金、艺术品和其他文化资产来支持乡村文化的发展。捐赠者可以获得相应的税务减免，同时文化机构和项目也获得了额外的资金支持。这项政策不仅鼓励了公众对乡村文化的关注和投入，也为文化机构提供了重要的经济支持，推动了乡村文化的振兴。

文化遗产保护税收优惠。为了保护乡村地区的文化遗产，美国制定了相关的税收优惠政策。这些政策鼓励个人和企业对乡村地区的文化遗产进行修复、保护和传承。例如，修复历史建筑、保护文化遗址和传承传统手工艺等，可以享受税收减免或税务抵免。这些优惠政策鼓励了对乡村文化遗产的保护和恢复工作，推动了乡村地区文化遗产的保留和传承，为乡村文化振兴提供了支持。

地方税收政策的支持。除了联邦层面的税收政策，美国地方政府也可以通过税收政策来促进乡村文化的振兴。地方政府可以制定和实施税收优惠政策，为乡村地区的文化活动、文化机构和文化产业提供经济支持。例如，降低文化活动场地的税收负担、减免文化机构的地方税等措施，都有助于鼓励乡村地区的文化发展，推动乡村文化的振兴。

通过以上税收政策的制定和实施，美国在振兴乡村文化方面取得了显著的成果。这些政策为乡村地区的文化机构、文化创意产业、文化遗产保护和文化活动提供了经济支持和激励。同时，税收政策也鼓励了公众的参与和投入，促进了乡村文化的发展和传承。通过税收政策的调整和优化，可以进一步提升乡村文化的振兴效果，为乡村地区的繁荣和可持续发展做出更大的贡献。

6.3.4 印度

1. 印度乡村文化振兴概况

印度在促进乡村文化振兴方面取得了令人瞩目的成果。通过财政支出和政策措施，印度政府积极支持乡村地区的文化艺术活动和传统表演，为乡村居民提供了更多参与和享受文化活动的机会。此举不仅激发了乡村居民的文化热情，也促进了地方经济的发展。同时，印度政府还注重文化遗产的保护和修复，努力保留乡村地区的重要历史建筑、遗址和手工艺品，传承了丰富的文化传统和历史记忆。通过这些举措，印度成功地保护了乡村的独特文化特色，吸引了国内外游客前来探索和体验。此外，印度政府还致力于提高乡村地区的文化教育水平，通过在学校和社区推动艺术教育，培养年青一代对艺术和文化的兴趣和理解。通过提供培训和支持，印度政府鼓励乡村地区的艺术家和手工艺人发展自己的技能，并给他们提供展示和销售作品的机会。这不仅促进了乡村经济的增长，还有利于传统工艺的传承，为艺术家和手工艺人提供了更多的就业机会和经济收入。与此同时，印度政府还意识到乡村旅游的潜力，并致力于推动乡村旅游的发展。他们将乡村地区的自然景观、文化遗产和传统活动与旅游结合，吸引了大量游客。乡村旅游的兴起为乡村地区带来了新的经济机遇，创造了就业岗位，提升了乡村居民的收入水平。同时，乡村旅游也为游客提供了了解印度乡村生活和文化的机会，促进了跨文化的交流和理解。这些努力和成果共同推动了印度乡村文化的振兴：乡村地区的文化多样性得到了保护和传承，乡村居民的生活质量得到了提升，乡村经济得到了发展。

2. 印度促进乡村文化振兴的财税政策

（1）财政政策。

①财政支持。印度作为一个拥有丰富乡村文化的国家，采取了多项财政政策来促进乡村文化的振兴。这些政策旨在保护、传承和发展乡村地区的文化遗

产，提高乡村居民的文化参与度，并为乡村经济创造就业机会。

保护和修复文化遗产。印度政府投入资金用于乡村地区的文化遗产保护和修复，包括修复历史建筑、古迹、寺庙和其他重要文化遗址，以传承和弘扬乡村的历史和文化。

支持文化节庆和活动。印度政府在财政预算中安排了资金支持乡村地区的文化节庆和活动，用于组织和举办乡村地区的传统节日、文化庆典、艺术展览、音乐和舞蹈表演等活动。通过支持这些文化活动，政府鼓励乡村居民积极参与创作乡村艺术，传承乡村文化传统。

发展文化艺术教育。印度政府积极推动乡村地区的文化艺术教育发展，包括为乡村学校提供资金支持，改善学校的文化艺术教育设施和资源。此外，政府还提供奖学金和资助计划，鼓励乡村居民参与艺术和文化培训项目，培养乡村地区的艺术人才。

发展文化旅游。印度政府通过投入资金来发展乡村地区的文化旅游业，包括改善乡村地区的旅游基础设施，提升文化景点的交通便利程度。政府还通过宣传推广活动吸引更多的游客前往乡村地区，体验和了解当地的文化遗产和传统。

支持文化产业。印度政府通过财政支出鼓励和支持乡村地区的文化产业发展。这包括为乡村地区的手工艺品生产、传统工艺、艺术和文化产品的制造和推广提供资金支持。政府的投资有助于促进乡村地区的文化产业发展，为乡村居民创造就业机会，提高乡村地区的经济发展水平。

通过上述财政支出举措，印度政府致力于振兴乡村文化，保护和传承乡村地区的文化遗产，提升乡村地区的文化氛围和生活质量，促进乡村经济的多元化和可持续发展。通过投入财政资源，政府鼓励乡村居民参与和发展文化艺术教育、文化节庆活动、文化旅游和文化产业，为乡村地区带来文化振兴的机遇和经济增长的动力。

②各类基金。为了振兴乡村文化，印度政府设立了多个基金会，旨在通过财政支持和资金投入推动乡村文化振兴。以下是印度在设立基金方面所采取的一些主要举措：

印度国家文化基金：印度国家文化基金是由印度政府设立的一个重要基金，致力于保护和发展印度文化的传统和遗产。该基金以资金支持和赞助各种乡村文化项目，如历史遗迹修复、文化节庆活动、艺术展览、音乐和舞蹈表演等。该基金通过拨款和赞助，鼓励和支持各个乡村地区的文化活动和项目。

乡村文化艺术基金：乡村文化艺术基金是为促进乡村地区的文化艺术发展

而设立的基金。该基金通过向乡村地区提供资金支持，鼓励和推动当地的文化艺术表演、工艺制作、手工艺品生产等活动。该基金还致力于培养和扶持乡村地区的艺术人才，提供培训和奖学金计划，以支持乡村文化艺术的发展。

乡村旅游发展基金：乡村旅游发展基金是为促进乡村旅游业的发展和提升乡村地区的文化旅游体验而设立的基金。该基金通过提供资金支持和投资，改善乡村地区的旅游基础设施，开发和推广乡村旅游线路和景点。该基金的目标是吸引更多的游客前往乡村地区，体验当地的文化遗产和传统，促进乡村地区的经济发展和就业机会增加。

手工艺品发展基金：手工艺品发展基金是为促进乡村手工艺品制造业的发展而设立的基金。该基金通过提供资金支持和培训计划，支持乡村地区的手工艺品生产和推广。基金的目标是保护和传承乡村手工艺品的技艺和传统，提高乡村手工艺品的品质和市场竞争力，创造就业机会并提升乡村居民的收入水平。

通过设立这些基金会，印度政府致力于提供财政支持和资源投入，以促进乡村文化的振兴和发展。这些基金会不仅提供资金支持，还通过培训、推广和市场开拓等方面的支持，促进乡村文化产业的增长和乡村居民的经济繁荣。

（2）税收政策。

印度通过税收政策来振兴乡村文化的举措主要包括税收优惠、减免以及特殊税收措施等。这些政策旨在鼓励文化活动、艺术产业和文化遗产保护，以促进乡村文化的振兴和发展。

①文化机构的税收减免。印度政府为注册在册的文化机构提供了税收减免措施。这些机构包括博物馆、艺术画廊、文化中心等。它们享受免税或减税的待遇，包括免除营业税、增值税、服务税等。这为这些机构提供了财务上的便利，鼓励它们举办更多的文化活动、展览和演出，促进乡村文化的传播和推广。

②艺术家和文化从业者的税收减免。印度政府通过税收减免措施支持艺术家和文化从业者。他们可以享受个人所得税的减免或免税待遇。这鼓励了更多的人从事艺术创作和文化产业，促进了乡村地区艺术表演、音乐会、文学活动等的发展。

③文化遗产保护的税收优惠。印度政府为文化遗产保护提供税收优惠政策。人们可以通过捐赠资金、艺术品或文物等方式，享受税收抵免或减免的优惠待遇。这激励了私人和企业参与文化遗产的保护和修复工作，促进了乡村地区文化遗产的保存和传承。

④文化艺术活动的税收优惠。印度政府为文化艺术活动提供税收优惠措施。这包括对音乐会、戏剧演出、电影制作等文化活动的主办方的税收减免。这鼓励了更多的文化艺术活动在乡村地区举办，促进了乡村文化的传统保护和多样性发展。

⑤土地使用的税收优惠。印度政府为文化机构和艺术中心提供土地使用的税收优惠。这些机构可以享受土地租金的减免或免税待遇，降低了运营成本，政府鼓励它们在乡村地区建立文化设施和艺术中心，促进了乡村文化的繁荣。

⑥文化旅游的税收减免。印度政府为文化旅游提供税收减免政策，包括对文化旅游项目的税收减免和免税待遇，这吸引了更多游客前往乡村地区参观文化遗产和欣赏传统艺术，推动了乡村旅游业的发展。

通过上述税收政策，印度政府致力于促进乡村文化的振兴和发展。这些税收减免、优惠和特殊措施，鼓励了文化机构的发展、艺术家的创作、文化遗产的保护和传承以及乡村地区的文化旅游等，有助于提升乡村文化的活力和吸引力，促进了乡村地区的经济发展和社会繁荣。

6.3.5 巴西

1. 巴西乡村文化振兴概况

通过财税政策和政府支持，巴西政府积极投资于乡村地区的文化项目和活动，为乡村居民提供了更多的文化交流和艺术体验的机会。这些举措不仅激发了乡村居民对文化的热情，也提升了乡村地区的形象和吸引力。首先，巴西政府注重乡村文化的保护和传承，致力于保护和修复乡村地区的历史建筑、文化遗产和传统技艺，以确保这些宝贵的文化资源能够得到传承和发展。通过资金投入和政策支持，巴西政府确保了这些文化遗产的维护和管理，使其成为乡村地区的重要文化标志和旅游景点。其次，巴西政府在乡村地区推动文化艺术活动和节庆庆典。他们鼓励乡村居民参与各种文化活动，包括音乐、舞蹈、戏剧和民俗表演等。通过提供场地、资金和组织支持，政府帮助乡村社区举办各类艺术节目和庆典活动，增强了乡村地区的文化氛围和社区凝聚力。再次，巴西政府还重视乡村文化产业的发展。他们通过财税政策和支持措施鼓励文化创意产业在乡村地区的兴起，为艺术家和文化从业者提供创作和表演的机会，促进了乡村经济的多元化和增长。这些举措不仅带动了就业机会的增加，也推动了乡村地区的经济活力和社会发展。最后，巴西政府还注重乡村文化教育的推广。他们通过改善乡村地区的教育设施和资源，为年青一代提供更多接触和学习文化艺术的机会。通过在学校和社区开展艺术教育项目和培训，政府培养了一批具有艺术才华和文化意识的年轻人，为乡村文化的传承和创新注入了新的活力。

综上所述，巴西通过财税政策和政府支持，在乡村文化振兴方面取得了许多成果。他们注重文化遗产保护、开展文化艺术活动、促进文化产业发展和加强文化教育，为乡村地区注入了新的活力和魅力，同时也提升了巴西整体文化的多样性和独特性。这些努力为巴西乡村文化的繁荣发展奠定了坚实的基础，为乡村地区带来了经济、社会和文化上的可持续发展。

2. 巴西促进乡村文化振兴的财税政策

（1）财政政策。

①财政支持。为了振兴乡村文化，巴西在财政预算安排方面采取了一系列措施，以确保乡村文化得到适当的财政支持。这些政策旨在保护和发展巴西丰富多样的乡村文化遗产，培育乡村地区的文化创意产业，并促进社区的发展和文化活跃。

增加文化预算。巴西政府增加了对文化领域的预算拨款，特别关注乡村地区的文化项目和活动。通过增加财政预算，政府促进了乡村地区的文化事业发展和振兴。这些预算用于支持文化艺术节目、文化机构、文化设施的建设和维护等。

制定文化政策指导。巴西政府出台了一系列文化政策指导文件，明确了乡村文化振兴的目标、政策重点和实施措施。这些文件为财政预算安排提供了指导，确保资金优先用于乡村文化的发展和保护。政府将重点关注乡村地区的文化遗产保护、文化活动推广、艺术教育等方面。

设立专项基金。巴西政府设立了专项基金，用于支持乡村文化振兴项目。这些基金由政府或相关机构管理，通过资助文化艺术节目、设施建设、培训项目等方式，支持乡村地区的文化发展。基金的设立为乡村文化项目提供了稳定的资金来源，确保乡村文化振兴的可持续性。

支持文化创意产业。巴西政府注重支持乡村地区的文化创意产业发展。通过财政资金支持，政府鼓励乡村居民从事文化创意产业，包括手工艺品制作、传统工艺、文化旅游等。这些举措有助于激发乡村地区的经济活力和创造力，推动文化产业的繁荣。

建立与加强合作伙伴关系。巴西政府积极与各国政府、非政府组织、私营部门和社区团体合作，共同推动了乡村文化振兴。通过建立合作伙伴关系，政府能够整合各方资源，提高财政预算的利用效率。同时，政府还鼓励社区参与和自愿劳动，以提供额外的支持和资源，促进乡村文化的发展。

通过以上措施，巴西政府努力提供稳定的财政支持，以促进乡村文化的振兴。这些举措旨在提升乡村地区的文化素质，保护和传承文化遗产，促进文化创意产业的发展，同时激发社区参与和合作，推动乡村地区的全面发展和繁荣。

②各类基金。为了振兴乡村文化，巴西政府设立了一系列基金以为乡村文化提供资金支持，推动乡村文化的发展。巴西政府设立了各级各类文化基金，这些基金由政府管理，资助艺术节目、文化展览、文化设施建设等。基金会的设立使得资金管理更加专业化和透明化，确保了资金的有效使用。同时，巴西政府鼓励各地方政府设立地方基金会，以支持当地乡村文化的发展。这些基金会由地方政府管理，依托地方资源和需求，为乡村文化项目提供资金支持、专业咨询和管理指导，促进乡村文化的创新和保护。

除政府设立的基金会外，巴西还鼓励私人机构和个人设立基金会，以支持乡村文化振兴。这些私人基金会可以提供独立的资金来源，通过资助文化项目、设施建设、培训计划等方式，促进乡村文化的发展。政府为私人基金会提供税收优惠和合作机会，以鼓励更多私人力量参与乡村文化事业。

此外，巴西政府还推动不同部门和机构设立联合基金会，共同支持乡村文化振兴。这些基金会由政府部门、文化机构、非政府组织等共同管理，整合资源，提供综合性的支持和服务。通过联合基金会的设立，不同领域的专业知识和资源得以整合，实现协同效应，推动乡村文化事业的发展。

基金会中公共和私人部门的参与，为乡村文化提供资金支持和专业管理，不仅提供了稳定的资金来源，还促进了政府、民间组织和社区的合作，共同推动乡村文化的振兴。同时，基金会的运作机制确保了资金的有效使用和透明度，加强了管理和监督，提升了文化事业的专业化和可持续性。以下是巴西在乡村文化振兴方面设立的一些重要基金会或机构：

巴西国家文化基金会：该基金会是巴西文化部下属的机构，致力于保护、推广和发展巴西的文化遗产和艺术。该基金会负责资助各种文化项目，包括音乐、舞蹈、戏剧、美术等，为乡村地区的文化活动提供资金和支持。

巴西国家电影署：这是负责发展和支持巴西电影产业的机构。该署通过设立电影基金和提供财政支持，资助乡村地区的电影制作、电影节和电影教育项目，推动乡村电影文化的发展。

巴西国家书籍基金会：该基金会致力于促进阅读、图书出版和文学创作的发展。该基金会通过设立各种文学奖项和图书资助计划，鼓励乡村地区的图书出版和阅读活动，提高乡村居民的文化素养。

巴西国家历史和文化遗产研究所：该研究所负责保护和管理巴西的历史和文化遗产。该研究所设立了文化遗产保护基金，用于支持乡村地区的历史建筑修复、文化遗址保护和传统文化活动。

这些基金会或机构的设立为乡村地区的文化项目和活动提供了稳定的资金来源和专业支持，积极推动乡村文化的保护、传承和创新，促进乡村地区文化事业的繁荣和振兴。

（2）税收政策。

巴西政府通过一系列税收政策来促进乡村文化的振兴。这些税收政策旨在鼓励文化产业的发展、促进文化活动的举办、支持文化遗产的保护和传承，以及提高乡村地区居民参与文化事务的积极性。

①文化产业优惠税收政策。巴西政府为文化产业制定了一系列的税收优惠政策，以鼓励其在乡村地区的发展。其中包括减免企业所得税、增值税和进口税等，以及提供专门的税收抵免和减免措施。这些优惠政策为乡村地区的文化创意产业提供了经济上的支持，吸引了更多的投资和创业者进入该领域，促进乡村地区文化产业的繁荣发展。

②文化活动税收减免。为鼓励乡村地区举办文化活动，巴西政府推出了相关的税收减免政策。乡村地区的文化艺术节、展览、演出等活动，可享受一定的税收减免或免税待遇。这些措施降低了文化活动的经济负担，激发了乡村地区文化活动的举办意愿和参与度，为当地居民提供了更多接触和享受文化的机会。

③文化遗产保护税收政策。巴西政府通过税收政策激励和支持乡村地区的文化遗产保护工作。他们设立了专门的税收抵免机制，鼓励私人和企业对乡村地区的文化遗产进行修复、保护和开发。投资者可以享受相应的税收抵免或减免，从而降低投资成本并提高投资回报率。这种税收政策鼓励了更多的资金和资源投入乡村地区的文化遗产保护项目中，促进了乡村文化的传承和发展。

④文化捐赠税收优惠。为鼓励个人和企业参与乡村文化事业，巴西政府设立了文化捐赠税收优惠政策。个人或企业对乡村地区的文化机构、文化项目或文化活动进行捐赠可以享受一定程度的税收减免或抵免。这种税收优惠政策鼓励了社会各界对乡村文化的支持和投入，增加了文化项目的资金来源，推动了乡村文化事业的发展。

⑤乡村地区居民税收优惠。为支持乡村地区居民参与文化活动和享受文化服务，巴西政府对该地区的个人所得税进行了调整和优惠。居民在乡村地区参与文化艺术活动、购买文化产品或享受相关服务时可以享受一定程度的税收减

免或抵免。这种税收优惠政策鼓励了居民的积极参与，提高了他们的文化消费能力，促进了乡村文化市场的繁荣和乡村文化生活的丰富。

通过这些税收政策，巴西政府在乡村地区推动了文化产业的发展，促进了文化活动的举办，支持了文化遗产的保护和传承，提高了居民的文化参与度和消费能力。这些政策的实施为乡村文化振兴注入了活力，推动了乡村地区经济、社会和文化的可持续发展。

6.3.6 国际乡村文化振兴的经验及启示总结

文化事业发达的国家长期以来运用各种财税政策手段支持文化事业发展，取得了很好的效果。纵观法国、日本、美国、印度和巴西五个国家的财税政策实践，可资借鉴的经验主要包括以下方面：

1. 多层次财政支持

这些国家均采取了多层次的财政支持机制，包括中央政府、地方政府以及社会资金的协同合作。我国可以建立类似的多级财政支持体系，确保各级政府能够有效协同合作，充分利用社会资金，为乡村文化振兴提供稳定的财政支持。

2. 财政扶持资金与社会资本有机结合

财政扶持资金可以通过对"点"的支持，实现对乡村文化振兴的局部支持和引导。比如，可以利用作为财政政策之一的政府购买政策，多样化地购买文化产品和服务，实现财政资金与社会资本的有机结合，这也是文化产业发达国家常用的政策手段。例如，日本通过政府购买政策为具有一定地方特色的民间文化产品或服务付费，投资具有地方特色的文化遗产、民间艺术、传统工艺和祭祀活动等。法国通过政府购买行为支持新闻出版业的发展。

3. 创新税收激励机制

这些国家通过税收激励措施，鼓励乡村文化产业的发展。例如，采取税收优惠和税收减免等措施，有助于吸引投资及促进文化创意产业的发展。我国可以借鉴这些做法，通过创新性的税收政策激励乡村文化产业发展。

4. 建立专门基金

这些国家普遍建立了专门的基金来支持乡村文化振兴，如文化遗产保护基金、文化创意产业基金等。我国可以成立类似的专项基金，用于资助乡村文化保护、文化艺术节庆、文化产业创新等项目，为它们提供可持续的财政支持。

5. 鼓励社会参与

这些国家注重社会参与和合作，通过鼓励社区居民、非营利组织、文化团体等的参与，推动乡村文化振兴。我国可以加强政府与社区的合作，鼓励社会组织参与乡村文化项目的策划、组织和管理，实现资源共享和互利共赢。

6. 鼓励文化捐赠

这些国家都通过多元化财税政策鼓励社会企业或个人对文化领域，特别是非营利性组织的捐赠。我国可以通过财政奖励、税收优惠等措施鼓励社会各界的文化捐赠，一方面，可以在国家财力紧张的情况下缓解财政对文化产业，特别是非营利性组织和公益性文化机构日益增加的投入压力；另一方面，营造文化捐赠的良好风气。

7. 保护文化遗产

这些国家重视乡村文化遗产的保护，通过设立基金、提供补贴和税收优惠等方式，保护和修复乡村的历史建筑、传统艺术和手工艺品等。我国可以借鉴这些经验，加大对乡村文化遗产的保护力度，注重传统文化传承与创新融合。

8. 融合科技与文化

这些国家注重将科技与文化相结合，通过数字化技术、虚拟现实、智能化等手段，提供全新的文化体验，鼓励创意产业发展。我国可以加强科技与文化的融合，推动乡村文化与科技创新的结合，开拓乡村文化的发展空间。

9. 提升文化教育水平

这些国家注重提升乡村居民的文化教育水平，通过设立文化教育基金、开展培训项目等方式，提供乡村居民的文化素养和技能培训。我国可以加强对乡村居民的文化教育支持，提供多样化的培训机会和文化教育资源。

10. 重视文化专业人才

创新是文化产业的核心，而人才是创新的源泉。为了鼓励文化专业人才的创作，法国在对创作环节通过补贴和奖励实现对创作人才的支持，日本对民间艺术团体的艺术人员培养提供财政补贴。

综上所述，法国、日本、美国、印度和巴西在促进乡村文化振兴方面的经验为我国通过财税政策振兴乡村文化提供了有益的借鉴和启示。我国可以结合自身国情和发展需求，根据不同地区的特点和资源，制定出切实可行的财税政策，加强各方合作，激发乡村文化的活力，实现乡村振兴和文化繁荣。同时，还需加强相关政策的宣传和执行力度，提升社会对乡村文化振兴的认知和支持度。

6.4 促进乡村文化振兴的财税支持政策

财税支持政策是国家进行宏观管理的重要手段。国家通过财税支持政策对一定量的资金进行集中调配，制定有针对性、科学、合理的财税支持政策，利用财税经济杠杆，可以促进特定领域事业的健康发展。

6.4.1 财政支持政策促进乡村文化振兴的思路

文化事业具有的外部性和公共产品属性决定了政府有必要介入文化事业的发展过程（安体富，2012），但政府不应直接介入企业的生产经营活动和过多地干预市场竞争行为，而是应该着手于引导市场的价格机制、供求机制和竞争机制，解决市场失灵问题，培育乡村文化事业的自我发展能力。具体来说主要着力点如下：

一是重点扶持本地优势特色资源。与城市文化事业不同，乡村文化事业的发展主要依托本地特色资源、依赖本土人才进行市场化运作，财政支持政策促进乡村文化事业发展，不能"撒胡椒面"，应该侧重于点的支持。

二是加大对文化资源的保护、开发的支持力度。财政支持政策要立足本地文化资源的保护性开发工作，在此基础上推进特色优质资源或优势事业与旅游业、影视业、制造业的融合，促进乡村文化事业的发展。

三是加大人才吸引、培养和维护力度。政府可以通过财政补贴和奖励政策，吸引文化、艺术、旅游等相关领域的人才到乡村工作和生活并通过财政支持优化乡村文化人才的发展环境，包括提供良好的工作条件、完善的社会保障、广阔的发展前景等，同时还要注重培养本土文化人才，通过传承和弘扬地方传统文化，激发乡村群众的文化自觉和文化自信。

四是刺激文化产品供给，培育文化消费需求。一方面，必须加大对文化产品创作、创意、形式和载体的创新、知识产权保护等方面的财政支持，通过产品创新创造新的文化需求；另一方面，也要通过发放文化消费券、惠民文化卡等形式低价或免费提供文化产品来培育文化消费市场，刺激潜在的市场需求。

五是创新财政投入模式，吸引社会资金进入，促进文化事业发展。通过建立文化事业发展基金、专项资金、政策优惠等手段，引导社会资金投资乡村文化振兴，促进资本投入的多元化。

6.4.2 完善促进乡村文化振兴的财政支持政策

1. 扩大乡村文化事业的财政专项资金规模，完善专项资金管理制度

针对我国目前扶持乡村文化事业的财政专项资金规模偏小和扶持力度偏弱的现状，有必要扩大专项资金的规模，并调整专项资金的使用范围和方向（刘元发，2014），具体包括以下两个方面：

（1）合并部分专项资金，调整专项资金使用方向和范围。

为了更好地发挥现行各类专项资金的作用，必须根据乡村文化事业的发展要求，按照乡村文化振兴的阶段性特征和区域性特点，适时合并和调整部分专项资金。例如，宣传文化发展专项资金等的使用方向和范围，应重点体现对重点产品、重点项目和新兴业态的支持力度。同时，根据乡村文化振兴的未来发展重点，合理确定所需的支持资金规模，使财政专项资金保持一定的年增长速度，保障和满足乡村文化振兴的需要。

（2）加强专项资金的统筹管理，提高资金使用效率。

针对现行文化事业相关专项资金使用范围上存在交叉和管理分散的问题，应统筹安排和管理各类财政专项资金，更有效地发挥各类专项资金的作用。

2. 合理制定乡村文化振兴的财政支持政策，创新财政支持方式

针对现行乡村文化事业部分发展领域缺乏政策支持，以及财政支持资金不足等方面的问题，应合理、科学制定财政支持政策，创新乡村文化振兴的财政支持方式。

（1）加大对乡村文化事业薄弱环节的财政支持力度。

针对乡村传统文化事业中的薄弱环节，以及不合理政策进行改进。例如，设立乡村地区传统建筑维护基金、绿色印刷专项资金，明确财政专项资金对乡村地区中小新闻出版企业的支持力度，加大对乡村地区出版业的支持，制定对乡村地区民营书店的扶持政策。

（2）加大地方财政对文化事业的支持力度。

加大中央财政对乡村文化事业投入的同时，也需要加大地方财政的支持力度。例如，地方政府可增加对乡村文化事业发展的经费预算，设立促进乡村文化事业发展的相关专项资金。

（3）设立国家艺术基金，支持乡村文化演艺业的发展。

可根据乡村文化振兴的需要，设立国家艺术基金，对乡村地区艺术的创作生产、宣传推广、征集收藏、人才培养等方面进行资助。资助对象应面向社

会，无论国有企业或民营企业、单位或个人，只要符合条件，都可以申请基金资助。支持方式可以是项目资助、优秀作品奖励和匹配资助。加大对乡村重点文艺项目、优秀文艺作品、杰出文艺人才的激励力度，促进我国乡村文艺事业的发展。

（4）利用财政补贴支持乡村地区电影、综艺节目、纪录片等影视项目的开展。

影视作为一种传播力强的文化媒介，在现代社会越来越具有影响力。影视制作环节成本比较高、风险大，发行和放映环节影响文化传播的广度，因此，要重点加大对弘扬中国乡村优秀传统文化的影视作品的财政支持力度，鼓励其生产和传播。

（5）加强乡村文化事业人才培养，发现、保护、培养民间文化传人，提升乡村文化事业竞争力。

通过政府补贴培养民间文化传人，建议对国家认定或地方认定为重要民间文化传人的人员给予一定的生活补助，同时给予一定的财政资助，鼓励其培养接班者，实现文化传承。对于高端人才，补助政策应有所倾斜。此外，对经过资质认证的乡村文化事业专业人才培训机构的相关人才培训项目给予财政资助，并鼓励社会资金举办或与高等学校合办乡村文化事业专业人才培训中心，对其给予适当的财政补贴。

3. 以政府购买促进乡村公共文化服务均等化，助推乡村文化振兴

政府购买公共服务，是指政府按照法定程序和采购目录，将原来由政府直接承担或通过事业单位承担的公共服务事项，以合同方式外包给有资质的社会组织（包括民营企业）完成，并根据后者提供服务的数量和质量，按照一定标准进行评估后支付服务费用。

（1）政府购买公共文化服务的必要性。

发达国家的经验证明，无论是基本、普通的公共服务，还是专业性强、技术要求高的公共服务，由政府直接提供都比由社会组织提供成本更高，政府以购买方式为社会提供公共服务，较之传统的政府直接充当服务者或政府委托自身投资兴办的机构提供服务而言，一方面，可以降低行政成本，遏制政府部门从公共服务中牟取利益的倾向和公共服务中的腐败行为；另一方面，有利于打破政府、事业单位对大多数公共服务的垄断局面，降低社会组织从事公共服务的门槛，有利于促进社会组织的发育和成长，更能节约财政支出，提高公共服务的效率与质量，更好地满足公众的各种需求。

政府购买公共文化服务不仅是破解公共文化服务效率低下的良方，同时，

对社会文化力量的发展具有重要的扶持作用（文立杰、纪东东，2021）。公共文化服务是基于社会效益，不以营利为目的，为社会提供非竞争性、非排他性的公共文化产品的资源配置活动。目前，我国提供公共文化服务的主要是各级各类国有文化企事业单位，资金来源主要是公共财政，具有一定的垄断性，属于典型的政府生产、政府供给模式。随着社会对公共文化服务需求的数量和质量不断提高，这种模式越来越难以满足公众对公共文化物品和服务不同层次的需求，因此，必须改革原有公共文化服务供给模式，引入竞争机制，消除各类民间资本和生产要素流入公共文化服务领域的壁垒，提高公共文化服务效率。政府购买作为提高政府财政绩效管理的有效手段以及一种竞争性购买方式，不仅有利于打破原有公共文化服务供给的垄断局面，而且可以通过竞争机制提高供给效率。

（2）政府购买公共文化服务的机制。

①建立健全公共文化服务需求偏好表达和调查机制。政府购买服务的起点是要知道公众需要什么，因此，"问民意"成了首要之选，也就是购买服务的起始点。提供公共文化服务的主要目的是满足大众文化需求，因此，要了解公众有什么样的文化需求，就必须建立能让公众充分表达自身文化需求的通道，尤其应该结合新兴技术手段，如大数据、云计算等，通过科学、合理的调查机制了解公众普遍、真实的文化需求。具体到乡村文化振兴层面，由于乡村生活的独特性、乡村人民偏好的特殊性等，了解乡村人民的文化需求更为重要，他们的真实需求理应得到足够重视。

②健全公共文化服务购买目录筛选机制。政府购买公共文化服务是利用公共财政资金为社会公众购买服务。这类服务应具有较强的公共产品属性，具有较低的排他性和竞争性。在了解乡村居民的文化需求之后，鉴于公众需求的多样性，在确定项目时，应对公众的需求进行甄别和遴选，选择那些能满足大多数人共同需求的文化服务项目。因此，需要建立公共文化服务购买目录筛选机制，通过综合排序等方式将那些优选文化项目遴选出来。

③建立项目承担社会组织末位淘汰机制。为更好地提高公共文化服务质量，应加强购买公共文化服务项目的后期管理，特别是对提供公共文化服务的社会组织建立约束机制。为此，一方面，要建立社会组织电子诚信档案，并纳入社会信用管理系统，将其表现作为提供政府购买服务、享受优惠政策和社会组织等级评定的依据；另一方面，通过实行末位淘汰制度，将无诚信或诚信度低、提供公共文化服务质量差的社会组织淘汰出局，从而规范公共文化服务提供者的行为，提高政府购买服务的效率。

④健全购买公共文化服务项目的绩效评价机制。公共文化服务项目的绩效评价应至少包括三个方面：一是受益人，即公众对该项目进行评价。二是政府部门，要组织专家或通过第三方评估机构进行评估。三是项目承担者对自身在提供公共文化服务过程中的工作进行自我评价，并建立科学的指标体系对此进行科学评价。

⑤扩大政府购买公共文化服务中的公众参与机制。公共文化服务项目的受益人是公众，政府购买公共文化服务项目的目的是更好地服务公众，提供公众满意的项目。因此，公众的参与有利于提高公共文化服务项目的质量和满意度。这就要求政府在制定、执行、评估等阶段建立相应的公众参与制度，使公众的需求得以充分表达，使公众成为项目运行的监控力量。

4. 以政府购买公共文化服务作为促进乡村公共文化服务均等化的着力点

乡村文化振兴的目的是使农民能够共享改革精神成果、文化成果，收获更多的幸福感和获得感，而乡村公共文化服务均等化是乡村振兴目标全面实现的具体体现。必须把乡村文化振兴与提升乡村公共文化服务水平结合起来，加强乡村公共文化服务政策的宣传和落实，均衡乡村公共文化服务的供给，缩小乡村之间的差距，加速乡村公共文化服务水平的提升，进而推动乡村文化振兴战略的进一步实施。

（1）提高乡村公共文化服务的供给总量。

增加乡村公共文化服务供给，是乡村振兴战略的着力点，也是满足新时代乡村居民对美好生活需要的本质要求。推进乡村公共文化服务均等化，率先要在供给总量上做出进一步提高（刘红，2022）。

改善乡村公共文化服务供给总量不足问题，首先，需要加大对乡村地区公共文化服务的财政资金投入，保障乡村公共文化服务供给。从当前乡村公共文化服务供给主体角度出发，国家应提高对乡村公共文化服务供给的资金支持，并且规范各级政府的财政收入，优化政府对乡村公共文化服务的财政支持政策，使政府具有乡村公共文化服务供给的财力支撑。同时，通过科学、完善的财政转移支付制度，集中供给资金，合理分配资源，协调不同乡村供给力度，破解部分乡村地区供给资金不足的困局，提高各级政府供给乡村公共文化服务的能力。除以政府为主导的财政供给之外，市场机制、社会组织及个人志愿者的参与和资助是乡村公共文化服务供给的重要筹资来源，应鼓励和调动这些供给主体参与乡村公共文化服务供给，积极发挥辅助和补充作用。

其次，以乡村振兴为发展主线，具体地区具体分析，充分利用乡村地区的有效资源，结合各地乡村文化的独特性，引导村镇发展和壮大文化产业及相关的特色经济。围绕乡村振兴总体要求，紧抓乡村公共文化服务建设，需要加强对乡村特色文化产业的培育力度，形成优质、高效的现代乡村文化产业体系，实现乡村振兴产业兴旺的第一任务，为不断增加农民收入提供坚实的经济支撑。

再次，要根据城乡发展前景来合理规划乡村公共文化服务的基本格局，做好乡村公共文化服务的宣传和计划，鼓励城市资金、技术、人才等要素向乡村流动，推动城市基础文化设施和公共文化服务向乡村延伸，逐步实现城乡基本公共文化设施建设投入一体化。以充分发挥城市对乡村的带动和辐射作用，促进乡村文化振兴。

最后，需加快完善乡村基本公共文化服务标准体系，确保地方提供数量相当的基本公共文化服务，打好乡村公共文化服务供给均等化的基础。地方政府根据乡村地区的发展情况，制定相应的供给标准，在确保基础性文化服务得到供给的基础上，逐渐增加发展性和福利性的公共文化服务，以满足乡村居民不断发展的乡村公共文化服务需求，使乡村居民公平地享受乡村公共文化服务。

（2）均衡供给不同乡村的公共文化服务。

我国乡村面积广阔，村庄类型多样，发展环境差异明显，公共服务非均等化、公共文化服务非均等化的问题，不仅在于城乡之间，在广大乡村之间也同样存在。因此，乡村公共文化服务的供给不能"一刀切"，在具体的标准、具体的建设内容和路径方面要坚持因地制宜、实事求是、分类指导、精准制定和供给，鼓励探索多种形式的乡村公共文化服务供给模式。

均衡乡村公共文化服务供给并非将总的供给资源平均化，而是针对不同乡村文化事业发展水平给予最适宜和最需要的乡村公共文化服务。这就需要对村镇体系和村庄建设进行系统布局、合理规划，管控乡村公共文化服务供给的规模和标准，明确乡村公共文化服务供给项目的内容和时间顺序。近郊乡村要发挥地理位置优势，有效利用城镇资源，以县城和镇区为主要载体建立"农民文化生活空间"，推动文化基础设施和基本公共文化服务向乡村延伸和覆盖，实现城乡资源均衡配置；对于远郊乡村，应积极了解当地乡村公共文化服务的建设状况，获取农民需求反馈信息，及时供给农民最需要的乡村公共文化服务；生存型乡村多以贫困村庄为主，首先要解决的是温饱问题，因此，仍然应以基础性公共文化服务，如电视、广播、读书、看报等服务的供给为主；发展型乡村则应该在保障基本公共文化服务基础之上，丰富多种服务类型；产业型乡村要加强对本地文化企业或产业的发展建设；旅游型乡村则应注重将乡村文化与旅游产业有机结合。在增加乡村公共文化服务的供给过程中，基层政府应充分结合乡村具体文化事业发展的水平和特点、人口规模和农民的实际需求程度，避免出现公共文化服务设施过度供给和资源闲置浪费现象，提高各类乡村公共文化设施运行和使用效率，提高资金和资源的集约利用水平和规模效益，避免盲目建设，实现从供给导向需求导向的快速转变。

6.4.3　完善促进乡村文化振兴的税收支持政策

1. 稳定关于乡村文化振兴的税收支持政策，完善政策规定

针对现行文化事业的税收支持政策具有时间限制和不稳定的情况，为了对文化事业在未来重要发展阶段给予更有力的支持，应明确和延续与文化事业相关的税收支持政策，完善政策规定。我国乡村地区文化事业目前尚处于培育发展期，传统文化事业改造正在进行，新兴业态等方面也正处于起步阶段。因此，仍然有必要通过税收支持政策继续给予乡村地区文化产业特殊支持。为了稳定对文化事业发展有关政策的预期，可在现行文化行业的增值税优惠政策的基础上设定相对较长的优惠期限，尽可能使相关税收支持政策长期化和稳定化，减少企业等主体面对的不确定性风险，进一步完善税收法律体系。依据《中华人民共和国文化产业促进法》，厘清产业界限，整合各种税收支持政策，规范关于税收支持乡村地区文化产业发展的政策原则和思路，构建文化产业税收法规体系，并以法律形式确定。地方政府要在国家统一规划下制定有关支持乡村地区文化产业发展政策，避免政策不统一影响公平竞争（邵凌云，2014）。

2. 完善乡村文化振兴的增值税优惠政策

为促进文化事业的发展，我国出台了一系列针对文化产业的增值税优惠政策。这些政策主要采取直接优惠方式，对增强文化企业的自我积累、自我发展能力起到了非常重要的作用，但并没有针对乡村文化振兴出台相应增值税政策。纵观全球发达国家促进乡村文化振兴的税收政策，我国还应着眼于未来的财税改革趋势，出台有利于乡村地区文化事业长远发展的普惠制增值税政策，进而完善相关税收体系。

（1）从短期来看，应调整增值税直接税收优惠的方式，加大直接优惠的力度。

①调整增值税退税方式。我国增值税优惠一般采取先征后退方式，由于这种方式在退税程序和管理上都比较严格，具有一定时滞性，容易导致政策落实不到位，因此，建议将先征后退改为即征即退方式。

②加大增值税优惠力度，扩大免征范围。我国现行文化事业增值税优惠对促进我国文化事业的特殊领域和重要环节的发展来说，尤其对乡村地区薄弱的文化产业而言，支持力度不够。因此，笔者建议税收支持政策可以对乡村文化振兴的重点领域有所倾斜。例如，对乡村地区各类实体书店出版物的销售环节，免征增值税；对制作有关乡村文化振兴的出版物而进口的符合规定的生产设备及配套件、备件等，免征进口关税和增值税；乡村科研、教育单位等进口的用于科研、教学的图书、报刊、资料（含缩微制品、光盘等），免征增值税等。

③加强对乡村文化事业方面的专业人才的引入、培养和维护。乡村文化事业的核心是创新，基础在传承，二者的源泉都在于人才，特别是我国乡村地区，各类文化传承、创新人才都比较缺乏，因此，必须加大人才引入、培养和维护工作力度。建议通过税收支持政策促进人才培养。例如，对有专业资质的培训机构相关的培训收入给予税收支持政策，可以刺激机构对专业人员培训的动力。

（2）从中长期看，应实行较低的增值税税率，制定和实施留抵税额的退税政策。

随着增值税改革的全面深入，我国在制定文化产业增值税政策时，要充分考虑乡村地区文化产业的外部性和目前阶段的幼稚产业属性，借鉴国际经验，一方面，应针对乡村地区具有正外部性的文化产业制定较低的增值税税率政策；另一方面，要考虑到文化产业与一般经济产业在增值税抵扣方面的差异性，即可能出现销项税与进项税倒挂、进项税留底等问题，在制定和实施文化产业税收支持政策时，应对文化产业某些领域实行留抵税额的退税政策。

3. 完善乡村文化振兴行业企业所得税和个人所得税优惠政策

长期以来，我国的企业所得税实行直接优惠方式为主、间接优惠方式为辅的税收优惠政策模式。一般而言，直接优惠方式适用于激励投资期限短、见效快的产业（企业）发展，而对经营周期长、投资规模大、技术水平高的文化产业的激励扶持效果不明显，且对投资纳税人争取（骗取）税收优惠政策的刺激作用大。而间接优惠方式富有弹性，对纳税人生产经营和从事劳务活动的促进激励作用大。对经营周期长、投资大、风险高、回报率不固定的文化产业而言，间接优惠方式的优点大于直接优惠方式。鉴于间接优惠方式具有持久、正向激励文化产业发展的优点，完善企业所得税，应实施以间接优惠方式为主、直接优惠方式为辅、两者有机结合的税收优惠政策体系。这是因为直接优惠方式侧重于事后优惠，有较大局限性，间接优惠方式侧重于事前优惠，有利于形成"政策引导市场，市场引导企业"的有效优惠机制，达到政府推进文化产业科技创新的政策目的。

在现阶段促进乡村文化振兴的背景下，乡村地区的文化行业属于国家重点扶持和鼓励发展的行业。2008年1月1日实施的《中华人民共和国企业所得税法》，已对企业所得税优惠政策进行了统一和规范。因此，文化行业适用于企业所得税的一般性优惠政策，政府应基于现行企业所得税的优惠政策范围，进一步合理制定促进乡村文化振兴的所得税优惠政策。

（1）采取多种间接优惠方式。

在乡村文化振兴的税收政策激励上，采用加速折旧、投资抵免、亏损弥补、费用扣除、提取技术开发准备金等间接优惠方式，鼓励乡村地区企业更多地投入科技研发设备更新、文化产品（服务）内容创新，实现企业优惠向产业优惠转变。依据乡村文化振兴的发展特点，通过产业和项目内容创新的税收支持政策，扶持具有实质意义、富有乡村文化特色的乡村文化振兴的项目投资。对以文化产业创新项目为主要内容，且当年主营业务收入超过企业总收入的企业，减按税率征收企业所得税。对于社会民间力量兴办的各种乡村地区文化企业，应让它们享有与国有文化企业一视同仁的税收支持政策。

（2）对乡村地区文化企业在承担政治性、公益性任务时的项目所得，应给予免税。

文化事业具有双重属性，因此，在制定所得税政策时，要考虑文化事业的特殊性，即意识形态属性，对乡村地区文化企业在承担政治性、公益性任务时的项目所得与其他项目所得实行区别对待，一般项目所得正常纳税，而对于前者，则应予免税，以增加乡村文化企业资本积累，减少其负担，从而使其更好地提供公共文化产品。

（3）实施乡村地区文化企业再投资退税政策。

对于境内外文化企业和个人在我国境内乡村地区开办新的文化企业，或加大文化基础设施工程投资建设的，以及增加文化企业注册资本的，可给予一定比例的再投资退税优惠。

（4）实施乡村地区文化企业税利返还政策。

对于乡村地区新成立的文化企业，在一定期限内免征所得税。对文化艺术、新闻出版、广播影视、音像、文物等部门上缴的税收和利润，以及文化产品的进口企业，实施奖励性税收返还。乡村地区文化企业建设初期的一切收费按最低标准执行，或前三年免征企业所得税，第四至五年给予20%的奖励。符合国家鼓励标准的新成立的乡村地区文化企业，自取得第一笔生产经营收入所属纳税年度起，前两年免征企业所得税，第三年减半征收企业所得税，即给予"两免三减半"的企业所得优惠待遇。

（5）对传统文化企业的改造升级项目和产品实行税收优惠。

我国传统文化企业数量多，传统业务受到了来自新媒体、新文化业态的冲击。为鼓励其自身升级改造，发展数字内容、动漫、网络游戏等新兴文化事业，除其他政策扶持之外，对其新兴文化项目所得实行一定期限的免征企业所得税的税收优惠。

（6）制定鼓励文化捐赠的所得税优惠。

我国目前针对文化捐赠的税收优惠政策整体力度较小，公益性捐赠扣除标准是小于或等于年利润总额的，个人捐赠享受扣除标准是小于或等于应纳所得额的。为了鼓励企业和个人增加对乡村地区文化事业的捐赠，应扩大享受所得税税收优惠的文化捐赠范围，提高所得税扣除标准，引导社会资金流入乡村文化振兴领域。

（7）对乡村地区文化事业人才缴纳个人所得税给予税收优惠。

具体来说，有对国家奖金、补贴等免税，提高免征额，增加专项扣除项目，改变税率，增加税收返还等措施。政府可以针对乡村地区文化事业从业人员特点，因地制宜制定乡村地区文化事业相关人才认定标准和方法，可进一步针对不同级别的人才给予不同级别的税收优惠力度。在此过程中，尤其要注重资格的审查，极力避免该类人员利用制度漏洞进行偷逃税的行为。

4. 完善其他税种的税收支持政策

对于城镇使用税、房产税等小税种，政府也可以相应地针对乡村文化振兴事业制定税收支持政策。例如，免征乡村地区经批准的文化企业经营用土地和房产的城镇土地使用税及房产税，对乡村地区经过认证的文化事业相关企业免征城市维护建设税、车辆购置税和附加税费等，对乡村地区文化事业相关单位进口经批准的用于文化事业的机器、材料等给予关税方面的税收优惠。

6.4.4　财税支持政策促进乡村文化振兴的实施条件与保障措施

1. 财税支持政策促进乡村文化振兴的实施条件

财税支持政策促进乡村文化振兴的实施，需要建立在一定的前提和基础之上，不仅需要政府提供财税政策支持与引导、保障资金投入，还需要与之相匹配的税收征管能力来保证财税支持政策的实施效果，更需要合理的乡村治理机制推动政策的执行和资源的有效配置。只有在这些基础条件的支持下，财税支持政策才能更好地促进中国乡村文化的振兴，实现乡村的文化繁荣和可持续发展。

（1）财政预算安排。

财政预算安排是实施财税支持政策的重要手段，对于乡村文化振兴尤为关键。通过合理的财政预算安排，政府可以调动财政资源，向乡村文化振兴项目提供资金支持，包括用于文化遗产保护、文化设施建设、文化活动组织等方面的经费投入。财政预算安排的合理性和充分性，可以保证乡村文化振兴项目的顺利开展，促进乡村文化的繁荣和发展。

资金保障乡村文化振兴。合理的财政预算安排可以为乡村文化振兴提供资金保障。乡村文化振兴需要资金投入，包括基础设施建设、文化创意产业发展、艺术表演和文化活动的支持等。通过合理的财政预算安排，政府可以确保足够的资金投入乡村文化振兴项目中，为乡村文化的繁荣提供有力支持。

提升财政效益和资源利用效率。合理的财政预算安排可以提升财政效益和资源利用效率。通过科学的预算编制和执行，政府可以实现资金的有效配置和利用，避免浪费和滥用。同时，财政预算安排还可以推动资源的合理配置，优化乡村文化振兴项目的选择和实施，确保资金投入的最大化效益。

保证财政可持续性和稳定性。合理的财政预算安排可以保证财政的可持续性和稳定性。乡村文化振兴是一个长期的过程，需要长期的财政支持。通过合理的财政预算安排，政府可以确保乡村文化振兴的资金来源稳定，避免由于资金不足或不稳定而影响项目的顺利进行。同时，合理的财政预算安排还可以防止财政压力过大，确保财政的可持续性。

提高财政透明度和公开性。合理的财政预算安排可以提高财政的透明度和公开性。透明的财政预算可以让社会各界了解财政收支情况，避免信息不对称和财政资金滥用的问题。公开的财政预算可以提高社会的监督和参与程度，促进财政资源的合理分配和使用，保障乡村文化振兴的公正性和效果。

引导社会资本参与乡村文化振兴。合理的财政预算安排可以引导社会资本参与乡村文化振兴。除了政府资金的投入，社会资本的参与对于乡村文化振兴同样至关重要。通过合理的财政预算安排，政府可以提供激励和引导措施，吸引社会资本投入乡村文化产业，促进乡村文化振兴的多元化发展。

加强财政监督和问责机制。合理的财政预算安排可以加强财政监督和问责机制。财政预算的编制和执行过程需要建立科学的监督与问责机制，确保财政资金的合法、合规使用。加强财政监督和问责可以防止腐败和滥用，保障财政资金的有效使用和乡村文化振兴项目的顺利进行。

合理的财政预算安排是财税支持政策促进中国乡村文化振兴的重要前提与基础，它可以通过资金保障、提升财政效益和资源利用效率、保证财政可持续性和稳定性、提高财政透明度和公开性、引导社会资本参与、加强财政监督和问责机制，从而为乡村文化振兴创造良好的财政环境，促进乡村文化的繁荣和发展。

（2）税收征管能力。

税收征管能力的提高是财税支持政策有效实施的重要保障，对于乡村文化振兴尤为关键。税收作为财政资金的重要来源之一，通过政策调整和征管强化，可以为乡村文化振兴提供稳定的资金支持。强化税收征管能力可以有效打击偷逃漏税行为，增加税收收入，为乡村文化振兴提供更多的资金支持。同时，税收征管能力的提升还可以促进经济发展和产业升级，为乡村文化振兴提供更广阔的发展空间。

增加财政收入。税收征管能力的提升可以有效增加财政收入，为乡村文化振兴提供资金保障。乡村文化振兴需要资金投入，包括基础设施建设、文化活动组织、文化创意产业发展等。通过加强税收征管，提高税收征收效率和质量，可以增加财政收入，为乡村文化振兴项目提供稳定的资金来源。

优化税收结构。税收征管能力的提升可以优化税收结构，为乡村文化振兴提供更有利的税收政策环境。通过科学合理的税收政策调整和优化，可以减少对传统农业等传统产业的重税负担，同时鼓励和支持乡村文化创意产业的发展。优化税收结构可以调动乡村文化振兴的积极性，促进乡村文化产业的蓬勃发展。

防止税收漏税和避税行为。税收征管能力的提升可以有效防止税收漏税和避税行为，保护税收利益，为乡村文化振兴提供稳定的财政支持。乡村文化振兴需要大量资金支持，如果存在大量的税收漏税和避税行为，将导致财政收入减少，影响对乡村文化振兴项目的资金投入。通过加强税收征管，提高税收征收的全面性和准确性，可以防止税收漏税和避税行为，保障财政收入的稳定，为乡村文化振兴提供可靠的财政支持。

推动乡村经济发展。税收征管能力的提升可以推动乡村经济发展，为乡村文化振兴创造良好的经济环境。乡村经济的发展为乡村文化振兴提供了重要的支撑和保障。通过加强税收征管，提高税收征收效率，可以减少不合规经营和偷税漏税行为，促进乡村经济的规范化和健康发展。乡村经济的繁荣将为乡村文化振兴提供丰富的资源和市场需求，推动乡村文化的繁荣和发展。

增强社会信任和公平正义。税收征管能力的提升可以增强社会信任和公平正义意识，为乡村文化振兴提供社会支持和认可。税收征管的公正与透明是社会公平正义的体现，也是社会信任建设的基础。通过加强税收征管，确保税收征收的公正和透明，可以增强社会对税收制度的信任和支持，为乡村文化振兴项目的推进提供社会基础。

税收征管能力是财税支持政策促进乡村文化振兴的重要实施条件。税收征管能力的提升不仅可以增加财政收入、优化税收结构、防止税收漏税和避税行为，更能推动乡村经济发展、增强社会信任和公平正义，从而为乡村文化振兴创造良好的环境，推动乡村文化繁荣和发展。

（3）乡村治理机制。

乡村治理机制的完善对于财税支持政策促进乡村文化振兴具有重要意义。乡村治理机制涉及政府、社会组织和居民等多方面的合作与协调，对于形成有效的政策执行和资源配置机制至关重要。在乡村文化振兴过程中，需要有明确的责任分工、良好的沟通协调机制和高效的执行机制。完善的乡村治理机制可以推动财税支持政策的有效落实，提升政策的执行效果，确保财政资源和税收收入能够得到科学合理的分配和利用，从而促进乡村文化振兴的顺利进行。

促进政策的协同推进。乡村治理机制能够促进政策的协同推进，确保财税支持政策与乡村文化振兴的目标相互配合、相互促进。乡村文化振兴需要政策的支持和协调，而乡村治理机制作为政策实施的桥梁和纽带，能够协调各相关部门的行动，推动财税支持政策与乡村文化振兴策略的有机结合，确保政策的一致性和协同性，提高政策的实施效果。

强化政府的主导作用。乡村治理机制能够强化政府在乡村文化振兴中的主导作用，推动政府在财税支持政策方面的积极作为。政府在财税支持政策中发挥着重要的引导和调控作用，通过合理的财政预算安排和税收政策制定，可以引导资金流向乡村文化振兴领域，提供支持和保障。乡村治理机制可以加强政府的决策与管理能力，提升政府在财税支持政策执行中的效率和效果，确保政府的主导作用得以有效发挥。

加强社会参与和民主决策。乡村治理机制能够促进社会参与和民主决策，为财税支持政策的制定和执行提供广泛的参与与民意支持。乡村文化振兴事关全体乡村居民的利益，他们对于财税支持政策的制定和执行有着直接的关注与影响。乡村治理机制可以建立多元参与的平台和机制，促进社会各界的广泛参与，充分听取和汇集各方的意见与建议，形成民主决策和共识，确保财税支持政策的公正性和合理性。

加强乡村文化资源整合和利用。乡村治理机制能够促进乡村文化资源的整合和利用，为乡村文化振兴提供丰富的资源支持。乡村地区拥有丰富的自然、人文和历史文化资源，但这些资源的整合和利用存在一定的困难。乡村治理机制可以协调各方力量，整合乡村文化资源，制订合理的规划和利用方案，推动文化资源的保护、传承和开发，提高乡村文化振兴的效果。

促进乡村治理体系的建设。乡村治理机制能够促进乡村治理体系的建设和完善，为财税支持政策的执行提供良好的制度环境。乡村治理体系是保障乡村文化振兴顺利进行的基础，其完善与否直接影响财税支持政策的落地效果。乡村治理机制可以加强乡村治理体系的各要素之间的协同和衔接，明确各级政府、乡村组织、社会组织和居民的权责，建立健全的协调机制和工作机制，提高乡村治理的效能和效果。

乡村治理机制是财税支持政策促进中国乡村文化振兴的重要实施条件。乡村治理机制的完善和有效运行是乡村文化振兴的基础与前提，协同推进政策、强化政府主导作用、加强社会参与和民主决策、整合和利用文化资源，以及促进乡村治理体系的建设，能够为财税支持政策的顺利执行提供有力保障，推动乡村文化振兴迈上新的发展阶段。

2. 财税支持政策促进乡村文化振兴的保障措施

财税支持政策是促进乡村文化振兴的重要手段和路径，目前我国需要建立健全的财税法规制度，出台财税监督评估和财税宣传教育等配套支持政策，为乡村文化振兴提供必要的保障和支持，促进乡村文化的繁荣与发展。

（1）财税法规制度。

财税法规制度是财税支持政策实施的基础，它对乡村文化振兴具有重要的引导和规范作用。制定健全的财税法规制度，可以明确乡村文化振兴的财政支持、税收优惠和经费使用等方面的规定，为政策的实施提供法律保障。通过财税法规制度的规范作用，可以确保财政资源的合理配置，增强乡村文化振兴政策的可持续性和稳定性。

规范财政支出。财税法规制度对财政支出进行规范和管理，确保财政资源的合理配置。在乡村文化振兴中，财政支出是重要的支持手段，需要明确规定资金的来源、分配和使用方式。可以制定相关政策和法规，明确资金的管理流程和程序，加强财政监督和审计，避免资金的滥用和浪费，提高财政支出的效益和效果。

提供税收优惠政策。可以制定税收优惠政策，降低乡村文化产业的税负，促进其发展壮大。通过减免税收或给予税收优惠，可以吸引更多的投资和资源进入乡村文化领域，鼓励创新创业，推动文化产业发展。同时，还需要规定相关的税收管理办法，确保税收的公平征收和使用，避免税收逃避和不当竞争。

加强经费使用监管。应对乡村文化振兴经费的使用进行监管，确保资金的合理利用和效益最大化。制定相关的经费使用管理办法和制度，明确资金使用的范围、条件和监督责任，加强资金流转监督，防止经费的滥用和浪费。同时，还要建立健全的财务管理体制和审计制度，加强对经费使用情况的监督和评估，保障乡村文化振兴经费的安全和有效使用。

推动政策的持续和稳定。财税法规制度的建立健全可以提高政策的可持续性与稳定性。应制定相关的法律法规，明确政策的目标和措施，确保政策的长期执行和推广。同时，财税法规制度还需要与其他相关法律和政策进行衔接，形成系统完整的政策框架，协同推动乡村文化振兴。

总之，财税法规制度在财税支持政策促进乡村文化振兴中起着重要的配套支持作用。通过规范财政支出、提供税收优惠政策、加强经费使用监管及推动政策的持续和稳定，财税法规制度可以保障乡村文化振兴政策的有效实施，促进乡村文化产业的发展，提升乡村居民的文化素质和生活品质，推动乡村全面振兴目标的实现。因此，建立健全的财税法规制度是实施财税支持政策促进乡村文化振兴的必要条件。

（2）财税监督评估。

财税监督评估是确保财税支持政策有效实施和利用的关键环节。建立健全的财税监督评估机制，可以对财政预算执行情况、税收征管情况以及乡村文化振兴项目的实施效果进行监督评估，发现和解决政策执行中的问题，确保财政资金的合理使用，提高政策的针对性和实效性。

提高财政资金使用效率。财税监督评估可以对财政资金的使用情况进行监督和评估，确保财政资金用于乡村文化振兴的项目和活动，并提高资金使用的效率。通过对项目执行情况、资金使用情况和效益评估等进行监测和评估，及时发现问题和不足，提出改进措施，确保财政资金的合理利用和效果最大化。

防止财政资金滥用和浪费。财税监督评估可以发现和纠正财政资金滥用和浪费的问题，提高财政资金的使用效益。加强对财政资金使用的监管和审计，可以确保资金的合规使用，防止虚假报账、挪用公款等不法行为的发生，保障财政资金的安全和有效利用。

提升政策措施的科学性和有效性。财税监督评估可以评估财税支持政策的实施效果，及时发现政策的不足和问题，提出改进意见和建议。通过对政策措施的评估和调整，政府可以提高政策的科学性和针对性，确保政策的有效实施，提高乡村文化振兴的效果。

强化财政管理和监督。财税监督评估可以加强财政管理和监督，提高财政资金的使用透明度和公开性。通过建立健全的财政监督机制，加强对财政资金的审计、检查和监察，确保财政资金的合规运行和防止腐败现象的发生。同时，财税监督评估还可以加强对相关部门和机构的监管，推动其履职尽责，提高乡村文化振兴工作的质量和效果。

促进政策的持续改进和创新。财税监督评估可以及时发现政策的不足和问题，并提出改进和创新的建议。对政策的评估和反馈，可以推动政策的不断完善和调整，提高政策的适应性和针对性，促进乡村文化振兴工作的可持续发展。

所以，财税监督评估作为财税支持政策促进乡村文化振兴的配套政策，对保障财税支持政策的有效实施和促进乡村文化振兴具有重要的作用。它可以提高财政资金的使用效率，防止财政资金滥用和浪费；提升政策措施的科学性和有效性；强化财政管理和监督；促进政策的持续改进和创新。财税监督评估可以确保财税支持政策在乡村文化振兴中发挥应有的作用，从而实现乡村全面振兴和可持续发展。

（3）财税宣传教育。

财税宣传教育是推动乡村文化振兴政策落地生根的重要手段，可以增加乡村居民对财税支持政策的了解和认同，激发他们的积极性和参与度。通过广泛开展财税支持政策的宣传活动，可以向乡村居民普及政策的内容、目标和措施，提高他们对政策的认知水平。同时，还可以开展相关培训和教育活动，提升乡村居民的财税知识和管理能力，增强其参与乡村文化振兴的能力和意愿。

提升公众对财税支持政策的理解和认知。财税宣传教育可以向公众传达财税支持政策的宗旨、目标和具体措施，使公众更加深入地了解财税支持政策对乡村文化振兴的重要性和作用。通过财税宣传教育活动，解释政策的内容和意义，向公众普及财税知识，提升公众对财税支持政策的理解和认知水平。

强化公众参与乡村文化振兴的意识和能力。财税宣传教育可以提高公众对乡村文化振兴的重视程度，增强公众参与的意识和能力。通过财税宣传教育活动，可以向公众传递参与乡村文化振兴的机会和方式，鼓励他们积极参与乡村文化事业的建设和发展。同时，财税宣传教育还可以提供相关的培训和指导，提升公众在乡村文化振兴中的专业能力和素质，推动乡村文化事业的全面发展。

增强财税支持政策的透明度和公开性。财税宣传教育可以加强财政信息的公开和透明，提高财税支持政策的可理解性和可接受性。公众可以通过了解财政收支情况、政策执行情况等信息，进而了解财政资金的来源和运用情况，增强对财税支持政策的信任和支持。同时，财税宣传教育还可以建立与公众的互动机制，听取公众的意见和建议，提高政策的针对性和有效性。

培养公众的财税意识和合规意识。财税宣传教育可以培养公众的财税意识和合规意识，提高他们对税收的合法性和义务的认识。通过财税宣传教育活动，可以普及税收法律法规知识，加强公众对纳税义务的认知和履行，减少违法行为的发生。同时，财税宣传教育还可以提供纳税申报和缴纳税款的指导，帮助公众合理规划财务，提高税收合规水平。

财税宣传教育作为财税支持政策促进乡村文化振兴的配套支持政策，在推动乡村文化振兴的过程中发挥着重要的作用。通过宣传财税支持政策、提升公众对财税知识的了解和认知，可以增强公众参与乡村文化振兴的意识和能力，进一步推动乡村文化事业的发展。

7 乡村生态振兴的财税激励与国际借鉴

乡村生态振兴是我国乡村振兴战略的关键支撑点。在 2017 年中央农村工作会议上，习近平总书记指出："要坚持把实施乡村振兴战略作为新时代'三农'工作总抓手。"再一次把工作焦点聚焦在"三农"问题方面。要破解农业发展、农产增收、生态宜居等问题，其核心与乡村生态振兴息息相关。2022 年 6 月，生态环境部办公厅、农业农村部办公厅、国务院扶贫办综合司联合印发的《关于以生态振兴巩固脱贫攻坚成果　进一步推进乡村振兴的指导意见（2020—2022 年）》中，进一步健全了生态振兴的乡村生态保护机制和政策体制。近年来，我国一直都在致力于解决生态问题，尤其在推进乡村生态振兴上出台了大量的政策与财税支持。一系列政策的出台表现出我国整治乡村生态环境、建设生态宜居乡村、缩小城乡差距与坚持绿色可持续发展的决心。

关于我国乡村生态振兴的问题，党的十九大报告强调："农业农村农民问题是关系国计民生的根本性问题，必须始终把解决好'三农'问题作为全党工作的重中之重。要坚持农业农村优先发展，按照产业兴旺、生态宜居、乡风文明、治理有效、生活富裕的总要求，建立健全城乡融合发展体制机制和政策体系，加快推进农业农村现代化。"将"生态宜居"问题作为乡村振兴战略总目标的一个要点着重强调，反映了生态振兴战略在我国乡村振兴战略目标中的重要性。就此问题做出系统阐述，有利于学术界加深对中央决策与部署的理解，对实现乡村可持续发展、提高乡村居住环境条件、提高村民收入、提升村民的幸福感有着重要意义。通过对以上内容的进一步研究，还可以加深人们对"绿水青山就是金山银山"、人与自然和谐相处、低碳经济发展、人类命运共同体等发展理念的认识，从而指导乡村乃至全国走上全面绿色发展的道路。

多年来，随着我国各省乡村建设不断深化，一些富有特色的宜居乡村及生态旅游小镇不断涌现，然而现实问题仍旧存在，即部分地方政府对乡村生态振兴发展缺少自身的审视与思考，照搬照抄了其他生态乡村的发展模式，重复建设问题凸显，地方政府在建立特色乡镇的过程中，往往忽视了自身实际，当地特点不鲜明。相关企业仅按照刻板教条的方式开展乡村新产业项目的投资与建设，严重损害了乡村环境，与乡村生态振兴的根本理念相悖。

党的十八届三中全会明确提出："财政是我国经济社会发展的基石和主要支撑。"而环境保护部、国家发展改革委、财政厅发布的《关于加强国家重点生态功能区环境保护和管理的意见》和财政部、税务总局、生态环境部发布的《关于环境保护税有关问题的通知》等文件，也证实了财税对自然资源环境保护的主要支撑和保障意义。无论是对环境问题的高度重视，抑或政府有关环境财税优惠政策的颁布，这些纲领性、象征性的政府文件都无疑是依靠财税政策等工具治理环境的最主要构成部分。由此推出，生态环境问题，特别是乡村生态振兴问题离不开财税政策的鼎力支持，必须通过财税政策对乡村生态振兴实现"保驾护航"，为乡村振兴提供财力保障。

财政支持是推动乡村生态振兴的重要手段。财政政策可以通过多种方式和政策手段实施。首先，财政政策可以通过提供坚实的财力保障来促进乡村生态振兴。一方面，通过制定和实施乡村生态振兴专项资金，有针对性地投入乡村生态振兴项目，切实支持乡村生态文明建设。另一方面，通过贷款贴息、补助资金等方式，对于符合乡村生态振兴政策的项目，给予贷款利率优惠，降低企业和个人的融资成本，激发乡村生态振兴的发展活力。财政支持还可以通过设立奖励制度来促进乡村生态振兴，充分发挥财政资金的杠杆和引导作用，以鼓励更多的企业和个人积极参与生态振兴项目，形成良好的示范效应。据2023年中央财政预算报告显示，我国乡村振兴、生态保护等重点支出保持刚性增长，财政部门也将继续支持推进乡村全面振兴，并对"三农"重点工作预算做出相应安排：一是提升粮食安全保障能力，继续实施玉米大豆生产者补贴、稻谷补贴政策，农业保险保费补贴安排545亿元、增长18.7%；二是巩固拓展脱贫攻坚成果，中央财政衔接推进乡村振兴补助资金规模增加到1 770亿元；三是推进乡村发展和建设，继续实施农村公益事业建设一事一议财政奖补项目建设。

乡村生态振兴的财税问题隶属于环境税领域，而环境税是政府环保经济财政的主要部分，其表现形式包含了环保税收、环境保护负债、环保投入、环境补偿、生态补贴等。每一个财税工具都有其自身的特点，必须协调一致，才能发挥出最大的作用。从既有研究成果来看，学术界虽然大多重视乡村环保、生态的财税政策工具研究，但主要还是针对环境税种政策的研究和反思，或是聚焦于单一财税政策工具对乡村生态环境保护的引导和保障功能，鲜有学者从整体性角度研究乡村生态振兴财税政策工具的选取和设置等议题。基于我国乡村生态振兴财税政策工具形态的多样化，以及乡村环保所面临的困境，有必要从生态宜居乡村建设和污染治理等视角入手，系统地阐述关于农业环境、乡村生态振兴的财税政策工具，通过透视乡村生态问题中财税政策工具的优缺点，利用财税手段对乡村污染源实施合理整治，总结国际先进的乡村环保成功经验，力求合理选择财税政策工具，取得最优化配置效果，最终实现中国乡村生态振兴的预定目标。

7.1 乡村生态振兴相关概念概述

研究乡村生态振兴，需要对乡村生态、乡村生态振兴等相关概念加以分类与定义，需要梳理清楚乡村生态振兴与乡村振兴战略的关联，全面厘清乡村生态振兴的有关问题。

乡村生态、乡村生态振兴、乡村振兴战略这三个词语，既有其不同的内涵，同时彼此包容，存在一定的内在联系。具体来说，乡村自然环境的改善与否是评判乡村生态振兴和乡村振兴战略有效性的标准，而乡村生态振兴是乡村振兴战略的题中应有之义，三者范畴的划分有着明确的界限，在一定意义上又存在部分的交叉。

7.1.1 乡村生态

乡村生态是由"乡村"和"生态"共同界定的复合词语，其中"乡村"限定特定的地域，"生态"则强调的是在限定的某些区域中某一方面的自然特征，综合起来可以理解为是指符合在乡村这一限定区域内的自然环境整体。由此可知，如果要更加确切地对"乡村生态"这一范畴加以界定，就必须理解"乡村"和"生态"各自本身的含义。当前，已有诸多社会学家从不同层面对"乡村"一词做了较为客观的界定，而"生态"一词也在各个领域中被不同研究者所探讨与阐释，学术界产生了各种观点。

当下的"乡村生态"研究范畴从区域上应该定义为非城市化区域，即人口密集程度低、聚居规模较小，以农业为主要生产方法，经济基础、自然条件、居民生活模式不同于都市的区域；调研内容则是从乡村自身生存状况、环境上定义为乡村的总体天然生态，其居民的生活状态及生活工作的各个方面与本地自然条件之间环环相扣的社会关系。就当代中国社会来说，"乡村生态"这一范畴具体内容是指在城镇化发展还未深入，乡村经济形态仍占区域经济很大比例的乡村区域，人的满足程度与该地域范围内植被、生态、生活用水、空气质量等重要自然条件指标有关。理想的乡村环境应该是所有环境指标在合理的范畴以内，乡村居民和自然界间建立了和谐共处的关系。

7.1.2　乡村生态振兴

民族要重振，乡村必振兴。乡村振兴是实现中华民族伟大复兴的一个重要任务，是以习近平同志为核心的党中央做出的一个重要战略决策。2018 年 3 月，习近平总书记在北京参加全国人民代表大会山东代表团审议时，明确提出了乡村振兴战略"五个振兴"的科学论断，为推动乡村振兴这一宏伟发展战略规划了路径，构筑起了实施乡村振兴的"四梁八柱"。乡村振兴具体包含产业、人才、文化、生态、组织五个方面的振兴，其中乡村生态振兴是乡村振兴战略全局的重要组成部分，是实现其他四个振兴的潜在基础，也是推进整个乡村振兴战略的关键生态支撑。新时代的乡村发展绝不能再以牺牲生态环境与资源为代价，倡导并促进绿色发展，才是中国乡村振兴的持久之策。

在此所讨论的乡村生态振兴，涉及乡村的自然背景、居民生存的自然环境，以及整个生态系统的循环。对乡村生态振兴的具体要求主要表现在以下三个方面：一是逐渐推动乡村绿色生态无污染发展；二是加速调整乡村人民赖以生存的自然环境；三是全面加强乡村生态环境的保护和修复。这三个方面彼此关联、相互依赖、相互促进、互为整体，一起推进乡村生态振兴。从社会的发展进程中不难看出，经济与环境既互相冲突又互相补充，正如作为国民经济基础组成部分的农业，特别是绿色农业是生态振兴中必不可少的条件，与此同时，乡村民众最迫切需要的人居环境改造则是进行乡村生态环境保护和恢复的关键手段。因此，确立人与自然共同发展理念，形成人与自然和谐发展格局，在尊重、顺应、保护大自然的基础上，促进乡村产业经济和城乡生态环境的统筹发展与相互促进，从而达到乡村富裕和城乡生态协调发展，是实现乡村振兴的必经之路。过去，中国乡村发展一般走的是粗放型增长的道路，在获得了一定效益的同时增加了污染，给环境造成了不可逆转的损害。随着中国"乡村生态振兴"概念的提出到逐步实施，中国绿色乡村发展模式日渐完善，中国乡村产业链条日趋生态化，人居环境质量不断提升，资源利用趋于合理，乡村日渐成为国家生态涵养的重要主体地区。由此可以发现，乡村生态振兴的最显著特点之一就是在推进乡村振兴的同时造成相比以往更少的环境污染与损害，进而达成生态产业的发展，乡村走上一条具有经济和生态双重效用的新型发展道路。推进乡村生态振兴，不仅要把乡村生态融入我国生态文明体系，更要根据当前乡村经济社会发展和乡村自然资源环境保护的现实，探索出处理"三农"问题的重要尝试。在党的十九大会议上，乡村振兴被提升至国家的战略层次，唯有乡村生态真正振兴，农业强、乡村美、农民富才会从理想变成现实。

乡村生态振兴的实质是要克服中国乡村发展过程中存在的人与自然关系发展不均衡的现实问题。这需要坚定人与自然和谐相处、"绿水青山就是金山银山"的想法，坚持资源节省与环境保护优先、自然恢复为主的生态环境保护战略。人生于自然，人的发展活动需要敬畏自然、顺应自然、保护自然。在乡村振兴的过程中，必须统筹解决好经济发展和环境保护的问题。因此，乡村生态振兴的核心命题就是要在经济价值和生态价值之间进行均衡，解决人与自然的和谐共存问题。在新时代的发展背景下，中国社会主要矛盾开始转变，中国生态建设尽管已经获得让人瞩目的成绩，但仍任重道远，生态环保作为中国全面建成小康社会的突出短板，既要提供更多的物质与精神财富，满足民众对日益增长的美好生活需要，又要创造更多高品质的生态化商品，满足民众对优质生态文明生活的需要。生态建设是乡村发展的最大特色，生态价值是美好乡村的精华内涵。乡村生态振兴就是要在推进乡村振兴过程中，彻底改变过去以牺牲自然环境为代价的错误发展模式，坚持人与自然和谐共存理念，提高乡村自然保护意识，积极推进生态文明实践，时刻保持对自然环境的高度敏感性，积极、有效地改变乡村在发展过程中不安全、难以持久的发展路径，恪守自然保护红线，促进乡村经济实现高质量的绿色增长。

7.1.3 乡村振兴战略与乡村生态振兴

党的十九大报告明确提出"实施乡村振兴战略"，党的二十大报告强调要"全面推进乡村振兴"，在"产业、人才、文化、生态、组织"五大方面推进乡村现代化的步伐，同时，增加对乡村发展的资金支持，着力缓解城乡之间发展的不均衡现象，可见乡村生态振兴是乡村振兴战略的重要内涵，是乡村振兴战略的题中之义。乡村振兴战略与乡村生态振兴的联系，更趋向涵盖和被涵盖，也可以认为，乡村生态振兴是乡村振兴战略的组成部分。乡村振兴规划内容涉及城乡一体化建设、生态文明建设及乡村管理新体系，总体要求为产业兴旺、生态宜居、乡风文明、治理有效、生活富裕。但要进行乡村振兴，就必须在"产业、人才、文化、生态、组织"五大领域做文章，进行五大领域整体的振兴，不然，将会阻碍乡村振兴战略的实施。由此可见，乡村振兴战略与乡村生态振兴紧密联系。乡村生态振兴是乡村振兴战略的主要支撑。正如习近平总书记所说："绿水青山就是金山银山。"一方面，必须把握好经济发展这个重点；另一方面，必须意识到生态建设正以其独特的资源优势成为助力于乡村产业蓬勃发展的巨大动能，在逐步改变百姓生存环境的同时，也逐渐产生了良好的社会效益，如发展旅游、休闲农业等特色产业成为农户经济创收的重要渠道。乡村生态振兴和乡村振兴之间的互动性不断增强，乡村生态振兴的内生力量正日益迸发，成为乡村振兴的关键支撑和力量。落实乡村生态振兴有着重大意义。

乡村生态振兴是提升乡村生态环境的有力措施。通过改革开放 40 多年来的努力建设，中国市场经济取得了长足发展，城市面貌出现了巨大的改变，但与此同时，我们也付出了一定的自然和生态环境代价，特别是在广大乡村区域。中国城市化的进程和工业化进展对原有的城市自然生态面貌造成了损害，乡村自然和生态环境问题更加突出，并成为阻碍中国乡村发展与振兴的主要问题。相对于城镇来说，乡村区域的自然环境条件看似更具优势，但实际并非如此。不营造良好的农业生产生态环境，乡村的健康可持续发展将毫无意义，乡村振兴将无法真正实现，也只有在科学处理乡村生态环境问题的基础上，才能做到绿色发展和健康发展。

乡村生态振兴是实施乡村全面振兴战略的绿色根基。乡村生态振兴在五大振兴体系中具有根基性意义，是其他四大振兴得以完成的关键条件。建设生态产业，促进产业转型升级与工业融合发展，有利于推进乡村产业振兴；依托优美乡村生态和良好的生态宜居环境，吸纳人力资源重返乡村，有利于推进乡村人才振兴；当乡村自然环境得以提升，优秀民俗得以进一步传承与发扬时，可以进一步带动乡村文化振兴；生态环境基础得到夯实，可促进基层党员干部把更多精力用于完善乡村基础管理和党组织建设等，从而巩固乡村组织振兴。因此，乡村生态振兴对乡村全面振兴具有基础性和全局性的影响意义，对乡村产业发展、人才吸引、文化传承和组织功能发展都具有关键性的影响意义，是实现乡村全面振兴的重要前提和关键保障。

乡村生态振兴是实施社会主义生态文明战略的必然选择。生态文明是人类文明发展到一定时期的成果，是体现人类发展和谐程度的一种社会形式。中国乡村广袤，占据了主要的生态功能区，山水林田湖等大多位于乡村区域。可以认为，乡村环境是我国整体环境文明发展的重要体现，乡村生态环境是我国整个环境系统的重要构成部分。乡村环境关系到农业乡村发展，关系到我国新时期生态文明建设任务的完成。乡村生态振兴就是要在发展新乡村、构建新乡村的今天，毫不动摇地落实习近平新时代中国特色社会主义生态文明理念，以生态文明理念来推动发展新时代乡村建设与发展，贯彻以环境为先和绿色可持续发展的理念，牢牢把握人与自然和谐共存的原则，切实处理好在乡村开发过程中产生的环境污染问题，维护乡村生态系统的平衡稳定。

党的十八大以来，关于经济社会高速发展给环境所造成的重大影响，党和国家尤为重视。中国共产党以人民群众的切身利益为出发点，颁布了一系列有关生态环境环保方面的政策性文件，为中国的生态发展和生态宜居乡村建设提供了理论基础与执行依据。习近平总书记在中央农村工作座谈会上，反复提到乡村生态问题，并建立了系统的乡村生态理论，重点反映在以下四个方面：

第一，以保留乡土风貌、乡村风貌、记住乡愁为基础的生态民生观念。"良好生态环境是最普惠的民生福祉"，充分表现了以人为本的理念，将良好的生态居住环境作为衡量乡村经济健康增长的关键指标。乡村人民的需求也开始从衣、食、住、行等物质方面转变为生活品质的提升和生态环境的完善。2013年12月，习近平总书记在中央城镇化工作会议上指出："依托现有山水脉络等独特风光，让城市融入大自然，让居民望得见山、看得见水、记得住乡愁。"在云南大理古生村，习近平总书记赞扬了当地白族传统民居的庭院"记得住乡愁"，并表示要注意乡土味道，保持乡土风貌。在湖北峒山村，习近平总书记提到，建成生态宜居美丽乡村并非"涂脂抹粉"，也并非"大拆大建"，尤其是古村落一定要维护好等。这些话语表现了习近平总书记对乡村生态环境的重视和对乡村群众生活家园的关切，也反映了中国乡村生态保护和经济社会发展之间的辩证、统一关系。

第二，以乡村环境治理与生态修复为基础的生态法治观。当前，我国乡村面临着环境污染治理与生态修复两项重大的挑战，必须通过进一步科学立法、严格执法，将资源资产管理体系的有效性最大限度地发挥起来。

首先，要尽快完善我国乡村自然资源资产管理体系。当前，自然资源归属问题中暴露出来的"无主"或"多主"的情况，极易导致自然资源的浪费和过度开采。因此，习近平总书记指出要完善我国自然资源资产产权制度和环境资源监管体制。

其次，要进一步健全配套政策，强化基层环境保护队伍建设。要吸引基层工作者、环境志愿者等社会力量的积极加入，同时，扩大群众力量，积极动员全体人民群众成为环境监督员，并形成适当的奖励机制，以更多地促使环境管理工作的深入实施。

最后，要树立责任问责制度，遏制地方干部对环境保护无所作为的现象。习近平总书记重申要树立"责任问责制度"，"把我们引入法治化、制度化轨道"。要遏制地方干部对环境保护无所作为的现象，必须明晰职责，成立评估队伍，互相监督，确立专员负责领导，严肃履行环境责任，按照要求定期完成环境保护工作，落实环境保护失责一票否决制，确保乡村生态振兴工作的完成。

第三，以生态效益向经济效益、社会效益转化为基础的生态环境价值观。改变乡村区域的生态文明建设，既不能走过去那种先污染后治理的老路，也不能因为保护原有自然环境，就过分漠视乡村人的物质生存基础条件，要有效地把生态环境效益转变为社会效益和经济效益。2012 年至今，我国极力主张走绿色生态发展路线，并明确分析了生态环境保护与经济效益之间的紧密关系。例如，习近平总书记在多个会议和场合中多次提到"绿水青山就是金山银山"的发展理念，证明了良好的生态环境既是自然财富，也是经济财富，这正是社会主义生态价值观的具体体现。当前，我国经济改革正处于攻坚时期，如何更好地转变经济与社会发展方式、更好地处理经济改革与社会稳定发展之间的相互关系、更好地做到生态环境保护与经济社会发展的共赢，解决这些重大历史问题之责已然落在我们这代人的肩上。历史的经验和现实的教训在不断地告诫人们，要想走得长久，一定要两条路一起走，只靠经济发展这一条路，是很难走长远的，因此，必须加上绿色生态建设这条路。要确立并贯彻正确的生态发展观，使经济社会发展得更健康，道路走得更长久。习近平总书记认为，坚持绿色生产，可以为经济社会的发展提供持久动力保障。

第四，以不同乡村区域的土地、土壤、水资源、矿产等各种资源的"红线意识"为基础的生态环境可持续观念。生态不仅关乎乡村民众的生存状态和品质，而且事关乡村生产方式的变革，也关乎乡村的可持续发展。然而，在我国很多农村地区，农业产业的发展有很大的差别性，在我国东部地区，非农产业一直在乡村经济结构中占据很大比例，它们往往在谋求效益的同时忽略了生态保护的价值，对农业生态环境带来很大的损害。在我国西部地区，乡村经济的主体是农业，尽管农业生态环境损害不大，但在长久的农业发展中，面临着土壤重金属污染、水资源浪费，以及土地过度开垦导致的土壤肥力下降等生态问题。

综上所述，当前的中国乡村各地都不同程度出现了生态危机，破坏生态环境的活动仍然存在。正因如此，习近平总书记强调，要牢固树立生态红线观念。每一个社会个体都要加强生态文明意识，为子孙后代留下天蓝、地绿、水清的家园。以生态建设环境保护倒逼农业生产方式转变，促进经济效益和社会效益的和谐统一、人与自然的和谐共处。

7.2 财税支持政策促进乡村生态振兴的路径

针对环境改革项目，政府可在条件保障、行为准则与方式层面进行指导，但只有把可行性较高的规章制度搭配相关法律的建立与执行，并加强这些规章制度及法律的严格性与全面性，才能顺利推进乡村生态振兴，并为其提供切实、有力的条件保障。在推进乡村生态振兴的各项政策中，财税支持政策至关重要。由于乡村具有区别于周围城市的独有特征，因此，乡村生态振兴政策在乡村地区的实施有其自身特色，财税支持政策的实施对乡村生态振兴政策具有效支撑作用，应将其与乡村区域的实际发展状况有机结合，制定针对性政策措施，准确发力，以确保政策、措施有效执行。

7.2.1 扩大财政对绿色农业投资的规模

乡村基础设施建设是发展绿色农业的主要内容，是增强乡村农业生产能力至关重要的外部条件。各地政府应当在实现经济较快增长的条件下，因地制宜地增加财政对各地区绿色农业基本建设投资的支出比例，特别是要增加对避免乡村资源浪费的农田水利基础设施、乡村绿色食品基地基础设施建设等的财政投入，以提高乡村的农业生产条件，带动乡村经济绿色发展，同时，打破技术投入不足对绿色农业发展造成的技术壁垒。根据先进经验，农业科学技术，特别是绿色农业科学技术投资的占比应该提升10%左右。各地政府的财政预算安排，应当确保乡村清洁能源开发、种植业技术研究、良种培育和改良农械设备等绿色农业技术方面的经费有固定、可靠的资金来源，并以此提高财政部门推动绿色农业科技发展的效能。

7.2.2 强化农业价格补贴的绿色导向性

乡村农产品价格补贴政策应向绿色农业的发展方向转变。对个体农民少施肥料和杀虫剂、使用节水节能的农业机械、加强土地修复、种养结合等绿色农业方式增加补贴，在支持绿色农产品生产龙头企业发展的基础上辐射带动更多的农民共同投入生产。同时，政府财政补贴应适当地向乡村目标群体倾斜，以农户村民的利益为优先：一方面，采用合同制，对自愿签订合同，并按照相关规定做好乡村环境治理工作的农户直接提供农业生产补助资金；另一方面，要尽可能减少农产品价格补贴的财政政策对市场环境的扭曲影响，以确保农产品补偿政策是在尊重自然环境的基础上制定的，充分发挥其提高农民收入的功能，进而使得农产品的价格补贴最高限度地施惠于绿色农业生产者，充分调动全体村民积极参与生产绿色农产品的积极性。

7.2.3　发挥绿色农业财政贴息的激励作用

按照实现农业绿色发展的需要，在财政贴息中扩大农业贴息的覆盖面，同时，充分发挥政策的杠杆作用，带动地方财政多元化投资，激励绿色农业发展。

一方面，通过设立绿色农产品财政贴息的专门资金，针对绿色农业发展龙头企业进一步增加财政贴息额度。在绿色农械、绿色创新技术研发投资、有机肥料、无公害化农药、有机肥料的投资项目中，在当地政府财力允许的情况下，尽可能实现全额贴息。针对中小型绿色农业企业的财政贴息降低门槛，按照企业规模管理控制资金，进一步扩大财政贴息范围的涵盖项目，以改善农业财政贴息目前的结构，增设农业生态建设环境保护类财政贴息项目。

另一方面，充分发挥政府财政补贴的杠杆作用，进一步完善农村农业金融服务，建立并健全以政府财政投入为导向的农业多元化投资制度，积极吸纳由商业银行和其他金融机构组织，以及来自社会的资本进入绿色乡村。实现对与当前政府财政贴息专项资金有关的扶持对象选择、资金设置及其审核批复管理等几个方面的财政制度全面化改革，从而切实排除社会资金投入发展绿色生态乡村中的制度层面障碍。

7.2.4　完善绿色农业税收优惠制度

乡村绿色农业的发展壮大离不开政府相应的税收支持政策，因此，政府应该不断完善该类税目的税收政策，以保证绿色农产品的生产总量稳定增加与品质提高。

首先，在税务项目设定上，要合理设置优惠税目，突出环保税的目的与用途，针对某些乡村重点污染物和污染环境的行为适时取消税收支持政策。税收支持政策从注重生产向加工、销售转变，对农业合作组织、农产品深加工企业、种养加工销售一体企业及"互联网＋农业"新业态实行增值税超税收负担即征即退、企业所得税定期减免政策。

其次，在乡村旅游发展税收问题上，从供给侧促进乡村旅游业自身发展，对乡村旅游基础设施建设免征耕地占用税、契税、印花税，实行企业所得税项目投资抵免和定期减免政策。

最后，在所得税方面，对个人购买旅游企业发行的企业债券所得的利息免征个人所得税。从需求端刺激乡村旅游消费，对乡村民族文化产品实行低税或免税政策。对生产绿色农产品的企业和相关从业人员可以设定个人所得税方面的优惠政策。对生产绿色农产品的农业合作社也可相应扩大所得税收的优惠范围。除绿色农产品的生产企业之外，政府可对从事绿色农产品营销的个体户或公司增设进项税额的抵免项目，对无法获得增值税发票的个体户或公司实行额外的税费优惠政策。

7.3 乡村振兴中引入绿色税收的必要性分析

当前学术界对绿色税收的观点仍不统一，本研究所论述的绿色税收政策主要体现于环境保护，科学、合理地利用自然资源，以及以促进绿色生态产品消费为目的等方面。从狭义和广义的绿色税收两方面来理解，狭义的绿色税收政策，如政府对污染企业所开征的排污费，是政府为落实环保政策而实施的。在我国，最早以环境保护为目的的单行税法就是《中华人民共和国环境保护税法》。广义的绿色税收包括一切与环境相关的税种、为达到保护环境总体目标所筹集资金的税种、与各种资源环境保护密切相关的税种和税目。另外，个人所得税和企业所得税中涉及节能减排的税收优惠政策也属于广义的绿色税收。

绿色税收的理论基础来自庇古的负外部效应理论与自然资源和环境的公共资本品理论。负外部效应理论源于庇古所著的《福利经济学》一书。庇古认为，负外部效应条件下会出现社会成本与私人生产成本不一致的状况。如果这些状况出现在生态环境方面，开征环保税就可以作为一种有效的环境保护手段，利用税收方法可以使外部性成本加入生产成本。外部成本与私人成本共同构成了整个社会成本。

自然资源和环境的公共资本品理论将资源和环境都视为公共品与资本品，两者是不可分割的整体，亦是一种商品。在人们没有为资源的耗费和对生态环境的损害而担负相应的责任之时，为了追求利益最大化，就会没有节制地去疯狂抢夺有限资源。这一学说主张在这种情形下政府将作为代表对资源消耗者征税，以环保税的形式获得一定的资本权益，从经济方面逐步构建起保护自然环境和生态资源的税收机制，从而有效地抑制个体在环境保护中"搭便车"的心理。

1984 年，我国开始征收资源税，最初仅针对原油、天然气和煤炭开征。自 1994 年逐步拓宽了征税范围，此后进一步发展与完善：2016 年，我国在新疆对石油、天然气实施改革措施。2014 年，我国在河北省启动了水资源征税试点；2019 年，开始实施《中华人民共和国资源税法》。2018 年，我国开始征缴环境税。2014 年，我国规定各地根据当地的实际情况上调了排污费征收标准，其中，重点针对城市污水、废气等收取排污费，在当时属行政事业性收费，目前缴纳的环保税都是按照税费平移的原则开征税款。然而农村耕地占用税根据非农业建设所占用的土地征收，2019 年 9 月，耕地占用税正式开始立法。城镇土地使用税是为节约资源而针对城镇土地的税费征收，我国最早于1988 年制定了暂行条例；2006 年，我国修订了暂行条例的部分条款，至 2019年总共进行了四次修正。2001 年，我国开始征收车辆购置税。汽车废气污染将导致严重的大气污染，开征税费不但可以调节收入差距，也可以在一定程度上支持环保。另外，通过修订完善并于 2019 年施行的《中华人民共和国车辆购置税法》，在车船费中对节能汽车与新能源车船规定了税费减免，亦有利于对生态的保护。消费税中的某些税目也带有"绿色"特征，个人所得税和企业所得税中有关节能环保的部分政策隶属于绿色税收，以达到有效保护生态环境和合理配置使用资源的最终目标。2022 年 5 月 31 日，国家税务总局发布《支持绿色发展税费优惠政策指引》，从支持环境保护、促进节能环保、鼓励资源综合利用、推动低碳产业发展四个方面，实施了 56 项支持绿色发展的税费优惠政策。

绿色税收政策除利用税收方式调整资源配置之外，还能够起到增强环境保护质量管理的效果。同时，生态环境保护行为与意识的提高对促进中国乡村生态振兴，实现乡村振兴战略具有积极正面的作用。生态宜居乡村建设是人类社会对充满生命活力、自然环境品质与舒适性的最高要求。尽管当前中国乡村脱贫攻坚战与精准扶贫已取得了很好的成果，但乡村还有不少优势资源亟待被进一步研究挖掘与开发利用，我们应盘活乡村资源，把绿色税收政策与乡村振兴战略有机结合，提高税收政策的调控功能，发挥政府对乡村生态的保障功能，从而支持乡村生态宜居政策的推进。

7.4 建设生态宜居的绿美乡村的财税支持政策

党的十九大、二十大报告中明确提出，实行社会主义乡村振兴战略的主要工作重点就是从产业、人才、文化、生态和组织五大方面把"三农"问题处理好，实现乡村全面振兴。合理的税收政策对稳定中国的乡村经济发展具有重大作用。要发挥税收政策在乡村生态振兴中的重要功能，就需要引入绿色税收的观点。当前，我国的绿色税收制度还不够系统、健全，完善我国绿色税收制度对实现乡村生态振兴、生态文明社会建设，坚持绿色发展战略和推动乡村生态宜居建设都具有积极的促进意义。通过上节对乡村生态振兴引入绿色税收的必要性及财税政策支持乡村生态振兴的思路内容的简要介绍，本节在接下来的内容中围绕建设绿美乡村的主旨，深入探讨建设生态宜居的绿美乡村的财税政策相关内容。

7.4.1 促进乡村生态旅游发展的财税支持政策

1. 乡村生态旅游发展的政策支持

2019 年中央一号文件明确提出，既要大力发展休闲农业和乡村旅游，也要推动生态导向型产业快速发展，而其发展的前提条件便是把乡村生态环境建设作为首要条件，同时，整合当地的地理条件、文化资源和产业链延续等相关因素，积极推动乡村生态观光旅游、绿色农副食品和清洁产业的发展。

2. 直接财税支持

（1）政府奖励与补助。

首先，对发展生态旅游，并荣获省级以上龙头企业称号的企业加以奖补，选取优秀先进的企业建设为全国级休闲农业示范基地。其次，对生态旅游企业进行重点项目扶持，以促进国家生态旅游基地的大力发展。最后，对新增的企业，如固定资产总额在同一年度内达到 6 000 万元，国家财政将予以较多奖励。

（2）建立专项基金。

针对生态旅游中先进设备的购置和工程技术人员引进，我国政府建立了专项基金进行支持。

（3）融资担保搭建金融服务平台。

设置乡村生态旅游企业担保资金，以使资金在乡村生态旅游项目建设之中充分发挥积极作用，并建立健全有效发展农业投融资项目的保障金制度。此外，对于信贷要求方面，允许生态旅游公司以已有的技术、设备和材料等内容用作抵押物，由当地政府作为担保责任人。

（4）贴息贷款。

一些地区的财政政策还针对生态旅游产业中的龙头企业，运用贷款贴息的方法实施贴息补助，并根据企业本年度产生信贷利息的总金额实行贴息补助，最高补贴数额为 25 万元。

（5）产业品牌建设。

通过国家财政政策的规定和指导，将吸纳国际先进技术和发展壮大本土优势产业作为优先发展的方向，将发达国家的优质企业、上市公司引入生态旅游的发展范畴，持续提升本土公司的发展实力，建立品牌效应，以开拓市场。

（6）财政补贴。

按照财政政策的基本情况，当地政府可积极组织国际性或国内规模较大的生态旅游展会，同时，也可在与政府和地方商务主管部门或财政单位协商以后，按照会展规模及影响力等各种因素，对主办方进行适当补贴。

3. 间接财税支持

（1）乡村旅游基础设施投资。

对道路建筑方面进行投资，如在乡村生态旅游中建设景区道路，再投资建设相关旅游基础设施，如大规模的果蔬展示厅和采摘区等。此外，完善乡村生态旅游的交通运输基础设施建设，并合理投入乡村客运站建设等。

（2）乡村生态旅游环境优化。

针对乡村生态旅游景观建设项目，财政实施专项资金拨款，积极开展对乡村生态景区的环境保护和恢复工作。运用国际金融组织贷款对乡村建设重点的经济建设项目进行财政支持，综合改善生态环境，为乡村生态旅游的改进奠定良好的生态基础，进一步推动乡村生态旅游的深入开发。

当前，乡村生态旅游在财政方面仍面临亟待解决的问题，具体包括以下两个方面：

一是财税支持基础设施建设的力度不足。目前，部分地区的乡村生态或农业观光旅游地处城市近郊，到达此处的交通方式不够便利。到乡村生态景区进行参观的旅游者通常都是自驾或搭乘非直达的旅游观光巴士。相应的配套基础设施，如网络、水源都没有到位，乡村人才流失严重导致项目的发展状况不容乐观，国家财政应在这一方面加强扶持力度。同时，乡村生态旅游项目在产业环境方面有缺陷；在投资环境、人文环境及自然生态环境等方面均存在着很大的提升空间；在信息技术和公共信息网络平台的建立方面均有欠缺。

二是引导作用不明显。当地政府方面，针对乡村生态旅游的发展并没有与相应的企业联动，未能彰显产业规模效应和集群效应。同时，产业链的构建也存在一定问题。单靠一些经济发展状况良好的公司来支持当地整个乡村生态旅游产业的发展，是无法形成经济规模优势与合作竞争优势的，而且当地政府在这一方面的财税扶持力量还相当缺乏。另外，乡村政府忽视发展旅游业中小企业融资资金的问题，也是制约乡村生态旅游发展的主要问题之一，当地政府缺少有效针对旅游公司的投融资平台，导致公司的发展壮大往往受到资金链的约束。

总体而言，乡村旅游税收政策未形成供需激励机制，税收分配调节功能也偏弱。针对以上问题，本研究从财税支持政策方面主要提出以下几点思考：

加大基础设施建设投入。基础设施建设是生态旅游农业建设的基础内容之一，这也是促进生态旅游农业发展的根本保障。政府应该制定相应的政策，鼓励农民与企业积极投身于生态旅游农业的建设之中。建设重点应是交通设施的建设以及水利设备的检修。政府还应尊重各方意见，定期召开座谈会，认真听取建议。

设立相关专项补助资金。政府需要根据发展要求，建立完善的专项补助基金，或者放宽条件，使更多的企业能够得到补助。比如将补助标准从"拥有专利技术"变为"拥有先进技术"，帮助相关企业扩大规模，建立健全相关的专项补助资金，并不断提升办事效率，将资金及时发放给有需求的企业。

促进涉农企业集群发展。政府应当鼓励引导地区内的相关企业联合，形成集群模式，大力发展循环经济。各个生态旅游农业发展企业仅凭自己的一己之力难以将产业做强做大，应引导企业联合，促使整个地区的生态旅游农业发展形成一个完整的园区，相互合作形成集聚效应，共同发展。

解决相关企业融资问题。融资问题一直困扰着企业。政府可以放宽贷款的政策条件，完善担保抵押的方式，增大可用抵押物的范围。政府公共部门的服务质量需要不断改进，简化办事手续并且降低收费标准。政府还可以对相关企业进行贷款贴息补助，减轻还贷压力。

7.4.2　促进乡村生态环境治理的财税支持政策

目前，我国部分乡村正面临着土地和水体污染蔓延、固体废弃物污染、乡村生活垃圾堆放、农业点面源污染、空气质量下降等环境问题，乡村生态系统退化严重，与我国乡村经济健康发展，以及建设绿美乡村的总体目标相悖。通过财税支持政策扶持乡村生态振兴的基本思路就是必须把乡村经济发展和广大农民经济收入增长置于首位。通过出台和落实相关的财税支持政策，实现维护好乡村生态环境的目的。同时，为广大农户与村民获得实际的经济效益打下坚实的社会支持基础，并服务于乡村生态振兴。另外，必须遵循有限目标理念。乡村污染治理所涵盖的范围广泛，涉及的内容形式多样，并不是每一个领域、每一环都适宜通过财税支持政策进行适当的支撑。即使是在合理的工作范围和环节内，也要做好对短期或有限目标的设计工作，以提高财税支持政策的可操作性。此外，还必须将资本的逐利性质纳入考量，以明确具体财税支持政策目标，并在当前条件下充分吸引社会资本及其他资金与技术的支持。

1. 以乡村生态环境的公共产品属性考虑财税支持政策的必要性

环境要素及其保护隶属于公共产品范畴。乡村生态振兴是乡村环境保护与治理的具体战略，是对资源节约型、环境友好型发展进行主动实践的过程。作为此过程中的重要成果，乡村生态环境具有典型的公共产品属性，消费和效益分别具有非竞争性与非排他性。

首先，每一位消费者都可以共同享受乡村生态振兴成果。

其次，由于消费者总量的增长，因此，每位消费者对乡村生态振兴成果的享受程度降低。但是，由于私人或市场均能"免费搭便车"，导致这部分个人或市场并不愿对乡村生态振兴进行投入，因此，市场价格机制在此环节中是失灵的。

最后，由于乡村污染治理有较长的周期性，因此，在短期内，当地无法对此有明确的直接产出，导致市场无法进行有效调控。

正因为乡村生态环境具有公共产品属性，财税支持政策的重要性才有所体现，乡村生态振兴的需求必须由财政公共部门来解决。

2. 从乡村生态环境的外部性考虑财税支持政策的重要意义

乡村生态环境的外部性明显，具有典型的外溢效应，但可以从正、负两个层面进行认识。在某种程度上，乡村生态环境的正外部特性由自身消费的非竞争性这一公共产品属性所体现出来，而其负外部特性（特指生态环境污染治理）则彰显了财税政策支持的必要性。许多国际案例都表明，如果乡村生态振兴政策是相对落后的，那么一旦发生重大破坏事件（如水土流失、土壤肥力流失、空气污染、荒漠化与植被锐减等），乡村经济就会受到重创，以至产生巨大的社会危害。21 世纪初期，乡村生态环境破坏严重，造成欧洲近 15 个国家连遭疯牛病、口蹄疫的厄运，全世界都遭受了巨大的经济损失。改革开放后的很长一段时间里，我国乡村乃至整个国家都遵循了"高投资、高消耗、高排放"的经济发展方式，极大地损害了乡村乃至整个国家的生态环境，三分之一的国土面积都遭到了酸雨侵蚀，二氧化硫等导致的酸雨污染每年给中国造成的损失超过 1 100 亿元[①]，已退化的自然草场面积高达 19%，无安全饮用

---

① 邹声文，田雨. 中国 1/3 国土面积受到酸雨影响 个别地方逢雨必酸［EB/OL］.（2006 - 08 - 26）. https：//news. sina. com. cn/c/2006 - 08 - 26/22319856619s. shtml.

水农民高达 3 亿人①。以上结果都是乡村生态环境负外部性所造成的沉痛代价。作为对乡村进行调控的重要杠杆之一，财税支持政策可在较大程度上矫正乡村生态文明的负外部性，即"外部不经济"的社会现实问题。这就体现了财税支持政策对乡村污染治理，以及扶持乡村生态振兴的重要性。

2021 年 1 月 13 日，农业农村部宣布启动实施农村人居环境整治提升五年行动，这既是实施乡村振兴战略的具体行动，也是提升农村居民幸福指数的现实举措。目前，我国许多乡村地区在生态环境保护与乡村污染整治等方面都已开展了较多工作，在一定程度上已经做到了乡村农业生产可持续，不但实现了对乡村基本公共服务条件的改善及其工作内容的提升与完善，还在一定程度上维护了广大乡村地区居民的环境权益。具体来看，我国乡村地区在生态环境保护方面主要采取的措施有天然林保护、退耕还林还草、草原生态保护，以及湿地恢复与保护等；在土壤污染整治方面重点开展了测土配方施肥、土壤有机质改善、农田中的重金属污染治理、土壤固碳等一系列工作。此外，还进行了地表水过度开发整治、地下水超采整治等工作。

但是，在过去的三年，农村人居环境整治行动中仍然存在一些问题。比如，当前一些惠农工程或多或少都存在一些问题，这里既有"钱"的问题，即国家公共财政投入在城乡基础设施建设方面仍不平衡、不充分的问题；更事关"人"的问题，农民参与农村人居环境治理的内生动力不足等出现"最后一公里"问题，导致农村人居环境还有不尽如人意之处。可见，农村人居环境整治提升五年行动，将成为"十四五"时期乃至实施中长期影响农村生态环境治理的重要举措。

从乡村污染物问题表现的视角，乡村生态振兴在环境治理方面存在的问题主要来自以下三个方面：

一是农业污染的高排放问题。目前，我国农业面源污染排放已占污染总排放量的一半。农业农村部总经济师钱克明指出，我国年化肥使用量占世界总化肥施用量的 35%。我国单位面积肥料施用量，以相当高的水平（400 kg/hm²）处于世界前列，与国际的安全水准（225 kg/hm²）比较，我国单位面积肥料的施用量仍然明显超标②。不科学的肥料比例和农膜等的广泛应用，在极大程度上导致了我国农业面源污染问题的进一步恶化。

① 中国农村 3 亿人饮水不安全　水利部：保障饮水安全［EB/OL］．（2004 - 12 - 23）．https：//www. chinanews. com. cn/news/2004/2004 - 12 - 23/26/519874. shtml.

② 钱克明：我国年化肥使用量占世界 35%　相当于美印总和［EB/OL］．（2015 - 03 - 10）．https：//china. huanqiu. com/article/9CaKrnJICaE.

二是乡村生活污染方面，以保护乡村生态环境为主要目的的公共服务质量亟待提升，设施建设亦不够完善。现阶段，我国乡村生态环境公共服务同城市区域比较，差异仍然显著，在生态相关的具体实践活动开展中，乡村环保一直属于短板。中国行政村总量近 60 万个，不少乡村地区目前缺乏相应的环保基础设施，部分乡村甚至尚未开展此类设施的建设，然而我国乡村地区每年的生活污染排放量仍然高，环境基础设施的不完善导致了大量的生活污染物在尚未进行适当处理的情况下便被排放出去，十分不利于乡村生态环境的保护。

三是我国乡村生态格局被打破的情况非常严重。现如今，乡村振兴过程中乡村生态环境的保护与资源的开发与利用存在片面的问题，主要是由于 GDP 导向影响，乡村普遍存在着过垦过牧、滥采乱伐的现象。在乡村生态用水领域方面，高耗能农业和高污染产业的发展极大地耗费了中国乡村的自然资源，而生态廊道又被城市化进程、工业园区及交通布局所隔断，十分不利于山、水、林、田、湖一体化布局的形成，以及最终乡村生态振兴成果的有效生成，乡村生态功能和经济发展格局失衡日益成为我国发展面临的一个重要问题。

从乡村软硬件问题解决的视角来看，乡村生态振兴在环境治理方面存在的问题主要来自以下两个方面：乡村振兴战略秉承着人与自然和谐共生的生态文明发展理念，涵于生态宜居美丽乡村建设。然而，在生活垃圾治理、生活污水处理、"厕所革命"等"三大工程"中仍存在"最后一公里"现象。

硬件方面存在三种问题。一是生活垃圾处理方面，"未分类直接清运"的情况占比过半，资源化利用率不足三成。对于日产垃圾上规模的乡村县域，焚烧发电项目深受地方政府欢迎，产生了重"集中"、轻"分类"的反向激励。在一些缺乏发电项目或不具备发电条件的地区，仍采用简单填埋或直接焚烧的方式，对城镇填埋场及垃圾渗滤液处理能力造成极大压力，二次污染严重。二是生活污水处理方面，地区差异非常明显，中西部地区普遍缺乏处理设备，农民对污水处理的认识还比较单薄。主要成因有：设备和管网建设投入高、专业管护人才缺乏、村庄过往缺乏规划、技术过度参考城镇经验等。部分村庄采取了自建污水处理站或渗水井的方式，但条件简陋，存在渗水隐患。三是卫生厕所改造方面，"一刀切"式的推进在部分地区出现了"水土不服"，甚至招致农民的抵触。最大的问题是用水，厕所出现了因缺水、无法上水导致的改而不用、用后更不卫生等情况。目前在干旱、寒冷地区已进行试点探索，但其广泛适用性仍待时间检验，不少地区的改造进度严重滞后。

软件方面也存在两方面问题。一是工程建设中政府"大包大揽"，缺乏农民的实质性参与。在过去的农村人居环境整治三年行动期间，所取得的重大阶段性成效，离不开国家的大力投入，但相比之下，农民参与度普遍较低。调查发现，近三年来实际参与过村庄环境治理的农民仅占半数，明显低于村两委换届选举和红白喜事的参与度。干部"一头热"的现象较为普遍，甚至出现了农户自家马桶坏了也要找政府的情况。二是工程管护资金短缺的现象突出，缺乏长效运行维护机制。政府大多只负责村以外的资产维护，村内的资产则主要由村集体和群众共同承担，包括保洁员工资、污水处理站建设、污水管网运行、厕所粪污抽运等。调查发现，三大工程的运维费用已成为村务支出的重头，有的村集体甚至入不敷出，出现了拖欠保洁员工资的情况。

从乡村承受压力的视角，在乡村污染治理的过程中，乡村生态振兴战略亦需解决其自身的两个矛盾：

第一，乡村生态振兴与粮食安全生产之间的问题。近年来，我国粮食作物生产规模不断扩大，产量呈现逐年提高的趋势，但由于乡村污染的存在，粮食安全问题仍然非常严峻，而且短期内仍然需要使用杀虫剂、化肥等，这使得农业面源污染防治的形势更加严峻。

第二，乡村生态振兴与我国乡村经济发展的矛盾。和城市发展情况类似，我国乡村地区的经济社会发展水平存在普遍滞后的情况，在国家发展与增收理念的驱动下，部分高污染和高能耗的行业在一些地方仍然是重点行业，其持续发展将会逐步加大中国乡村污染治理的困难和风险。

3. 财税支持政策针对乡村污染治理的具体措施

（1）加大乡村生态振兴投入，建立环保预算资金稳定增长机制。

环保类税目是政府计划费用中的一项，这是国家对生态节能保护的重视表现。但是，由于目前我国财政对乡村生态建设的计划开支有很大的随意性，比较缺乏长期、稳定的计划机制，国家对教育、农业发展和科研计划等开支都有法定的比例规定，但在国家财政预算经费紧张之时，受直接负面影响和当地政府偏好影响，乡村生态振兴的部分费用往往会被当地政府减免。因此，目前最关键的问题是落实节能保护的费用，真正做到"木有本而枝茂，水有源而流长"。

政府应在乡村建立持续稳定的预算投资增长体制，把生态恢复和保护环境工作作为政府财政收支调节和预算保障工作的重点任务。例如，保证节能环保科目支出额的增幅比 GDP 与财政收入的增幅高，建立节能环保支出与 GDP、财政收入增长联动机制。同时，政府应把财税支持政策更加灵活、广泛地运用在乡村生态振兴中。按照"存量调结构、增量优方向"的思路，对开支结构积极加以调节，为乡村生态振兴中的重点项目的投资需求提供保证。优化乡村生态振兴专项资金的投入和分配比例，建立效益更高的政府资金分配方法，并对政府资金利用绩效考核，以及建设项目的后期管理等工作进行完善，从而真正使得财政资金使用效益提高。

（2）有效增加乡村公共财政投入，逐步建立公共财政投入的稳定增长机制。

持续加大公共财政投入，分类分区分内容建立社会化服务体系和市场化服务机制，逐步建立公共财政投入的稳定增长机制，统筹安排土地增值收益及村庄整治所获得的占补平衡指标收益，并积极吸引社会资本参与，鼓励地方以县、乡政府或行政村为单位有效整合多方资源。此外，逐步探索建立农户合理付费、村级组织统筹、政府适当补助的运行管护经费保障制度，有条件的地区可以分类分区分内容探索建立以市场化服务为主导的生活污水、厕所粪污治理模式和以社会化服务为主导的生活垃圾治理模式。强化农民的集体文化认同和生态环境保护意识。农村长期存在的环境脏乱差的局面得到扭转，这可谓农民直观感受最强烈的村庄治理大事。要以此为契机，利用好现有的各类治理资源，鼓励村庄多组织开展传统文化、生态环保等相关教育活动，将农村人居环境整治、农业绿色发展等内容纳入村规民约，进一步提升农民的生态环境保护意识、参与意愿和能力，降低管护成本。

（3）以乡村生态振兴为侧重点，推行绿色农业财政补贴机制。

第一，实行绿肥补贴，倡导农户开展绿肥种植，改善土地植物有机质的含量，降低化肥的使用含量。第二，降低对化肥、农业及农膜等的补贴，在条件许可的前提下取消上述补贴，减少其使用量，并建议提高对生物农药、可降解农膜等补贴，以发挥保护乡村生态环境与土壤有机物含量的功能。第三，实施绿色农产品补贴，在降低农业生产成本的同时增加绿色农作物的生产面积，拓宽销售渠道，提高其在农产品价格市场中的竞争力，以最终达到农民收入的提高和乡村生态环境的污染良好治理的目标。

（4）为乡村生态振兴建立税费优惠政策，完善现有税收措施。

整合现有的税收优惠政策，以提高其现实操作性，并充实乡村生态振兴方面的税收优惠政策，使税收政策对乡村生态振兴的保障功能更有效地发挥起来。比如，可以将绿色税收优惠政策的规定范围增加至企业所得税中，或者为扩大乡村植树造林面积，允许在汇算企业所得税或个人所得税前将此项费用扣除，或在规定的期限内免收此项收益所得税等。另外，在保留原来减免税优惠政策方式的基础之上，相应地增加一些创新的税收优惠政策方式，如农业资产抵免、提取公积金等，以实现对税收优惠政策的有效运用。

7.4.3 促进农村减排固碳的财税支持政策

农业农村减排固碳是全面推进乡村振兴、实现农业绿色发展、推动农业生态文明建设的重要内容。党的十八大以来，农业农村部组织各地农业农村部门认真学习领会习近平生态文明思想，深入贯彻落实党中央、国务院有关决策部署，聚焦化肥农药减量增效、农业废弃物资源化利用、农村人居环境整治、农业农村减排固碳等重点工作，深入推进农业面源污染防治攻坚战、农业绿色发展五大行动、农村人居环境整治三年行动，农业农村减排固碳取得显著成效。具体的财政支持政策包括以下几个方面：

1. 推动化肥减量增效

2015年2月17日，国家农业部制定实施《到2020年化肥使用量零增长行动方案》，在全国范围内选取300个示范县开展化肥减量增效工作，在233个重点县开展有机肥替代化肥试点，重点推广智能配肥、侧深施肥、种肥同播、水肥一体化等技术。2020年有机肥施用面积超过5.5亿亩次、测土配方施肥19.3亿亩次、机械施肥超过7亿亩次、水肥一体化1.4亿亩次、配方肥已占三大粮食作物施用总量的60%以上。加大有机肥料、微生物肥、缓释肥、水溶肥等新型肥料推广应用力度。组织专家分区域、分作物制订化肥减量技术方案，提出科学施肥技术指导意见，发布水稻、小麦、玉米、油菜氮肥施用定额，印发化肥科学使用技术手册和宣传挂图100多万份，指导农民和新型经营主体掌握化肥减量的关键技术。

2. 推动农药减量控害

大力推进病虫害专业化统防统治和绿色防控，在600个县建设统防统治与绿色防控融合示范基地，在150个县开展果菜茶全程绿色防控试点，重点推广生物防治、理化诱控、科学用药等绿色防控技术。2020年，全国绿色防控面积近10亿亩，专业化统防统治服务组织9.3万个，主要农作物病虫害绿色防控覆盖率达到41.5%，三大粮食作物农药利用率达到40.6%，分别较2015年提高18.5%和4%。组织开展"百万农民科学用药培训行动"，每年培训种植大户、植保专业服务组织的技术骨干和农民带头人300多万人，带动小农户提高科学用药水平。

3. 推动秸秆综合利用

实施秸秆综合利用行动，截至2021年，中央财政累计安排专项资金113.5亿元，累计支持1 436个县开展秸秆综合利用重点县建设，以点带面提升全国秸秆综合利用能力。因地制宜推进秸秆覆盖还田、翻埋还田、碎混还田和有机肥还田等，有力推动了土壤固碳和耕地质量提升。大力推广秸秆固化成型燃料、打捆直燃、沼气、生物天然气、热解气化等技术，全国秸秆燃料化年利用量 5 700 万吨，相当于替代能源约 2 850 万吨标准煤，可减排二氧化碳约 7 100 万吨。

4. 推动畜禽粪污资源化利用

国务院办公厅推动出台《关于加快推进畜禽养殖废弃物资源化利用的意见》《关于促进畜牧业高质量发展的意见》，构建资源化利用长效机制。总结推广 9 种粪污处理主推技术模式，开展多种形式的试点示范。"十三五"以来，累计安排中央财政资金 296 亿元，支持 723 个项目县推进畜禽粪污资源化利用，督促指导大型畜禽规模养殖场先行先试，因地制宜规范粪污处理和利用，加快推动畜禽粪污处理模式由"治"到"用"转变。

5. 推动农村人居环境整治

中共中央办公厅、国务院办公厅印发《农村人居环境整治三年行动方案》《农村人居环境整治提升五年行动方案（2021—2025 年)》，组织实施农村厕所革命整村推进奖补政策，全国累计改造农村户厕 4 000 多万户。梯次推进农村生活污水治理，开展农村污水综合治理试点，支持重点地区加强治理设施建设，全国农村生活污水治理率达到 25.5%。开展农村生活垃圾分类和资源化利用试点示范，农村生活垃圾进行收运处理的自然村比例稳定保持在 90% 以上，东部地区基本实现全覆盖。农村生活基础设施大幅改善，全国具备条件的乡镇、建制村 100% 通硬化路、100% 通客车；各地区立足实际打造了 5 万多个不同类型的绿美宜居村庄。

6. 推动农村生物质能开发利用

农村沼气基本形成"上游原料收集—中游沼气生产—终端产品应用"的产业链条，全国大型沼气工程保有量达到 7 395 处，年产气 14 亿立方米，培育了一批专业化的建设管理运营企业。生物质成型燃料建成多个万吨级生产示范基地，形成一批生物质锅炉生产安装、成型燃料供应和热力服务的市场主体，全国加工站点达到 2 664 处，产能 1 260 多万吨，推广各类炊事取暖炉具约 1 600 万台。清洁采暖炉具热效率超过 80%，颗粒物、氮氧化物、二氧化硫等排放指标达到《清洁采暖炉具技术条件》1 级指标要求。探索出秸秆打捆直燃、沼气集中供气、生物天然气分布式门站等市场化运营机制，为农村地区提供广泛的清洁用能。

7. 推动农机节能减排

积极推进农机报废更新，印发《农业机械报废更新补贴实施指导意见》，进一步加大老旧农机淘汰力度。大力推广节能低耗农机装备，积极推动拖拉机配备动力换挡变速箱、负荷传感式液压系统、北斗卫星导航等装置，有效改善大中型拖拉机的油耗、废气排放、牵引效率和作业精度。大力推广大中型自走式植保机械和植保无人机，加快精确对靶喷雾、施药防飘逸、变量喷雾等技术应用，推动农业生产实现绿色防控。大力推广水肥一体化、喷滴灌、保护性耕作等技术，促进"华北节水压采、西北节水增效、东北节水增粮、南方节水减排"战略实施。大力推广精准饲喂、智能环控、饲草高效收获加工、畜禽养殖废弃物资源化利用等技术，推动畜牧业高质量发展。积极推动联合收割机向大型化发展，大幅降低收获籽粒损失率，明显提升工作效率。

8. 推动生态循环农业发展

国家各相关部门印发实施《建立以绿色生态为导向的农业补贴制度改革方案》《关于加快发展农业循环经济的指导意见》《全国农业可持续发展规划(2015—2030年)》《种养结合循环农业示范工程建设规划》《推进生态农场建设的指导意见》等，强化对生态循环农业的政策指引。开展生态农业试点示范工作，建立"主体小循环、园区中循环、县域大循环"的发展模式，培育一批生态循环农业主体，构建形成以绿色生态为导向的农业补偿制度。积极培育生态农业主体，组织开展生态农场评价试点，2021年遴选认证了132家农业生产主体为"生态农场"。

7.4.4 基于案例分析绿色税收对乡村生态振兴的影响

1. 云南省玉溪市通海县

通海县作为蔬菜"国际港"，种植规模超34万亩，每年的产量超100吨，是云南最大的蔬菜种植基地，也是重要蔬菜集散地。菜农在收获了巨大的经济收入的同时，也给乡村生态环境造成了很大压力。地处通海县里山乡的云南省某科技股份有限公司通过长期创新，研发了"废弃菜叶回收利用生产工艺"等31项国家专利技术，并运用自主知识产权技术对农产品垃圾实行分类综合利用，对废弃和破损蔬菜叶实行资源利用管理，对农业废弃物变废为宝、循环使用，有效地缓解了果蔬垃圾对农业生态环境所造成的污染。同时，该企业生产销售有机肥，并享受免税政策。在未来，该企业计划将经营重点放在对清洁能源等方面的研发，推动循环经济发展。农业乡村的绿色发展既能够带动农业科技进步，也发挥着保护自然环境的重要作用。

上述案例显示，该企业不仅享受了绿色税收政策中对绿色环保技术研发的加计扣除的优惠政策，还享受了生产销售有机肥的免税政策。这反映了政府绿色税收方针中对乡村和中小企业绿色发展项目的政策扶持。绿色税收方针中还拟定了对节能环保的产业在消费税方面相应的优惠政策，提高了企业生产环保型商品的积极性。农业税的免征大大降低了农户的经济压力，同时，乡村科技的蓬勃发展促进了生态农业的建设。绿色税收中的税收优惠政策不但降低了纳税人的成本，也有效调动了中小企业和农民绿色发展积极性，还更好地保护了自然环境，实现了乡村振兴中生态宜居乡村的目标。

2. 湖北省广水市桃源村

桃源村坐落于湖北省广水市东部，曾经因为生态环境污染严重和经济滞后而成为贫困村。2012 年，其被列为鄂西地区第一批"绿色生态幸福村"建设试点，通过多年发展，桃源村已于 2017 年获得了"湖北省旅游名村"称号，成为国家级 3A 风景区，也是全国乡村旅游重点村，同时还是全国乡村旅游创客展示基地，得到了财政支持与补贴。桃源村在发展过程中根据当地政府的统筹规划和专家的建议，整合了自己的生态资源优势。在前期整治生态环境问题时投资了 700 多万元进行退耕还林和恢复自然水系等，既较好地保护了百年石屋，也在房间内部的装饰上着重体现了中国传统元素和现代建筑文化。同时，发展扩大了有机产业规模，通过"联合社 + 培训基地 + 农民"的运营模式，积极倡导农民生产原种稻、茶叶等特色农业生态产品。目前，该村已与中南粮油公司、中百超市等企业达成了长期合作协议。在生态文化旅游方面，桃源村的百年石屋、千年柿树等自然景观引来了大量游人参观，促进了农家乐和民宿的发展。桃源村还出台了《桃源村卫生公约》，以此增强村民的乡村生态环境保护意识，把该村打造成了一个"风貌自然，功能现代，产业绿色，文明质朴"的示范村。

桃源村的例子表明，要实现乡村振兴战略，一定要在乡村产品和生态环境等各方面实现质量提升。在保护自身自然生态环境的同时发展乡村旅游和有机农业。绿色税收也发挥了保护环境、发展生态旅游的功能，促进了环境污染的治理。

3. 浙江省淳安县

近年来，浙江省淳安县着力于特别生态功能区建设，围绕绿色发展持续发力，贯彻落实《浙江省山区 26 县跨越式高质量发展实施方案（2021—2025

年)》，积极推进共同富裕示范区建设。从曾经基础设施落后、地理位置偏僻的"穷脏差"下姜村，到如今远近闻名的"绿富美"大下姜乡村振兴联合体，淳安县在乡村振兴和共同富裕新机制新模式的探索与实践上取得了新进展。

淳安县组建了以下姜村为核心，覆盖周边两镇 25 个行政村的大下姜乡村振兴联合体，申报获批财政部农村综合性改革试点试验项目，通过探索财政资金"拨改投"机制，试点项目计划总投资 5.91 亿元，其中中央资金 1.5 亿元，地方配套 1.36 亿元，预计撬动社会资本投入 3.05 亿元，实现了大下姜村共富新模式。其行动路径主要包括：景观修复与基础建设并重进行环境治理、增效转型，助力深绿发展、保障民生，助力乡村生态振兴。

首先，淳安县推进钱江源区域山水林田湖草生态保护修复试点工程，围绕长三角地区重要战略水源地和特别生态功能区生态定位，全力保护修复以千岛湖为核心，山体、河流、湖岸、湿地为生态屏障的生态环境，累计完成投资46.63 亿元。此外，有序推进重点环保项目，完成千岛湖临湖地带彻整彻治，按要求全面开展农业、林业、工业和生活面源污染防治工作，千岛湖配供水工程顺利完工，为杭州、嘉兴地区超过 1 300 万人饮水提供优质保障。在水资源问题上持续推进五水共治行动，完成南山、坪山污水处理厂提标改造、城区109 个生活小区和 22 个乡镇建成区污水设施改造，五年来，共计投入环保资金 54.9 亿元，使千岛湖水质综合营养状态指数始终在全国重要水库中排名前列，出境断面水质达到 I 类标准。

其次，淳安县注重财政资金和政策引导力，整合到期产业发展政策，完善出台新一轮产业扶持政策，聚焦农村及县域产业发展实际，围绕现代农业、旅游业、生态服务业等大类产业，重点做好千岛农品公共品牌发展，持续做好大旅游产业，实现三产融合发展，全年兑现各类产业扶持政策资金 1.8 亿元，惠及企业主体超过 1 500 家。围绕优势产业加快重大项目落地，做强水饮料产业，做好招商引资项目招引、落地服务，推动谦牧山泉水、丹然饮用水等项目建成投产，实现噢麦力亚洲生态工厂、焕睿饮料、天润果蔬饮料等项目签约落地，为水饮料产业健康发展添新活力。助力中小企业解决资金困难，发挥中小企业转贷基金作用，2021 年实现转贷 20 次，涉及资金 1.66 亿元，缓解中小企业融资难问题。另外积极探索生态产品高水平转化机制，率先启动"两山银行"改革试点，探索建立生态公益林补偿收益权质押融资、入股联营等机制。建立健全生态系统生产总值（GEP）常态化核算和考核体系，GEP 居全省前列，被命名为全国"绿水青山就是金山银山"实践创新基地。

最后，淳安县在乡村振兴问题上坚持"三农"优先战略，聚焦绿美乡村建设，每年安排 8 000 万元用于淳安新时代绿美乡村建设，通过多轮政策实施，基本实现中心村覆盖；每年安排资金 4 000 万元补助计生、文化、农村用电安全等各类公共服务村级事务；完善村干部基本报酬补助政策，2021 年起发放村委干部基本报酬 9 000 万元，有力保障基层治理。除此之外，在百姓增收上谋实招，开展生态农业产业奖补，每年统筹安排资金 8 000 万元支持农业产业园区、规模化种养殖、良种及一、二、三产业融合发展等方面，2021 年全年兑现资金 7 000 万元，涉及主体 300 余家、直接惠及农户 1 000 余户；强化"消薄"增收资金保障，多渠道安排"消薄"增收资金，近三年累计筹集资金 3.2 亿元，用于产业帮扶和就业帮扶项目，累计兑现低收入农户产业补助资金 1 073 万元；创新开发健康扶贫政策，为全县 1.9 万余户低收入农户全额缴纳补充医疗保险费 600 万元；加大对村干部"消薄"增收激励力度，实际兑现完成市定"消薄"增收"3020"目标奖励资金 1 715 万元，切实激发"消薄"增收带头人动力。

淳安县的案例解释了乡村生态振兴是一个多流程的闭环问题，在这个过程中不可或缺的是对生态环境的治理、对企业的投资与税负减免以及乡村生态农业产业奖补，多方合作多方助力促使乡村生态振兴蓬勃发展。

7.5 促进乡村生态振兴的国际经验及启示

对于促进乡村生态振兴，部分经济发达国家具有宝贵的成功经验，它们制定的各项环境保护财税政策，对我国财税支持政策促进乡村生态振兴有重要的借鉴意义。

7.5.1 推动生态财政改革

"生态财政改革"也可称为"绿色财政"，主要目的是促使财政生态化转型。加拿大对该转型发展进行了较为成功的尝试。1990 年，加拿大政府颁布了综合性的《加拿大绿色规划》，通过建立国家生态保护区和省级生态保护区改善生态环境问题，针对生态保护区建立了完善的规划系统，使全国 20% 的土地成为生态环境保护空间。为了实现这一目标，加拿大政府先对政府的收入与支出项目的战略进行了新的界定，为创造激励性机制推动经济与环境协调发展奠定了良好的基础，随后推行"生态税收改革"，力求构建一套新的"生态税收"体制，实现经济发展与生态保护的可持续发展。

为实现农业农村可持续发展，近年来美国加大了对农业生态环境保护的投资力度。2002 年美国出台了《农场安全与农村投资法案》。据美国农业部的估算，在有效期内，美国联邦政府除保留原有的 666 亿美元农业补贴外，还将新增 519 亿美元农业补贴。新增的补贴额中将有 171 亿美元用于农业农村生态环境保护计划。同时该法案授权农业部通过实施土地休耕、水土保持、湿地保护、草地保育、野生生物栖息地保护、环境质量激励等方面的生态保护补贴计划，以现金补贴和技术援助的方式把这些资金分发到农民手中或用于农民自愿参加的各种生态保护补贴项目，使农民直接受益。同时美国还加大农业科研补贴力度，注重构建和夯实实现农业现代化所必需的、完整的农业科研、教育与推广体系。联邦政府拨款成为农业科研经费的主要来源。此外，美国还对从事绿色食品开发和绿色农业经营的龙头企业实施价格补贴、出口补贴等措施，极大地提高了绿色农业生产企业的积极性，并且增强了这些企业抵御风险的能力。对从事生态农场经营者，美国政府除了为合作社和私人银行所发放的生态农业贷款提供担保，还提供价格、贷款利息等财政补贴。

农业资源保护和保护性利用的补贴也是美国促进农业农村可持续发展的财政补贴的组成部分。美国工业化过程中的"西进运动"促进了美国世纪的经济腾飞，但开发自然资源过程中的滥开滥采也造成了巨大的浪费。美国从 20 世纪 30 年代提出保护土壤资源、20 世纪 70 年代初开始治理水环境污染，逐步发展为综合保护农业与农村环境，包括防止水土流失，保护土壤有机物和耕地生产能力，积蓄、合理利用天然降水和天然湖泊，保护森林等。这方面的举措主要要有明令禁止水土严重流失的土地用于耕作，政府给予一部分资金帮助农场主进行绿化、保持水土；由政府出资研究和推广新的耕作方法：如少量耕作法、免耕法、耕播法和松土法等，尽量减少由于土壤耕作而引起的土壤流失。目前，美国政府准备每年单列 25 亿美元用于农业环保教育与农业农村生态研究，让人们普遍认识到生态环境与生物多样性的重要性。

7.5.2　构建生态环境税收体制

税收是以国家法律形式规定的具有强制性的社会建设资金，作为一种宏观调控手段，是政府推动生态环保政策的最有效措施。国际经济发达国家也都充分利用了这一点。

美国政府在这方面具备成熟的经验，其生态税收一般分为以下四类：第一类，针对损害臭氧层的化学品征收的消费税，分为产品税、贮备税、对进口和利用损坏臭氧层化学物质进行再制造的产品税、对危害化学品征收的产品税，以及进口化学品关税。第二类，与汽车使用有关的税种，分为汽油税、车辆使用税、轮胎税、汽车销售税、进口原油税。第三类，开采税，即政府对资源开发收取的消费税，比例相对较高。第四类，环境收入税，利润达到 200 万美元以上的企业应按照相关比例纳税。

德国的生态税制度也相当完善，税种分为以下三类：第一类，对矿产资源加征的生态税，主要包括连续 5 次对汽油、柴油每年加征 3 欧分/升的生态税，累计征收 15 欧分/升；对采暖用油征收 2 欧分/升的生态税；对超标含硫量汽油、柴油征收的生态税，累计为 16.88 欧分/升。第二类，对天然气征收的生态税，2 次对燃用液化气加征 1.25 欧分/升的生态税，累计为 3.50 欧分/升。第三类，对电力征收的生态税，连续 4 次对每度电每年征收 0.25 欧分生态税，累计每度电加征 2.00 欧分。

为推动绿色环保农业发展，英国政府对税收政策做了一些调整，增加了一些新税种。例如 2001 年英国政府对农场主开始征收能源税、大气变化税等。政府还计划征收环境污染税，通过税收机制提高能源使用效率。政府也采取了一些鼓励环保的优惠政策。例如，如果农民在节省能源方面达到目标，可以给予税收减免。制定行业性或多家农场环保目标，个体或农场实现目标后最多可以免除一半能源税。英国农业协会正在敦促政府对用于科技创新实验等的土地买卖的印花税实行减免。在税收方面，由于英国农业实行农场化经营并且三分之一的农用土地为租赁经营，因此，英国没有专门针对农场主的特别税种。另外，对乡村个人征收的所得税、农场经营税、商业资产资本增值税和农用机械柴油税等的税率都比较低。对仍在工作的农场主政府实际上取消了遗产税，对粮食作物不征收增值税，农场经营也无须交纳地方商业税。

7.5.3 落实环境税收优惠政策

税收优惠政策和征税一样，都有着经济激励的优势，甚至可以产生"四两拨千斤"的效果。例如，加拿大政府对所有应用新型环保技术和使用再生资源的公司给予税收优惠政策，到 2012 年，共有 7 400 多家公司在生产经营环保类商品及提供关于环保产品的技术咨询服务。如果企业积极使用降低或限制污染，且更为环保的新设备、新工艺，政府将准许该企业减少机器设备的折旧年限，且可用采购设备的进项税额抵扣应纳税额。德国的税收激励措施也比较有特色，政府对农林、矿业、建筑、水电等领域的企业用电与采暖，均给予高达 40% 的生态税税率优惠政策；对公共交通领域内使用生物燃料或者天然气的交通工具，生态税税率优惠 45%；对农业生产所用的清洁能源，免除生态税。在此基础上，对各种能源商品和行业采用差别税率。为支持清洁能源的开发与利用，对清洁能源减免环境保护税。为调节能源使用比例，对无铅或低硫汽油、柴油实行低廉的税率，天然气税率大大低于成品油，对一些利润率较低的环保企业予以税费优惠等。

7.5.4 政府提高财政投入预算

生态环境保护和治理是一种特殊的公共产品，多国政府都对其进行了主导。韩国政府的生态财政投入强度就相当大。2000 年，韩国政府的环保支出占预算总额的比例超出了限度，其用来提高饮用水品质和水资源保护的支出达到了环保支出总额的66.8%，2007 年甚至超过了 6 000 亿韩元，需通过征收水使用费作为支出保障。20 世纪 90 年代开始，韩国的环保预算逐渐从原来的对口部委开始移交给环境部，实现了政府内部财政预算整合。

7.5.5 实行碳排放交易与碳税制度

2016 年，我国加入《巴黎协定》，在低碳经济基础上采取了新的环保政策，即对国内企业的二氧化碳和硫排放量实行总量管制与交易机制，以求控制碳排放。欧盟亦通过开征碳税控制二氧化碳排放，延缓全球变暖的速度。

实践证明，发达国家的碳排放交易制度是可行的。总结它们的先进经验对我国的生态环保政策具有重要意义。

8 财税赋能乡村组织振兴的治理路径优化

实施乡村振兴战略，是党的十九大做出的重大决策部署，是决胜全面建成小康社会、全面建设社会主义现代化国家的重大历史任务，是新时代"三农"工作的总抓手。2018 年 9 月，中共中央、国务院印发的《乡村振兴战略规划（2018—2022 年）》第八篇中明确指出："把夯实基层基础作为固本之策，建立健全党委领导、政府负责、社会协同、公众参与、法治保障的现代乡村社会治理体制，推动乡村组织振兴，打造充满活力、和谐有序的善治乡村。"

乡村振兴战略要求实现乡村产业振兴、乡村人才振兴、乡村文化振兴、乡村生态振兴和乡村组织振兴，其中乡村组织振兴是关键，是乡村振兴的基础和根本保障。乡村组织振兴是实现乡村振兴的"先行者"，只有具备有效整合和配置各种资源的组织力量，才能将外部资源转换为推动乡村内部发展的生产要素，乡村振兴的发展内生动力才能不断增强。组织部门要认真践行自身职能，持之以恒抓基层、打基础，育人才、带队伍，聚人心、激活力，充分彰显组织担当，为推进乡村振兴提供坚实的组织保障。乡村组织振兴的目标就是推动乡村基层组织发展，强化乡村基层组织的团队建设，完善乡村基层组织的制度保障。乡村组织振兴意味着乡村地区所有的基层组织都能各司其职，促进乡村振兴战略顺利开展。

8.1 健全现代乡村社会治理体制

当前我国乡村农业基础差、底子薄、发展滞后的状况尚未根本改变，乡村治理能力和体系亟待强化，这些问题不容忽视。

8.1.1 乡村基层党组织领导核心作用的展现与问题探析

乡村基层党组织，即党在乡村的基层组织，是指乡镇党的委员会和村党组织，是党在乡村全部工作和战斗力的基础，全面领导乡镇、村的各类组织和各项工作。2022 年中央一号文件指出："充分发挥农村基层党组织领导作用，扎实有序做好乡村发展、乡村建设、乡村治理重点工作，推动乡村振兴取得新进展，农业农村现代化迈出新步伐。"乡村组织振兴的关键是乡村基层党组织建设，基层党组织是密切联系人民群众的桥梁，担任着将上级政策传达至人民群众，以及将人民群众的需求反馈至上级的重要任务，发挥着极为重要的作用。必须增强乡村基层党组织联系群众、服务群众、凝聚群众、造福群众的能力，使其发挥战斗堡垒作用，成为带领乡亲们致富谋发展的主心骨。加强党的领导，推动乡村组织振兴就是要在党中央和各级党委、政府的坚强领导下，夯实乡村基层党组织根基，发挥乡村基层党组织在乡村事业发展中的领导核心作用。同时，推动乡村经济组织、社会组织和村民自治组织的建设与完善，最终实现乡村组织振兴，为乡村振兴提供坚强的组织保障。

当前，我国部分地区的乡村基层党组织还存在以下两个方面的问题：

1. 组织比较软弱、涣散

目前，部分基层党员干部在工作中有着将权利与义务对立起来的问题，具体表现为一些党员党性意识、纪律意识淡化，责任意识不强，服务人民群众的宗旨意识淡薄，参加党内活动的自觉性降低。一方面，在选任基层党员干部时，过度强调"好人治村"而忽视了重要的领导能力、政治素养等；另一方面，开展工作过程中的困难挫伤了党员干部的积极性，尤其是年轻的党员干部，长此以往淡化了自己的身份，消极应对工作任务。

2. 缺少优秀人才

乡村振兴，人才是关键。把乡村基层党组织的人才队伍建设摆在突出位置，是全面实施乡村振兴战略的必然要求。从现实状况来看，乡村基层党组织的影响力、领导力还不是太强，具体表现在三个方面：第一，现有乡村基层党组织成员年龄结构老龄化。这会造成基层党组织内部活力不足，导致保守僵化的思想严重。第二，现有乡村基层党组织成员学历普遍偏低。受教育资源落后的影响，乡村整体的教育水平要低于城市。第三，现有乡村基层党组织后续发展对象严重不足。由于老龄化和城市化的发展，年轻人更倾向于留在城市，乡村地区年轻人越来越少，基层组织后备力量较为薄弱。

8.1.2 基层政权组织模式与问题研究

科学设置乡镇机构，就是要构建简约、高效的基层管理体制，健全乡村基层服务体系，夯实乡村治理基础。乡镇政府一般设有两种类型的机构：一是乡镇行政内设机构，包括党政办公室、经济发展办公室等；二是乡镇事业单位，包括社会保障服务中心、公共事务服务中心等。乡镇政府是在乡镇党委的领导下进行工作的，权力来源于乡镇人大和上级人民政府。2017 年，中共中央办公厅、国务院办公厅印发《关于加强乡镇政府服务能力建设的意见》指出，加快乡镇政府职能转变步伐，着力强化公共服务职能，优化乡镇基本公共服务资源配置，创新乡镇公共服务供给方式，加强组织保障。当前，我国部分地区的基层政权还存在以下两个问题：

1. 以行政村为单位的治理模式容易导致治理单元过疏化

税费改革以来，乡镇政府的职能转型较为缓慢，面临着权责不对等、压力型体制、条块分割等问题的困扰。治理单元过疏化是指由于治理单元面积过大，使得村庄内部各要素之间分离、治理效能低下。部分合并村落的行政面积较大，乡镇政府很难兼顾所有村落的发展，会造成区域发展不平衡的现象。离乡镇政府较近的村落发展情况相对较好，而那些离得较远的村落发展相对来说更加滞后。

2. 村干部老龄化

村干部老龄化会导致村干部的影响力、带动力不强，老龄干部在处理村内公共事务时，重人情、轻法治，通常用"人治"的思维开展工作，还出现不按规章制度办事的情况。年龄较大的村干部创新性不足，对政策的理解和执行可能存在一定的惯性思维，然而乡村地区的情况相较于以前来说有较大的改变，政策的执行和处理方式应随之发生变化，不然就会导致政策执行过程中的滞后行为。

8.1.3　村民自治组织支撑作用的强化与问题剖析

村民自治组织作用的发挥需要进一步加强村民委员会的建设。村民委员会作为村民自我管理、自我教育、自我服务的基层群众性自治组织，是乡村组织振兴必不可少的重要力量和组成部分。《中华人民共和国村民委员会组织法》指出："村民委员会是村民自我管理、自我教育、自我服务的基层群众性自治组织。"村民委员会作为基层的群众性自治组织，职责包括发展生产、管理集体财产和保护资源、宣传和文化发展、社区建设，以及遵守和执行村民会议决议。它既体现出"自己的事情自己管理"的自治精神，也体现出在法律法规的范围内组织本村公共管理活动的合法性。实现乡村组织振兴的关键是发挥农民在乡村振兴过程中的主体作用，以内生动力推动乡村振兴。

延续村规民约传统与现代村民自治相结合，是村民表达共同利益诉求必不可少的制度安排。村规民约对乡村组织振兴的意义重大。几千年的乡村"自治"式发展使得村民在很大程度上对行政命令等存在高度的逆反心理和天然的排斥心理；但通过集体决议的事情，因人与人之间的交往关系和乡村内生秩序，往往能得到村民的自觉遵守和监督保障。通过村民会议制定本村的村规民约，村委会再用村规民约来约束村民的生活，依靠的是村民内心的内生道德，既符合千百年来我国王权止于县政的传统，又符合村民对自治思想的内生渴望。

当前，我国部分地区村民自治还存在以下三个方面的问题：

1. 村规民约作用减弱

村规民约的作用范围通常限制在一个村庄或社区之内。我国传统上，村民活动空间有限，和村内居民的交往就是他们人际生活的全部。在这样的环境下，每个个体都会谨小慎微，喜欢用舆论所向和约定俗成的法则约束自己，遵守村内规范，维护个人的名誉。这种舆论是一种时刻压在村民心中的压力，规范着村民的一言一行。但是，随着改革开放和社会主义现代化建设的进程，"村村通"等交通设施工程的建设，乡村的封闭性被打破，原先能够起到约束作用的舆论随着人口的流动被削弱，使得以熟人社会的舆论为导向建立的村规民约的约束力大大下降。同时，随着村庄集体化时代的结束和乡村熟人社会的变迁，传统上的村庄共同体逐步解体，原本互帮互助的集体生活趋于消失，村民将全部精力集中于经营家庭，不再热衷于参与村庄集体活动和公共生活。

2. 治理主体结构单一化

政府主导规划一直以来都是我国乡村基层治理的重要特点，村民自治的实践大都体现着鲜明的政府主导特征。我国压力型体制的政治特点使我国具有强大的动员组织能力的同时，也使得下级政府行事往往是为了实现上级政府定下的治理目标，且在执行的过程中由于对基层政府工作的评价由上级政府掌握，使得基层政府倾向于"对上"而不是"对下"负责，因此，基层政府往往更重视任务完成的速度而不是质量。部分地区存在村庄精英控制着乡村治理的权力，普通村民很难参与其中的现象，导致村民参与乡村治理的积极性不高。

3. 村民自治能力不足

村民主人翁意识不强，2 000 多年的封建统治使得村民对官僚体制的人身依附极为严重，也使得在整个村民自治过程中村民政治参与极为被动。政策制定过程中集体失语，失去完整的主体表达能力，坐享其成成为乡村治理过程中村民的普遍表现。在乡村留守的人口以老年人与儿童为主，留守人口普遍有着知识水平较低及管理能力较弱等特点，无力在制度的实施过程中实现自觉和有效参与。

8.1.4 乡村经济组织纽带作用的发挥与问题诊断

乡村经济组织是推进农业现代化、规模化、效益化的有效组织形式，在保护农民合法经济利益，提高应对市场风险方面作用突出。乡村经济组织包括乡村集体经济组织、农民专业合作社、乡村企业和家庭农场等。其中，乡村集体经济组织在我国乡村广泛存在，是集体成员利用集体所有的资源要素，通过合作与联合实现共同发展的一种经济形态，在增加农民收入、促进农民消费、拓展乡村劳动力就业渠道等方面具有独特的优势。

当前，我国部分地区乡村经济组织还存在以下三个方面的问题：

1. 过度依赖于自然资源禀赋

目前，自然资源开发仍是发展新型乡村集体经济的重要路径，自然资源包括矿产资源、农林草水资源、生态环境资源等。乡村通过承包租赁、自主开发、参股合作等多种形式开发自然资源，从而获得相对稳定的集体收入，虽然由此造就了一批因拥有优势资源禀赋而快速率先发展起来的集体经济强村，但也在某种程度上影响了新型乡村集体经济长效、持续发展，毕竟自然资源枯竭只是一个时间问题。

2. 政府扶持产生了马太效应

随着社会主义市场经济体制的深入发展，政府逐渐成为乡村集体经济模式的设计者和推行者，在新型乡村集体经济发展中扮演着越来越重要的角色。一些基层政府在树立典型集体经济示范村时，往往会整合多方资源优势，集中力量重点扶持典型村庄，造成资源的不平等分配。

3. 精英控制导致乡村集体经济利益分配失衡

随着社会主义市场经济体制的逐步成熟，大市场与小农户经营难以有效对接的困境出现了，为了缩减交易成本，村庄精英逐渐成为市场主体青睐的对象，这在一定程度上增加了村庄精英的寻租机会。村庄精英获得了对发展资金和项目信息的影响力，其可以根据自身利益需要，调整发展资金和发展项目的既定目标，进而攫取政府扶持资金和项目的绝大部分利益。在精英控制资源和权力的格局下，村庄组织行为也逐渐由村庄精英的意志决定，直接导致村民的实际诉求难以实现，现实利益分配不公，村庄组织的发展秩序扭曲。

8.1.5　乡村社会组织补充作用的强化与问题辨析

作为充满活力和创造力的非官方组织，乡村社会组织是乡村组织振兴的重要组成部分，在改善乡村单一治理主体状况，促进多元共治，构建新时代乡村治理体系方面发挥着不可忽视的重要作用。乡村社会组织是一种服务乡村发展和各项乡村公共事业的社会组织，分为两大类：一类是乡村社区社会组织，由社区内的群众组织，为了本社区的公共事业管理而成立，包括公益服务类、权益维护类、矛盾调解劝导类，以及公共事务协商类社会组织；另一类是乡村发展社会组织，这类组织由社区以外的群众组织起来，通过基金会募捐、志愿者服务等方式，应用乡村社区以外的资金、知识和人力资源，其目标主要是发展乡村公共事业和促进乡村全面发展，不以营利为目的。

乡村社会组织的基本属性是公益性。乡村社会组织的发展可以帮助解决乡村地区资金短缺、人才流失等问题，有效提升乡村地区的公共管理和公共服务水平，也可有效提高乡村的凝聚力，激发村民的责任感，体现出治理有效的乡村振兴图景。

当前，我国部分地区乡村社会组织还存在以下两个方面的问题：

1. 发展规模小且不平衡

我国部分地区的农业及乡村发展社会组织总体数量仍然偏少，乡村社会组织普遍存在人员较少的问题，规模也较小，影响组织目标的完成。

乡村社会组织存在区域分布不均衡的问题，一方面是城乡之间的发展不平衡。根据民政部公布的《2022年民政事业发展统计公报》，截至2022年底，全国共有社区综合服务机构和设施59.1万个、社区养老服务机构和设施34.7万个。城市社区综合服务设施覆盖率100%，乡村社区综合服务设施覆盖率84.6%，具体情况如图8-1所示。另一方面是乡村内部社会组织及设施间的发展不平衡。经济较发达地区社会组织及设施较多，城乡接合部较多，成熟乡村社区较多。这是因为经济较发达地区的经济发展水平会抬高本地区对乡村公共服务和产品的内生性需求，而这种需求又会为乡村社会组织的萌芽与发展提供驱动力。

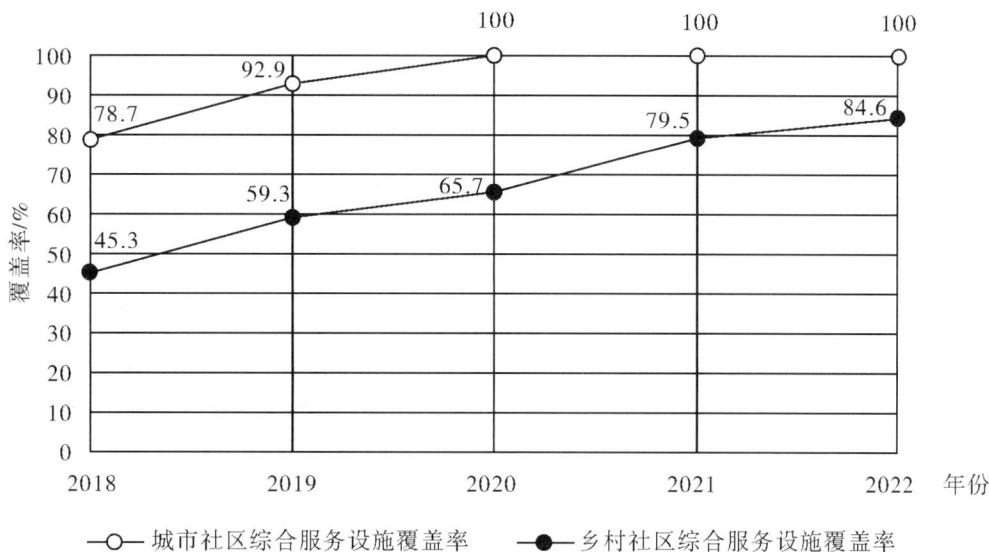

图 8 - 1　2018—2022 年城、乡社区综合服务设施覆盖率

2. 乡村社会组织能力不足

目前，乡村居民需求较高的文化、教育、卫生、环保等公共服务并没有得到很好的供给。由此可见，乡村社会组织能力的欠缺已经影响到乡村公共服务的数量和质量，不能有效满足乡村需求。主要原因是组织定位能力不强，致使公共服务和产品提供困难。在实际行动中，乡村社会组织会向那些活动领域、服务对象、服务方式相同而类型不同的组织"借鉴"目标和做法。在此过程中，一些组织常常迷失了自己作为乡村社会组织的定位，影响组织的产出。此外，乡村社会组织社会动员的主体意识不强，动员方式单一，动员策略欠缺，动员能力不足。由于乡村社会组织的地缘性及资源有限性，难以吸纳高素质专业人员的加入，导致专业人员数量少、专业技能不强，加上专业人员的流动性大，乡村社会组织服务能力受到很大制约，尤其是专业性的服务能力明显不足，高质量产出不多，社会影响力不大。

8.2　国际乡村组织治理的经验借鉴及启示

创新乡村基层组织治理方式，提升乡村基层组织治理能力是促进乡村发展和谐有序、激发乡村发展活力的重要内容。如上述分析可知，目前我国乡村基层组织治理工作仍存在不少问题，需进一步完善。在西方发达国家，乡村组织治理经历了长期的发展历程，逐渐形成了符合本国特色的乡村发展模式。例如，美国的乡村组织治理模式，日本、韩国的东亚造村运动，印度的潘查亚特制度等。20 世纪 80 年代，国外乡村组织治理理论开始被引入国内。

8.2.1 美国

1. 美国乡村组织治理概况

美国基层政府和乡村管理组织及其职权由各州设置和规定，没有一个全国统一的基层组织管理单位。美国的乡村主要是指城市群以外的区域，跟中国基于行政区划的乡村定义有所不同。从基层政府和乡村管理组织的层面来看，美国乡村地区主要行政形式包括乡、镇、村，但在不同的州称谓有所不同。乡是农村地区的主要行政单位，广泛存在于美国中西部地区。美国乡镇人口数量一般在 2 000 ～ 3 000 人，与中国的行政村人口数目相当。与中国不同的是，美国的镇和村主要由居民申请设立，但乡是直接由政府设置，美国的乡镇自治与中国的乡村基层治理有相似之处。乡镇等基层政权组织之间不存在严格的行政等级关系，各自依法相对独立进行自治管理。

美国以乡为代表的乡村管理组织主要有乡政府、乡民大会、乡委员会等。乡政府的职能与我国的市、县政府类似，主要从事日常事务管理、基础设施建设、公共服务供给、教育管理等。乡的有些职责，如修建道路和保障福利等与县是有交叉重合的，因此部分乡的某些职责根据实际需要会转交给县。乡民大会一般是乡的决策机关，乡里的合格选民都可以参加乡民大会，讨论乡村发展的重大决策，听取乡政府官员报告以及通过乡规民约等事项。因此，美国乡村居民对乡村本地事务的参与度很高，并且对乡村事务具有较大的发言权。美国大多数乡会设置具有管理职能的委员会，其在不同的州名称不尽相同，例如乡管理委员会、监督委员会或者乡委员会。

与大多数国家一样，美国的乡村也经历过相对落后和城乡差距较大的时期，当时乡村没有得到足够的重视，治理水平也相对较低。例如，在 20 世纪 30 年代，美国利用有利的国际环境和机遇大力发展工业与城市基础设施，乡村是农业生产的主阵地，还没有成为美国政府的关注点。乡村在道路、水电设施、农场投入等方面存在明显短板，城乡发展有着较大差距。到 20 世纪中后期，乡村开始得到越来越多的重视，政府开始通过出台乡村振兴相关法律、增加对乡村地区的财力支持等方式来解决城乡发展不平衡的问题。由于政府的重视和大力投入，乡村落后的面貌得到极大改善，贫困率也显著降低。直到 20 世纪 90 年代，乡村发展遇到了新的瓶颈，即乡村传统的农业生产受到来自经济全球化和国际贸易自由化的挑战，因此，美国政府开始加大对乡村与城市的对接，使乡村地区的生产生活方式融入城市，打造小城镇建设，进而整合乡村和周边城市的行政职能，以实现城乡融合发展。目前，美国除纽约、费城、芝加哥等个别超大城市外，更多的是成片、融合的乡村和城镇综合体，呈现出城乡互补共生的格局。

2. 美国乡村组织治理特色：城乡共生型小城镇建设

美国的城乡共生型小城镇建设遵循城乡互惠共生的原则，通过城市带动农村、城乡一体化发展等策略来推动乡村社会的发展，最终实现工业与农业、城市与农村的双赢局面。美国作为全球城市化水平最高的国家，2017 年乡村人口占比不足总人口的 2%。20 世纪初，城市人口激增导致许多人向城市郊区迁移，带动周边小城镇迅速发展。目前，美国已实现城乡高度一体化发展，以公共服务为导向，采取城乡一体化治理模式，重点依托小城镇建设推动整体乡村社会进步。在小城镇建设上，美国政府非常强调打造个性化功能，结合区位优势和地区特色，注重实现生活环境和休闲旅游的多重目标。小城镇有着良好的管理体制和规章制度，能够对全镇的经济社会进行统筹监管，保证小城镇的有序与稳定。美国的城乡共生型小城镇建设，通过完善农村的公共服务体系和城乡交通条件，全面提升国家的现代化水平，有利于实现乡村生态、文化、生活的多元化发展。

3. 对我国的借鉴意义

从美国乡村组织治理的组织架构和发展情况来看，美国乡村组织治理具有治理机构专业化、财政投入力度大和公众参与度高等特点。从美国乡村组织治理实践的经验来看，加强乡村制度建设、延续和完善乡村扶持政策以及发展以"小城镇"为特色的城乡一体化是其乡村治理的主要经验。虽然美国乡村的资源禀赋和发展现状与我国有很大差异，但其治理经验对我国推进乡村振兴战略和实现农业农村现代化仍然有借鉴意义。一方面，美国专业化的治理机构启示中国有必要成立专门负责乡村振兴的政府机构，统筹规划和推进乡村振兴战略，集中力量解决乡村治理中面临的问题。例如，2018 年 3 月，我国撤销农业部，正式组建农业农村部，其职能包括统筹研究和组织实施"三农"工作战略、规划和政策，这正是完善乡村发展政策框架和制度的有力举措，有利于进一步完善乡村治理体系和机制，增加对农业农村的投入力度。另一方面，美国城乡共生型小城镇建设带动城乡一体化发展的经验值得我国借鉴，尤其是美国乡村小城镇所具有的独立的税收和财政权。我国乡村众多并且发展潜力巨大，通过对其赋予一定的税收和财政支配权，调动乡村的积极性，可以刺激乡村发展的内生动力，促进乡村结合自身特色，引进社会力量，促进乡村经济、社会和文化发展。当然，这种借鉴与坚持党对乡村工作的绝对领导并不冲突；相反，提高党对乡村工作的领导和服务水平，有利于推进这种模式的尝试和开展。

8.2.2　日本

1. 日本乡村组织治理概况

日本城市化水平较高，乡村人口占比低。作为一个发达国家，日本的基层自治组织经过不同时期的发展变化，基本完善，其乡村治理现代化水平较高。与美国不同，日本实行单一制国家体制，有三级行政组织，第一级为中央政府的省、厅，第二级为地方政府的都、道、府、县，以及下一级的市、町、村。作为最小单位的市、町、村总数有 1 741 个，平均每个区划的人口密度约为每217 平方千米 7.3 万人（2017 年年末统计）。日本把町、村作为一级行政单位，是基层行政组织。町比村具有更多的城市特点，相当于我国的镇；日本的村具有明显的农村和农业特征，相当于我国的乡。

日本乡村基层居民自治水平很高，村民可以自愿参加各类乡村组织，基层居民自治组织也拥有相当的独立性。日本乡村村民享有较多的民主权利，对选举村议会及其成员以及村长都具有很大的话语权，村议会与村长之间也有制衡和监督关系，这样就保证了村民对乡村治理的深度参与。日本乡村治理的最显著特征，就是它的农业协同组合（简称"农协"），这是日本全国范围的农业和农民协会，绝大部分日本农民自愿参加了。该协会在日本国内具有不同的级别，从国家到都、道、府、县和市、町、村共三级不等。无论是单独的町、村建立的农协，还是若干个町、村共同建立的农协，都是全国农协体系的一环。

日本在第二次世界大战后全力加强城市建设，对乡村工作重视程度相对有所降低，乡村治理因此受到一定影响。据统计，"1955 年至 1971 年，工业和其他非农产业的就业人口增加 1 830 多万人，总数达到 4 340 多万人，占就业总人数的比重从 61% 提高到 85%；同期农业劳动力则从 1 600 万人减少到 760多万人"。传统的村落社会迅速崩溃，由于以乡村为代表的地方区域人口减少而出现乡村"过疏问题"，引发了社会普遍关注。首先，乡村地区的生活设施老化与社区基础弱化，出现萧条衰落的景况；其次，以中青年为主的人口大规模离开乡村，使得乡村社会人口老龄化；最后，基础设施的老化和乡村空心化导致乡村地区以农业为主的生产功能越来越弱。这种情况直接导致的后果就是农业生产力大幅下降，乡村发展出现各种困难和挑战，城乡差距明显扩大。

到了 20 世纪 70 年代末，日本开始认真思考如何统筹城乡关系进而实现经济社会的可持续发展，开启了著名的造村运动。造村运动实施之初，主要目的是促进乡村经济发展，缩小城乡差距。随着运动的开展和探索，日本将促进乡村经济发展与改善环境、提升健康和福利事业相结合，推动整个乡村社会治理的发展。与此同时，日本政府在乡村地区规划并实施了"村镇综合建设示范工程"，主要有以下几个方面：村镇综合建设构想（产业振兴、生活环境建设、社会组织发展以及地区经济经营等），建设计划（村落、道路、土地用途划分），地区行动计划等。

从 20 世纪 80 年代至今，日本通过组织乡村地区居民和民间社会组织等多元主体共同促进乡村地区发展。总体来讲，日本通过采取多方面的措施，加大对农业生产的支持力度和城市反哺农村的力度，制定科学规划引导乡村发展，加大乡村基础设施和公共服务设施投资建设力度，发挥乡村社区主导性和农村协同组织的作用，在乡村治理方面积累了有益的经验。

2. 日本乡村治理特色：农协深度参与

日本具有与中国相近的农业、乡村资源及发展模式，在乡村治理方面的探索对我国乡村治理发展具有一定的借鉴价值。在乡村治理中，日本以挖掘本地资源、尊重地方特色为典型特点，通过因地制宜地利用乡村资源来发展和推动农村建设，最终实现乡村的可持续性繁荣，以造村运动最为典型。"二战"后，日本政府为了提升社会发展的速度，实行城市偏向政策，注重发展城市工业，片面追求经济发展，以求快速推动整个国家的发展。这种策略势必会导致城乡发展的不均衡，造成农村发展的落后。为了振兴农村，实现城乡一体化目标，大分县前知事平松守彦率先在全国发起了以"立足乡土、自立自主、面向未来"为口号的造村运动。在政府的大力倡导与扶持下，各地区根据自身的实际情况，因地制宜地实行富有地方特色的农村发展模式，形成了为世人称道和效仿的"一村一品"模式。在具体内容上，首先，各地区根据本地的地形特点、自然条件状况，建立了独具特色的农产品生产基地，譬如水产品产业基地、香菇产业基地、牛产业基地等。其次，为了提升农产品的附加值，政府对农、林、牧、副、渔产品实行一次性深加工的策略。再次，日本综合农协充分发挥作用，在农产品的生产、加工、流通和销售环节建立产业链，促进产品的顺利交易。最后，日本政府通过完善教育指导模式，开设各类农业培训班，建立符合农民需求的补习中心，提高农民的综合素质和农业知识；政府还对农业生产给予大量补贴和投入，支持农村发展。造村运动振兴了日本农村经济，促进了日本农业现代化的实现。

　　日本为实现农民互助，1949 年建立了以"自愿联合、自主经营、民主管理"为原则的农业协同组合（简称"农协"）。农协为日本乡村居民提供多元化社会服务，在优化农业、乡村生产、生活条件，提升农业生产效率等方面发挥了重要作用。目前，日本的农协主体是综合农协，即以农民为成员成立的基层农协。日本农民的参与意识很强，虽然加入农协是农民自愿的行为，但是绝大部分农民加入了综合农协。日本的农协根据《农协法》建立了全国三级管理体制，在综合农协之上有上级地方（都、道、府、县级）机构和全国（中央级）机构。地方机构是以基层的综合农协为成员，以各个都、道、府、县为单位成立的农协联合会，而与此同时，各个地方的农协联合会根据业务不同又建立了中央级机构。因此，当基层农协单独运作有困难或效率低下时，可以由地方或全国联合会来统一运作，进而发挥规模效益和增强社会化服务的功能。

　　综合农协具有严格的工作体制，其工作计划与有关规则由成员大会决定，成员大会通过选举产生理事会，理事会负责日常业务决策和管理，以及选出代表理事，即农协的社长。农协雇用员工，执行日常服务业务。就具体业务而言，综合农协的服务业务内容非常丰富，包括农业技术指导、信用、农业生产设施建设和利用、农产品运输加工和储藏等。在这个过程中，日本政府会配套一定的扶持政策来完善这种农业统一化经营模式。尤其值得指出的是，日本农协本身既是企业，也是乡村农民的团体组织，具有双重属性，它存在的根本目的是服务村民，而不是获取经济效益。在近年来日本乡村发展的过程中，农协在减轻政府压力、提高农村生活水平和促进农业发展方面发挥了不可替代的作用。

　　3. 对我国的借鉴意义

　　从治理架构和发展历程来看，日本乡村治理具有基层自治独立性强和城乡政策转换及时等特点；从乡村治理特色和经验上来看，日本乡村治理具有注重乡村和农业同步发展、因地制宜和突出农协作用等特征。与我国乡村治理相比，日本乡村治理有很多先进的理念和做法值得我国借鉴。第一，日本造村运动突出因地制宜的原则，尤其是在"一村一品"方面，日本擅长结合乡村的实际进行环境规划、产业布局和文化传承。这方面值得我国学习和借鉴，我国幅员广阔，不同地区的乡村在经济、社会、文化以及生态等方面差异较大，与日本相比，在乡村因地制宜治理方面还有较大差距，因此需要多研究学习日本乡村治理中具体问题具体分析的理念。第二，日本在农协的运用和管理方面的经验值得我国研究。日本的乡村农协与我国的农民专业合作社非常相似，两者在促进乡村发展和增强农业生产力方面的目的是一致的，但又有明显区别。其中最明显的区别就是在吸收成员的范围和运行决策原则方面、日本农协中，只有农业生产者才有选举权和决策权，而其他个人或团体都不享有；我国的农民专业合作社中与农民有交易关系的龙头企业在合作社中往往有较强的发言权，制度安排上损害了合作社原则的实现，难以保障农民主人翁的利益和主体地位。相比之下，日本农协的做法给我国农业合作社提供了很大启发。

8.2.3 韩国

1. 韩国乡村组织治理概况

从地方行政区划来看，除了首都首尔外，韩国共有 6 个广域市（直辖市）、9 个道（省）、86 个郡（县）。郡下设邑（镇）和面（乡），邑和面下设里（村）和班（组），里和班都不是行政单位。总体来看，与美国和日本的乡村相比，韩国的乡村机构设置和治理结构与我国的相似性更高。

韩国在 20 世纪后期实行地方自治制度以后，乡村治理理念和治理模式发生了很大转变，地方政府获得了更多的自主权，同时在制定乡村发展政策或者农业发展规划时，必须征求农民的意见和保障农民的权益。根据韩国地方自治法律，乡村的主要管理权限在郡政府，郡守是由当地选民选举产生的，是一个郡的主要行政负责人。郡守会听取包括乡村村民在内的选民的意见和建议，并经常性地向上一级行政机构即道政府和市政府汇报工作。由此可以看出，韩国乡村的建设和发展，很大程度上取决于郡政府的作为。在郡政府的领导下，韩国的基层政权邑（镇）和面（乡）对村庄进行治理。近年来，韩国政府重视对乡村干部的培养，在乡村成立村干部培训中心，拓宽村干部的视野，让他们在市场敏锐度、先进技术和管理经验方面始终保持胜任的状态。

2. 韩国乡村组织治理特色：新村运动

在韩国乡村从落后迈向现代化的过程中，韩国政府自 20 世纪 70 年代起实施的"新村运动"发挥了重要作用，该运动以政府充分支援、村民自主参与和引进投资项目为主要特点，引领乡村村民全方位投入乡村现代化建设。这一运动经历了基础设施建设阶段、向城镇扩散阶段、充实提高阶段和自我发展阶段，在推动乡村建设、农业发展、农民致富等方面取得了世界公认的成就。对此，我国有学者认为"韩国新村运动的成就具有普遍性价值"。从政府、乡村和村民三个层面来看新村运动背景下的乡村组织治理经验，可以总结为以下几个方面：第一，中央和地方政府的政治权威为新村运动的开展起到决定性作用和提供了强有力的保障。中央政府设立专门的机构来负责新村运动的计划与执行，各级政府包括各道、市、县以及基层的行政镇、村也效仿中央设立机构，并制定了关于促进乡村和农业全面发展的经济、社会、文化、教育等方面的政策措施，进而保障各项事务的稳步推进。第二，新村运动允许村民利用家庭亲缘关系组建维护自身利益的集团组织，及时表达利益诉求。虽然在新村运动中，韩国政府为每个村任命一位政府公务人员作为牵头人来负责新村发展计划和具体工作的组织实施，但从实际效果来看，这种组织形式并没有发挥预期作用，因为韩国的农村与中国的小村落类似，都具有依靠血缘或者亲缘聚集生活的特点，亲属关系在某种程度上主导了社会结构。韩国政府及时认识到了这个特征，支持村民以亲缘关系为纽带发起协会组织，向政府反映村民的合理需求。韩国政府利用这种独特的自治形式为乡村组织治理奠定了群众基础。第三，政府采取奖勤罚懒的鞭策机制和倡导培训的能力提升机制，全方位调动村民的积极性、主动性。韩国政府根据各个乡村村民的参与度和建设效果，将全国范围内的乡村分为三个不同等级，即基础村、自助村和自立村，并以此等级划分，作为补贴力度的参考标准，这一措施反过来又促进了村民参与的热情。此外，韩国在乡村开办新村培训学院，专门从村民中挑选和培养乡村治理的骨干人员，这些接受培训的人员虽然不是政府公务人员，但是在推进新村运动和乡村建设过程中发挥了重要作用。

3. 对我国的借鉴意义

韩国的行政体系和乡村组织治理结构与我国类似，因此相对来讲更具有可比性和可借鉴性。通过韩国地方政府对乡村组织治理实施的全面负责制，韩国更好地实现了治理权和治理资源重心的下移。从韩国的治理特色即新村运动实施的角度来说，其乡村治理主要呈现了政府主导、注重差异、重视教育和强化激励等特点。

从借鉴的角度来看，首先，我国应该在治理资源下移方面做更多的尝试，而治理资源下移是党的十八大以来乡村组织治理的一个重要特征。例如，我国增加在乡村地区的投入力度，以及在广大农村地区选派驻村第一书记等都取得了一定的效果。在此基础上，可以借鉴韩国关于治理资源下移的具体做法，在提高基层政府乡村组织治理权限方面做出更多的探索。其次，在政府主导的前提下，注重乡村的差异，尤其是尊重不同乡村的风俗和习惯，制定灵活的政策。我国在很多情况下倾向于实行全国统一的无差异化政策，可以参照韩国乡村组织治理经验进行更多的个性化的政策研究与实施。最后，我国要实现乡村组织有效治理，需要借鉴韩国强化乡村教育投入的做法，只有提高村民的整体综合素质，才能源源不断地为乡村组织治理提供智力支持。

8.2.4 印度

1. 印度乡村组织治理特色：潘查亚特（Panchayat）制度

印度的潘查亚特制度是印度农村的基本自治制度。一般认为潘查亚特制度起源于原始社会末期的长老会议，其又被学界称为"五人会议"（"五人"在印度语中的表达即为 Pancha，此即"潘查亚特"的由来），亦即由村落选举出声望最高的五位年长者组成管理机构，这时潘查亚特制度发挥了基层政府的功效。孔雀王朝及之后，潘查亚特制度职能开始扩大，初步具有了行政、司法等权力，但是种姓因素在其中具有极大的影响力。随着中世纪的到来，印度王朝国家和封建势力逐步加强管控，潘查亚特制度不可避免地走向衰落，直到英国殖民时期才开始重建。在英国统治时期，潘查亚特制度停止了自治的职能，被正式的村庄行政机构代替。印度独立后，政府组建了潘查亚特研究委员会，主要负责对潘查亚特制度在印度独立之后在乡村治理和村民自治中发挥的作用以及其运行现状做一个整体的调查，帮助印度当局重建和革新潘查亚特制度。委员会向印度政府提交的报告指出各邦政府应大力发展县、区、村三级潘查亚特制度。村级潘查亚特在整个潘查亚特制度体系中处于最底端，村级潘查亚特包括了一个或几个自然村的建制，其职能机构是通过村民大会选举出来的行政委员会，村民大会是各村的最高权力机关，由该辖区所有具有选举权力的成年人组成，再经由秘密投票选出行政委员会，而委员会的人数在不同的邦不尽相同，不过通常还是由 5 人及 5 人以上组成。村级潘查亚特所行使的职能方面，主要涵盖了地方的、社会的、经济的和司法的活动，具体来讲包括村民的管理、村的开发、土地管理和土地改革，以及近些年得以发展的开发管理和公共管理事业。区级潘查亚特处于潘查亚特制度体系的中间部分，区一级单位成立的潘查亚特委员会是区级潘查亚特的职能机构。区级潘查亚特的最高负责人亦被称为主席，区级潘查亚特主席的职责主要是进行会议的召集、事务的决策等，同时，其还拥有对所属区潘查亚特的各专项委员会的管理权，至于专项委员会，其设立的目的是对潘查亚特的工作进行分门别类的处理，包括了农业、工业、教育等，同时各专项委员会的人事任免是由区级潘查亚特主席决定的。区级潘查亚特的职能范围相比村级潘查亚特来说要更广泛一些，除了对农业方面的事务进行管理，还包括了对教育、社保以及环卫等事务的管理。县级潘查亚特的成员大致由县里所有的村级潘查亚特主席组成，还包括了属于本地区的邦立法会议成员、邦议会成员和县级官员。县级潘查亚特的领导者被称为

"齐拉帕里沙德主席"，由选举产生。为了方便管理，县级潘查亚特下面也有多个负责各类事务的委员会，包括农业、财政、卫生等，潘查亚特主席作为常委会的主席，还负有对各委员会的领导职责以及协调职责。

2. 对我国的借鉴意义

在基层管理方面，潘查亚特制度加强了对农村地区事务的管理，潘查亚特制度的三级体制层层推进，自下而上地负责，对农村事务进行管理，其管理范围囊括了农业发展、社会保障、医疗服务、基础教育等多个方面。潘查亚特制度不仅稳定了印度农村的社会秩序和经济秩序，还在一定程度上促进了农村的现代化发展，使农村的管理朝着有序化的方向前进。在政治参与方面，潘查亚特制度促进了民众广泛的政治参与。印度政府通过将选举机制引入潘查亚特制度，使潘查亚特领导人通过直接选举或间接选举而产生，促进了基层代议制民主的发展。印度各级潘查亚特机构中大约有 220 万名代表是通过选举产生的，其中超过 40% 的代表是妇女，27% 为表列种姓和表列部落，极大地提高了妇女的社会地位和参政热情，同时对表列种姓和表列部落也是一种鼓励，政府以此尽力弥合这些弱势群体与主流群体之间存在的鸿沟。在村级潘查亚特当中，每位由选举所产生的代表，都代表了大约 340 个人或 70 个家庭。从这个角度上来说，潘查亚特制度体现了基层民主的广泛性和平衡性，提升了民众政治参与的积极性。

8.2.5　国际乡村组织振兴的经验及启示总结

通过总结和探讨以上国家的乡村组织治理的主要做法和成功经验，不难发现乡村组织治理既要遵循基本规律，也要充分发挥创新思维的作用。综合来看，各国在乡村地区有着不同的政党、政权、经济和民间社团组织形式，为我国乡村组织振兴提供了有益借鉴。

1. 必须确保城乡均衡发展

城乡之间的非均衡发展，会自然导致城乡走向两极，一方会过度繁荣并产生新问题，另一方则过度衰败和萧条。从西方国家城乡发展的轨迹可以看出，城乡具有一定的自动均衡规律，具体可以描述为：在一个国家城市化的早期，人口主要是由乡村向城市流动，且这种流动是单向的；当城市化达到一定的程度后，开始出现郊区化，即所谓的逆城市化的倾向。随着越来越多的人聚集在郊区，郊区就开始出现城市的特征，原本的城市与郊区会渐渐融为一体，大都市化便随即到来，城乡之间的人口流动开始不易被察觉，从而进入一个新的阶段，即动态平衡阶段。动态平衡主要是指整体上城乡人口是稳定的，但事实上城乡之间还存在双向人口流动，只是这时双向流动的人口互相抵消，实现了均衡。总体上来讲，实现城乡人口流动自动均衡和促进城乡均衡发展有一个重要前提，就是城乡一治，即乡村与城市在法律地位、居民政治权利和治理模式等方面保持大体一致。

以美国为代表的西方国家实行城乡一治，成为保持城乡均衡发展的一项卓有成效的措施，极大地缩小了城乡之间的差距。美国政府通过在乡村地区发展小城镇模式，以点带面，整合了城乡资源，实现了城乡联动发展。虽然"城乡一治"在我国不具有普适性，但是我国可以借鉴其中的一些优秀的理念和方式。一方面，通过城乡一治，提高乡村地区在整个国家治理体系中的地位，减少行政层级，可以减少中央政府或者省政府对乡村的补贴的中间环节，使乡村自治更少地受到上级政府的某些不正当干预，使村民真正受益。另一方面，我国实际上一般是乡政府的财权由县管，农村的财权由乡政府管，乡村两级缺少实质性的独立财政权。同时，我国乡村不同于美国乡村基层政府，没有发行地方债券的权力，导致我国乡村财力不足，这已成为制约乡村治理成效的重要因素之一。通过城乡均衡发展，赋予乡村政府更多的财政权，可以成为我国解决乡村基层政权经济困境的选项之一。

2. 必须保障治理主体的社会化参与

如果没有社会化参与，不发挥社会组织的作用，不引入社会资本，乡村组织治理现代化就会缺乏联动力。农村老龄化、空心化、家庭离散化的发展趋势，并没有从根本上发生改变。村庄人去地荒，乡村失去了生机，这种现象也是较为常见的，这给建立现代农村治理体系带来了不小的挑战和难度。在这种挑战下，如果单独依靠基层政府和农民的力量进行乡村组织治理，在没有广泛社会组织参与的情况下，乡村组织治理很难形成合力，也难以取得实质进展。

日本和韩国在乡村组织治理的实践中，曾经同样面临这样的问题，两国的做法启示我国必须保障治理主体的社会化参与，因为农村多元化社会组织在乡村组织治理中的经济、社会事务中发挥的调解、沟通、协调作用非常重要。在日本，农协建立了全国规模的服务体系，在农业农村现代化以及保护农民权益方面发挥的作用非常明显，同时，得益于其在全国范围内三层管理体制的健全，日本农协还有力地促进了先进科技、工业生产、农业知识和现代管理经验在日本乡村地区的推广和普及。而韩国在新村运动中，也成立了农协组织，这些农协互联互通，形成合力，成为以农业、农村和农民为主要服务对象的综合社会力量，与政府、农民共同参与乡村社会治理，向农民提供生产资料购买和技术指导等帮助。因此，无论是日本还是韩国，以农协为代表的社会组织都发挥了政府无法发挥的作用。

从它们的经验来看，要更好地实现乡村组织治理现代化，推动社会化治理就成为必由之路。因此，就乡村组织治理中的社会组织而言，政府今后需要努力的方向除了增加其数量外，更多的是要进一步提高其质量，同时给予社会组织更高的地位，这样才能够引起乡村居民的重视，进而提高他们的参与度。客观地讲，当前我国乡村组织治理还面临很多问题，诸如规模不够大、规范程度低、人员配备不齐全等，但解决这些问题最核心的是村两委与村民在这方面的理念和意识，必须突破制约乡村发展的"一亩三分地"的传统思想。只有通过社会组织的力量让乡村资源与周边甚至外部市场充分互动起来，乡村发展的束缚才有可能被解开，乡村才会实现跨越式发展。

3. 必须充分发挥政府的主导作用

通过仔细研究四个国家乡村组织治理的主要做法，尤其是关于乡村组织治理现代化的历程，可以得出一个明显的结论，即政府在其中扮演着重要角色并起到了主导作用。政府的主导作用体现在乡村组织治理的各个方面，主要体现在乡村规划的制定、对治理体制机制的建设和对乡村法治化的推进，这对于乡村组织治理科学化、制度化和法治化有着不可替代的作用。

首先，政府在乡村建设的规划方面发挥主导作用。例如，韩国的新村运动，从实施之初政府就高度重视乡村的合理规划，做到了规划先行，为新村运动不同阶段的任务目标做好了科学可行的规划方案，为保障不同乡村因地制宜发挥特色优势提供了依据，使治理更加科学化。其次，政府在推进乡村组织治理体制机制建设方面发挥主导作用。例如，美国为确保乡村发展政策的顺利实施，专门成立乡村发展署，替代原有的农业研究和商业中心开展乡村组织治理相关工作；又如，为了支持新村运动，韩国政府成立了新村运动特别委员会以及覆盖全国的地方机构，专门领导全国的新村运动，保障整个乡村组织治理体系的制度化和高效运行。最后，政府在乡村法治建设方面发挥主导作用。例如，美国政府尤其重视完善乡村法律体系和规章制度来解决乡村的深层次问题，日本也注重通过完善《农业基本法》和《山村振兴法》等来促进乡村地区的发展。我国需要加快通过法治手段促进乡村组织治理的发展，使我国乡村组织治理由传统的行政推动为主向法治化过渡。

4. 必须加强村民自治建设

在印度潘查亚特制度实行的几十年时间里，底层农民逐步拥有了民主的权利，并且为改变农村的落后状况、促进农村的发展付出了努力，该制度对于印度社会发展的贡献是毋庸置疑的。从村民自治职能建设的角度来看，中国村民自治的特色是"乡政村治"，即由乡镇机构代表国家行使政治、行政、经济等管理权力，突出政权建设；而乡村内部事务则由村民通过村民委员会制度进行自治。从理论上来说，政务与村务明显是分开的，但是在具体操作上来说，两者之间的实际边界很难确定。而印度的村民自治不一样，由于潘查亚特制度实行三级体制，而且各自的职能和权力界线分明，村务与政务完全分开，县、乡两级潘查亚特主要负责政务性的工作，具体的村务性质的工作则交由村级潘查亚特执行。同时，印度潘查亚特制度的选举机制较为完备，能够体现民众的意愿和程度的正当性，而选举机制作为自治制度的重要一环，选举的公平正义与否将会影响到村民自治制度的完整性。所以，中国的村民自治建设，一是要保证选举的合理性、合法性，这是村民自治的基石；二是要实现村务与政务的分离，从而使得乡村治理的方式和内容更加具有层次性和有效性。

8.3 完善乡村治理的财税支持政策及存在的问题

2018 年 9 月，中共中央、国务院印发《乡村振兴战略规划（2018—2022年）》以来，中央注重发挥财税政策的支持保障作用，出台了一系列政策来助力上述健全现代乡村组织治理体系的措施。之所以要使用财税政策，是因为乡村经济组织生产经营过程中不可避免存在不经济性及外部性，而农户很难独自承担农业生产经营的社会成本，从而导致生产资源错配。财税政策作为政府引导乡村经济组织生产的重要途径，能够通过影响农户生产经营成本结构，增加乡村经济组织的生产投入，提高农业发展的资源配置效率。

8.3.1 当前促进乡村组织振兴的财税支持政策

1. 当前促进乡村组织振兴的财政支持政策

2021 年，为贯彻落实党的十九届五中全会、中央经济工作会议、中央乡村工作会议、中央一号文件精神，围绕巩固拓展脱贫攻坚成果，全面推进乡村振兴，加快农业农村现代化，突出保供固安全、振兴畅循环，国家继续加大支农投入，强化项目统筹整合，推进重大政策、重大工程、重大项目顺利实施。为便于广大农民和社会各界了解国家强农惠农政策，发挥政策引导的作用，财政部、农业农村部发布了 2021 年重点强农惠农政策，其中促进乡村组织振兴的财政支持政策主要在于支持乡村经济组织的发展，具体如下：

（1）高素质农民培育。

重点面向从事适度规模经营的农民，实施新型农业经营服务主体能力提升、"种养加"技能、返乡下乡者创业、乡村治理及社会事业发展带头人和乡村实用人才带头人示范等培训，加快培养懂技术、善经营、会管理的高素质农民。鼓励有经验、有条件的农业企业、家庭农场和农民合作社参与实习实训等培训工作。

（2）新型农业经营主体高质量发展。

支持县级以上农民合作社示范社（联合社）和示范家庭农场改善生产条件，应用先进技术，提升规模化、绿色化、标准化、集约化生产能力，建设清洗、包装、烘干等产地初加工设施，提高产品质量水平和市场竞争力。鼓励各地为农民合作社和家庭农场提供财务管理、技术指导等服务。鼓励有条件的地方依托龙头企业，带动农民合作社和家庭农场，形成农业产业化联合体。

（3）农业信贷担保服务。

重点服务家庭农场、农民合作社、农业社会化服务组织、小微农业企业等农业适度规模经营主体。服务范围限定为农业生产及与其直接相关的产业融合项目，突出对粮食等重要农产品生产的支持。中央财政对政策性农业信贷担保业务实行担保费用补助和业务奖补，支持省级农业信贷担保公司降低担保费用和应对代偿风险，确保政策性农业信贷担保业务贷款主体实际负担的担保费率不超过 0.8%。

2. 当前促进乡村组织振兴的税收支持政策

（1）增值税和企业所得税方面。

①采用"公司＋农户"经营模式从事畜禽饲养，纳税人回收再销售畜禽，属于农业生产者销售自产农产品，免征增值税；②农民专业合作社销售本社成员生产的农产品，视同农业生产者销售自产农产品，免征增值税；③农民专业合作社向本社成员销售的农膜、种子、种苗、农药、农机，免征增值税；④增值税一般纳税人购进农民专业合作社销售的免税农产品，可以抵扣进项税额；⑤以"公司＋农户"经营模式从事农业、林业、牧业、渔业项目生产的企业，可以享受减免企业所得税优惠政策。

（2）印花税、契税、城镇土地使用税方面。

①农民专业合作社与本社成员签订的农业产品和农业生产资料购销合同免征印花税；②自 2017 年 1 月 1 日起，对进行股份合作制改革后的乡村集体经济组织承受原集体经济组织的土地、房屋权属，免征契税；对乡村集体经济组织，以及代行集体经济组织职能的村民委员会、村民小组进行清产核资收回集

体资产而承受土地、房屋权属，免征契税；③对因乡村集体经济组织，以及代行集体经济组织职能的村民委员会、村民小组进行清产核资收回集体资产而签订的产权转移书据，免征印花税；④对乡村集体土地所有权、宅基地和集体建设用地使用权及地上房屋确权登记，不征收契税。

8.3.2 当前促进乡村组织振兴的财税支持政策存在的问题

1. 财政资金投入减少

一方面，由于基层组织结构臃肿，财政供养人数庞大，部门间存在明显的职能交叉，行政组织运行成本较大，行政效率低下，同时行政层级过多，意味着县级财政要与更多的上级共享税收，财政收入进一步减少。另一方面，"营改增"之后，县级财政失去了营业税收入，缺失主体税种，县级财政能全部留成的仅剩下印花税等一些小税种，财政收入来源缩窄。近两年来，受经济下行、疫情、税源短缺和政策性减收等因素影响，财政收入增长慢，财政刚性支出增长幅度大，加之需要偿还到期债务本息，县级财政运行极为艰难，政府每年虽有一定的土地出让收入，但主要用于偿还债务本息、平衡"三保"等方面支出，安排用于农业农村的资金极为有限。

2. 财政资金投入过程不高效

现实中部分具体执行办法落实不足、不细，财政支持政策多是在整体层面泛泛而谈，未能细致地提出具体的资金使用指导和使用指南。部分地区间的目标有偏差，财政投入的资金未落实至乡村的特色产业，造成财政资金的重复投入，同质化竞争现象突出。同时，也有部分地区只着眼于短期利益，未能兼顾长期利益，对乡村组织振兴的长远发展不利。"撒胡椒面"式的思维并未得到根本扭转，缺乏"一盘棋"的整体观念，不同地区的地理、经济环境条件各异，需各地发挥主动性，积极探索适合自身的路径。相关上级部门容易受到"平均分配"观念的影响，将投入资金按地区、部门、单位平均分配，造成投入资金使用的分散化，难以实现规模效应，无法提高财政投入资金的使用效率。乡村组织振兴是集人才、技术、设备、物流等资源要素为一体的重大项目，涉及方方面面，需要相关各部门齐抓共管、互相协调，但有些部门从自身利益出发，牵制其他部门行动。由于信息不对称，基层党组织或存在道德风险，使得乡村组织振兴的目标与干部的任期目标不一致。这种现象还会随着人员的变迁、更替进一步加剧，造成"三年一小改，五年一大改"的现象。

3. 财政资金使用过程缺乏监管

乡村组织振兴的资金主要依靠上级政府的转移支付。由于上级政府的财政资金有限，且在转移支付资金使用过程由于信息不对称可能出现道德风险问题，因此，有效的监管机制尚未健全，使得财政资金的使用在一定程度上存在安全隐患。作为地方政府性基金预算本级收入的主要构成部分，土地出让金的占比大多在90%以上。地方"以土地生财"的发展模式会使城市居民的生活成本升高，也会使技能不精、收入不高的乡村劳动者被迫返回乡村，减少乡村劳动力的转移数量。

8.4 健全乡村治理体系的财税支持政策的建议

8.4.1 完善财税支持政策的保障作用

1. 继续优化财政投入，强化财税支持政策的保障能力

首先要确保财政投入规模的稳定，健全投入保障制度，创新投融资机制，充分激发社会投资动力和活力，加快形成财政优先保障、金融重点倾斜、社会积极参与的多元投入格局，确保投入力度不断增强、总量持续增加。我国目前正处于乡村振兴的初级阶段，应在保持财税支持政策总体稳定的前提下，合理安排财政投入规模，调整支持重点，确保工作全覆盖、政策全覆盖，确保集中资源支持乡村组织振兴。其次要盘活财政存量资金，完善结余资金收回使用机制，推动国有资产共享、共用，促进长期低效运转、闲置、超标准配置、临时配置资产调剂使用，有条件的部门和地区可以探索建立公物仓，按规定处置闲置且难以调剂的国有资产，提高财政资源配置效益。要聚焦脱贫地区，帮助其巩固拓展脱贫攻坚成果，乡村振兴工作重点适当向国家乡村振兴重点帮扶县倾斜，并逐渐提高财政资金用于乡村组织振兴的比例。财政投入是有限的，有限的资金要用在刀刃上，应坚持系统观念，加强财政资源统筹，集中力量办大事。再次，要确保优先支持新型农业经营主体，完善财政支农投入稳定增长机制，明确和强化政府"三农"投入责任，政府固定资产投资继续向农业倾斜，确保支农投入力度不断增强、总量持续增加，确保财政投入与乡村组织振兴目标任务相适应。最后，要立足新发展阶段，科学评估财政承受能力，避免负债搞建设。要加大对帮扶效果明显的龙头企业、新型农业经营主体的支持力度，在调整优化的基础上，继续实施对支持乡村组织振兴发展效果明显的贷款贴息、政府采购等政策。

2. 规范支出管理，确保财政支出标准化

首先要合理安排乡村组织振兴支出预算的规模，坚持量入为出的原则，积

极运用零基预算理念，打破支出固化格局，合理确定支出预算规模，调整完善乡村振兴重点支出的预算编制程序。由省级政府牵头，与市场资金合作，设立专项基金扶持乡村组织发展。其次要完善乡村组织振兴财政资金的直达机制，在保持现行财政体制、资金管理权限和保障主体责任基本稳定的前提下，稳步扩大直达资金范围，确保资金的及时拨付和精准投放资金的审批与拨付。应减少不必要的环节，加强基层政府与"农户"的直接对接，确保资金拨付到位。再次，健全财政资金拨付全过程的监管体系，确保资金使用效率的提高。完善直达资金分配审核流程，加强对乡村组织振兴直达资金情况的监督，确保资金安排符合相关制度规定、体现政策导向。最后，将乡村组织振兴项目作为部门和单位预算管理的基本单元，预算支出全部以项目形式纳入预算项目库，实施项目全生命周期管理，未纳入预算项目库的项目一律不得安排预算。此外，目前不少地区的招投标程序较为复杂，审批程序太多，存在项目积压的情况，严重影响了乡村组织振兴的建设进度，且在这一过程中会出现资金滥用的情况，造成资金的使用效益不高。因此，应积极探索乡村建设项目招投标的新模式，减少招投标过程中的资金损耗、人力损耗及时间损耗，确保资源用于刀刃上。

3. 强化绩效管理，增强预算约束力

加强乡村组织振兴资金的绩效管理。将乡村组织振兴资金作为预算绩效管理重点，加强财政政策评估、评价，增强政策可行性和财政可持续性。加强重点领域乡村组织振兴投入资金的预算绩效管理，强化引导约束。加强对政府和社会资本合作、政府购买服务等项目的全过程绩效管理。加强绩效评价结果应用，将绩效评价结果与完善政策、调整预算安排有机衔接，对低效无效资金一律削减或取消，对沉淀资金一律按规定收回，并统筹安排。加大绩效信息公开力度，推动绩效目标、绩效评价结果向社会公开。

4. 加强风险防控，增强财政可持续性

一方面要防范化解地方政府隐性债务风险，把防范化解地方政府隐性债务风险作为重要的政治纪律和政治规矩，坚决遏制隐性增量债务，妥善处置和化解隐性存量债务。完善常态化监控机制，进一步加强日常监督管理，决不允许新增隐性债务上新项目、铺新摊子。严禁地方政府以企业债务形式增加隐性债务。严禁地方政府通过金融机构违规融资或变相举债。另一方面要防范化解财政运行风险隐患，涉及增加财政支出的重大政策或实施重大政府投资项目前，要按规定进行财政承受能力评估，未通过评估的不得安排预算。规范政府和社会资本合作项目管理。各部门出台政策时，要考虑地方财政承受能力。加强地方政府中长期乡村组织振兴支出事项管理，客观评估其对财政可持续性的影响。

8.4.2　利用财税支持政策规范组织活动

1. 规范乡村集体经济组织的财务活动

随着乡村集体产权制度改革全面推进，集体资产日益增加，经营方式更加多元化，乡村集体经济组织与其他经济主体的联系更加紧密，集体资产财务管理目标、手段、方式都发生了很大变化，对乡村集体资产财务管理工作提出了新的要求，这一工作亟须制度层面的指导。2021 年末，财政部、农业农村部制定印发《农村集体经济组织财务制度》（以下简称《制度》），自 2022 年 1月 1 日起施行。《制度》的目的是加强乡村集体经济组织财务管理①，规范乡村集体经济组织财务行为，巩固乡村集体产权制度改革成果，保障乡村集体经济组织及其成员的合法权益，促进乡村集体经济发展。乡村财务管理是乡村经济社会事务管理的基础，管好乡村集体资产财务，对全面推进乡村振兴，加快农业农村现代化，实现共同富裕具有十分重要的意义。乡村财务活动应遵循民主管理、公开透明、成员受益、支持公益四项原则，必须依靠农民群众，将民主管理贯穿于乡村集体资产管理的全过程，保障成员对财务活动和财务结果的"四权"；要把财务公开作为村务公开的重点，集体经济发展成果由全体成员共享，支持基层党组织运转、公益事业发展。乡村财务活动要依法依规接受外部监督，包括乡镇人民政府（街道办事处）和农业农村部门、财政部门的监督指导，以及审计等相关部门的监督。在起步阶段给予乡村集体经济组织最大的税收优惠政策，为乡村集体经济组织创造更好的发展环境，支持其做大、做强。

（1）规范资金筹集方式。

乡村集体经济组织除原有资本积累之外，还有从各级政府获得资金、接受捐赠资金、"一事一议"筹资三种筹集资金方式。乡村集体财产属于成员集体所有，要防范社会资本稀释成员权益，把乡村财产权益改垮、改少、改没，被少数人控制或外部资本侵占。为保障乡村集体资产安全和成员权益，防范财务风险，乡村集体经济组织不得举债兴办公益事业；为开展经营活动确需举债的，实行申报审批制，纳入"四议两公开"范围；直接与社会资本合作从事

---

① 本书所称"乡村集体经济组织"与《农村集体经济组织财务制度》中的"农村集体经济组织"内涵一致，为上下文连贯，不再更改提法。

经营活动的，应当在合同中明确权责边界和收益分配。严禁将乡村集体经济组织债务转嫁给地方政府。要通过增收节支、盘活存量资产、债务剥离、收回债权、核本减息、争取上级财政奖补资金等措施，积极化解乡村债务。

（2）规范收支管理。

将乡村集体经济组织的经济利益总收入、总支出全部纳入财务制度管理范畴，对不同来源取得的收入，要求全部纳入账内规范核算；对集体各项支出，要求及时进行费用化、成本化处理，同时要求规范支出审核审批，体现支持公益原则。

（3）规范收益分配。

收益分配应以效益为基础，坚持效益决定分配、集体福利与成员增收兼顾的原则；坚持分配与积累并重，充分尊重农民群众的意见；要统筹兼顾各方利益，规范履行民主程序，主动向集体经济组织成员公示公开收益情况。

（4）不再计提应付福利费。

结合基层实际，将基层党组织运转、村内公益事业发展等支出作为当期费用，在可分配收益顺序分配中不再计提应付福利费。乡村集体经济组织会计制度将同步进行修订。

2. 用活税收优惠政策，引导新型农业经营主体发展

在落实好现有涉农税收优惠政策的基础上，针对乡村特色经济规模还普遍较小的特点，宣传引导乡村实体经济用好小规模纳税人增值税优惠政策和小微企业所得税优惠政策，让刚刚起步的实体经济先活下来，再逐步发展壮大。通过宣传引导，帮助有助于农民就业、乡村富裕的实体企业用好福利企业优惠政策，最大限度地减轻企业税收负担，引导企业让利给农民，让农民得到更多实惠。

（1）提高税收优惠政策落实的针对性。

针对已到期又有必要延续的乡村饮水工程建设运营和为农户担保与再担保业务税收优惠政策，积极反映问题，解决企业的后顾之忧。针对一些农业产业化项目前期资金投入巨大、回收周期长等特点，积极调研对这类项目的税收减免政策，减轻企业前期投入压力和降低运营成本。针对当前农产品保鲜、物流面临的新形势、新问题，积极调研对农产品冷链企业和鲜果、水产品等农产品批发环节免征增值税政策的可行性，便于为农业提供仓储物流服务的企业降本增效。针对农民购买农业机具未能充分享受到国家扶持政策的实际情况，积极调研调整现有税收优惠政策，由减免农机销售企业税收改为由财政退补农民购买农机所负担税费的可行性。

（2）提升税务服务乡村组织振兴的能力。

针对农业现代化和乡村经济发展面临的新形势、新问题、新要求，进一步梳理现有税收政策，研究能够有效引导社会资本、人才、技术等各要素向乡村流动的税收优惠政策。尤其是对科技下乡、智慧农业、完善乡村产业链、扶持乡村集体经济组织做大、做强的税收政策进行深入分析研究，推动实现"农民有收入、企业有利润、资本有收益、政府有税收"的良性循环。

8.4.3 利用财税支持政策优化乡村人才队伍结构

乡村人力资本匮乏缺失，政府应当采取一定的财税支持政策，吸引高校毕业生、退役军人、有经验的干部等人才扎根基层，为乡村做出贡献，促进乡村人才回流和人才引进，实现乡村人力资本水平进一步提升。一方面，政府可优先考虑为乡村返乡人才增加福利优待，给予该部分人员薪酬补贴，从而促进智力要素回流。鼓励支持乡村创新创业项目，给人才提供能够充分展现才华的空间，对于积极建设乡村新型项目，由财政资金给予返乡创业补贴，吸引创新型人才回流。另一方面，对于外来引进人才，政府可提高政策优惠力度，实行乡村人才带头素质提升计划，完善乡村人才振兴政策。基于人才分类，实施奖励补贴和生活补助措施，从而吸引高素质人才流入。政府应投资建设乡村环境，改善乡村生活质量，提高人才的归属感和幸福感。按工作绩效奖励资金，同时完善养老保险制度，让乡村人才在工作之余可以享受教育、医疗等多项便利服务，确保做到"干好有发展，退后有保障"，让人才看得到发展，看得到希望。

9 未来乡村振兴财税支持政策的优化策略

乡村振兴是党和国家伟大的战略构想，一直处于动态发展的过程，与其适配的各种政策也正不断地优化与完善。对于运行良好、效果颇丰的政策，应一以贯之予以执行；对于运行不力、适得其反的政策，应及时修订，这才能保证乡村振兴的愿景最终成为现实。前面章节已详细介绍了乡村振兴的机制，财税支持政策与产业振兴、文化振兴、生态振兴等具体内容，本章将对前述章节进行总结，根据目前促进乡村振兴财税支持政策的运行与实施状况，提出优化与完善建议。

9.1 未来乡村振兴财税支持政策的原则

为确保乡村振兴的顺利实施，需要制定科学合理的财税支持政策，以有效缩小城乡发展中的制度性差距，促进城乡协调发展。以下是未来乡村振兴财税支持政策的五条原则。

9.1.1 确保政策的公平性与可持续性

在制定和实施财税支持政策时，应确保政策的公平性，同时注重政策的长期可持续性。一是确保公平性。制定科学的政策评估机制，确保财税支持政策在执行过程中公平、公正。加强政策执行的监督和反馈，及时调整不公平的政策，确保所有农村地区和农民都能公平享受政策红利。二是注重可持续性。制定长期发展规划，确保财税支持政策与乡村振兴战略目标相一致，具有持续性和稳定性。建立动态调整机制，根据实际情况和发展需求，及时优化和调整政策，确保其持续发挥效力。

9.1.2 市场导向与财政效率原则

市场导向与财政效率原则是指导乡村振兴财税支持政策制定的基石，其核心在于通过市场机制的优化和财政资源的高效配置，实现农业农村发展的可持续性。该原则倡导以市场为主导，利用税收激励和财政补贴等经济杠杆，激发市场活力，促进农业产业的市场化和规模化。在此基础上，政策制定者需确保各级政府的财政自主权与其承担的事权相匹配，实现权责一致，以提高财政支出的精准性和效率性。此外，该原则强调建立风险共担机制，通过财政资金的合理分配和监管，降低农业生产经营风险，确保资金的高效利用。同时，该原则倡导财政支出的透明度，通过全面公开财政资金的使用情况，增强公众的知情权和参与度，实现财政资金使用的公正性和合理性。综合这些措施，市场导向与财政效率原则旨在构建一个既能够充分发挥市场在资源配置中的决定性作用，又能够有效应对农业生产经营风险的财税支持体系，为乡村振兴提供坚实的财税保障，推动农业和农村的可持续发展。

9.1.3　促进产业兴旺与生态保护相结合

未来的财税支持政策应着力于促进乡村产业发展，同时注重生态环境保护，确保乡村经济的可持续发展。具体措施包括：一是支持绿色产业发展。对从事绿色农业、生态旅游等产业的企业给予税收优惠，鼓励其发展符合生态保护要求的产业。提供财政补贴，支持农业企业进行技术改造，提升资源利用效率，减少环境污染。二是强化生态补偿机制。设立专项资金，对进行生态保护和修复的乡村地区进行补偿，保障其经济效益。建立生态保护与经济发展协同推进的机制，确保生态保护政策和经济发展政策相互支持。

9.1.4　强化人才培养与引进

加大对乡村人才的培养和引进力度，为乡村振兴提供人才保障和智力支持。具体措施包括：一是人才培养。加大对乡村教育的财政投入，完善乡村教育设施，提升教育质量，培养本土人才。设立奖学金和助学金，鼓励优秀学生报考农业相关专业，为乡村发展储备人才。二是人才引进。制定优惠政策，吸引城市人才到乡村工作，为其提供住房、生活补贴等优待。建立人才服务中心，为回乡人才提供创业指导、资金支持和技术培训，帮助其顺利开展工作。

9.1.5　推动组织创新与治理能力提升

鼓励乡村组织创新，提升组织治理能力，构建有效的乡村治理体系。具体措施包括：一是组织创新。支持乡村成立专业合作社和社区组织，增强农民的组织化程度，提升其自我管理能力。推广"村企合作"模式，促进乡村集体经济组织与企业合作，共同推动乡村经济发展。二是提升治理能力。加强乡村干部培训，提升其管理水平和服务能力。建立健全村务公开和民主决策机制，增强村民参与治理的积极性和透明度。

9.2　乡村振兴财税支持政策绩效评价体系的优化

为了确保乡村振兴财税支持政策能够切实发挥作用，有必要建立和完善相关的绩效评价体系。这不仅有助于政策执行的科学性和有效性，同时也能为后续政策的优化提供重要依据。

9.2.1　财政支持政策绩效评价的优化与完善

1. 财政支持政策绩效评价制度的优化

财政支出是乡村振兴的重要经济保障，绩效考核评价是提高财政支出效益、推动乡村事业发展的重要抓手。乡村振兴财政支出绩效评价制度是乡村振兴财政支出战略高质量实施的重要保障[1]。根据《项目支出绩效评价管理办法》（财预〔2020〕10 号），可将财政支出绩效评价定义如下："财政部门、预算部门和单位，依据设定的绩效目标，对项目支出的经济性、效率性、效益性和公平性进行客观、公正的测量、分析和评判。"[2]绩效评价制度应该包含绩效目标管理、运行监控、评价管理、结果应用、事后反馈与修正，以及评价流程的规范。政府应当建立内容全面，重点突出，科学、合理的财政支出绩效评价制度，充分发挥绩效评价制度"指挥棒"作用，使各地在推进乡村振兴战略过程中的财政资金有的放矢，使中央决策部署全面落实到具体行动中。各地乡村振兴财政支出绩效评价制度要结合地区发展现状，立足推动乡村全面振兴，明确农业农村优先发展，围绕本地区乡村振兴战略的总体要求，统筹考核乡村经济建设、政治建设、文化建设、生态文明建设和社会建设成效，充分发挥评价制度导向作用，为全面实现乡村产业振兴、乡村人才振兴、乡村文化振兴、乡村生态振兴和乡村组织振兴提供保障。

---

[1]　湖北省襄阳市财政局、税务局联合课题组，罗兴斌，谢本洪. 巩固脱贫攻坚成果同乡村振兴有效衔接财税政策研究［J］. 中国财政，2021（15）：62－65.

[2]　关于印发《项目支出绩效评价管理办法》的通知［EB/OL］. （2020－02－25）. https：//www. gov. cn/zhengce/zhengceku/2020－03/02/content_5485586. htm.

（1）绩效目标管理。

用清晰的绩效目标为财政项目资金领航。强化以绩效目标为中心的预算绩效管理，要结合乡村振兴战略实施，全面设置政策及项目绩效目标。绩效目标是预算安排的重要依据，是绩效管理工作的起点和基础，绩效目标和指标体系是绩效评价的前提条件。将绩效目标管理嵌入预算编制，根据"大专项+任务清单"管理方式要求，财政部会同农业农村部采取因素法测算安排中央财政补助资金，按大专项资金规模整体切块下达到省，并研究提出各省具体任务清单。省级农业农村、财政部门将省级细化实施方案、绩效目标报财政部、农业农村部备案。财政部在向省级财政部门确定下达专项转移支付总预算时，同步确定下达绩效目标。同时形成财政预算管理中的"花钱必问效，无效必问责"的责任契约机制①。

（2）运行监控。

对乡村振兴财政资金进行运行监控是财政部门的一项重要任务，要管好、用好用于乡村振兴的财政资金，使其真正起到促进农业发展、提高使用效益的作用。

一是要选准项目。项目必须符合国家产业发展政策，符合国家乡村振兴战略，具有较好的经济效益、社会效益和生态效益。

二是要加强项目的财务管理。要制定财务管理制度，对资金的分配、使用做出具体规定。用款单位要编制好资金具体使用计划，确定支出范围和批准，做好原始记录，搞好财务决算。项目实施中要精打细算，减少支出，避免浪费，用尽可能少的投入取得尽可能多的收益。

三是要做到民主理财。项目单位使用财政支农资金时，要编制计划，经过群众讨论，并向群众公开资金使用、收益以及收益分配等情况，接受群众的监督。

四是要保护资金安全。财务上对乡村振兴项目资金要立账核算，进行管理。财产的启用、转移、停用、出售、报废等，都要在财务上办理一定的手续，如果有损坏丢失，就要按照财务制度的规定处理，追究有关责任人的责任②。

（3）建立健全全过程绩效管理机制。

根据2018年《农业农村部　财政部关于做好2018年农业生产发展等项目

---

① 安晓宁. 乡村振兴要加大真金白银的投入：预算绩效管理助力乡村振兴战略实施［J］. 乡村工作通讯，2019（15）：36-38.

② 邱成学. 农村财政与金融［M］. 南京：东南大学出版社，2011.

实施工作的通知》要求，持续优化财政支农投入供给，完善资金使用管理机制，全面实施绩效评价管理。

一是全面建立与项目管理方式改革相适应的绩效评价制度，依据向各省下达的任务清单和绩效目标，适时组织开展项目绩效评价，建立健全以结果为导向的激励约束机制，实行奖优罚劣。

二是省级财政、农业农村部门要建立健全本区域项目绩效评价机制，将政策目标实现情况、任务清单完成情况、资金使用管理情况等纳入指标体系，严格奖惩措施，全面评估、考核政策落实情况①。以项目为载体进行延伸绩效管理。实行"大专项 + 任务清单"管理方式，农业农村部、财政部要稳步开展"项目单位自评 + 主管部门和财政部门核查评价"的财政支农专项绩效评价工作。选择部分省份，对中央财政农业生产发展资金、农业资源及生态保护补助资金、动物防疫等补助经费、农业生产救灾资金、乡村土地承包经营权确权登记颁证补助资金等项目资金任务的整理落实情况进行整体绩效评价。在整体绩效评价工作开展基础上，对中央财政乡村第一、二、三产业融合发展，中央财政农作物秸秆综合利用等政策项目开展重点绩效评价，严格奖惩措施，全面评估、考核政策落实情况，将评价结果作为完善财政政策、预算安排和分配的参考因素。

（4）将评价结果作为预算安排、政策调整和改进管理的重要依据。

针对乡村振兴资金支出的经济性、效率性和效果性，对绩效目标完成情况开展绩效评价，并根据评价结果不断完善和改进项目管理。重点揭示"重申请轻管理""重投放轻绩效"等问题，强化绩效管理激励约束，切实保障乡村振兴资金的安全和绩效。健全绩效评价结果反馈制度和绩效问题整改责任制，加强绩效评价结果应用。对实施期超过一年的重大政策和项目实行全周期跟踪问效，建立动态评价调整机制，到期、绩效低下的政策和项目要及时清理退出。对绩效好的政策和项目原则上予以优先保障，对绩效一般的政策和项目要督促改进，对交叉重复、碎片化的政策和项目予以调整，对低效无效资金一律削减或取消，对长期沉淀的资金一律收回并按照有关规定统筹用于亟须支持的领域。

（5）绩效管理环节的优化。

财政支农资金绩效管理环节包括财政支农项目的事前绩效评估与绩效目标的制定、事中的绩效监控、事后的绩效评价考核与结果应用等环节。在事前绩

---

① 安晓宁. 中央财政支农资金绩效管理实践与政策动态［J］. 中国财政，2019（7）：53 – 55.

效评估与绩效目标的制定环节，应当结合乡村振兴战略目标来评估论证乡村振兴财政支出的必要性、投入的经济性、绩效目标的合理性、实施方案的可行性、筹资的合规性等。在事中的绩效监控环节，相关部门应当建立起实时监控机制，结合绩效目标来监控业务及项目开展的合理性。当业务开展或政策实施偏离或不能实现绩效目标时，应当及时进行调整。在事后的绩效评价考核与结果应用环节中，财政部门和业务主管部门应当从定性与定量两方面对乡村振兴财政支出的绩效管理进行评价考核。该环节需要评价项目支出绩效目标的实际完成情况，分析绩效目标的完成情况对战略目标实现情况的影响，找出"三农"发展中存在的短板，分析资源配置、政策实施存在的不足。通过建立绩效管理考核奖惩机制，促进并提升相关部门的行政能力与公共服务能力。

（6）完善绩效评价流程。

各级财政部门、各预算部门进行乡村振兴财政支出绩效评价的流程可以参照财政资金绩效评价工作的一般程序进行：

第一，确定绩效评价对象。绩效评价对象由各级财政部门和各预算部门（单位）根据绩效评价工作重点及预算管理要求确定。预算部门年度绩效评价对象由预算部门结合本单位工作实际提出，并报同级财政部门审核确定，也可由财政部门根据经济社会发展需求和年度工作重点等相关原则确定。

第二，下达绩效评价通知。各级财政部门和各预算部门（单位）在实施具体评价工作前，应下达评价通知，内容包括评价任务、目的、依据、时间和有关要求等。

第三，确定绩效评价工作人员。由财政部门、被评价对象主管部门或负责单位及财政部门聘请的专家、中介机构等第三方组成绩效评价组织机构，负责绩效评价工作的组织领导。财政部门应当对第三方组织的工作进行规范，并指导其开展工作。

第四，制订绩效评价工作方案。财政资金绩效评价方案由绩效评价组织机构根据评价对象的特点，拟订具体工作方案。工作方案的基本内容包括评价对象与负责人、评价目的、评价依据、评价指标、评价标准、评价工作的时间安排、拟采用的评价方法、拟选用的评价标准、需要被评价对象及单位准备的评价资料及相关工作要求。

第五，收集绩效评价相关资料。评价小组根据需要，采取要求被评价对象单位提供资料、现场调查、问卷调查与询问等多种方式收集基础资料。基础资料包括绩效评价对象的基本概况、财务信息、统计报表、财政资金使用情况、绩效自我评价报告等。

第六，对资料进行审查核实。对于收集的基础资料和相关数据，绩效评价小组成员应当深入实地核实有关数据的全面性、真实性，进而整理出可供财政资金绩效评价之用的相关资料和基础数据。

第七，综合分析并形成评价结论。整理出评价资料后，评价小组按照评价方案的要求进行评价工作，并做出评价的初步结论，该结论经评价单位审核后作为提交评价报告的依据。如果在评价工作中遇到疑难问题，可以聘请有关专家予以论证。

第八，撰写与提交评价报告。评价报告是评价工作的成果，也是对被评价对象财政资金绩效情况的结论性报告。财政部门和预算部门开展绩效评价及财政资金具体使用单位应当按照规定提交绩效报告。预算部门应当对绩效评价报告涉及基础资料的真实性、合法性、完整性负责。财政部门应当对预算部门提交的绩效评价报告进行复核，提出审核意见。

第九，评价结果反馈。制定评价结果反馈通知书，及时将绩效评价结果反馈到预算单位，与预算单位就绩效评价结果进行积极沟通，进一步完善评估报告。预算单位根据绩效评价结果，就有关问题积极整改，进一步完善管理制度，提高管理水平，规范支出行为，降低支出成本，增强支出责任。

第十，建立绩效评价档案。绩效评价工作完成后，绩效评价实施机构应进行工作总结，将工作背景、基本情况、初步结论、审核认定结果、评价工作过程中遇到的问题及政策与制度完善建议以书面材料等形式上报绩效评价组织机构备案。绩效评价组织机构应妥善保管有关资料，建立财政资金绩效评价档案。对于涉及专项资金使用或工程项目的财政资金绩效评价报告及相关数据，应当建立项目库，进行动态性管理，以备对项目后续绩效的进一步评价。

2. 财政支持政策绩效评价指标体系的优化

为了评估财税支持政策在缩小城乡差距和全面推进乡村振兴方面的实际效果，建议建立一套科学、全面的指标体系，包括以下几个方面：首先，在经济指标方面，通过比较城乡居民人均可支配收入，评估财税支持政策对缩小城乡收入差距的影响，并监测农村地区 GDP 增长率和农村居民人均收入增长率，以评估农村经济发展的总体水平，推动乡村经济振兴。其次，在社会指标方面，通过比较城乡教育资源配置、农村学生的入学率和升学率等，评估教育均等化的效果；同时，监测城乡居民医保覆盖率和农村地区医疗服务可及性，以评估医疗服务均等化的进展，促进乡村社会振兴。最后，在基础设施指标方面，评估农村地区交通基础设施的完善程度，如道路通达率和农村公交覆盖率，以评估交通便利度；监测农村地区供水、供电、通信等基础设施的覆盖率和服务质量，以评估农村生活质量的提升情况；此外，还需评估农村地区互联网覆盖率、光纤入户率和移动网络信号覆盖等数字基础设施指标，确保农村地区在数字经济时代享受到高质量的数字服务，推动乡村数字化建设和信息化进程。

优化绩效评价指标体系是绩效管理目标的进一步细化，也是对绩效管理目标的具体化分解。构建乡村振兴绩效评价体系，需要以科学设定绩效评价指标为基础，结合相关财政政策及乡村振兴政策的具体内容，设定相应的评价指标和评价标准。构建绩效评价指标体系必须尊重客观事实、遵循科学规律，科学地选择绩效评价指标和指标核算方法，在定性分析的基础上开展定量研究，将评价对象的可量化特征有效运用到评价指标体系中。评价指标体系的设计要从评价对象自身的规律和特点出发，做到主观评价与客观实际相符合，保证绩效评价结果客观且切合实际。

乡村振兴绩效评价指标具有全面性、相关性、层次性和差异性。全面性要求遵循乡村振兴战略"产业兴旺、生态宜居、乡风文明、生活富裕、治理有效"二十字总要求；相关性要求评价指标紧紧围绕乡村振兴和财政支出，将农民满意程度、乡村发展程度、乡村产业程度等作为参考因素，从财政投入、产出、效果等层面建立绩效评价机制，确保财政资金真正投入"三农"急盼的项目中去；层次性要求在设立绩效评价指标体系时要有目标指标、准则指标和具体指标三个层次；差异性要求政府在构建绩效评价指标时要因地制宜，不同的乡村根据实际情况允许选择不同的具体指标，并设置不同的指标权重。

另外，在整个指标体系中应设计加分指标与减分指标，对乡村振兴创新给予加分，对乡村振兴过程中出现的随意调整资金预算、数据作假、违规违纪等重大问题给予减分处置，以更好地保障乡村振兴的效益。科学、有效的乡村振兴绩效评价指标体系是部署乡村振兴各要素有效聚集、流动，推进乡村振兴战略实施的重要基础。一方面，这一评价指标体系有利于科学度量乡村振兴的进展，为分类指导各地及各部门乡村振兴进程提供量化管理依据；另一方面，可以利用评价指标体系对不同乡村地区的乡村振兴效益进行监测、评价和对比，有利于总结发现乡村振兴进程中的问题，并提出相应对策和建议。

3. 财政支持政策绩效评价中第三方机构作用的强化

第三方机构作为独立的专业力量，是乡村振兴财政支持政策绩效评价的重要参与者，对于提升绩效评价的独立性和可信度、加强社会监督和增加公众参与具有重要意义。独立于委托方和绩效管理对象的第三方机构，包括会计师事务所、资产评估机构、专业咨询公司等社会组织和中介机构，以及科研院所和高等院校，能够确保绩效评价结果的客观性和公正性。

在委托第三方机构进行绩效评价时，可以采用全权委托或部分委托、单独委托或多家联合委托的方式。一般项目通常由一家机构进行评价，重大项目则可以由多家机构联合开展评价。为进一步规范第三方机构的绩效评价行为，财政部出台了《第三方机构预算绩效评价业务监督管理暂行办法》（以下简称《办法》），自2021年8月1日起在全国范围内正式施行。《办法》旨在加强对第三方机构执业质量的监督管理，促进其健康发展，提高财政资源配置效率和使用效益。

为了充分发挥第三方机构在绩效评价中的作用，需要持续引导和支持这些机构加大投入、提升能力。综合性大中型会计师事务所应整合会计审计、造价咨询、资产评估等专业优势，不断夯实绩效评价基础。高校和科研院所应利用其在绩效评价理论研究方面的前沿优势，做好评价指标设计等专业咨询工作，提高评价报告的质量。为确保绩效评价的客观公正，应充分利用"预算绩效评价第三方机构信用管理平台"，及时掌握行业发展现状，包括第三方机构的数量、执业情况和执业质量等信息，并探索会同相关部门梳理绩效评价服务清单，筛选优秀评价成果，作为执业质量检查的重要依据。

随着全面预算绩效管理的深入推进，各级财政部门应进一步完善委托第三方机构参与绩效评价的工作机制，探索建立"财政预算＋财务会计＋工程造价＋行业专家"四位一体、优势互补的评价人力资源架构，提升绩效评价工作质效。加强人才队伍建设，通过搭建交流平台和开展业务培训，提高评价人员的专业水平。探索建立预算绩效评价行业自律组织，借鉴会计和资产评估行业协会的自律管理经验，推动制定规章制度、评价流程和技术规范，提升第三方机构的评价质量，更好地服务于乡村振兴绩效评价。

9.2.2 税收支持政策绩效评价的优化与完善

税收支持政策作为乡村振兴战略的重要组成部分，其绩效优化对于提升政策有效性和促进乡村振兴具有至关重要的作用。通过系统评价与分析现行税收支持政策，能够发现政策执行中的不足，并提出有针对性的改进措施，以更好地发挥税收支持政策的激励和引导作用，促进乡村经济的可持续发展。

1. 现行税收支持政策的评价

当前，我国在促进乡村振兴方面实施了一系列税收支持政策。这些政策主要包括对农业生产资料的增值税减免、对农民专业合作社的所得税优惠、对农产品初加工的增值税免税等。这些政策在减轻农村经济主体税负、促进农业生产和农村经济发展方面发挥了积极作用。然而，政策执行中也存在一些问题，例如覆盖面不够广、执行过程中存在地区差异、部分税收支持政策落实不到位等。

具体而言，部分地区由于经济发展水平较低，税收征管能力不足，导致税收支持政策未能全面落实，影响了政策的实际效果。此外，不同地区和行业的实际需求与政策设计存在一定偏差，导致政策执行效果不理想。例如，在经济较发达的地区，企业对技术创新和现代农业发展的需求较高，而现行政策在支持这些方面的力度不足，限制了政策的激励作用。

2. 税收支持政策绩效优化的必要性

税收支持政策绩效优化的必要性主要体现在以下几个方面：

（1）提升政策的精准性和有效性。

当前税收支持政策在具体执行中，部分地区和行业的实际需求与政策设计存在偏差，导致政策效果不理想。通过优化绩效，可以更好地匹配政策供给与实际需求，提高政策的精准性和有效性。

（2）减少政策执行中的不确定性。

部分税收支持政策在执行过程中存在不确定性，如政策的稳定性和连续性不足，会导致农村经济主体在规划生产和投资时面临较大风险。通过优化绩效，可以增强政策的稳定性和连续性，降低政策执行的不确定性。

（3）提升政策的公平性和普惠性。

现行税收支持政策在不同地区和不同经济主体间存在一定的不平衡，通过优化绩效，可以更公平地分配税收优惠，确保政策的普惠性和公平性。

（4）促进农村经济的可持续发展。

通过优化税收支持政策绩效，可以更好地激励农村经济主体进行技术创新和绿色发展，增强农村经济的内生动力，促进农村经济的可持续发展。

3. 税收支持政策绩效优化的策略

（1）完善政策设计，提升精准性。

根据不同地区、不同产业的具体情况，进行差异化政策设计，确保税收支持政策能够精准对接实际需求。例如，对于经济发展相对滞后的地区，可加大税收优惠力度，促进当地经济发展。针对现代农业和高新技术产业，可设计专项税收支持政策，激励企业加大科技投入和技术创新，提升农业现代化水平。具体措施包括：对新型农业经营主体给予更多税收优惠，如农业合作社、家庭农场等，提升其市场竞争力和抗风险能力；对农业科技企业出台研发费用加计扣除政策，鼓励其加大科研投入，推动农业技术进步。

（2）加强政策宣传和培训，提升政策知晓度和执行力。

通过多种渠道宣传税收支持政策，提高政策的知晓度。同时，加强对基层税务工作人员的培训，提升其政策执行能力，确保税收支持政策落实到位。政府可以通过开展政策宣讲会、编制宣传手册等方式，向农村经济主体和税务工作人员详细讲解税收支持政策的具体内容和操作流程，提高政策的透明度和执行效率。此外，可以建立政策咨询服务平台，为企业和农民提供专业的税收咨询服务，帮助其了解和运用税收支持政策，最大限度地享受政策红利。

（3）建立绩效评价机制，动态调整政策。

建立科学的税收政策绩效评价机制，定期对政策执行效果进行评估。根据评估结果，及时调整和优化政策，确保税收支持政策能够持续发挥作用。评价指标可以包括政策的覆盖面、政策执行的合规性、企业和农民的满意度等，通过量化评价指标，客观反映政策执行效果。具体措施包括：定期开展政策执行情况调查，收集企业和农民对政策的反馈意见，及时发现和解决政策执行中存在的问题；设立独立的政策评估机构，负责对税收政策的绩效进行第三方评估，确保评价结果的客观性和公正性。

（4）提升政策的透明度和公信力。

通过建立公开透明的政策执行和监督机制，提升政策的透明度和公信力。例如，定期发布政策执行情况报告，接受社会监督，确保税收支持政策公平公正地实施。政府可以通过官方网站、新闻媒体等渠道，向社会公开税收支持政策的实施情况和绩效评价结果，增强政策的透明度和公众的信任度。此外，可以设立政策执行监督委员会，由政府部门、企业代表、专家学者和社会公众组成，负责对税收支持政策的执行情况进行监督，确保政策的公开、公平和公正。

（5）鼓励社会资本参与，形成多元化资金支持机制。

为提高税收支持政策的实施效果，政府应鼓励社会资本参与乡村振兴，形成多元化的资金支持机制。例如，通过税收支持政策吸引社会资本投资农业基础设施建设、生态环境保护和公共服务项目，弥补财政资金的不足。具体措施包括：对投资农业基础设施的社会资本给予税收减免和财政补贴，降低其投资成本，激发其投资积极性；对参与生态环境保护的企业提供绿色税收支持政策，鼓励其加大环保投入，改善农村生态环境。

（6）加强跨部门协调，确保政策协同效应。

税收支持政策的实施需要各部门的协调配合，形成政策合力。政府应加强财政、税务、农业等部门之间的协调，确保税收支持政策与其他支持政策的有机结合，发挥政策的协同效应。例如，在制定农业补贴政策时，应充分考虑税收支持政策的影响，避免政策冲突和重复，提升政策的综合效益。具体措施有：建立部门联席会议制度，定期召开会议，协调各部门的政策制定和执行，确保政策的一致性和协同效应；设立跨部门工作小组，负责政策的统筹协调和落实，推动政策的有效实施。

4. 结论

通过对税收支持政策绩效的优化，可以有效提升政策的精准性、稳定性、公平性和有效性，确保税收支持政策在促进乡村振兴过程中发挥更大的作用。具体而言，通过完善政策设计、加强政策宣传和培训、建立绩效评价机制、提升政策透明度和公信力、鼓励社会资本参与、加强跨部门协调等策略，可以确保税收支持政策在促进乡村振兴方面的绩效得到显著提升，从而为乡村振兴战略目标的实现提供坚实的财税支持基础。这不仅有助于增强农村经济的内生动力，也有助于为国家经济的整体发展贡献力量。

总之，上述措施有助于实现乡村经济的可持续发展，推动我国乡村振兴战略的全面实施。在此过程中，政府应持续关注政策的执行情况，不断总结经验，持续改进和完善税收支持政策，为乡村振兴提供更加有力的政策支持和保障。

9.3 促进乡村振兴财政支持政策的优化与完善

为了更好地支持乡村振兴战略的实施，必须对现有的财政支持政策进行优化与完善。这不仅有助于提高财政资金的使用效率，还能确保各项政策措施的有效落实。以下将从三方面探讨如何优化和完善财政支持政策。

9.3.1 财政支出导向作用的优化与完善

保证财政支出在乡村振兴中的导向作用，确保乡村振兴战略的财政资金补给到位，在加大财政投入的同时，引导撬动更多金融和社会资本投向乡村。建立更完善的服务于乡村振兴的财政支出服务体系，加快形成财政优先保障、社会积极参与的多元投入格局。

1. 持续坚持财政优先保障

我国财政支农的资金投入处在增长阶段，支农领域的财政投入在财政收入中所占的比例逐年增长，但是与发达国家相比依然存在着差距。因此，还需要加大财政支农的力度，建立健全实施乡村振兴战略财政投入保障制度，明确和强化各级政府"三农"投入责任，公共财政更大力度向"三农"倾斜，确保财政投入与乡村振兴目标任务相适应。建立和完善乡村振兴大事、要事清单制度，即预算安排要将落实党中央、国务院关于乡村振兴的重大决策部署和省委、省人民政府工作要求作为首要目标，省级财政部门牵头编制省级乡村振兴大事、要事保障清单，相关业务主管部门依据清单逐项细化，明确任务目标，优先顺序和事权划分，制订资金保障方案。改革创新财政支持投入机制，加快建立健全实施乡村振兴战略的财政投入保障制度，确保财政投入与乡村振兴目标任务相匹配。应在"整合""撬动"和"开源"方面加快改革创新步伐："整合"，就是要发挥乡村振兴规划的统筹引领作用，把各类涉农资金尽可能打捆使用，形成合力。从源头抓起，在中央和省级层面清理、整合、规范涉农专项转移支付项目。"撬动"，就是要通过担保、贴息、以奖代补等方式，发挥财政资金的杠杆作用，促进金融和社会资本更多地投向乡村振兴。目前，全国农业信贷担保体系初步建成，进一步释放这项创新的红利，必须牢记"重点支持粮食适度规模经营"，推动省级农业信贷担保机构向市、县延伸，让家庭农场、农民专业合作社等粮食适度规模经营者"够得着"。"开源"，就是要在公共财政资金之外，拓宽其他政府性资金筹集渠道。在规范地方政府举债融资行为、防止借乡村振兴之名违法、违规变相举债的前提下，支持地方政府发行一般债券用于支持乡村振兴、脱贫攻坚领域的公益性项目。稳步推进地方政府专项债券管理改革，鼓励地方政府试点发行项目融资和收益自平衡的专项债券，支持符合条件、有一定收益的乡村公益性项目建设。

2. 强化财政支持政策系统性

加快建立支持乡村振兴战略的财政支持政策体系。保障乡村振兴战略落在实处，需要财政支持政策的系统支持。建议按照乡村振兴战略的总目标和要求，将促进农业高质量可持续发展、乡村全面振兴和增加农民福祉作为财政支持的重点领域，并分阶段、有步骤地加强财政支持政策的系统性建设。现阶段，可根据财力和发展阶段的特点，先从最薄弱的环节、最突出的问题入手，从农民反映最强烈、需求最迫切的民生领域切入，分步骤、有重点地完善财政支持政策体系。同时，在具体的政策制定中，按照乡村振兴总目标的要求，兼顾和协调好各项子目标之间的关系。随着现代化进程的不断推进，逐步扩大财政政策的覆盖面，不断完善与乡村振兴战略目标相契合的财政支持政策体系。

3. 整合现有财政支持政策，增强政策之间的协调性与针对性

针对财政资金使用分散、低效的问题，财政部门应当在预算绩效目标审核阶段加强管理，明确资金的支持方向、扶持对象及申报程序，协调好不同部门出台的目标一致或类似项目的资金支持办法，加强财政支农资金的整合与管理，将财政支持政策重点明确转向乡村振兴所要求的领域。提高财政支持政策的指向性和精准性。按照乡村振兴战略规划重点，针对"三农"领域存在的突出问题，明确财政优先支持方向，精准选择政策对象，提升政策的针对性。

（1）农业支持政策方面。

针对农产品质量安全问题突出、农业技术落后、可持续发展风险突出的现实，弱化增产导向，以更加环保的支持手段提高农业竞争力，推动农业高质量发展。

一是以农产品质量提高为政策对象，对农产品种植业和绿色安全产业重点扶持，支持发展绿色农产品、有机农产品和地理标志农产品，目的是为消费者提供安全保证并创造附加值，生产具有区域特色的绿色农产品。

二是以农业生产方法创新为政策对象，加大对农业科技创新和环境友好型生产方法的扶持，推动形成新的绿色农产品生产技术规范。支持有序扩大耕地轮作休耕制度试点，支持实施秸秆综合利用技术，支持发展节水农业和旱作农业，落实以绿色生态为导向的农业补贴等。

三是以现代农业经营体系建设为政策对象，鼓励和扶持发展多种形式的适度规模经营，推进农民合作社经营质量提升。

四是以农业社会化服务体系完善为政策对象，加大对提升农业高质量发展所需的社会化服务体系的支持，重点支持相关的农业科技创新和推广，为农业生产与发展提供精准服务。

（2）农民支持政策方面。

针对农民老龄化和劳动力技能缺乏的现实，出台吸引人才的优惠政策，加强职业培训，提高新型农业生产经营主体的素质和能力。

一是以青年农民为政策对象，借鉴欧盟经验，鼓励和吸引不满 40 岁、拥有足够能力，且是首次创业的青年农民加入并长期从事农业生产，对青年农民提供资金和政策支持。

二是以新型农业生产经营主体为政策对象，对有意愿进入农业的创业人才进行政策扶持，吸引有资金、有技术、有专长的人才进入绿色农业生产领域，充分发挥其引领和示范带动作用。

三是以农民技能提升为政策支持对象，加强农民的职业技能和环保意识培

训，支持的目的是提高农民和其他从事农业和林业活动人员的职业技能，帮助他们重新部署生产，遵守保护环境的准则，使用符合绿色、高质量发展要求的农业生产方式。

（3）乡村支持政策方面。

突出乡村在国家现代化建设时期的重要地位，进一步推动乡村的可持续发展和区域平衡发展。

一是以推动乡村产业发展为政策目标，重点支持乡村第一、二、三产业深度融合发展，依托乡村特色优势资源，打造乡村全产业链，推动农业从增产导向转向提质导向，增加乡村就业，壮大县域经济。

二是以缩小城乡差距为政策目标，改善乡村基础设施，提升乡村基本公共服务水平。补齐短板，改变农业落后、乡村凋敝的状况。特别是要支持基础设施差、劳动力技能水平低的相对贫困地区农业的发展。建立城乡公共资源均衡配置机制，强化乡村基本公共服务供给县乡村统筹，逐步实现标准统一、制度并轨。

三是以乡村地区的环境保护为政策目标，对生态脆弱地区和植树造林提供补贴；支持与农业和林业有关的生态系统和农业环境保护相关的科技创新活动，推进乡村自然环境、人居环境整治。

四是以乡村治理现代化为政策目标，通过积极推动乡村集体资产清产核资等措施，加快推进乡村各项改革，激发乡村内生动力，培育乡村治理主体；通过推进乡村财务公开化、预算透明化改革，完善村级公益事业建设"一事一议"财政奖补政策等，构建利益诉求表达机制和协商对话机制，推动基层预算的民主参与，为推进乡村自治、改进乡村治理模式提供渠道和路径。

4. 引导和撬动社会资本投向乡村

优化乡村营商环境，加大乡村基础设施和公用事业领域开放力度，吸引社会资本参与乡村振兴。规范、有序地盘活农业农村基础设施存量资产，回收资金主要用于补短板项目建设。继续深化"放管服"改革，鼓励工商资本投向农业农村，为乡村振兴提供综合性解决方案。鼓励利用外资开展现代农业、产业融合、生态修复、人居环境整治和乡村基础设施等建设。分类别选择差异化的投融资方式。依据乡村基础设施不同类别，将乡村基础设施分为公益性基础设施、准经营性基础设施、经营性基础设施。对于公益性基础设施，鼓励政府投资、农民参与；由政府直接投资，纳入一般公共预算管理，对应特定税种收入偿还，如大型水利、防洪工程、乡村道路、义务教育、科普教育设施。准经营性基础设施，应以政府和社会资本投入为主，引导农民投入；地方政府发行专项债券融资，列入基金预算管理；政府对项目进行资本金注入、可行性缺口补贴，对出资农民投资补助。建立使用者末端付费机制，如乡村供水设施、田间水利设施、污水垃圾处理等可由使用者付费。对于经营性基础设施，应坚持企业投入建设为主。可发行企业债券（项目收益债券），政府采取财政贴息、以奖代补和税收政策支持；完善现有公共定价制度，如乡村的电力、通信、网络设施等。

5. 完善金融支农激励政策

继续通过奖励、补贴、税收优惠等政策工具支持"三农"金融服务。发挥再贷款、再贴现等货币政策工具的引导作用，将乡村振兴作为信贷政策结构性调整的重要方向。根据《财政部　税务总局关于中国邮政储蓄银行三农金融事业部涉农贷款增值税政策的通知》（财税〔2018〕97 号）①，自 2018 年 7月 1 日至 2020 年 12 月 31 日，对中国邮政储蓄银行纳入"三农金融事业部"改革的各省、自治区、直辖市、计划单列市分行下辖的县域支行，提供农户贷款、乡村企业和乡村各类组织贷款取得的利息收入，可以选择适用简易计税方法，按照 3% 的征收率计算缴纳增值税，继续实施对涉农贷款利息收入的税收优惠政策。完善政策引导机制，将部分财政贴息由对农户和新型农业经营主体的支持转向对金融机构的支持，降低金融机构放贷成本，促进金融机构加大放贷力度；结合地方金融办分级监管，鼓励小微金融企业面向"三农"贷款，通过税收优惠政策引导和激励小微金融企业进入乡村地区，满足多元化金融需求。基于有序发展与防范风险相结合、政府扶持与市场操作相结合的原则，完善农业融资担保机制、信用担保机制和农业保险机制，降低农业风险可能产生的损失，实现"三农"投资的可预期、有回报和能持续。

6. 完善农业保险保护政策

农业保险可以有效地为农业生产抵御自然灾害风险提供保障作用。因此，建立并完善农业保险制度，是促进农业稳定发展、保护农业生产者利益的一种有效手段。当前乡村振兴战略的一个重要任务是要完善农业保险体制，促进农业保险业务的快速发展，使农业保险真正成为促进农业和乡村经济发展的"稳定器"。作为过渡性的政策措施，可以先将农业保险从人保公司的商业性业务中分离出来，对农业保险实行单独建账，单独核算，财政通过补贴、预算等方法给予必要的支持。从长远看，要促进农业保险事业的发展，最终要成立

---

① 关于中国邮政储蓄银行三农金融事业部涉农贷款增值税政策的通知［EB/OL］．（2018 – 09 – 12）．https：//szs. mof. gov. cn/zhengcefabu/201809/t20180918_3022390. htm.

以国家财政扶持为依托的政策性国有农业保险公司，建立起独立、规范的农业保险体系和管理体制。

7. 健全乡村金融风险缓释机制，加快完善"三农"融资担保体系

贯彻落实《国务院关于促进融资担保行业加快发展的意见》（国发〔2015〕43 号）的要求，推进政府主导的省级再担保机构基本实现全覆盖，构建国家融资担保基金、省级再担保机构、辖内融资担保机构的三层组织体系①。充分发挥好国家融资担保基金的作用，强化担保融资增信功能，引导更多金融资源支持乡村振兴。对担保机构涉及乡村振兴的资金要给予税收优惠，同时，政府可以与银行协商降低利率水平，并通过财政贴息等方式按比例补偿银行的利息损失。

9.3.2 财政支出结构的优化与完善

乡村振兴包括乡村产业振兴、乡村人才振兴、乡村文化振兴、乡村生态振兴、乡村组织振兴五个方面。这意味着用于乡村振兴的财政资金将投放到上述五大领域。作为第一产业的农业关乎国家的粮食安全和人民最基本的粮食需要，必须加大农田水利的财政资金投入，完善农业基础设施的建设，保证农业支出在整个乡村振兴财政支出中的比例，促进农业健康发展。乡村人才振兴需要新型农民与更多有技能、有学识的人才，要保障乡村的教育资源供给，一方面，要培养当地高素质人才；另一方面，从外地引进专业人才，为乡村振兴提供源源不断的后备军，省、市、县三级财政资金要保证在教育与人才引进上的需要。在乡村文化振兴上，要加大利用财政资金进行文化建设的力度，举办文化建设活动，如观看电影、举办创意比赛、拍乡村生活视频等。在乡村生态振兴上，不仅要实现农业生产的绿色化，也要做好污水治理和垃圾的集中处理，做好乡村厕所的改造，保护好乡村树木和花草等。在乡村组织振兴上，应优化基层治理，减少不必要的行政支出。以下分别就五个方面展开讨论。

1. 优化乡村产业振兴结构

乡村产业振兴是实现乡村振兴的首要与关键，只有做好乡村产业振兴，才能真正实现乡村振兴战略科学、持续、健康发展。加快农业转型升级，提高农产品质量和附加值，构建现代化农业生产经营体系和销售网络，打通农产品的生产端、运输端和消费端。构建增值空间大、辐射带动能力强、促进农民就业

① 国务院关于促进融资担保行业加快发展的意见［EB/OL］．（2015 – 08 – 13）．https：//www. gov. cn/zhengce/content/2015 –08/13/content_10082. htm.

和收入增长明显的现代农业经济体系。在我国财政农业支出中，要逐步提高粮食、农资、良种、农机"四项补贴"的支出比例，将更多的农业项目纳入财政补贴范围。建立精准投入机制，提高补贴的精准度，确保资金落实到位，提高财政资金的投入有效性。对于"支持农业生产支出和各项事业费""乡村社会事业发展支出"，要增加生产性支出、减少非生产性支出，加大对农业基础设施和乡村基本公共服务的投入，减少行政经费支出，增加对科技创新及推广方面的支出，从而达到优化财政农业支出结构的目的。乡村产业振兴要以农业为基础，通过产业化经营建立主体间的利益联系机制，实现要素集聚和技术创新，促进农业产前、产后和休闲服务的有机结合，极大延伸产业链，丰富乡村产业业态，促进城乡经济融合发展。大力实施"互联网＋"农产品出村进城工程，建设数字化绿色供应链，推动人工智能、大数据赋能农村实体店，促进线上、线下渠道融合发展。通过供需信息的精准、高效对接，让农产品"卖得掉、卖得远、卖出好价钱"；大力推进第一、二、三产业融合发展，加快培育一批数字化转型升级农业龙头企业，加快发展农村数字化新兴产业，培育乡村数字化新业态，推动互联网、手机 App 与乡村特色产业、新兴业态深度融合，加大引导城郊融合类村庄发展数字经济、共享经济，发挥数字化技术引领、市场创造、效率改进等功能，推进乡村产业链、商业模式的数字化转型升级，建设农村现代经济体系。

2. 优化乡村人才振兴结构

要做好乡村人力资本开发，充分挖掘乡村内部人才资源。农民群众是乡村振兴战略的作用对象，是乡村振兴的建设者和直接受益者，是乡村振兴的首要主体。乡村居民是乡村的主人翁，在发展农业、建设乡村的长期实践过程中积累了丰富的生产经验，拥有独特的生活方式和乡村习俗，具有清晰、具体的发展利益诉求和意愿期待。应大力培育专业大户、家庭农场、农民合作社、农业企业等新型主体，培养有文化、懂技术、会经营的新型农民队伍，通过宣传教育、技能培训提升村民的数字素质，培养具备学习热情、掌握现代技能、秉持公共意识的"数字农民"。落实培育经费保障，把培育经费纳入财政预算，并且保证其占一定比例。强化激励措施，使涉农项目向本土创业型农民倾斜；鼓励涉农专业大学生回乡当农民就业创业；提高新型职业农民的政治话语权，优先推荐他们担任省市人大代表、政协委员、劳动模范人选，激发他们投身乡村振兴的热情①。同时，要注重乡村外部人才引进；进一步简化引入流程，实行更加开放的政策，对有真才实学的人开放绿色通道；创新激励机制，在住房、教育、金融等方面提供扶持；将技术、知识纳入评价考核体系，完善奖励办法，提高人才收入；营造尊重人才、重视人才、爱惜人才的社会环境，合力促进乡村各项事业发展。突出抓好家庭农场经营者、农民合作社带头人培育。深入推进家庭农场经营者培养，完善项目支持、生产指导、质量管理、对接市场等服务。建立农民合作社带头人人才库，加强对农民合作社骨干的培训。鼓励农民工、高校毕业生、退役军人、科技人员、乡村实用人才等创办领办家庭农场、农民合作社。鼓励有条件的地方支持农民合作社聘请农业经理人。鼓励家庭农场经营者、农民合作社带头人参加职称评审、技能等级认定。

3. 优化乡村文化振兴结构

加强乡村思想道德建设和公共文化建设，培育文明乡风、良好家风、淳朴民风。繁荣兴盛乡村文化，焕发乡风文明新气象。挖掘、提炼当地的乡土文化，以当地的乡土文化吸引人，以独具特色的乡土文化留住人。广东省佛山市三水区把第三批广东省公共文化服务体系示范项目"祠堂 + 文化——乡村振兴中的基层文化模式"与新时代文明实践工作有机融合，将祠堂打造为基层善治基地、文化集散阵地、新时代文明建设传播阵地。广东省博罗县在全国率先成立新时代文明实践基金，完善政府社会互动新模式，引导社会力量更有效地参与文明实践活动，有力推动了新时代文明实践中心全国试点建设工作任务的完成，有效打通了乡村宣传思想和精神文明建设"最后一公里"。可以借鉴广东省的做法，挖掘当地文化特色和底蕴，打造文明实践阵地。确保用于乡村文化振兴的财政资金优先用于挖掘和传承当地特色文化和优秀传统文化。

4. 优化乡村组织振兴结构

乡村组织振兴，要夯实乡村治理这个根基，治理有效是乡村组织振兴的要求。乡村治理在整个国家治理体系中起着至关重要的基础作用，是实现国家治理现代化的重要组成部分。乡村振兴是一项系统工作，党的十九大、二十大提出"健全自治、法治、德治相结合的乡村治理体系"的具体要求，为乡村振兴指明了方向。遵循自治、法治、德治的原则，并将之有机嵌入乡村治理实践中，实现三者的良性互动，最终达成乡村善治。通过完善财政资金监管体制和推进预算公开化、透明化改革，强化对政府权力的约束，推动民主参与，规范

---

① 关于进一步加快培育新型职业农民的建议 [EB/OL]. (2015 – 04 – 07). http：//gaoyou. yang-zhou. gov. cn/xxgk_info/rdzx/xxgk_zx_detail. jsp? id =757.

财政资金分配，体现公平、正义原则，维护社会规则和秩序，构建韧性、可控的利益协调和稳定机制，最终形成包含政府、市场、社会、农民、新型经营主体和村委会等多元主体参与、激励相容、良性互动的乡村治理制度框架。从乡村治理体系的内容看，财政要遵循自治、法治和德治的基本要求。通过落实村级组织运转经费保障政策、一事一议和支持新型经营主体发展等方式培育乡村治理主体，激发乡村内生动力，构建利益诉求表达机制和协商对话机制，推进乡村自治。通过财政法治化形成公开透明的治理程序、规则和乡村利益分配格局，依法规范和保障乡村振兴中各参与主体的权利，形成合理的经济社会秩序，依靠法治凝聚共识和力量，推动乡村治理法治实践。加强制度建设，合理处理公权与私权、公平与效率等关系，体现社会主义核心价值观，营造诚实守信、遵纪守法的基础道德原则，为乡村治理德治划定底线，引导乡村文化建设。一方面，要坚持和加强党组织对各类基层组织的领导，健全统一指挥和统筹协调机制，将用于乡村振兴的资金落实到乡村建设重点任务和农民群众具体急切的需要的满足上，减少日常不必要的行政性支出。另一方面，设计专项资金用于深化村民自治实践，建立健全党委领导、政府负责、社会协同、公众参与、法治保障的现代乡村社会治理体制，确保乡村社会充满活力、安定有序。坚持自治为基，对乡村群众性自治组织建设给予财政支持，健全和创新基层党组织领导的充满活力的村民自治机制，发挥自治章程、村规民约的积极作用。创新基层管理体制机制，整合优化公共服务和行政审批职责，打造"一门式办理""一站式服务"的综合服务平台，让农民"少跑腿"。通过财政规范引导在乡村治理体系，尤其是财务管理体系等方面形成多元参与的乡村治理体系，通过透明公开规范化的治理体系，激发乡村振兴的内在动力和活力。在乡村治理体系方面，应该加强建立畅通的群众利益表达机制和灵活、高效的群众权力行使机制；在乡村集体财务管理方面，应该加强乡村集体财务理财意识，提高集体财产使用效率，加强财务监督意识，形成良好的循环机制。

乡村治理数字化是提升乡村治理能力的重大举措。根据《数字乡村发展战略纲要》①的要求，将数字乡村作为数字中国建设的重要方面，加快信息化发展，整体带动和提升农业乡村现代化发展。进一步解放和发展数字化生产力，注重构建以知识更新、技术创新、数据驱动为一体的乡村经济发展政策体系，注重建立层级更高、结构更优、可持续性更好的乡村现代化经济体系，注

---

① 中共中央办公厅 国务院办公厅印发《数字乡村发展战略纲要》［EB/OL］．（2019－05－16）．http：//www.gov.cn/zhengce/2019－05/16/content_5392269.htm.

重建立灵敏、高效的现代乡村社会治理体系，开启城乡融合发展和现代化建设新局面。国际上，许多发达国家已经建立起了较为成熟的乡村治理模式。2000年底，韩国各级政府已实现行政网络在教育、行政、卫生、文化和经济上的全面覆盖；同一时期，日本采取政府主导方式开展乡村治理数字化建设，通过实施 u-Japan 推进计划，积极开展了以泛在网络平台为代表的网络协作基础以及全国性物联网体系的建设，在乡村政务方面，通过"国民电子个人信箱"项目实现了电子政务一站式服务。英国采取城乡一体化治理格局，重点依托政府数字化转型平台及公共服务，开展乡村治理数字化建设。在乡村政务方面，英国依托其全球领先的电子政府系统，打造了政府在线身份识别系统、政府支付系统及政府通告系统，为民众提供快速安全的身份识别、在线支付、政务通告等便民服务。当前，美国正积极推进政策数字化转型，陆续出台了相关法规战略，加速推动数字政府的建设。美国的乡村治理数字化实践覆盖乡村政务、乡村公共服务、乡村公共安全、乡村应急事件响应以及乡村日常生活等多个方面。在乡村政务方面，美国乡村居民通过 Data. gov 能够便捷地获取家庭能耗等公共信息，且该平台为私营企业提供开发便民应用服务所需的数据基础，有效提升了乡村公共服务效率。我国可以借鉴这些发达国家的经验，加快乡村治理数字化建设步伐。

5. 优化乡村生态振兴结构

加强农业资源保护利用，加强农业源污染防治，加强农业生态保护修复，打造绿色低碳农业产业链。利用好大数据，加快实现化肥农药使用量负增长；着力推进畜禽粪污资源化利用，优化畜禽养殖区域布局，推进畜牧大县整县实现畜禽粪污资源化利用，支持规模养殖场和第三方建设粪污处理利用设施，集成推广畜禽粪污资源化利用技术，推动形成畜禽粪污资源化利用可持续运行机制；着力推进秸秆农膜综合利用，研究推广农膜高效利用技术和模式，健全回收利用体系。着力推进耕地土壤污染防治。从"防""控""治"等关键环节入手，突出风险管控，注重综合治理，逐步建立治地与用地结合、产地与产品一体化的可持续管护利用机制。同时，要加大科技研发支持力度，加强基础研究和共性关键技术研发推广，尽快形成一整套适合我国国情、农情的耕地等农用地污染防治技术模式与体系①。

统筹山、水、林、田、湖、草系统治理，优化生态安全屏障体系。保护和

① 张桃林. 让良好生态成为乡村振兴的支撑点 [EB/OL]. (2019－05－30). http：//www. qstheory. cn/zhuanqu/bkjx/2019－05/30/c_1124563148. htm.

恢复乡村河湖、湿地生态系统，积极开展乡村水生态修复，连通河湖水系，恢复河塘行蓄能力，推进退田还湖还湿、退圩退垸还湖。大力推进荒漠化、石漠化、水土流失综合治理，实施生态清洁小流域建设，推进绿色小水电改造。加快国土综合整治，实施乡村土地综合整治重大行动，推进农用地和低效建设用地整理，以及历史遗留损毁土地复垦。加强矿产资源开发集中地区，特别是重有色金属矿区地质环境和生态修复，以及损毁山体、矿山废弃地修复。加快近岸海域综合治理，实施蓝色海湾整治行动和自然岸线修复。实施生物多样性保护重大工程，提升各类重要保护地保护管理能力。加强野生动植物保护，强化外来入侵物种风险评估、监测预警与综合防控。开展重大生态修复工程气象保障服务，探索实施生态修复型人工增雨工程①。

加强对农民群众的宣传引导，增强农民维护公共环境卫生观念。通过修改完善村规民约等方式，积极引导农民群众自觉做好庭院内外清洁卫生，鼓励村民通过栽植果蔬、花木等开展庭院绿化，利用乡村的荒地、放弃地、边角地等自发开展村庄绿化，引导群众摒弃乱丢垃圾、乱倒污水、私搭乱建、乱堆乱放等陋习。对破坏村庄环境的行为加强批评教育和约束管理，引导农民自我管理、自我教育、自我服务、自我监督。

9.3.3 乡村振兴"市场导向型"财政支出方式的优化与完善

如前所述，政府和市场关系在本质上并非不同主体之间的关系，也并非"强弱""大小""进退"的二元对立关系，而是不同机制或制度设计之间的关系，二者构成经济社会最基本的治理结构。当前，我国城乡一体化建设不断推进，但是农业基础薄弱、城乡居民收入差距较大、二元经济结构等问题依然存在。乡村振兴、城乡融合仍然需要政府的重视和支持，需要城乡建设的财政资金更多向乡村建设倾斜。城乡一体化中的财政支出效率决定了乡村振兴战略能否持续推进。因此，提高乡村振兴财政支出效率、合理配置城乡一体化中的财政资金成为乡村振兴视角下值得我们探讨的问题。

在将财政资金用于乡村振兴过程当中，应该做到以下七点：

1. 理顺中央与地方政府间的财政关系

在明确市场与政府边界的前提下，根据公共物品的外部性，使地方政府的财权与事权相匹配，明晰省级以下政府的职责，避免重复和交叉，建立权责明

---

① 中共中央　国务院印发《乡村振兴战略规划（2018—2022 年）》［EB/OL］．（2018 - 09 - 26）．http：//politics. people. com. cn/n1/2018/0926/c1001 - 30315263 - 2. html.

确、管理科学的乡村振兴体系。构建纵向间政府职责体系，以增强乡镇政府在事权和财力上的自主性，以便为民众提供更完善的公共服务。健全各级政府领导乡村工作的组织体系、制度体系、工作机制，提高新时代党全面领导乡村工作的能力和水平，做好乡村精神文明建设和生态文明建设，不断提升乡村治理效能。同时按照也要进一步规范省级以下的转移支付制度，提高地方政府可支配资金的自主性，更多地使用一般性转移支付，减少配套补助，这样可以避免由于地方政府缺少资金配套而造成的项目不能完工等现象，同时也可以提升基层政府的公共服务能力，缩小城乡收入差距。落实《中央对地方均衡性转移支付办法》的要求："为保障各地财政运行的稳定性，以中央对地方均衡性转移支付平均增长率为基准，对超过（或低于）基准增长率一定幅度的地方适当调减（或调增）转移支付额。调减（或调增）相关地区转移支付所余（或所需）资金，中央财政不调剂他用（或另行安排），在保持转移支付总规模稳定的基础上，通过同比例放大（或压缩）享受转移支付地区转移支付的办法处理。对享受均衡性转移支付资金规模时间较短和连续多年调减（或调增）转移支付额地区适当放宽增幅控制。"①

2. 构建并完善多元共治的乡村社会治理格局

构建多元共治的乡村社会治理格局，发挥市场与社会组织，以及农民的主动作用。同时，完善、明确不同主体间职责范围的法律法规，并建立问责机制，以此保障多元主体共治。推进各级政府职能定位，明确其在社会主义新乡村建设中最主要的职能是在农民实际需求基础上保证有效的公共产品供给和公共服务。这就要求各级政府在乡村公共产品与公共服务的供给方面充分定位好自身的角色，理顺各级政府的权责关系。要构建好公共财政的长期运行机制，落实好国家各项支农、惠农、强农政策，扩大公共财政的辐射圈，确保公共财政支持乡村公共产品与公共服务供给，特别是乡村公共基础设施建设和文化事业的开展，能够让农民群众在公共服务方面共享改革发展成果。同时，要落实好确保政府公共服务职能履行到位的行政问责制度。要注重村民自治制度的健全和完善。民主作为一种过程和形式，如何在这一制度的"选举、决策、管理、监督"四个步骤上充分发挥其作用是村民自治制度完善的重中之重。要在民主选举的基础上，提高村民民主决策、民主管理和民主监督的操作技术，这是政府在结合当地实际情况充分发展村民自治、完善村级治理的内在机制的

---

① 关于印发《中央对地方均衡性转移支付办法》的通知［EB/OL］.（2022 – 04 – 13）. https：// www. gov. cn/zhengce/zhengceku/2022 – 05/07/content_5689025. htm.

重要环节①。可以根据当地实际情况，合理借鉴国际压力型治理体制与运动型治理体制相结合的治理模式，一方面，通过一级政治组织将上级下达的目标分解为可量化的具体的任务和指标体系，层层量化分解，通过公共权力的运用，将任务落实；另一方面，用好运动型治理体制在解决常规治理机制失灵问题上的作用，解决好突发与紧急情况。

3. 创新乡村振兴中多渠道资金筹集机制

为确保财政支农支出的稳定增长，除财政直接投资之外，通过建立政府引导基金，发挥财政资金杠杆作用，吸引社会资本、金融部门和其他投资机构资本，形成多元化参与，增加农业资本供给，加强对农业产业发展的带动效应。国有土地使用权出让金收入应更多地用于乡村振兴，提高用于农业乡村的投入比例。建立健全挂钩结余的跨省调剂制度，通过预算安排，将土地收益全部返还乡村。对乡村金融机构进行定向费用补贴，同时健全农业信贷担保体系，拓宽农业资本融资渠道。

4. 加强乡村振兴财政资金的分配和使用管理

资金分配不能平均化，应当有一定的法定标准来进行各个项目的资金分配，同时也不能脱离现实需要，应做到具体问题具体分析。通过制定财政转移支付法来限制各级政府资金分配的随意性，坚持以一般性转移支付为主、专项转移支付为辅，设立专项转移支付的标准应当要比一般性转移支付的标准更加严格。财政转移支付资金分配标准应当符合现实情况，并能够在全国范围内运用，有层次地将资金分配到各个地方。只有针对性地改善乡村居民社会福利状况，减少政府财政的粗放投入，缩小居民收入差距，才能切实推进乡村居民收入分配福利效应的提高。促进乡村振兴，必然会加大财政转移支付的规模，设立资金分配标准要合理，符合乡村现实发展的需求，可行的资金分配标准才能稳定地被长期执行。因此，立法者应当实事求是地考虑各个因素，科学、合理地制定财政转移支付法中的资金分配标准。同时，也可借鉴其他国家合理、适合我国乡村现代化建设的经验，以完善资金分配标准，尽可能地做到仔细推敲，形成切实可行的方案。根据具体的目标和重点，统筹整合用于乡村振兴的资金。理顺投资主管部门和财政部门在财政资金分配管理方面的职能定位。除极少数特殊类型的，如生产救灾专项资金和直补农民的资金之外，将所有其他资金纳入整合范围，以支持主导产业和重点区域发展。通过制订发展规划，构

---

① 吴家庆，苏海新. 论我国乡村治理结构的现代化［J］. 湘潭大学学报（哲学社会科学版），2015，39（2）：25-31.

建整合平台，实现乡村振兴财政资金整合。财政部门作为政府的管家，有责任、有义务合理地分配使用财政支农资金，促进农业和乡村经济发展，增加农民收入，加快农业现代化。为了合理分配财政支农资金，财政部门要根据党和政府关于农业和乡村发展的要求，并根据财政收支情况，确定如下原则：

一是有计划的安排。各级党委和政府要按照中央的要求和当地农业发展的特点来安排每年的财政支农资金，每年有计划地解决一些问题。

二是分清轻重缓急。需要财政支持的农业项目很多，每年分配到各级政府的财政支农资金有限，要在保证重点支出和紧急支出的情况下，再安排一般支出。

三是按照效益情况来支持。对于直接经济效益比较分散，生态效益和社会效益比较大，需要较长时期才能够发挥效益，才能给大家带来好处，且需要大量投资的项目应该由国家财政来投入。而有的项目，经济效益比较大，见效比较快，农民和企业愿意投入，银行愿意贷款，财政一般可以减轻投入力度，甚至可以不再投入。

四是自力更生为主，国家支持为辅。我国乡村地域辽阔，农业生产力水平还不高，农业需要的投资很大。因此，资金方面主要依靠农民和集体经济组织解决。农民投入的确有困难但又必须建设的项目，国家财政应当给予部分补助。财政支农资金的分配和使用有很严格的程序，表现为项目逐级申报制、资金逐级下拨制。例如，某农户或某村需要财政资金支持，可以写申请报告，写明申请的原因、具备的条件、需要支持的资金数量等，由所在村出具证明，上报到乡镇财政所。乡镇财政所审核同意后，能由乡镇财政所支持的，就由乡镇财政所直接支持。如果乡镇财政所无力解决，又确有必要支持的，就可由乡镇财政所出具正式文件上报到县财政局，县财政局根据有关资金使用管理办法认真进行审核，符合条件，可给予一定的支持，将资金拨到乡镇财政所，再由乡镇财政所下拨到村集体或有关农户。如果县级财政无力支持而确有必要支持，由县财政局以该局的正式文件上报到市（地级）财政局，市（地级）财政局以正式文件上报到财政部，如果财政部的有关司审核同意支持，资金就逐级下拨到省财政厅，省财政厅下拨到市财政局，这样层层下拨到县、乡财政部门，再由乡镇财政所拨到有关村、农户或项目上。申请财政支持资金不能越级（如乡镇财政所向省财政厅）递交申请报告。各级财政也不能越级下拨资金，如省财政厅不能直接将钱拨到乡镇财政所账上。这样做的目的是加强财政资金监督和管理，明确责任制。另外，有的财政支持资金是由财政与有关主管部门，如农业农村部门、水利部门、林业部门、扶贫办等联合管理的，因此，要以两个（或两个以上）部门联合文件的名义向上申报项目的资金，文件要同时寄送到有关部门。

5. 完善乡村振兴财政支出的监督机制

建立健全资金监管机制，加强各环节资金的监管力度，提高资金的使用效率。结合 2020 年施行的《中华人民共和国预算法实施条例》，通过完善乡村振兴财政支出预算监管机制，建立事前、事中、事后监督机制，硬化预算约束，提高乡村振兴的监管质量。在具体使用过程中，要加强扶贫、教育、医疗、养老、扶贫等重点民生资金监管，主要对资金拨付的及时性、专用性和到位率等指标进行动态监控。将资金精准投入农业产业发展、农户可持续发展能力培育的项目中，将资金主要用于加强产业发展和劳动技能培训、培育特色优势产业集群、加强基础设施等方面。对项目资金的使用严格监管，树立"花钱必问效，无效必究责"的绩效理念。构建多部门联合监督机制，重点加大对专项资金、债券资金挤占挪用等问题的查处力度，加强对政府采购、投资评审等重点领域的监管。对财政资金扶持的农业产业项目，要进行跟踪监督，防止农户依托农业产业发展项目套取国家财政资金。切实提高资金使用效率，提升用于实现乡村振兴的财政资金的使用效率。对于支出的使用结果强化绩效评价，主要针对资金的使用是否与预算安排一致，对项目完成后的社会净效益进行分析评价。加强乡村振兴的财力和监管机制保障。国家层面应出台规范性文件，强制规定财政支持资金在地方政府预算中的最低占比和最低增速，保障财政支持资金的财力充足。为解决监管不到位的问题，应当成立以地方人大农业和农村工作委员会牵头的涉农资金专项监管委员会，财政、审计等政府内部监管单位要定期向该委员会汇报，接受检查、问询，以便统筹辖区内的涉农资金监管工作。

6. 建立并完善考核机制

优化上级政府对乡镇政府的绩效考核机制，改变传统的以经济为唯一导向的政绩考核观，将绿色因素加入考核指标当中。乡镇政府自身要加强环境保护责任意识，树立正确的政绩观，不能为了短期的经济利益破坏人民的绿水青山。同时要加强乡村突出环境问题综合治理，对可能造成污染的企业要严加防范，杜绝重污染工业企业的进入，对既有污染要采取措施积极解决，切实履行环境保护职能。乡镇政府要提升自身制订地区发展规划和环境保护规划的能力，根据当地的地理位置、文化特点、气候特征和资源优势等情况因地制宜地制订地区经济社会发展规划和环境保护规划。

7. 加强乡村振兴财政支出信息的全面公开

为了进一步加强乡村振兴信息的全面公开，应严格按照国家资金管理办法和惠农政策，将各类项目的资金使用对象、使用金额和标准等相关内容全面公开。农业基础设施建设资金、财政农业补贴资金、专项基金等均需公开透明。通过提高财政支持资金使用的透明度，实行阳光化运行、常态化公开，可以有效保障群众的知情权和参与权。

第一，建立健全财政支持资金信息公开制度，明确各类资金的公开内容和公开时限。所有涉及乡村振兴的财政资金使用情况，应在指定的政府门户网站或公共平台上进行详细披露，包括资金来源、分配原则、使用计划和实际支出情况。

第二，完善财政支持资金的监督机制，鼓励公众和社会各界对资金使用情况进行监督。建立群众参与的监督反馈机制，接受群众举报和建议，对存在问题的资金使用情况进行及时整改，确保资金使用的公正性和合理性。

第三，加强对地方政府和相关部门的考核，确保财政支持资金信息公开工作落实到位。建立科学的考核评价体系，将信息公开情况纳入地方政府和部门绩效考核的重要内容，督促各级政府和相关部门高度重视信息公开工作。

第四，推进财政支持资金信息公开的技术保障，充分利用现代信息技术，如大数据、区块链等，提高信息公开的效率和便捷性。通过大数据技术，实时监测和分析财政资金的流向和使用情况；利用区块链技术，确保资金使用信息的不可篡改和全程可追溯，增强信息公开的透明度和公信力。

第五，开发专门的信息公开平台，方便群众查询和了解财政支持资金使用情况，并提供在线反馈和互动渠道，增强群众的参与感和信任度。通过以上措施，可以有效提高乡村振兴财政支出信息的透明度，确保财政资金的使用更加公开、公平和公正，推动乡村振兴战略的顺利实施和可持续发展。

9.4 促进乡村振兴税收支持政策的优化与完善

在推进乡村振兴过程中，税收支持政策作为重要的调控手段，发挥着关键作用。为实现乡村全面振兴，需要不断优化和完善现有的税收支持政策体系，使其更具针对性和有效性。

9.4.1 税收支持政策体系的优化与完善

1. 以纲领性文件提升税收支持立法层次

目前，我国针对农业的税收法律法规条例比较分散，缺乏纲领性的法律，应当予以改进。与当前正在进行的税收法治化建设保持一致，将普通政策尽可能及时上升为法律法规，增强政策的法治化程度，是落实保障税收优惠措施①的必然方向。2021年4月29日，《中华人民共和国乡村振兴促进法》正式通过，并于2021年6月1日正式实施。其中，第八章"扶持措施"对支持乡村振兴的财政和金融等方法做了专门规定，将财政支持以法律形式确定为国家的义务。虽然对如何以财政政策支持乡村振兴做了明确规定，但并未进一步加入税收优惠内容。为更加科学、严谨地立法，也为更加充分地体现税收优惠在促进乡村振兴中的作用，建议今后在《中华人民共和国乡村振兴促进法》的修改中考虑以下内容：

（1）对法律规范内容区别使用广义和狭义的财政概念。

财政概念有广义与狭义之分。广义的财政既包括政府预算中的资金支出（即狭义的财政），也包括政府预算中的资金收入（即以税收为主的各项政府性收入）。狭义的财政就仅指政府预算中的资金支出部分，俗称财政支出，不包括作为财政收入的税收和其他政府性基金或者行政性收费。目前公布的《中华人民共和国乡村振兴促进法》在第五十八和六十三条只采用了"财政"一词，没有采用"税收"一词，其中有些地方用到广义的财政概念，包含税收收入的内容，有些地方用到狭义的财政概念，并不包含税收收入。这种用法混淆了财政的两种概念，既不符合严谨、规范，应尽量杜绝表述有歧义的科学立法要求，也将税收简单涵盖于财政之中，难以体现出税收优惠的重要性，应当加以规范。

（2）加强税收优惠法律编纂。

将来除可以在《中华人民共和国乡村振兴促进法》中做出原则性、委任性规范之外，考虑到承载优惠措施的具体义务性规范面广量大，分布于税法、实施条例，以及规范性文件之中，应定期对相关法律、政策进行整理和汇编，以提高这些措施的应用率，使其充分发挥作用，让其协调化、系统化、清晰化，便于运用和执行。这种不断将税收立法与法律、政策汇编相结合的过程，

---

① 下文所称"税收优惠"和"税收支持"内涵相当，因相关文件说法不一，为行文流畅，本节不将其区分使用。

也是相关法律制度不断自我修正，追求完善的过程。这是推进我国税收法治化建设的必要之举，也是以税收政策支持农村集体经济发展和乡村振兴战略的必由之路。税务机关应当及时制定、修改相关税收支持政策，并且及时进行政策汇编，制定成册，发放至税务机关和纳税人手中，同时对全社会公布。只有及时进行政策汇编，才能为政策研究，包括中央与地方之间、各省之间、中外之间的政策比较研究提供翔实、可信的资料，从而帮助决策机关制定政策，推广实施。

2. 扩大政策覆盖范围，增强普惠性

采取有效措施促进现行税收法律法规中的涉农税收支持政策，严格依法、不打折扣地落到实处，确保税收支持通达乡村农业、惠及农民等农业生产经营主体。研究、完善符合乡村振兴战略总要求和有利于实现"五大振兴"的税收支持政策，不断扩大税收支持范围。完善助力乡村产业振兴的增值税超税负即征即退、企业所得税定期减免和项目投资抵免、耕地占用税和契税免征、乡村传统文化产品低税或免税等税收支持政策；对于农产品加工企业，支持地方扩大增值税进项税额核定扣除试点行业范围。完善助推乡村生态宜居的消费税、企业所得税减免等税收支持政策；适时扩大资源税征收范围，引导资源税收入的使用向乡村农业倾斜，突出面向乡村农业的生态与代际补偿功能。加大税收政策对乡村振兴的支持，应在税收的"扩围""免征""减征""低税"四个方面持续发力。特别是涉农产业税收工作要坚持"多予、少取、放活"的工作方针，保证税收政策体系在涉农要素供给、农产品生产、加工、储存、流通、运输等各个方面实现全优化。当前，我国涉农产业在初级生产销售环节大多不纳税，应在此基础上考虑与第一产业发展相关联的第二、三产业的税收扶持问题，如涉农科学研究、涉农仓储物流、涉农电商、涉农咨询服务、涉农产品深加工等。对具有自主创新能力的涉农科技企业的研发支出做税前扣除，对转让给涉农企业技术的研究机构给予技术研发费用的扣除。在耕地占用税、契税、印花税、企业所得税上加大对从事园林艺术、旅游休闲、农家乐、生态观光、民族文化品销售等乡村旅游产业的税收支持。此外，应当根据新的产业、新的经济业态来制定新的税收支持政策，提升对农业生产服务、农业生活服务方面的税收支持。将税收支持扩展到仓储物流、冷藏保鲜、初加工等方面。大力支持涉农电商、休闲农业、农村互联网金融等新型业态的发展。

3. 切实降低税负，提升农民参与积极性

农民是乡村振兴的主要建设者，是推进乡村振兴最活跃、最关键的因素。制定降低农民税收负担的税收政策，可借鉴大多数发达国家的做法，降低中间税所占比例，实现由农产品的生产、加工、经营的流转税制向收入分配、财产积累调整的直接税制的转变，对农民采取直接优惠的方式。一方面，完善以增值税为主的流转税优惠制度，形成约束机制，实现农民增值税的进项税额抵扣。另一方面，个人所得税的征收应充分考虑农民应税收入来源的渠道多寡和家庭的负担，加大对农民个人所得税的抵扣，使农民直接受益。另外，降低农民间接税收负担，鼓励农民，尤其是贫困人口创业就业，实现农民共同富裕。严格依法依规落实已有的农村集体经济合作社免征契税和印花税的优惠政策，确保优惠政策真正惠及合作社和集体经济组织成员。出台面向农村集体经济合作社的专门税收支持政策体系，扩大税收支持范围，加大对合作社生产经营过程中流转税和集体资产收益分红个人所得税的政策性减免力度。

4. 优化涉农税收征管和服务工作

首先，加强涉农税收政策的宣传和辅导，让广大农民，特别是经营者知法、懂法、用法，增强税收法规意识，规范各项税收支持政策。积极协调乡镇邮政点代开发票，同时，在办税服务厅为农户开通绿色通道，为涉农纳税人提供便利。其次，为更好地服务农户，相关部门要根据农民需求优化乡村税收征管与纳税服务，简化涉农税收的办税手续和征收流程，简化涉农税收支持材料的审核程序，简化相关发票的办税时间，以服务的态度便利农民办税；加强涉农税收支持政策执行的效果追踪，以便及时进行研讨和改进，对乡村振兴有强力推进作用的有关项目可适度扩大涉农税收支持的范围。最后，针对农业现代化和农村经济发展面临的新形势、新问题、新要求，进一步梳理现有税收政策，研究能够有效引导社会资本、人才、技术等各要素向农村流动的税收政策。尤其是对科技下乡、智慧农业、完善农村产业链、扶持农村集体经济组织做大、做强的税收政策，进行深入分析研究，推动实现农民有收入、企业有利润、资本有收益、政府有税收的良性循环。具体措施如下：

一是扩大宣传途径。税务机关要开通纳税服务热线，安排熟悉农业税收政策的工作人员予以解答。通过微信公众号、微博账号等方式扩大支持政策宣传。二是定期到农村举办税收优惠讲座、座谈会等，加强与农户的互动。三是定期开展实际调研，了解实践中存在的真实问题，解决农民的实际困难。

5. 优化政策设计，加强新型农业人才培育

人才是行业发展的基础。在乡村振兴的背景下，培育新型农业人才对推动

农业现代化至关重要，应当在增值税、企业所得税、个人所得税等主要税种上加大扶持力度。

首先，应当以税收政策引导增加对新型职业农民的培训。在实践中，农民对现代农业知识的需求很大，期望获得农业病虫害防治、绿色种植等方面的培训。但是，目前此类培训较少，缺乏支持政策是其中一个重要因素。当前的支持措施以补贴为主，税收优惠较少。应当加大对农业培训的税收优惠，对提供现代农业知识培训的纳税主体给予增值税及所得税等优惠。另外，积极探索税收支持本地职业院校开展特色民族职业教育，培养民族文化传承继承人，并提高乡村文化传承人的税收优惠待遇，鼓励其传承的积极性。在培养本土人才的同时，对投身农村建设的专家学者、医生、律师、建筑师等给予个人所得税税收减免，通过税收政策鼓励社会各界为农村发展做出贡献。

其次，应当增加对农业科技人才的税收支持，在个人所得税和企业所得税方面加大支持力度，通过支持科技人才带动农业科技的发展。

最后，应当通过税收措施鼓励人才创业，将人才留在农村、建设农村，在这方面应注意发挥个人所得税的作用，加大个人所得税优惠待遇。对于回乡自主创业兴办实体的人员，还应在房产税、企业所得税等税种上予以优惠。同时，保证农村失业人口与城镇失业人口税收优惠的同等待遇。

9.4.2　税收支持政策的优化与完善

合理运用有关乡村振兴的税收优惠具体涉及许多方面，包括鼓励涉农生产经营主体，如新型农业经营组织的发展；促进多方资本投入，如工商资本下乡；鼓励相应的融资机构，如农村合作金融机构发展等，进而提升农民经济收入，提高整体经济实力。据此，提出促进乡村振兴税收优惠政策优化与完善的建议如下：

1. 完善促进涉农生产经营主体税收优惠制度

要促进乡村振兴，就要鼓励涉农生产经营主体，特别是新型农业经营主体的发展，需要制定相应的税收优惠法律制度。要合理运用税收调节手段，发挥税收优惠对经济产业的调节作用，就必须建立起适应新型农业经营主体发展特点的税收优惠制度。这种优惠制度不仅应立足于我国当前农业发展现状，而且应符合促进农业产业现代化，实现乡村振兴的总体战略要求。以宏观调控理论、外部性理论为基础，促进新型农业经营主体的发展，优化具体的税收优惠政策，构建促进新型农业经营主体发展的税收优惠政策。

（1）完善促进新型农业经营主体发展的增值税优惠政策。

增值税的改革应充分体现其税收中性特征，在农业生产资料生产与销售、农产品销售、农产品加工、农业生产技术服务增值税制度和增值税的收入分配制度等方面进行改革，加大对新型农业经营主体增值税优惠力度。

扩大初加工农产品范围，健全农产品的认定标准。一方面，我国农产品的认定标准要具有一致性，依据我国当前农产品市场需求品类的变化和农业产业现代化发展的要求，同时借鉴国际上对农产品通用的认定标准，优化我国现有农产品的认定标准。由农业农村部、财政部和国家税务总局联合制定我国可以享受税收优惠的农产品认定标准，统一《农业产品征税范围注释》（财税〔1995〕52 号）和《享受企业所得税政策农产品初加工范围通知》（财税〔2008〕149 号）中初级农产品和农产品初级加工农产品的范围。农产品具体的认定标准可以采用列举式与兜底条款相结合的混合模式，从而提高我国农产品认定标准的透明度和适用性。参考世界贸易组织《农产品协议》适用农产品范围的注释方法，修订的《农业产品征税范围注释》合理增加我国农产品注释品种，最大限度地将以农产品为原料的加工产品列入我国农产品的征税范围。另一方面，我国农产品的初加工与深加工的标准需要进一步明确区分，平衡农产品初加工企业与深加工企业之间的税收负担，推动我国农业龙头企业转型升级，从简单的初级农产品生产加工向产供销一体化发展，进一步提高农产品的附加值。

完善农产品生产资料的税收优惠，降低农业生产成本。按照我国已经存在的农产品生产资料增值税优惠政策，可以增加免增值税的饲料品类，建议扩大免税饲料品类，增加生产环节免增值税的化肥品类，将农产品生产资料中种苗、农药、农机的增值税免税优惠从批发、零售环节前伸到生产环节。为了增加我国先进农业技术在农业生产中的普及率，引导农业科技创新和应用新品种、新技术、新方法，可以采取免征增值税或即征即退、先征后退的办法。倡导农业资料生产企业加大技术研发的投入力度。在我国农业生产逐渐规模化、农产品商品化程度进一步提高的背景下，农业生产者在市场经济中与其他企业的地位相同，农业生产者购进农产品生产资料所负担的增值税进项税额在无法抵扣的情况下，可以享受增值税退税政策。种植养殖大户、家庭农场购入农用机械、种子、农药等农产品生产资料时，可以按照取得的收购凭证、普通发票或其他合法销售凭证，退还其所负担的增值税进项税额，"退税"的方式比"直补"更能形成向种植养殖大户、家庭农场提供税收优惠的长效机制，避免原本针对家庭农场、种植养殖大户的税收优惠被中间环节侵蚀，导致他们未享受到真正的税收优惠，从而无法发挥税收优惠的引导作用。对农民合作社为社员生产加工农产品提供的所有服务性收入免征增值税，从而发挥农业合作社的组织功能。

对产供销一体化发展的农业龙头企业，可以允许农业生产企业对自己之前所生产的具有免税资格的初级农产品进行深加工，按组成计税价格或市场同类初级农产品不含增值税售价按9%或10%扣除率抵扣进项税额，并可以享受低增值税税率的优惠。将农产品增值税优惠税率的环节由单一的生产环节扩大到深加工、流通销售的环节，鼓励农业龙头企业加强第一、二、三产业的融合，将农产品的生产链条进一步拉长，提升产品的品质，积极提高农产品的附加值，优化企业农产品的定价策略，在农产品遭受自然风险和市场风险时，仍可以保持稳定的生产经营状况，保障农产品市场的正常需求。

在农产品出口退税改革中，中国需要在遵守世界贸易组织规定的前提下，健全我国农产品的出口退税相关机制，包括优化退税率、简化退税流程，从而提高我国农产品在国际市场上的竞争力，扩大我国农产品的海外市场，打造具有世界知名度的中国农产品品牌。首先，优化农产品出口退税率，为了让本国更多的优质农产品走出国门，以具有较强竞争力的不含增值税价格参与国际竞争，对出口的农产品适用零税率是各国所共同采取的做法。为了实现农产品的出口效益最大化，我国在设置农产品的出口退税率时，应当以我国出口的农产品在国际市场上的需求弹性来确定农产品的退税率：出口农产品的价格弹性越大，退税率越高；弹性越小，退税率越低。其次，为了解决我国农产品出口退税流程复杂烦琐的问题，建议参考国际经验，改善我国现行的农产品出口退税管理制度，建立农产品出口退税"绿色通道"，对新型农业经营主体中的农业龙头企业可采用免税、抵税、退税、免税购买等退税管理方式，提高农业龙头企业农产品出口退税的效率，减少税款占用企业流动资金的时间；同时，要加强海关与税务部门的合作，明确各部门办理出口退税业务的职责，确保农产品出口退税业务可以及时得到办理。只有健全农产品的出口退税相关制度，才可以减少对需要出口的农产品重复征税，增强出口农产品在国际市场上的竞争力。

（2）完善促进新型农业经营主体发展的所得税优惠政策。

鼓励农民合作社发展的所得税优惠，对农民合作社从事种植养殖、农产品流通、初步加工，为农业生产者提供农业技术、培训、仓储等服务所取得的收入可以享受免征企业所得税的优惠。对农民合作社获取的政府资助、社会组织捐赠等形式的收入给予免税优惠；企事业单位、社会团体和自然人等社会力量向农民合作社进行捐赠发生的各项支出，允许在计算应纳税所得额时不受扣除比例的限制，全额扣除。学习国外对农业合作社的税收优惠政策，即新设立的农业合作社从取得经营收入起的三年内免交企业所得税；所得税的税收优惠增加农民合作社的税后净收入，有利于农业合作社资本的积累，吸引更多的社员加入，激励农民专业合作社扩大与农业生产相关的经营范围，可以向社员提供更加优质的生产全过程的保障。

支持农业龙头企业发展的所得税优惠。一是加大农业科技生产研发投入，对企业在生产经营过程中为了研发农产品或技术而产生的研发费用，可全额从收入中按研发费用的75%加计扣除，符合条件的还可按100%加计扣除。对企业购买的一些更新换代较快或使用强度较大容易磨损的机器设备，建议允许企业选择缩短机器的设备折旧期限、使用双倍余额递减法、年数总和法等加速折旧的方法计提机器设备的折旧额。我国现行的企业税法对大型固定资产规定的折旧年限往往为10年，但是一般情况下新型农业经营主体的固定资产的适用年限往往低于10年，同时我国正处于深化农业供给侧结构性改革的阶段，短期将有一些低效率的农业生产设备被淘汰，因此，可以考虑将农业生产领域的固定资产折旧年限调整为低于10年，推动我国的农业产业发展向科技化、现代化的方向迈进。二是对新型农业经营主体中农业企业收入的税收优惠，即新设立的农业企业可以享受从获利年度起"两免三减半"的企业所得税优惠。由于农业产业的投资周期比较长，面对的不确定性较大，对农业经营企业可以适当延长其亏损的弥补年限，在原来规定的弥补年限为5年基础上，农业经营企业可以延长到8年。目前我国农产品加工行业存在规模偏小、农产品的附加值较低、科技手段运用不充分等问题，为了让新型农业经营主体中的农业企业可以由农产品的初加工向深加工延伸，在企业所得税上可以予以适当的税收优惠。农业龙头企业从事农产品初加工和深加工取得的应纳税所得额可以享受15%或20%的优惠所得税税率。三是为鼓励投资加大对新型农业经营主体的资本投入，创业投资企业利用股权投资的方式投资于农业生产性企业2年以上的，在其满2年时，可以按投资额的60%抵扣创业投资企业当年的应纳税所得税额，当年抵扣后有结余的，可以结转至以后纳税年度继续扣除。为了鼓励农业龙头企业吸纳农民就业，农业产业化龙头企业在计算应纳税所得额时，向农民支出的工资报酬可以加计50%进行扣除。

对个人来源于新型农业经营主体中的农业合作社、种植养殖大户、家庭农场的投资分红收益所得，免征个人所得税；对农民个人在农业合作社、农业龙头企业获得的工资薪金所得免征个人所得税，在农业领域工作的农业科技工作者获得政府和部门的奖金免征个人所得税，鼓励个人用技术入股新型农业经营主体。

对开发荒山荒地造林的纳税义务人，前 3 年内免征各种税费；在经营期间利用固定资产投入可以享受免税，利用的固定资产可以使用加速折旧的方法进行摊销；由经营产生的亏损可以享受延长亏损弥补的年限；在遭受自然灾害的年份，经农业农村部门、税务部门的鉴定可以享受减免税政策。

（3）落实新型农业经营主体优惠政策的程序保障。

落实优惠宣传。税务机关要进一步贯彻落实"放管服"，进而为税收促进农业的发展保驾护航。税务机关需要按照国家针对新型农业经营主体可以享受的税收优惠制度来制订可具体落实的宣传方案，让我国新型农业经营主体可以真正地了解和掌握税收优惠政策，同时，这样做还可以增加作为纳税义务人的新型农业经营主体的遵从性。对具有差异性的新型农业经营主体，使用具有不同特点的方式来宣传其可以享受的税收优惠制度，做到一政一讲、一措一谈，帮助新型农业经营主体申请其可以享受的农业税收优惠政策，特别是一些偏远地区的新型农业经营主体，开展"春雨润苗"计划，逐一进行建档立卡式的服务，对涉农企业推行"一对一"服务，定期结合企业特点，送"惠"入户。完善信息反馈机制，在税收优惠的宣传过程中，做好调研工作，积极去生产一线、田间地头了解新型农业经营主体税收优惠政策的实施情况，并且通过调研及时收集农业生产者的意见，更好地了解新型农业经营主体的需求，为优化新型农业经营主体税收优惠制度提供可靠的保障。增值税的改革应充分体现其税收中性特征，在农业生产资料生产与销售、农产品销售、农产品加工、农业生产技术服务增值税制度和增值税的收入分配制度等方面进行改革，加大对新型农业经营主体增值税优惠力度。

建立部门联动机制。我国现行的税收优惠制度中，由于优惠对象的差异性、所涉税种的多样性，因此，农业税收优惠制度具有较高的复杂性、较强的专业性。税务部门的工作人员由于缺乏农业方面的专业知识，因此，在做出准确判断方面明显存在一定的困难。比如，对税收优惠制度中的享受税收优惠的具体农业经营主体，优惠税目难以把握。建议改变现行由税务机关单独确认税收优惠待遇的做法，改为由农业有关部门对具体项目是否属于国家鼓励支持新型农业经营主体的范围进行定性核查，出具确认书。利用信息共享的方式，税务局根据农业农村部门出具的相关确认意见，对新型农业经营主体办理优惠的备案手续，并对新型农业经营主体的财务核算是否符合相关规定、核算的税收优惠金额是否准确进行跟踪核查。对办理新型农业经营主体税收优惠程序进行简化，让新型农业经营主体税收优惠政策的实施更高效。

2. 加强工商资本下乡的税收支持与政策引导

工商资本下乡面临高额成本支持和高经营风险等，从政策角度来讲，应进一步完善相关税收政策，通过政策扶持和引导，为工商资本下乡提供保障，为协调好工商资本与农民的利益提供支持。同时，要积极鼓励和引导工商资本参与到乡村振兴之中，各地要结合本地实际情况完善相应的配套措施，在融资贷款、基础设施建设、税费减免、用地等方面出台相应的扶持政策，加强对工商资本下乡的引导和支持。

进一步推进税收制度改革。亚当·斯密在《国富论》中认为，要想实现供需平衡，就必须发挥"看不见的手"的作用，政府应充当守夜人的角色。同时，国家在引导工商资本下乡的进程中要求各地结合实际情况针对工商资本下乡完善相应的税收政策。在这一背景下，有必要针对税收制度进行改革。特别是基层政府要根据当下实际情况针对工商资本下乡出台相应的税收优惠政策，坚持"免税，多予，少取，放活"原则。在税收制度改革的过程中要广泛征询工商资本主体意见，多听取农民意见，通过群策群力提升政策制定的针对性和可操作性。在税收制度改革过程中，仍要坚持政府为主导，在尊重市场规律的前提下，充分发挥税收制度的引领作用，进而吸引工商资本参与到农村经济社会发展之中。

科学发挥税收的导向作用。工商资本下乡的税收支持应有所侧重，为促进农村地区的健康、持续发展，当前阶段应鼓励科技创新等成果的应用和绿色环保企业的发展。具体的税收支持可从如下方面着手：

第一，加强环境保护税的征收工作的落实。当前在我国农业领域，农药、化肥的过量使用问题一直没有得到有效解决，不仅地下水遭到了污染，而且土壤质量也在不断下降。因此，有必要加强环境保护税征收力度，引领工商资本实现生态经营、绿色发展。农业用水量连年增长导致我国地下水位不断下降，过度开采地下水，很容易造成区域性干旱，不利于我国农业可持续发展。同时，当前我国空气污染问题仍然十分严重，严重影响了国民的身体健康，因此，有必要通过环境保护税的征收，发挥税收的导向作用，改善当前我国环境污染状况。工商资本也应该主动适应税收改革实际需求，将有限的资本投入绿色环保领域，提升农业绿色发展水平，将经济效益与生态效益放在同等位置。第二，通过消费税改革引导下乡企业优化产品结构。消费税改革会对商品价格产生直接影响，也会影响生产企业的核心竞争力。因此，工商资本要想在农业领域投资，就必须关注消费税改革进程，根据消费税改革的具体情况，对企业的产品结构进行调整，进一步提升企业的产品竞争力，为工商资本创造更大的经济效益。

构建工商资本下乡税收支持的长效机制。当前工商资本之所以会保持观望态度，主要是因为工商资本下乡的税收支持政策长效机制并不完善，无法切实维护工商资本的合法权益。因此，有必要构建工商资本下乡税收支持的长效机制，稳定工商资本预期，维护工商资本的合法权益。地方政府在补贴政策制定上一定要遵从前瞻性原则和稳定性原则，尽量减少工商资本的政策风险，让工商资本对未来收益有明显预期。各级地方政府在工商资本下乡税收支持政策制定过程中可以通过法律手段明确政策内容，切实保障工商资本下乡税收支持政策的长效性和稳定性，进而发挥税收支持政策的引领作用，吸引更多工商资本进入乡村农业领域。

3. 促进农村合作金融机构发展的税收优惠政策

农村合作金融机构是一种特殊的企业，受政府及其政策的影响较大。目前，各个农村合作金融机构主体发展存在地域之间、内部之间发展不平衡、不充分的问题，急需政府在税收政策上给予扶持。税收优惠政策可以通过以下三方面对农村合作金融机构提供支持：

（1）放宽企业所得税政策措施。

打破政策壁垒，统一财税口径，消除税会差异。财政部门将金融企业资产损失相关涉税政策与财政和监管政策进行整合，确保政策的一致性，税务部门及时更新政策，尽可能减少税务及会计处理差异，提高政策执行的便捷性和操作性，切实从根本上消除金融企业夯实基础、处置风险可能导致的额外负担。

放宽资产损失认定条件，促进资产损失处置。调整贷款呆账核销的认定条件，允许金融企业自主核销呆账进行税前扣除，待其收回后再进行纳税调整缴纳税款；进一步减少呆账核销备查资料要求，鼓励农村合作金融机构加大呆账核销力度。

资产损失进行核销取消部分留存备查资料。税务部门在核销资料上，取消以下留存备查资料：取消复印调查报告、审批报告、审查报告；因有借款借据，取消复印借款合同；已经起诉了贷款，进行法律诉讼无法收回的，取消复印催收证明等资料。

提高农户小额贷款的利息收入优惠标准。为进一步扶持农村经济，支持农村金融发展，建议财税部门放宽政策口径，将农户小额贷款所得税优惠额度与增值税优惠额度保持一致，提高到 100 万元。

（2）加大增值税政策优惠。

准允市级农商银行金融服务适用简易计税。地级市农商行的市场定位、服务对象和服务区域始终聚焦在"三农"领域，准允地级市农商行金融服务增值税适用3%征收率，增强地级市农商银行服务乡村振兴的后劲和能力。

差异化返还增值税（营业税），定向贷款免除增值税。农村信用社改制为农村商业银行是大势所趋、政策所向。财政部门可以对这些农村合作金融机构进行分类，对于发展基础依然较差的，参照营改增前的政策，以前年度缴纳的营业税（增值税）由地方财政实行逐年返还的政策，扶持其不断向好的方向发展；对于发展基础较好的，可以鼓励引导发放农户贷款、扶贫贷款、乡村振兴贷款等，给予相关贷款免除增值税的税收政策优惠。采取此种方法有利于对此类机构为支农惠农而牺牲的利润和承担的风险进行合理弥补，调动其全力支持乡村振兴的积极性。

（3）出台个人所得税政策激励。

地方政府明确规定对个人从农村合作金融机构取得的利息或股息、红利收入免征个人所得税。提高农村合作金融机构议价能力，夯实其发展基础，在个人所得税上给予优惠政策，激励广大社员（股东）为农村合作金融机构稳健发展建言献策，真正发挥其作用。

9.4.3 税收管理和服务体系的优化与完善

税收管理和服务体系的完善是确保税收政策有效实施的重要保障。

一是应加强乡村地区的税收征管能力建设，提升税务人员的专业素质和服务水平，确保税收政策的精准落实。为此，可以通过定期培训和继续教育，提高税务人员的业务能力和服务意识，确保其能够准确理解和执行相关税收政策。

二是推进税收征管信息化建设，利用大数据、人工智能等现代技术手段，提高税收征管的效率和透明度，减少征纳双方的成本。具体来说，可以建立和完善税收信息管理系统，实现税收数据的自动采集、分析和共享，提高税收征管的效率和准确性。同时，推广电子税务，简化纳税流程，方便纳税人在线办理各项税务业务，提升纳税人的办事便利性和满意度。

三是优化税务服务流程，简化办税手续，提升纳税人的满意度和获得感，促进税收遵从度的提升。应加强纳税服务窗口建设，提供"一站式"服务，减少纳税人办税的时间和成本。此外，应积极开展税收政策宣传和咨询服务，帮助纳税人了解和掌握最新的税收政策和法规，增强其税法遵从意识。

四是税务部门应加强与其他部门的协同合作，形成支持乡村振兴的合力，共同推进税收政策的有效实施和持续优化。例如，与农业、财政、环保等部门合作，共享税收和经济发展数据，综合分析乡村经济发展状况，制定更有针对性的税收政策。同时，应加强对税收优惠政策的监督检查，确保政策执行过程中不存在漏洞和腐败行为，保障税收优惠政策的公平性和有效性。

五是应建立健全税收管理和服务的绩效评价机制，定期评估税务部门的工作效果，及时发现和解决问题，持续改进工作流程和服务质量。通过以上措施，可以有效提升税收管理和服务体系的整体水平，确保税收政策在促进乡村振兴过程中发挥最大作用，为乡村经济的可持续发展提供坚实保障。

9.4.4　税收支持政策的评估与调整机制

为了确保税收支持政策在乡村振兴中发挥最大效力，建立和完善评估与调整机制至关重要。

一是设立科学合理的评估指标体系，专门针对乡村振兴税收支持政策的执行效果进行全面、系统的评估。评估指标应涵盖税收收入、乡村经济增长、农业生产力提升、就业水平改善、农村基础设施建设、环境保护等多个维度，以全面反映税收支持政策在推动乡村振兴方面的多方面影响。

二是定期开展乡村振兴税收支持政策的评估，确保评估工作的持续性和系统性。评估工作可以由政府部门牵头，联合高校、研究机构和第三方专业机构共同实施。通过定期评估，及时掌握税收支持政策在不同区域和产业中的执行效果，发现政策实施中的问题和不足，为政策调整提供科学依据。

三是建立灵活的政策调整机制，根据评估结果及时调整乡村振兴税收支持政策，确保政策始终符合乡村发展的实际需求。政策调整应注重科学性和前瞻性，既要基于现有评估数据，又要充分考虑未来发展的趋势和可能出现的新情况。在政策调整过程中，应广泛征求各方意见，特别是乡村基层政府、企业和农民的意见，确保政策调整的合理性和可行性。

四是加强评估与调整过程中的信息公开和透明度，增强政策调整的公信力。政府部门应定期发布乡村振兴税收支持政策的评估报告，详细说明评估过程、评估结果和政策调整方案，让公众了解政策的执行情况和调整依据。通过信息公开，促进社会各界对政策的监督，提升政策调整的科学性和透明度。同时，应建立反馈和互动机制，鼓励纳税人、企业和地方政府积极参与乡村振兴税收支持政策的评估和调整过程。可以通过召开座谈会、问卷调查等方式，广泛收集各方意见和建议，及时反馈政策执行中的问题和困难，促进政策调整的及时性和有效性。

五是注重评估与调整机制的制度化建设，形成长效机制。通过法律法规的形式，明确乡村振兴税收支持政策评估与调整的职责、流程和要求，确保评估与调整工作有章可循、有据可依，提升政策调整的规范性和权威性。

通过以上措施，可以确保乡村振兴税收支持政策在促进乡村发展过程中持续发挥作用，及时调整政策方向，优化政策效果，为乡村经济的长期可持续发展提供有力支持。

参考文献

［1］储德银，罗鸣令，贺晓宇．助推乡村振兴的财税政策优化与机制设计：2019 年财税制度创新与乡村振兴国际研讨会综述［J］．经济研究，2019，54（8）：204－208.

［2］刘树鑫，史传林，方有为．财政纵向失衡与城乡居民收入差距：理论与实证［J］．中央财经大学学报，2022（4）：3－14.

［3］"城乡统筹发展研究"课题组．中国农村公共财政投入现状与需求［J］．华中师范大学学报（人文社会科学版），2015，54（5）：1－11.

［4］叶青，袁昭颖．中国农业税的演变、终结与启示［J］．税务研究，2020（6）：134－137.

［5］刘建平，何建军，刘文高．农业税取消后农村公共品供给能力下降的现象及对策分析：基于湖北省部分地区的调查［J］．中国行政管理，2006（5）：17－21.

［6］公茂刚，李汉瑾．百年探索：中国共产党财政支农政策演进逻辑与趋势［J］．地方财政研究，2021（8）：47－57，85.

［7］王春城，王帅．"十四五"财政政策供给的继承与创新：着眼脱贫攻坚与乡村振兴有效衔接［J］．地方财政研究，2021（1）：27－32，43.

［8］刘建民，刘晓函，周思瑶，等．湖南省支持乡村产业振兴的财税政策研究［J］．湖南大学学报（社会科学版），2020，34（6）：66－72.

［9］魏静．试论中国古代的农本思想［J］．开发研究，2010（5）：159－161.

［10］杨俊青，王玉博，靳伟择．劳动力有限供给条件下的二元经济转化探索［J］．中国人口科学，2022（1）：44－58，127.

［11］杨德才．三农迷局：路在何方：从梁漱溟到舒尔茨的思考及其启示［J］．江海学刊，2009（2）：167－171.

［12］楚永生，王云云，高頔．否定之否定：刘易斯模型与托达罗模型比较与改进：兼论中国农村劳动力转移的政策选择［J］．南京审计大学学报，

2019，16（5）：103－111.

[13] 魏志奇. 罗斯托的增长阶段理论及其对发展中国家转型的启示 [J]. 理论月刊，2014（12）：113－115.

[14] 王瑞. 城乡融合发展：从马克思城乡关系理论到中国乡村振兴实践 [J]. 中共南京市委党校学报，2022（1）：76－84.

[15] 马秀丽. 论党的历代领导人的"三农"思想 [J]. 菏泽学院学报，2007（6）：9－11，16.

[16] 邓金钱. 习近平乡村振兴发展思想研究 [J]. 上海经济研究，2019（10）：36－45.

[17] 马海涛. 以财政政策为抓手支持乡村振兴 [N]. 经济日报，2021－08－30（10）.

[18] 李实. 共同富裕的目标和实现路径选择 [J]. 经济研究，2021，56（11）：4－13.

[19] 徐学庆. 新乡贤的特征及其在乡村振兴中的作用 [J]. 中州学刊，2021（6）：67－71.

[20] 常伟，马诗雨. 日本家乡纳税制度及其对中国的启示 [J]. 现代日本经济，2018，37（4）：15－22.

[21] 李小静. 乡村振兴的长效机制：政府职能与市场调节良性互动 [J]. 农业经济，2020（1）：37－39.

[22] 黄祖辉，李懿芸，马彦丽. 论市场在乡村振兴中的地位与作用 [J]. 农业经济问题，2021（10）：4－10.

[23] 陈诗洁. 财政转移支付法对乡村振兴的作用 [J]. 合作经济与科技，2021（24）：166－167.

[24] 范利梅. 乡村振兴战略下的地方政府职能调整 [J]. 江西农业学报，2018，30（10）：126－131.

[25] 裴新伟. 乡镇政府职能转变问题研究：基于乡村振兴战略背景的审思 [J]. 决策咨询，2018（5）：83－88.

[26] 刘佳明. 农村产业融合推动乡村振兴的机制与途径研究 [D]. 舟山：浙江海洋大学，2019.

[27] 宋怡梦，黎乃运. 乡村产业振兴背景下社会企业参与扶贫创新路径研究：以善品公社为例 [J]. 特区经济，2021（11）：119－122.

[28] 王国峰，邓祥征. 乡村振兴与发展中的产业富民：国际经验与中国实践 [J]. 农业现代化研究，2020，41（6）：910－918.

［29］贾磊，刘增金，张莉侠，等．日本农村振兴的经验及对我国的启示［J］．农业现代化研究，2018，39（3）：359－368.

［30］曾福生，蔡保忠．以产业兴旺促湖南乡村振兴战略的实现［J］．农业现代化研究，2018，39（2）：179－184.

［31］徐腊梅．基于乡村振兴的产业兴旺实现路径实证研究［D］．沈阳：辽宁大学，2019.

［32］李波，宋俞辰．推动脱贫攻坚与乡村振兴有效衔接的财政支持研究［J］．财政监督，2021（9）：11－17.

［33］李波，宋俞辰．五大振兴视角下税收支持乡村振兴的政策研究［J］．税收经济研究，2020，25（5）：1－6.

［34］孙明扬，高常捷，崔菁菁．乡村振兴战略背景下农村财税制度改革分析［J］．现代经济信息，2019（13）：149－150.

［35］熊运莲，何怡．乡村振兴战略下现代农业园区建设的财税政策研究：以四川省为例［J］．西南科技大学学报（哲学社会科学版），2021，38（5）：35－42.

［36］江旭聪，石笑娜，陈红，等．乡村振兴战略下我国现代农业园区规划的发展对策［J］．江苏农业科学，2020，48（13）：13－17.

［37］李桃．税收与农村产业融合发展的适应性探究［J］．税务研究，2020（6）：99－103.

［38］罗其友，刘子萱，高明杰，等．现代农业园区发展机制探析［J］．中国农业资源与区划，2020，41（7）：14－20.

［39］熊运莲，危劲松．推动军民融合深度发展的财税政策研究：以四川省为例［J］．西南科技大学学报（哲学社会科学版），2020，37（1）：6－11.

［40］庄天慧，骆希．小农生产主要特征、困境及与现代农业有机衔接路径研究：基于四川省的实证研究［J］．农村经济，2019（11）：8－18.

［41］张小军．税收政策对农业产业化进程的影响分析［J］．农村经济与科技，2016，27（16）：21－22.

［42］陈佳渲．我国乡村旅游发展的财税政策研究［J］．长春工程学院学报（社会科学版），2019，20（4）：54－57.

［43］李洪斌，舒晓惠．我国欠发达地区乡村振兴评价指标体系的构建［J］．中国管理信息化，2020，23（7）：158－159.

［44］申云，陈慧，陈晓娟，等．乡村产业振兴评价指标体系构建与实证分析［J］．世界农业，2020（2）：59－69.

［45］吴九兴．省级乡村振兴指数的测度与空间分异特征［J］．河南工业大学学报（社会科学版），2020，36（1）：1－8．

［46］沈剑波，王应宽，朱明，等．乡村振兴水平评价指标体系构建及实证［J］．农业工程学报，2020，36（3）：236－243．

［47］董昱汶．财政金融助力乡村振兴的路径探析：以威海文登西洋参产业为例［J］．金融经济，2019（16）：50－51．

［48］杨艳军．乡村振兴背景下推进河北省"互联网＋"特色产业扶贫的对策建议［J］．经济论坛，2019（7）：123－126．

［49］姜长云．关于实施乡村振兴战略的若干重大战略问题探讨［J］．经济纵横，2019（1）：10－18．

［50］孔祥智．农民合作、土地托管与乡村振兴：山东省供销社综合改革再探索［J］．东岳论丛，2018，39（10）：18－24，191．

［51］罗嗣亮．乡村文化振兴要处理好五对关系：基于习近平相关重要论述的分析［J］．党的文献，2021（6）：48－53．

［52］李少惠，赵军义．乡村文化振兴的角色演进及其实践转向：基于中央一号文件的内容分析［J］．甘肃社会科学，2019（5）：209－214．

［53］龙文军，张莹，王佳星．乡村文化振兴的现实解释与路径选择［J］．农业经济问题，2019（12）：15－20．

［54］苟文峰．乡村振兴的理论、政策与实践研究：中国："三农"迈入新时代［M］．北京：中国经济出版社，2019：19．

［55］吴小英．乡村振兴视角下农村公共文化建设探究［J］．农村经济与科技，2021（1）：245－247．

［56］杨京钟，洪连埔．法国文化产业税收政策对我国的借鉴［J］．税务研究，2012（12）：88－91．

［57］李明烨，汤爽爽．法国乡村复兴过程中文化战略的创新经验与启示［J］．国际城市规划，2018，33（6）：118－126．

［58］张薇，秦兆祥．日本"魅力乡村建设"有哪些好做法［J］．人民论坛，2017（25）：120－121．

［59］张婧．日本一村一品运动走向世界对中国乡村振兴的启示［J］．日本问题研究，2019，33（5）：57－66．

［60］安体富，张新．关于促进我国文化产业发展的财税政策研究［J］．经济研究参考，2012（52）：51－66．

［61］刘元发．促进我国文化产业发展的财税政策研究［D］．北京：中

国财政科学研究院，2014.

[62] 文立杰，纪东东．乡村文化振兴进程中农村公共文化服务的实践转向［J］．图书馆，2021（4）：20-25.

[63] 刘红．乡村振兴背景下农村公共文化服务体系建设研究［J］．社会科学战线，2022（3）：255-259.

[64] 邵凌云．完善我国文化产业税收政策的思考［J］．国际税收，2014（6）：61-63.

[65] 欧阳建勇．乡村振兴战略下我国农村公共文化服务建设的财政政策研究［D］．南昌：江西财经大学，2018.

[66] 邓志昌．乡村振兴中的税收优惠法律规制研究［D］．常州：常州大学，2021.

[67] 卢玉英．乡村振兴战略背景下乡村文化建设路径研究［D］．信阳：信阳师范学院，2020.

[68] 惠志丹．乡村振兴战略背景下农业高校服务乡村人才振兴研究［D］．武汉：华中农业大学，2020.

[69] 沈高峰．乡村振兴战略背景下农业高校人才培养的新要求［J］．安徽农学通报，2018，24（16）：11-12.

[70] 张中敏．税收支持乡村振兴的理论探索［J］．税收经济研究，2019，24（2）：91-95.

[71] 王晓乐．乡村振兴视域下农村基层组织振兴存在的问题与对策研究［D］．青岛：青岛大学，2021.

[72] 陈朋．为乡村振兴提供坚强组织保障［N］．人民日报，2022-01-20（03）.

[73] 崔新群．从村规民约看我国乡村组织振兴发展路径［J］．山东农业大学学报（社会科学版），2021，23（4）：47-53.

[74] 邵瑶春．新型农村集体经济发展的机制与路径研究［D］．长沙：湖南农业大学，2020.

[75] 关于印发《农村集体经济组织财务制度》的通知［EB/OL］．https://www.gov.cn/zhengce/zhengceku/2021-12/21/content_5663859.htm.

[76] 杨霞．为乡村振兴夯实农村财务管理根基：《农村集体经济组织财务制度》解读［J］．中国农业会计，2022（3）：9-10.

[77] 潘光曦，孙欣然．促进农村人力资本积累的财税政策研究［J］．当代农村财经，2022（2）：38-43.

［78］吴易雄．国内外乡村治理研究回顾与展望［J］．领导科学，2021（24）：23－27．

［79］张勇．坚持农业农村优先发展全力实施乡村振兴战略［J］．宏观经济管理，2018（3）：4－11．

［80］杨岳．现代日本乡村治理及其借鉴［J］．法制与社会，2018（2）：139－140．

［81］苑文华．韩国新村运动对我国乡村振兴的启示［J］．中国市场，2018（28）：32－45．

［82］代贵金，王彦荣，宫殿凯．日本农业现代化及其对中国的启示［J］．中国农学通报，2019，35（3）：158－164．

［83］王洁琼，李瑾，冯献．国外乡村治理数字化战略、实践及启示［J］．图书馆，2021（11）：50－57．

［84］龙晓柏，龚建文．英美乡村演变特征、政策及对我国乡村振兴的启示［J］．江西社会科学，2018，38（4）：216－224．

［85］苏新杰．乡村振兴战略背景下乡村治理现代化研究［D］．新乡：河南科技大学，2019

［86］胡煊．财税支持下的工商资本下乡现状、弊端及对策［J］．农业经济，2021（6）：98－100．

［87］赵宇．促进新型农业经营主体发展的税收优惠制度研究［D］．南昌：江西财经大学，2021．

［88］王轶，陆晨云．财税扶持政策何以提升返乡创业企业经营绩效？：基于全国返乡创业企业的调查数据［J］．现代财经（天津财经大学学报），2021，41（6）：56－72．

［89］王秋苏．我国财政支农支出的减贫效应研究［D］．济南：山东财经大学，2018．

［90］赵桃敏．工商资本下乡的税收支持研究［J］．农业经济，2021（1）：106－108．

［91］欧灌莹．促进广西农业转型升级的财税政策研究［D］．南宁：广西大学，2020．

［92］欧阳班勇．"减税降费"背景下促进农村合作金融机构发展的财税政策研究［D］．南昌：江西财经大学，2020．

［93］湖北省襄阳市财政局，税务局联合课题组，罗兴斌，等．巩固脱贫攻坚成果同乡村振兴有效衔接财税政策研究［J］．中国财政，2021（15）：

62 - 65.

［94］戴祁临，安秀梅．产业链整合、技术进步与文化产业财税扶持政策优化：基于文化企业生产与研发的视角［J］．财贸研究，2018，29（3）：30 - 39.

［95］陈楠楠，李景波．财税扶持文化产业的理论依据、国际经验与中国实践［J］．中国经贸导刊，2017（5）：67 - 68.

［96］段鹏飞．公共财政支持乡村振兴的方式及政策选择［D］．济南：山东师范大学，2020.

［97］邓志昌．乡村振兴中的税收优惠法律规制研究［D］．常州：常州大学，2021.

［98］肖卫东．财政支持乡村振兴：理论阐释与重要作用［J］．理论学刊，2020（4）：58 - 66.

［99］陈益刊．多省力推大事要事清单制度　财政资金支出优先保障［N］．第一财经日报，2021 - 12 - 09（A02）.

［100］杨丹丹．加大财政投入保障乡村振兴［N］．农民日报，2018 - 03 - 07（5）.

［101］刘小梅．财政支持乡村振兴战略的体制机制创新与政策优化［J］．财会研究，2021（11）：4 - 12.

［102］宁波市财政局．放大财政撬动功能　引育金融资金资本［J］．宁波通讯，2022（3）：27 - 28.

［103］关于实施国家重点扶持的公共基础设施项目企业所得税优惠问题的通知［EB/OL］．http://www.chinatax.gov.cn/chinatax/n362/c24820/content.html.

［104］关于中国邮政储蓄银行三农金融事业部涉农贷款增值税政策的通知［EB/OL］．https://szs.mof.gov.cn/zhengcefabu/201809/t20180918_3022390.htm.

［105］刘天琦，宋俊杰．财政支农政策助推乡村振兴的路径、问题与对策［J］．经济纵横，2020（6）：55 - 60.

［106］宋风轩．新时期提高财政支农水平的政策思考［J］．河北大学学报（哲学社会科学版），1999（1）：97 - 100.

［107］国务院关于促进融资担保行业加快发展的意见［EB/OL］．https://www.gov.cn/zhengce/content/2015 - 08/13/content_10082.htm.

［108］毕桂华，孙莉强．发展融资担保破解“三农”融资难题的思考：以吉林省四平市为例［J］．吉林金融研究，2015（9）：69 - 71.

［109］刘志荣．农业信贷担保服务体系建设的模式、困境及发展选择［J］．江淮论坛，2016（3）：12 - 18.

［110］翟宛东. 乡村振兴背景下中国普惠金融惠农效率研究［J］. 价格理论与实践，2021（7）：115 - 119.

［111］高邮市人民政府关于进一步加快培育新型职业农民的建议［EB/OL］. http：//gaoyou. yangzhou. gov. cn/xxgk_ info/rdzx/xxgk_ zx_ detail. jsp? id =757.

［112］闫坤，鲍曙光. 财政支持乡村振兴战略的思考及实施路径［J］. 财经问题研究，2019（3）：90 - 97.

［113］张桃林. 让良好生态成为乡村振兴的支撑点［EB/OL］. http：//www. qstheory. cn/zhuanqu/bkjx/2019 - 05/30/c_ 1124563148. htm.

［114］中共中央　国务院印发《乡村振兴战略规划（2018—2022 年)》［EB/OL］. http：//politics. people. com. cn/n1/2018/0926/c1001 - 3031526 3 - 2. html.

［115］石磊，金兆怀. 我国乡村振兴中财政支农效率优化问题研究［J］. 当代经济研究，2021（5）：103 - 112.

［116］安晓宁. 乡村振兴要加大真金白银的投入：预算绩效管理助力乡村振兴战略实施［J］. 农村工作通讯，2019（15）：36 - 38.

［117］邱成学. 农村财政与金融［M］. 南京：东南大学出版社，2011.

［118］安晓宁. 中央财政支农资金绩效管理实践与政策动态［J］. 中国财政，2019（7）：53 -55.

［119］罗健，谭奕华，王卓. 基于乡村振兴战略目标的财政支农资金绩效管理探究［J］. 经济师，2019（11）：54 -55.

［120］财政部关于印发《第三方机构预算绩效评价业务监督管理暂行办法》的通知［EB/OL］. http：//www. gov. cn/gongbao/content/2021/content_ 56 23060. htm.

［121］陶斯妍. 乡村治理问题研究综述［J］. 社会科学动态，2022（12）：70 -74.

［122］熊艳兵. 我国当代乡村社会组织发展研究［D］. 北京：中共中央党校，2020.

［123］王少伯. 新时代乡村治理现代化研究［D］. 北京：中共中央党校，2020.

［124］胡月，田志宏. 如何实现乡村的振兴？：基于美国乡村发展政策演变的经验借鉴［J］. 中国农村经济，2019（3）：128 - 144.

［125］刘昌威. 印度村民自治制度：潘查亚特研究［D］. 湘潭：湘潭大

学，2017.

［126］沈费伟，刘祖云. 发达国家乡村治理的典型模式与经验借鉴［J］. 农业经济问题，2016，37（9）：93 – 102，112.

［127］BALLARD C L，MEDEMA S G. The marginal efficiency effects of taxes and subsidies in the presence of externalities：a computational general equilibrium approach ［J］. Journal of public economics，1993，52（2）：199 – 216.

［128］BAUMOLW J. The theory of environmental policy ［M］. Cambridge：Cambridge university press，1988.

［129］BOSQUET B. Environmental tax reform：does it work? A survey of the empirical evidence ［J］. Ecological economics，2000，34（1）：19 – 32.

［130］CASELLA A，FEINSTEIN J S. Public goods in trade：on the formation of markets and jurisdictions ［J］. International economic review，2002，43（2）：437 – 462.

［131］LI Y，WESTLUND H，ZHENG X，et al. Bottom-up initiatives and re-vival in the face of rural decline：case studies from China and Sweden ［J］. Journal of rural studies，2016，47：506 – 513.

［132］LIU J，LIU Y，YAN M. Spatial and temporal change in urban-rural land use transformation at village scale：a case study of Xuanhua District，North China ［J］. Journal of rural studies，2016，47：425 – 434.

［133］PANYIK E，COSTA C，RÁTZ T. Implementing integrated rural tourism：an event-based approach ［J］. Tourism management，2011，32（6）：1352 – 1363.

［134］POVILANSKAS R，ARMAITIENE A. Seaside resort-hinterland Nexus：Palanga，Lithuania ［J］. Annals of tourism research，2011，38（3）：1156 – 1177.

［135］REIDSMA P，BAKKER M M，KANELLOPOULOS A，et al. Sustainable agricultural development in a rural area in the Netherlands? Assessing impacts of cli-mate and socio-economic change at farm and landscape level ［J］. Agricultural sys-tems，2015，141：160 – 173.

［136］BÖRZEL T A，RISSE T. Governance without a state：can it work? ［J］. Regulation & governance，2010，4（2）：113 – 134.

［137］LU X. Booty socialism，bureau-preneurs，and the state in transition：or-ganizational corruption in China ［J］. Comparative politics，2000，32（3）：273 – 294.